中國特色話語：
——陳安論國際經濟法學　第三卷　下冊

陳安　著

簡目

第三卷

目錄

第 三 卷

第三編　國際投資法（續）

第四編　國際貿易法

第 16 章

外商在華投資「徵收」索賠迷霧中的廬山面目

——英商X投資公司v.英商Y保險公司案件述評（一）

↘ 內容提要

　　本文及下一篇文章是互相配合和互為補充的姊妹篇，兩文逐層剖析一宗外商在華投資「徵收」索賠案件的來龍去脈、表面現象及其真實面目。本案涉及三十年來中國吸收外商投資政策和相關法律體制發展過程中出現的一系列立法和執法問題；有關外商投資的法律、法規、法令、規章、政令、施政通知等相互之間的配合協調和矛盾衝突問題。本姊妹篇結合本案的具體案情，運用當代國際公認的基本法理準則以及已經吸收和體現這些法理準則的中國法律原則，諸如：（1）「法無明禁即自由」；（2）「充分尊重當事人意思自治」；（3）「法律不溯及既往」；（4）「下位法不得違反上位法」；（5）「特別法優先於一般法」等。透過表象，廓清迷霧，揭示出本案涉訟的歷次「國務院通知」並非「徵收」法令，外商Y保險公司所承保的「徵收」風險事故並未發生，投保人外商X投資公司索賠的理由不能成立。同時，綜觀整體案

情，不排除有這樣的可能：投保人外商X投資公司對有關爭端問題，採取了「腳踩兩條船」和「左右逢源」的做法，力圖「魚與熊掌兼得」：既從中方合作者手中取得額外的「權」，又從外商保險商手中取得額外的「利」。此種要求，無論依爭端發生地的中國法或依仲裁所在地的英國法，均不能獲得支持。

❧ 目次

附錄

一、本案案情梗概

1. 1996年12月25日，英屬開曼群島A公司與中國某市B公司
訂立書面協議，組建中外合作經營的C電力公司（以下簡稱**爭端
合同**）。雙方約定：（1）外方A公司向C電力公司投資一千二百
萬美元；其預期年利潤率為投資金額的百分之十八，由中方合作
者加以保證；（2）外方A公司在C電力公司的七人董事會中，有權
指派四名董事，從而享有多數表決權；（3）C電力公司屬下電廠
的日常經營管理，由中外合作經營的C電力公司董事會委託中方
B公司負責。

2. 1997年10月13日，C電力公司合作雙方議定：修訂和補
充了原中外合作經營協議，外方合作者由A公司改為英商X投資
公司。

3. 1998年9月14日，中國國務院發布《關於加強外匯外債管
理開展外匯外債檢查的通知》（以下簡稱「國發〔1998〕31號通
知」），其中規定：各地機關或企業對外達成協議或訂立合同
時，「不得保證外商投資企業的外方獲得固定回報」；已在協議

或合同中定有此類條款者，應予變更。

4. 2002年9月10日由國務院辦公廳發布的《關於妥善處理現有保證外方投資固定回報項目有關問題的通知》（以下簡稱「國辦發〔2002〕43號通知」），對1998年發布的「國發〔1998〕31號通知」中原先的禁止性規定，從文字上和實質上作了修改。該通知規定：應當從有利於項目正常經營和地方經濟發展出發，經各方充分協商，由有關地方政府及項目主管部門根據項目的具體情況，分別採取「改」「購」「轉」「撤」的有效方式，改變現有的保證外商投資企業的外方獲得固定回報的分配方式。

5. 2003年3月11日，根據「國辦發〔2002〕43號通知」的上述有關規定，C電力公司合作雙方達成兩項補充協議，改變了原有的保證外方獲得固定回報的分配方式，代之以外方有權分享C公司稅後純利百分之六十的分配方式。

6. 在此之前，C電力公司的外方合作者即英商X投資公司曾向英商Y保險公司投保，購買了一份為期三年的承保投資「徵收」（expropriation）風險事故保險單，具體保險期定為2001年2月20日至2004年2月19日。

7. 2003年3月11日，C電力公司合作雙方議定改變了原有的保證外方獲得固定回報的分配方式之後，C電力公司的外方合作者即英商X投資公司即向英商Y保險公司提出索賠要求，理由是：上述「國辦發〔2002〕43號通知」乃是中國政府發布的「徵收」外商財產的法令，導致英商X投資公司投入中國C電力公司的資產，無法獲得原先約定的有保證的固定回報，因而受到「徵收」風險事故造成的損失。

8. 英商Y保險公司認為：C電力公司合作雙方議定改變原有的保證外方獲得固定回報的分配方式，此種改變，並不屬於上述保險單所承保的「徵收」風險事故，因此拒絕對投保人英商X投資公司給予賠償。雙方磋商未能達成協議，英商X投資公司遂把有關爭端提交雙方約定的仲裁機構，請求仲裁。英商Y保險公司通過其代理律師，向陳安教授諮詢有關中國法律的若干關鍵問題，要求出具「專家意見書」。

二、諮詢的問題

9. 《中華人民共和國合作經營企業法》規定的利潤分配原則與《中華人民共和國合資經營企業法》規定的利潤分配原則，有何重大區別？

10. 1998年9月14日中國國務院發布的《關於加強外匯外債管理開展外匯外債檢查的通知》（即「國發〔1998〕31號通知」）與1988年4月13日中國全國人民代表大會公布施行的《中華人民共和國合作經營企業法》，兩者對利潤分配原則的規定有所不同，應如何理解？

11. 1998年9月14日中國國務院發布的《關於加強外匯外債管理開展外匯外債檢查的通知》（即「國發〔1998〕31號通知」）與1985年3月21日公布施行的《中華人民共和國涉外經濟合同法》，這兩者對有關問題的規定有所不同，應如何理解？

12. 1998年9月14日中國國務院發布的「國發〔1998〕31號通知」與2002年9月10日中國國務院發布的「國辦發〔2002〕43號

通知」，這兩者對有關問題的規定有所不同，應如何理解？

13. 2002年9月10日中國國務院發布的「國辦發〔2002〕43號通知」是否具有「溯及既往」的法律效力？

14. 2002年9月10日中國國務院發布的「國辦發〔2002〕43號通知」是否一種強行法（jus cogens），**具有強制性法律效力？**

15. 2002年9月10日中國國務院發布的「國辦發〔2002〕43號通知」是否構成一種「徵收法」（act of expropriation）。

16. 2003年3月11日，根據「國辦發〔2002〕43號通知」的上述有關規定，C電力公司合作雙方達成兩項補充協議（見前文第五段），是否實際上構成了上述保險單（見前文第六段）所承保的「徵收」風險事故？

三、專家的看法和意見

（Ⅰ）1996年簽訂的中外合作合同（以下簡稱《爭端合同》）第15條關於利潤分配的規定在當時是合法的，至今仍是合法的

17. 1988年4月公布施行、2000年10月修訂的《中華人民共和國中外合作經營企業法》（以下簡稱《中外合作企業法》）第2條規定：中外合作者「應當依照本法的規定，**在合作企業合同中約定投資或者合作條件，收益**或者產品的**分配、風險和虧損的分擔**……等事項。」[1]

同法第21條進一步明文規定：「中外合作者**依照**合作企業合同的規定，**分配收益**或者產品，承擔風險和虧損。」

18. 1995年9月公布施行的《中華人民共和國中外合作經營企

業法實施細則》（以下簡你《中外合作企業法實施細則》）第43條又進一步對投資回報或利潤收益的分配方式，作了更加寬鬆、更加靈活的規定：「中外合作者可以採用分配利潤、分配產品或者合作各方共同商定的其他方式分配收益。」

19.上述三條條文，均明確規定和一再重申投資收益或利潤回報的分配方式，應當由合同當事人自行在合同中自願約定。這完全符合於國際通行的「當事人意思自治」這一最基本的法理原則。

20.《中華人民共和國中外合資經營企業法》（以下簡稱《中外合資企業法》）第4條第三款規定：「合營各方按註冊資本比例分享利潤和分擔風險和虧損。」

據此，中外合資企業雙方當事人的投資回報或利潤分享等，必須「按註冊資本比例」（或股權比例）實行分配，不能由雙方當事人自行在合同中隨意另行約定。這是中外合資企業與中外合作企業最主要的區別之一。

21.在《中外合作企業法》及其實施細則中，對中外雙方當事人在合同中如何具體約定利潤分配和風險分擔，並無明確的強制性要求或禁止性規定，悉聽雙方當事人自願、平等地磋商和決定。迄今為止，在現行有效的上述這部法律及其實施細則中，對於中外合作雙方在合同中約定採取何種方式分配投資收益，仍然沒有任何具體的強制性要求或禁止性規定。

22.眾所周知，「法無明禁即自由」或「法無明禁即合法」這一原則，在現代法治社會中已經成為普遍共識。一般說來，法律所不禁止的，就屬於合法範圍，不屬於非法或違法範圍；就是可

以允許的，可行的；當事人就有權自主地、自由地決定取捨。中國現行的大學法律專業核心教材和普遍認同的有關學術著作，都對上述原則作了簡扼的闡述和介紹。

23. 根據以上兩點，應當認定：1996年12月25日訂立的某市C電力公司合作合同第15條關於利潤分配的規定是合法的、有效的。

（Ⅱ）1998年9月《國務院關於加強外匯外債管理開展外匯外債檢查的通知》（以下簡稱「國發〔1998〕31號通知」，其法律效力是不完備的

24.《中華人民共和國憲法》對中國各類法律規範的制定權和修改權加以區分。第62、67條規定：**法律**的制定權和修改權屬於全國人民代表大會及其常務委員會。第89條規定：國務院有權「根據憲法和法律，規定行政措施，制定**行政法規**，發布**決定**和**命令**」。

2000年7月實施的《中華人民共和國立法法》（以下簡稱《立法法》）第7條規定：「法律的制定權和修改權，由全國人民代表大會及其常務委員會行使。」第56條規定：「國務院根據憲法和法律，制定**行政法規**。」

25.《立法法》第79條針對法律和各類行政法規的**位階層次**或**效力高低**作了專門規定，明確指出：「**法律的效力高於行政法規**」。第87條進一步規定，法律、行政法規等在制定或修改過程中，如有「**超越權限的**」「**下位法違反上位法規定的**」或「**違背法律程序的**」，應通過特定的法律程序予以變更或撤銷。

26. 上述「國發〔1998〕31號通知」，充其量只是國務院向下

級行政機關傳達的內部行政指示（internal administration instruction），其位階和效力，甚至還低於國務院頒行的「行政法規」或發布的「命令」；而上述《中外合作經營企業法》則屬於全國人民代表大會制定的「基本法律」之一。**後者的位階層次和法律效力均大大高於前者，前者的規定不得違反後者。**

27. 上述「國發〔1998〕31號通知」，是在1988年《中外合作企業法》正式實施**十年之後**，才作出了「不得保證外商投資企業外方獲得固定回報」的新規定，這種**新添加、新設立的強制性要求或禁止性規定**，從實質上說，乃是針對《中外合作企業法》第2條和第21條規定，即原有的相當寬鬆和相當靈活的投資回報分配方式，加以修改、限制和部分廢止。這種新添加或新設立的強制性要求或禁止性規定，在程序上和實體上都不符合於現行的《中華人民共和國憲法》以及《中華人民共和國立法法》的有關規定。因為，第一，《中外合作企業法》是全國人民代表大會制定的法律，其修改權亦屬於全國人民代表大會及其常務委員會。國務院無權對全國人大代表大會制定的法律加以修改、限制、部分廢止或全部廢止。第二，上述「國發〔1998〕31號通知」之中新設立的強制性要求或禁止性規定，乃是以「下位法規定」修改、限制、變更「上位法規定」，亦即違反了「上位法」的原有規定。因此，這些新設定的強制性要求或禁止性規定，其法律效力至少是有瑕疵的、不完備的。

（Ⅲ）「國發〔1998〕31號通知」不具備溯及既往的法律效力

28. 「法律不溯及既往」——這是當今國際社會和法治國家公認的法理原則。中國的《立法法》第84條也吸收了這一原則，

並對此作出了明確的規定：「法律、行政法規、地方性法規……**不溯及既往**，但為了更好地保護公民，法人和其他組織的權利和利益而作出的特別規定除外。」

29. 「國發〔1998〕31號通知」中新設立的關於「不得保證外商投資企業外方獲得固定回報」的禁止性規定，發布和施行於**1998年9月14日**。其中並無「可以溯及既往」的明文特別規定。因此，按「法律不溯及既往」這一公認原則和《立法法》第84條的上述明文規定，該通知及其後續的類似通知均**不能溯及既往地**適用於在**1996年12月25日**訂立並經政府主管部門依法批准生效的前述《爭端合同》（見前文第一段、第五段），**不能強制要求**依法成立的某市C電力公司中外雙方當事人，修改或廢止該合同中第15條有關投資收益分配的原有規定。

30. 《中華人民共和國涉外經濟合同法》（以下簡稱《涉外經濟合同法》）第40條明文規定：「在中華人民共和國境內履行、經國家批准成立的中外合資經營企業合同、中外合作經營企業合同、中外合作勘探開發自然資源合同，**在法律有新的規定時，可以仍然按照合同的規定執行。**」這種具體規定，再一次吸收了和突出地體現了當今舉世公認的「當事人意思自治」和「法律不溯及既往」這兩大法理原則。

尤其值得注意的是：**這部法律**由全國人民代表大會制定於1985年3月並自當年7月1日起施行，直至1999年10月1日，其有關規定才由《中華人民共和國合同法》所吸收和取代。而**這部法律**又正是上述《爭端合同》於1996年底訂立和生效當時所依據的「現行法」和「特別法」之一，故當時經過中國國家主管部門依

法審查和正式批准的該《爭端合同》第15條的收益分配方式，是**受中國法律保護的**，不能任意修改或廢止。即使後來的法律或法規有新的規定，該《爭端合同》雙方當事人其中任何一方，都仍然有權依據上述《涉外經濟合同法》第40條授予的法定權利，要求「**仍然按照**」《爭端合同》第15條的原有規定執行。任何部門或個人均不得隨意剝奪或強制取消此種法定權利。

據此，「國發〔1998〕31號通知」中有關「不得保證外方獲得固定回報」的禁止性規定，不但是「下位法」的規定，而且是「後繼法」或「prospective statute」的規定，它顯然不能修改或廢止其「上位法」——《涉外經濟合同法》第40條的規定，也不能溯及既往地適用於1996年底訂立的上述《爭端合同》。

31. 1999年12月29日起施行的《最高人民法院關於適用〈中華人民共和國合同法〉若干問題的解釋（一）》（以下簡稱《解釋》）特別值得注意。其中第1條規定：「合同法實施以後成立的合同發生糾紛起訴到人民法院的，適用合同法的規定；**合同法實施以前成立的合同發生糾紛起訴到人民法院的，除本解釋另有規定的以外，適用當時的法律規定**，當時沒有法律規定的，可以適用合同法的有關規定。」

32. 據此，要判斷《爭端合同》第15條原定分配方式之是否合法或是否違法，應當以1996年該合同簽訂和生效當時有效、至今仍然有效的《中外合作經營企業法》第2條、第21條、《中外合作企業法實施細則》第43條（見前文第十七至十九段）以及當時有效的《涉外經濟合同法》第40條（見前文第三十段）中相當寬鬆和相當靈活的規定，作為標準；而不應當以1998年9月發布

的「國發〔1998〕31號通知」之中**新設**的強制性要求或**禁止性規定**，作為標準。換言之，依據上述「上位法的規定」，該《爭端合同》第15條由當事人依法自願約定的原有分配方式，始終是於法有據的、合法的，是受中國法律保護的，不得任意修改、廢止或取消。

（Ⅳ）「**國發〔1998〕31號通知**」中的禁止性規定實質上已經在2002年和2004年一再被修改

33. 中國在2001年12月正式加入「世界貿易組織」（WTO）。《WTO協定》第16條第四款規定：「每一成員方應保證其境內法律、法規和行政程序與所附各協定對其規定的義務相一致。」

這意味著：凡是加入WTO的每一成員，都承擔了條約規定的義務並作出承諾：確保其境內的一切法律、法規和規章，都與WTO協定的規則完全一致。凡有不一致者，均應按有關條約規定對本國的相關法律、法規和規章加以修改或廢除。

早在2001年9月中國政府領導人就公開表示：「加入世貿組織後，中國將認真履行對外承諾，根據經濟體制的要求和國際通行規則，進一步完善涉外經濟環境，創造完備的法制環境」。據《人民日報》報導：中國有關部門當時就開始加緊準備**廢除或修訂一大批違反世貿組織規則的法律、法規和規章**。

正是在這一背景下，「國發〔1998〕31號通知」中的上述禁止性規定實質上已經在2002年9月被修改。

34. 2002年9月10日由國務院辦公廳發布的《關於**妥善處理**現有保證外方投資固定回報項目有關問題的通知》（以下簡稱「**國辦發〔2002〕43號通知**」），對1998年發布的「國發〔1998〕31

號通知」中原先的強制性要求或禁止性規定，已經從文字上和實質上作了必要的修改，體現了從「相當嚴格」開始走向「比較寬鬆」。該通知規定：

現有固定回報項目處理的基本原則是：按照《中外合資經營企業法》《中外合作經營企業法》及其他相關政策規定，堅持中外各方**平等互利**、利益共享、風險共擔，從有利於項目正常經營和地方經濟發展出發，**各方充分協商**，由有關地方政府及項目主管部門根據項目具體情況，採取有效方式予以糾正，維護我國吸收外資的良好環境。

特別值得注意的是，本段文字中把「從有利於項目正常經營和地方經濟發展的出發，**各方充分協商**」，作為改變現有固定回報分配方式的原則和必經途徑。緊接著的後續幾段文字提出了「改」（即「提前回收投資」或「外方優先獲得投資收益」）、「購」（即「中方收購外方全部股權」）或「轉」（即「將外方投資轉為中方外債」）、「撤」（即按合同規定條件和法定程序終止合作合同、實行解散清算）等幾種處理方式，其中除依法依約已經符合解散條件的合作企業可予解散外，「改」「購」「轉」三種處理方式，都分別規定了「**中外各方應在充分協商**的基礎上」，「**通過中外各方協商**談判」，中外「**各方協商一致後**」，「**經各方協商同意**」，作為改變現有固定回報分配形式的必要條件、必經途徑和必備前提。換言之，不經原合同**中外雙方當事人**的**協商和一致同意**，就不得由任何行政主管部門以強制手段要求外方當事人，

或由中方當事人以強制手段要求外方當事人，放棄現有的固定回報分配方式和被迫接受「改」「購」「轉」的處理方式。

除此之外，在該「國辦發〔2002〕43號通知」的倒數第三段中又作出了概括性的重申：「各級地方政府應做好對外解釋工作，**與外方充分協商**，避免由於工作方式**簡單**而引發糾紛，如出現談判解決不了的特殊情況和問題，要及時報國家計委、外經貿部。」這樣的文字表述和條件設置，顯然已從原先的「沒有商量餘地」「無須徵得外方當事人自願同意」「必須無條件服從」等簡單行政命令和相當僵硬呆板的強制性禁止規定，修改和轉變為留有平等協商餘地、尊重外方當事人意願和選擇、非單純行政命令和較為寬鬆靈活的方式。簡言之，原先的**強制性、禁止性規定**實質上已經改變為**協商性、建議性規定**。換言之，「國發〔1998〕31號通知」中的規定已被「國辦發〔2002〕43號通知」中的規定所取代。

35. 中國《立法法》第83條規定：「同一機關制定的法律、行政法規……，新的規定與舊的規定不一致的，適用新的規定。」據此，某市C電力公司所在的當地行政主管部門，或者該公司中的中方合作者，顯然不得再援引「國發〔1998〕31號通知」的舊規定，以任何強制手段迫使外方放棄《爭端合同》第15條原先約定的獲得固定回報的合法權利。

36. 隨著中國體制改革和對外開放形勢的進一步發展，國務院於2004年7月1日又發布了新的行政決定，即《國務院關於投資體制改革的決定》（「國發〔2004〕20號決定」以下簡稱《國務院新決定》）。該新決定實事求是地向國內外坦誠承認：

中國「現行的投資體制還**存在不少問題，特別是企業的投資決策權沒有完全落實**，……為此，國務院決定進一步深化投資體制改革。」強調：「深化投資體制改革的目標是：改革政府對企業投資的管理制度，按照『**誰投資、誰決策、誰收益、誰承擔風險**』的原則，**落實企業投資自主權**」；強調「**企業自主決策**」；強調「**進一步拓寬項目融資渠道，發展多種融資方式**」。

顯而易見，這些新規定都貫穿著進一步強化企業自主經營、自主決策、**擴大融資**的基本精神，因而深受外商和內商的一致歡迎。中國各級政府的有關主管部門也正在認真貫徹這項新決定，以利於通過**多種渠道和多種方式吸引更多的國內外投資**，促進**中國的現代化建設**。

顯而易見，這些新規定又再一次和進一步**修改了**和**取代了**八年以前[2]「國發〔1998〕31號通知」中的上述禁止性規定。

37. 據此，我們認為，有關中外合作企業中外商投資固定回報的問題，各級政府主管部門和執法機關都應當根據國務院2004年7月1日的上述新決定中強調的新原則，即**誰投資、誰決策、誰收益、誰承擔風險**，充分尊重企業投資自主權、充分尊重企業自主決策、**進一步拓寬融資渠道、發展多種融資方式**的基本精神，加以慎重考慮和正確處理；不應再僵硬地拘泥於「國發〔1998〕31號通知」之中原有的強制性要求或禁止性規定，即那些本來就不能溯及既往的、八年以前發布的、現在顯然已經不合時宜的強制性要求或禁止性規定，強制外方投資者被棄原先已由中外合作雙方自主約定、企業自主決定，並經主管行政機關依法正式批

准的獲得固定回報的合法權利。

38.反之，如果時至今日，某市C電力公司所在的當地行政主管部門，或者該公司中的中方合作者，仍然拒不遵守「國辦發〔2002〕43號通知」中反覆強調的必須與外方合作者**充分協商並取得外方同意**的原則，拒不遵守上述《國務院新決定》中反覆強調的「**誰投資、誰決策、誰收益、誰承擔風險**」、充分尊重企業自主決策、落實企業投資自主權的原則，擅自以強制方式迫使或以欺詐手段誘騙外方放棄《爭端合同》第15條原先約定的獲得固定回報的合法權利，則外方合作者完全有權分別根據中國的現行法律採取以下各種「救濟方式」，討回公道：

39.如果是當地行政主管部門不經過與外方充分協商並徵得外方自願同意，就片面決定和採取行政強制措施迫使，或以欺詐手段誘騙外方合作者放棄原先約定的上述合法權利，則外方合作者有權根據《中華人民共和國行政複議法》向當地政府主管部門及其上級機關申請行政複議。

40.與此同時，在上述情況下，外方合作者也有權根據《中華人民共和國行政訴訟法》直接以當地政府主管部門作為被告，向有管轄權的中國人民法院提起行政訴訟。

41.如果合作企業的中方不經過與外方充分平等協商並徵得外方自願同意，就單方決定和採取扣押、凍結利潤等手段，迫使外方放棄原先約定的上述合法權利，或以欺詐手段誘騙外方合作者放棄原先約定的上述合法權利，則外方有權根據《爭端合同》第21條的規定，將合同雙方當事人之間的爭端提交約定的仲裁機構進行仲裁。

42.此外，合作企業的外方還有權根據「國辦發〔2002〕43號通知」，向國務院部所屬國家計委和中國商務部提出報告，要求處斷。

（Ⅴ）「國辦發〔2002〕43號通知」不是「徵收法令」；2003年中外雙方《新協議》不是「徵收行為」

43.根據有關文檔所述：在某市C電力公司中方合作者（某市B公司）的強烈要求下，中外雙方於2003年3月11日簽訂了兩份新的協議（以下簡稱《新協議》），用以修訂和補充1996年12月25日簽訂的《合作合同》和《公司章程》。《新協議》的核心內容是：（1）刪除了原合同和原章程中關於給予外方固定投資回報的規定，改變為把稅後淨利的百分之六十分配給外方；（2）合作公司的總經理原定應由中方（即甲方）推薦並由董事會委派，《新協議》改為：合作公司的總經理由外方（即乙方）推薦並由董事會委派。〔詳見File(2), Contractual Documents, Tab 12, Tab 13〕

與此同時，中方負責經營的實業公司（「運營方」）與某市C電力公司（「合作公司」）也在2003年3月11日簽訂了一份新的協議，用以修訂和補充1996年12月25日簽訂的《運營和維護合同》，其核心內容是：（1）強化了合作公司董事會的自主經營權，包含有權以董事會簡單多數決議將合作公司掌握大權和實權的總經理解職，並任命新的總經理；有權在一定條件下終止《運營和維護合同》，並另行委託新的運營方，或自行運營電廠；（2）加重了運營方的違約責任。〔詳見File(2), Contractual Documents, Tab 14〕

44.如果以上Documents，中的Tabs 12，13，14，均屬真實文件，則其法律效力和法律後果依以下條件不同而有差異。

45. 根據本案《仲裁申請書》（Request for Arbitration, 12 January 2006）所稱，上述三種《新協議》對1996年原合同和原章程作出修改和補充的主要法律依據，乃是「**國辦發〔2002〕43號通知**」。因此，有必要對此項通知各項規定的法律特點再次加以概括和歸納：

第一，在法律位階上，「國辦發〔2002〕43號通知」充其量只是國務院向下級行政機關傳達的內部行政指示，其位階和效力，甚至還低於國務院頒行的「行政法規」或發布的「命令」；而上述《中外合作經營企業法》和《涉外經濟合同法》則都屬於全國人民代表大會制定的「基本法律」。根據中國《憲法》和《立法法》的相關規定，**後兩者的位階層次和法律效力均大大高於前者，前者的規定不得違反後者**。按《立法法》第79條的規定，「國辦發〔2002〕43號通知」顯然無權修改、限制或變更上述兩部「上位法」中相當寬鬆的有關外商投資回報的靈活性規定（詳見前文第二十四至二十七段）。

第二，在法律時效上，「國辦發〔2002〕43號通知」對於2002年9月10日以前發生的投資事務（含本案《爭端合同》）而言，它只是「後繼法」，不具有溯及既往的法律約束力（詳見前文第二十八至三十二段）。

第三，在法律強制性上，「國辦發〔2002〕43號通知」已經把先前「國辦發〔1998〕31號通知」中有關禁止外方投資固定回報的原有的**強制性**規定，改變為**協商性**和**建議性**的規定，面對這種協商性建議，外方投資者可以採納，同意修改原有的固定回報方式；也可以不採納，不同意修改原有的固定回報方式（詳見前

文第二十八至三十二段）。

第四，在法律選擇性上，根據「國辦發〔2002〕43號通知」的協商性和建議性規定，如果外方採納上述協商性建議，同意修改原先的固定回報方式，則外方還可進一步就該通知所列舉的「改」「購」「轉」「撤」四種方式之中任選其一，享有充分的選擇自由（詳見前文第二十八至三十二段）。

46.簡言之，「國辦發〔2002〕43號通知」之中，針對改變投資固定回報問題，實質上**已經取消了強制性要求，恢復了和強調了**與有關外國投資人**平等協商**的原則和尊重「**當事人意思自治**」的原則。

因此，「**國辦發〔2002〕43號通知**」本身顯然不是所謂「**強制徵收外商資產的行政法規或行政命令**」。換言之，本案仲裁申請人（即某市C電力公司之外方合作者——英商X公司）關於「國辦發〔2002〕43號通知構成了徵收外商資產的法規」（The promulgation of Circular No. 43 constitutes an Act of Expropriation）的主張或說法，是沒有法律根據的。

47.如果某市當地的政府主管部門（行政機關和行政機關工作人員）以「國辦發〔2002〕43號通知」為依據或作為藉口，採取非平等協商的任何強制手段或欺詐手段，迫使或誘騙某市C電力公司外方合作者英商X投資公司，在上述《新協議》中違心地簽字「同意」放棄原定的投資固定回報分配方式，改為獲得稅後淨利的百分之六十，則該行政機關及其工作人員的此種行政行為本身就是**對上述43號通知的曲解和濫用**，本身就是違法的。這種行為的性質，屬於「**違法施政**」，而不能構成「**依法徵收**」。

針對這種違法施政行為，外方合作者英商X投資公司有權依中國《行政訴訟法》第2條和第11條的規定，向中國的人民法院提起行政訴訟，請求撤銷違法施政行為，並索取賠償。

從本案仲裁申請人英商X投資公司提交的現有文檔（Documents）看，未見有這方面的確鑿證據。外方合作者英商X投資公司如作以上主張，應負舉證責任。

48.如果只是某市B公司（即合作合同的中方、甲方），以「國辦發〔2002〕43號通知」作為依據，或作為藉口，採取非平等協商的任何強制手段、要挾手段或欺詐手段，迫使或誘騙某市C電力公司外方合作者英商X投資公司，在上述《新協議》中違心地簽字「同意」放棄原定的投資固定回報分配方式，改為獲得稅後淨利的百分之六十，則該中方合作者的此種行為乃屬於**違法侵權和違約侵權**行為，**也不能構成「依法徵收」**。因為：（1）該中方合作者的法律身分僅僅是一家企業法人，並非政府主管部門或行政機關，不具備「公權力」，無權採取任何「徵收」行動；（2）對於上述違法侵權和違約侵權行為，受害的外方合作者不能以「徵收」作為訴因，向中國的人民法院提起行政訴訟。

但是，受害的外方合作者英商X投資公司有權依中國的《民法通則》《合同法》等民事法律以及《合作合同》第20.02條關於爭議解決約定，提交中國北京的CIETAC仲裁機構，申請仲裁，要求撤銷新協議和索取賠償。

從本案仲裁申請人英商X投資公司提交的現有文檔（Documents）看，也未見有某市B公司（即合作合同的中方、甲方）實施了上述違法侵權和違約侵權行為的確鑿證據。外方合作者英商X投資

公司如作以上主張，應負舉證責任。

49.根據「國辦發〔2002〕43號通知」的協商性和建議性規定，如果本案外方英商X投資公司**自主自願地**採納上述協商性建議，同意修改原先的固定回報方式，則英商X投資公司除了可以選擇改為收取百分之六十稅後淨利這一分配方式之外，**本來還有權就該通知所列舉的其他四種方式，即「改」（「提前回收投資」）、「購」（「中方收購外方全部股權」）或「轉」（「將外方投資轉為中方外債」）、「撤」（即按合同規定條件和法定程序終止合作合同、實行解散清算）等幾種處理方式之中，任選其一，享有充分的選擇自由（詳見前文第三十四至三十八段）。

如果只是某市B公司（即合作合同的中方、甲方），以「國辦發〔2002〕43號通知」作為依據，或作為藉口，採取非平等協商的任何強制手段、要挾手段或欺騙手段，迫使或騙使某市C電力公司外方合作者英商X投資公司，在上述《新協議》中只能違心地簽字「同意」放棄原定的投資固定回報分配方式，改為獲得稅後淨利的百分之六十，而不能自主自願地選擇其他各種可能更加有利的轉變方式，則某市B公司的該行為仍然屬於違法侵權和違約侵權行為，**仍然不能構成「依法徵收」。理由同上，茲不另贅。**

從本案仲裁申請人英商X投資公司提交的現有文檔（Documents）看，也未見有某市B公司（即合作合同的中方、甲方）實施了上述強制、要挾或欺詐等違法侵權和違約侵權行為的確鑿證據。外方合作者英商X投資公司如作以上主張，應負舉證責任。

50.根據前文第四十五段引述的三項《新協議》所示：（1）

中方合作者某市B公司與外方合作者英商X投資公司同意刪除原定給予外方固定投資回報，改為給予稅後淨利百分之六十，其重大的**交換條件**是掌握合作公司運作實權和大權的總經理一職，從原由中方推薦和董事會指派，改為由外方推薦和董事會指派；（2）掌握電廠運營實權和大權的「運營方」企業及其掌握實權和大權的總經理，也改由外方英商X投資公司自主選擇決定，等等。顯而易見，這種新的「**權力分配**」，或「**權力重新分配**」，是**十分有利於外方英商X投資公司**的。如果英商X投資公司推薦並由董事會以簡單多數決定（實質上就是由占董事會多數的英商X投資公司**單方指派**）的總經理，大權在握，經營得當，運營有方，則英商X投資公司所**可能獲得的稅後淨利的百分之六十，其實數就有可能超過原先的按投資金額固定回報率百分之十八計算的實數**。

　　因此，從這三份《新協議》的核心內容綜合分析，並不排除這樣的可能：本案某市C電力公司的中、外雙方合作者是經過充分平等磋商、反覆討價還價之後，各自全面權衡利弊，「各有所取」和「各有所予」，在各自自主和自願的基礎上，互相妥協讓步，達成了新協議。這種在平等磋商、自主自願基礎上達成的新協議，就其實質而言，**乃是雙方根據一般市場規則進行一次新的重大交易**。這種自主自願的交易，顯然不能被任意定性為「外國政府的徵收行為」，或已經「發生了」承保範圍內的「外國政府徵收風險事故」。

　　51. 綜上各點，可以看出，在上述第四十七至五十段這四種情況下，都不可能定性為中國政府對外商英商X投資公司在華資

產及其有關合法權益，採取了任何「依法徵收」的措施，也不能認定為英商X投資公司在華資產及其合法權益發生了承保範圍內的「徵收」風險事故。因此，英商X投資公司對有關保險公司即英商Y保險公司的風險索賠，是缺乏必要的法律根據和事實根據的。

（Ⅵ）中國涉外投資法律以及中英雙邊投資協定中有關徵收外國投資的規定

52. 經細察本案仲裁申請人英商X投資公司提供的有關保險公司簽發「徵收保險」的保險單資料，有必要提醒該保險公司注意，中國涉外投資法律以及中英雙邊投資協定中有關徵收外國投資的規定。

53. 《中外合資經營企業法》第2條第三款規定：「國家對合營企業不實行國有化和徵收；在特殊情況下，根據社會公共利益的需要，對合營企業可以實行徵收，並給予相應的補償。」

54. 《中外合作經營企業法》中，沒有同樣內容或類似內容的具體規定。

55. 但是，1986年5月簽訂的《中華人民共和國政府和大不列顛及北愛爾蘭聯合王國政府關於促進和相互保護投資協定》（以下簡稱《中英BIT》）第5條作出了比較寬泛的關於「徵收」的規定：

一、只有為了與國內需要相關的公共目的，並給予合理的補償，締約任何一方國民或公司在締約另一方領土內的投資方可被徵收、國有化或採取與此種徵收或國有化效果相同的措施（以下

稱「徵收」）。此種補償應等於投資在徵收或即將進行的徵收已為公眾所知前一刻的真正價值，應包括直至付款之日按正常利率計算的利息，支付不應不適當地遲延，並應有效地兌換和自由轉移。受影響的國民或公司應有權依照**採取徵收的締約一方的法律，要求該一方的司法或其他獨立機構根據本款規定的原則迅速審理其案件和其投資的價值。**

二、締約一方依照有效法律對在其領土內任何地方設立或組成的並由締約另一方國民或公司持有股份的公司之資產進行徵收時，應保證適用本條第一款的規定，從而保證擁有此種股份的締約另一方國民或公司就其投資得到合理的補償。

從法律邏輯上推論，上述《中英BIT》中有關保護英國國民或公司在華投資的規定，理應同時適用於保護投入中國**中外合作經營企業**之中的英方投資，並且保護英國保險公司在向被保險人理賠之後從被保險人處轉移取得的「代位索賠權」。

56.但是，《中英BIT》中所規定的「徵收」或「效果相同的措施」，均指確實**已經發生**，因此英方國民或公司在華投資確實**已經蒙受**的損失而言，而不包括未來**可能發生**的風險事故或被保險人**可能蒙受**的損失在內。因此，如果英國的保險公司在其承保的保險事故尚未確實發生並導致被保險人確實已經蒙受損失之前，就擅自提前預先向被保險人理賠付款，則日後該保險公司就很難或根本不可能援引《中英BIT》中的相關規定向中國的司法機關或其他獨立機構起訴或申請「代位索賠」。

57.據此，承保某市C電力公司外方合作人英商X投資公司在

華投資「徵用」風險的英國Y保險公司，應當在依保險合同理賠付款之前，務必根據被保險人提供的各種確鑿可信的證據，認真澄清和核實中國的有關行政機關以及中方的合作人是否曲解、濫用「國辦發〔2002〕43號通知」，將其作為依據，或作為藉口，是否確實已經采取強制措施或欺詐手段，迫使或誘騙被保險人放棄取得固定回報的權利，被保險人是否因此而確實已經蒙受了損失。

四、結論

綜上所述，可以得出以下五點結論：

58. 從提供的現有Documents（3 Files, 587 pages）看，未發現有確鑿的、足以證明英商X投資公司在華資產及其合法權益已被中國政府「依法徵收」。「**國辦發〔2002〕43號通知**」不是「**徵收法令**」；2003年3月11日中外合作者達成的兩份《**新協議**》不構成「**徵收行為**」。

59. 根據當代國際社會和法治國家公認的「當事人意思自治」「法無明禁即自由」以及「法律不溯及既往」的法理原則，根據已經吸收了和體現了這些法理原則的中國法律的有關規定，《爭端合同》第15條關於利潤分配的約定在立約當時是合法的，至今仍是合法的；因此應當受到中國法律的保護。中國當地的行政主管機關或某市C電力公司的中方合作人，都無權採取任何強制措施或誘騙手段，擅自修改、廢止該合同原定的利潤分配方式，都無權強迫或誘騙該公司的外方合作人放棄其依法、依約取得的投

資固定回報權利。

60.中國當地的行政主管機關或某市C電力公司的中方合作人出於現實情況的需要，可以向外方投資合作人英商X投資公司提出建議，要求修改合作合同中原定的投資固定回報的分配方式，另行採取「提前回收投資」「外方優先獲得投資收益」「中方收購外方全部股權」或「將外方投資轉為中方外債」等**新的**分配方式，但是，所有這些建議，都必須切實遵照和貫徹「國發〔2004〕20號決定」以及「國辦發〔2002〕43號通知」所強調的原則和方式，即「誰投資、誰決策、誰收益」、充分尊重「企業投資自主權」和「企業自主決策」、「與外方充分協商並取得外方同意」，方可實施。而不得違背上述國務院行政決定和行政命令規定的原則和方式，採取任何強制手段或欺詐手段，強迫或誘騙外方合作者接受任何此類「建議」。

61.如果中國當地的行政主管機關或某市C電力公司的中方合作者不遵守中國法律關於保護外商投資的規定，不遵守中國國務院發布的上述行政決定和行政命令，則外方合作者有權採取申請行政複議，提起行政訴訟或提交仲裁等方式，要求有管轄權的行政機關、司法機關或仲裁機構作出決定、判決或裁決，切實保護外方合作者英商X投資公司（投資人）的合法權益，使英商X投資公司取得應有的損害賠償。

62.為外方合作者英商X投資公司（投資人）在華投資提供「徵收保險」的外國（英國）保險公司，在依照保險合同理賠付款之前，務必認真澄清和核實承保的「徵收風險事故」確已發生，並確已導致被保險人遭受損失。否則，日後保險公司就極難

或不可能向中方有關主管部門或中方有關當事人實行「代位索賠」。

附錄

（Ⅰ）國務院《關於加強外匯外債管理開展外匯外債檢查的通知》

（國發〔1998〕31號通知，1998年9月14日）[3]

各省、自治區、直轄市人民政府，國務院各部委、各直屬機構：

隨著經濟改革不斷深入和對外開放日益擴大，近年來中國進出口貿易和利用外資持續快速發展，國際收支狀況良好，人民幣匯率穩定，外債規模得到較好控制，國家外匯儲備有了較大幅度的增長，有力地促進了國民經濟持續、快速、健康發展。但是，最近一個時期以來，以多種手段非法逃套國家外匯的案件增多，一些地方和單位未經批准擅自到境外發債和對外提供擔保，或以保證外方固定回報等形式變相對外舉債。為了保持中國國際收支平衡和人民幣匯率的穩定，有效防範涉外金融風險，確保經濟增長目標的實現，國務院決定，進一步加強外匯外債管理，並開展全國外匯外債檢查。現就有關問題通知如下：

一、嚴厲打擊逃套匯行為和外匯黑市，加強反騙匯工作

1. 加強對金融機構外匯業務的監管，防止騙匯行為發生。人民銀行、外匯局要加強對外匯指定銀行和其他金融機構經營外匯業務的監管。外匯指定銀行要嚴格執行國家有關結匯、售匯、付匯和開戶等管理規定，認真審查購匯單據的真實性，對大額、高頻等異常購匯、付匯和二次核對發現假單證的，要及時向外匯局報告，並由外匯局根據有關規定進行處理；嚴禁無單證或單證

不符、單證不齊售匯以及超過規定比例和金額售匯；總行不得對分支機構結售匯業務下達數量考核指標。對嚴重違反規定的外匯指定銀行，由人民銀行停止其結匯、售匯業務；並對其主要負責人和直接責任人給予紀律處分直至撤職，情節嚴重，構成犯罪的，移送司法機關依法追究刑事責任。

2. 規範外貿代理業務，嚴格加工貿易管理，加強出口收匯工作。外經貿部門要加強對外貿公司代理業務的規範管理。代理進口業務，必須由代理單位簽訂進口合同，辦理制單、購匯、付匯及報關手續，並對所辦單證的真實性負責。嚴禁外貿公司「四自三不見」（即自帶客戶、自帶貨源、自帶匯票、自行報關；不見進口產品、不見供貨貨主、不見外商）的代理進口和外商投資企業違規的代理進口。對無證購匯或者以假單證向外匯指定銀行騙購外匯等非法套匯行為，由外匯局依照國家有關規定予以處罰；有進出口經營權的企事業單位從事、參與違規購匯，累計金額超過一百萬美元的，由外經貿主管部門撤銷其對外貿易經營許可，並追究直接責任人和有關負責人的責任；情節嚴重，構成犯罪的，移送司法機關依法追究刑事責任。外經貿部門要將出口與收匯結合起來考核企業的經營業績，敦促和監督企業按時足額收匯，糾正重出口、輕收匯的傾向，防止外匯流失和將外匯滯留境外。

3. 加快計算機聯網，加強對報關單和進出口核銷工作的管理。海關總署和國家外匯管理局要密切配合，在今年內，建立海關與外匯局之間的雙向快速反應數據通信網絡，做到及時傳送收、付匯核銷單簽發和核銷數據，以及進出口報關單收、付匯核

銷證明數據，並以此作為雙方審核進出口企業申報單證真實性的依據。海關要加強對報關行和報關人員的管理，加強對進出口貨物的查驗和估價工作，打擊進出口貨物中的偽報、瞞騙等違法活動。在海關與外匯局建立數據通訊網絡之前，要加強對報關單的二次核對工作，對已驗明的假報關單，要立即反饋給送驗單位，並抄報海關總署和國家外匯管理局。

4. 清理「三無」企業，嚴防逃套外匯行為。工商行政管理部門要加強對公司登記註冊的審核管理，對「三無」企業（即無資金、無場地、無機構的企業），無正當理由超過六個月未開業或開業後自行停止六個月以上的企業，要依法吊銷其營業執照。杜絕不法分子利用臨時成立的「空殼」公司從事逃套外匯等非法活動。

5. 嚴肅查處制假行為，打擊犯罪活動。公安部門對海關、外匯局和外匯指定銀行在查處騙匯案件中發現的製造假單證等犯罪線索，要及時依法予以立案偵查。

6. 堅決取締外匯黑市，從嚴懲治違法犯罪活動。由外匯局牽頭，公安、工商行政管理、海關、銀行等部門緊密配合，對專門從事外匯黑市交易的不法分子從嚴查處。近期要在少數外匯黑市活動比較猖獗的沿海城市，組織一次專項鬥爭，嚴懲從事非法外匯交易活動的販匯團夥。

二、從嚴控制外債規模，加強資本項目外匯管理

1. 嚴格控制外債規模，加強外債統一管理。國家對全國外債總量和結構實行統一監管，保持外債的合理規模和結構。國家發展計劃委員會要根據經濟發展需要和國際收支狀況，按照外債

借、用、還和責、權、利相統一的原則，合理確定借用國外貸款的規模，並將主要外債指標控制在安全線以內。中國人民銀行和國家外匯管理局要嚴格控制短期外債的規模，使短期外債在外債總量中保持合理比重。對國有商業銀行實行中長期外債餘額管理，合理安排外債投向，提高外債使用效益，改善商業銀行的資產負債結構，具體管理辦法由國家發展計劃委員會會同中國人民銀行等部門另行制定。外匯局要加強和完善外債統計監測，提供及時、全面、準確的外債信息。有關政府部門應充分認識外債統計工作的重要性，及時、準確地報送本部門管理的外債數據，以提高中國外債分析、預測的時效性和準確性，為領導決策提供科學依據。任何單位以任何形式對外借款都必須到外匯局進行外債登記，對隱匿不報的，由外匯局依照國家有關規定給予處罰。

2. 強化對外借款的管理，嚴禁非法對外融資。國家對各種形式的對外借款實行全口徑管理，除國務院授權的政府部門有權籌借國際金融組織和外國政府優惠貸款外，其他政府部門對外借款必須經國務院批准；國內中資金融機構對外借款，必須有中國人民銀行批准的對外借款業務許可；符合條件的國內大型企業集團，按照規定經國家主管部門批准後方可直接對外借款。以上單位對外借款，必須納入國家借用國外貸款規模，其中短期外債必須嚴格按照國家外匯管理局核定的餘額對外籌借。外商投資企業可依法自主對外借款，但所籌借的中長期外債數額，不得超過合同或章程規定的投資總額與註冊資本之間的差額。對於超出部分的借款，屬於投資所需要的，外商投資企業各方須修改合同或章程，報經原審批部門批准後，向外匯局辦理外債登記手續。其他

任何單位無權直接對外借款。

嚴格規範境外融資擔保。政府機關和事業單位不得對外提供擔保或變相擔保，其他機構對外擔保必須經外匯局批准或登記備案。任何地方、部門和單位違反規定擅自對外舉債或對外擔保，其借款或擔保協議（合同）一律無效，銀行不得為其開立外匯帳戶，外債本息不得擅自匯出，由此造成的損失由債權人自行負責。對非法對外融資和違規對外擔保的有關責任人和領導者給予行政或者紀律處分，直至撤職或開除公職；情節嚴重，構成瀆職罪的，移送司法機關依法追究刑事責任。

加強對遠期信用證開證的審查力度。對超過三個月（含三個月）的遠期信用證納入外債統計監測範圍；對超過一年（含一年）的遠期信用證實行逐筆報批制度，未經批准，任何機構不得對外開具。禁止對外開具無貿易背景的遠期信用證。金融機構要儘快建立健全統一授信等管理制度，防範和化解金融風險。

3. 認真清理對外借款機構，切實保證償還外債。人民銀行要嚴格審查和清理現有對外借款機構，對不合格的金融機構要取消其對外借款資格，對新的對外借款機構要從嚴審查。國家發展計劃委員會和中國人民銀行對境外發債窗口，要根據其資產負債比例、債務質量、經營業績等進行重新審核，從嚴控制發債窗口的數量。人民銀行要嚴格管理信託投資公司對外借款和債務，禁止舉借外債償還國內債務。各信託投資公司要在地方政府的直接領導下，認真清理現有外債，制定具體方案，切實保證償還外債。對外借款單位要嚴格貫徹誰借誰還的原則，承擔償債責任，不得以任何理由拖欠或拒付到期債務；要認真清理本單位的外

債，制定有效的還款措施，落實還款資金，確保償還對外債務。各地區、各部門要高度重視外債管理，明確對外借款償還責任，建立相應的償債準備基金，積極防範外債風險。

4. 要加強對提前償還外債的管理。當前要嚴格控制提前償還外債。堅決禁止用人民幣購匯提前償還外債。同時，加強本外幣政策的協調，商業銀行要注意資金投向，不得為提前償還外債發放人民幣貸款。

5. 嚴格規範吸收外資行為，堅決糾正和防止變相對外舉債，包括違反風險共擔原則保證外商投資企業外方固定回報的做法。吸收外商投資，要貫徹中外投資者共擔風險、共享收益、共負虧損的原則。中方不顧投資項目的經營效益和市場承受能力，承諾其產品的價格或收費水平，或以項目以外的收入等保證外方固定投資收益，其實質都是變相舉債，要堅決防止和糾正。國家發展計劃委員會要會同國家外匯管理局、對外貿易經濟合作部等有關部門，對變相舉債情況進行一次清理，並分別不同情況提出處理意見，於一九九八年年底之前報國務院審批。對此項清理工作，地方政府要積極配合。

今後，任何單位不得違反國家規定保證外方投資固定回報。在審批外商投資項目及合同時，有關部門要嚴格把關。對保證外方投資固定回報的錯誤做法，一經發現要堅決予以糾正，物價管理部門不得批准其產品價格和收費標準，外匯局不得批准有關購匯申請。對有關責任人要嚴肅查處，並追究領導人的責任。

6. 嚴格執行資本項目結匯備案登記和審批制度，及時把握資本項目結匯走勢。凡需要結匯的利用外資項目，必須按規定報

外匯局備案，未備案登記的項目，外匯局不予批准結匯。項目審批機關在審批項目可行性研究報告時，要將項目需結匯的金額抄送外匯局。

7. 加強對上市公司的外匯管理。中國證券監督管理委員會要將批准境外上市外資股的有關文件抄送國家外匯管理局，由國家外匯管理局對上市公司所籌外匯資金進行監控，並限期調回境內。中國證券監督管理委員會在審批境內機構發行外資股時，要優先選擇有直接用匯需求的企業。

8. 加強對境外債權投資管理，控制外匯流出。外匯局要對境內機構境外債權進行一次清查，有境外債權的機構要在一九九八年年底之前向外匯局如實報送有關數據和情況，對隱匿不報或虛報瞞報的，一經發現，要追究有關責任人和領導者的責任。各主管部門應加強對境外債權的管理，按規定及時將應調回的資金調回境內，外貿公司要及時催收出口貨款。

三、開展外匯外債檢查，糾正各類違規違法行為

1. 開展自查，及時糾正。各地區、各部門首先要在本地區、本系統內開展外匯外債的全面自查工作，地方政府自查的重點是本地區的變相舉債情況，要及時糾正發現的問題，並於十月三十日前將自查及糾正情況報告國務院。

中國人民銀行、國家外匯管理局、對外貿易經濟合作部、海關總署、國家工商行政管理局、公安部等部門要重點檢查去年六部委聯合發布的《關於加強反騙匯工作的通知》執行情況，尤其是基層和沿海地區的落實情況，核實已發現的問題，評估改進措施的效果。

2. 聯合檢查，嚴肅處理。在各地區、各部門自查的基礎上，由國家發展計劃委員會和中國人民銀行分別牽頭，會同有關部門組成聯合檢查組，在今年十月上旬開始對重點地區和重點問題進行檢查，並將檢查情況報告國務院。

（1）中國人民銀行會同國家外匯管理局、對外貿易經濟合作部、海關總署、公安部、國家工商行政管理局組成聯合檢查組，重點打擊逃套匯和外匯黑市。主要檢查結售匯出現逆差和結售匯順差大幅下降的地區。檢查的內容主要有：①企業通過銀行的異常購付匯情況；②外貿公司在代理進口中嚴禁「四自三不見」的執行情況，以及外經貿部門對外貿公司代理業務的規範管理情況；③海關對送驗報關單的鑑定情況；④工商行政管理部門清理「三無企業」情況；⑤公安部門對海關、外匯局、外匯指定銀行移交的制假騙匯案件的調查處理情況；⑥外匯局打擊外匯黑市的情況和對騙匯案件的處罰情況。

（2）國家發展計劃委員會會同中國人民銀行、對外貿易經濟合作部組成聯合檢查組，重點檢查和清理的內容是：①企業和地方政府違規進行對外借款和對外擔保情況；②吸收外商投資中保證外方投資固定回報情況；③信託投資公司的對外債務。

各地區、各部門要認真貫徹落實黨中央、國務院關於加強外匯管理、從嚴控制外債規模、規範吸收外商投資的各項政策措施，依法打擊逃套匯和外匯黑市以及非法對外融資和變相舉債等活動，積極防範涉外金融風險，維護國際收支平衡和人民幣匯率穩定，促進國民經濟持續、快速、健康發展。

（Ⅱ）國務院辦公廳《關於妥善處理現有保證外方投資固定回報項目有關問題的通知》

（國辦發〔2002〕43號通知，2002年9月10日）[4]

各省、自治區、直轄市人民政府，國務院各部委、各直屬機構：

一九九八年九月《國務院關於加強外匯外債管理開展外匯外債檢查的通知》（國發〔1998〕31號）下發後，各地相繼開展了清理和糾正保證外方投資固定回報項目（以下簡稱固定回報項目）的工作。幾年來，有相當一批固定回報項目得到糾正，基本上未出現新的固定回報項目，有效維護了國家利益和投資各方的合法權益；但還有一些固定回報項目未能妥善處理。二○○一年四月《國務院關於進一步加強和改進外匯收支管理的通知》（國發〔2001〕10號）下發後，各地根據要求對現有固定回報項目進行了清查並提出了處理意見。

為進一步規範吸引外資行為，妥善解決歷史遺留問題，促進中國吸引外資工作健康發展，經國務院批准，現就處理固定回報項目有關問題通知如下：

一、現有固定回報項目處理的基本原則

保證外方投資固定回報不符合中外投資者利益共享、風險共擔的原則，違反了中外合資、合作經營有關法律和法規的規定。在當前國內資金相對充裕、融資成本較低、吸引外資總體型勢良好的有利條件下，各級地方政府應採取有力措施，妥善處理現有固定回報項目。

現有固定回報項目處理的基本原則是：按照《中外合資經營

企業法》《中外合作經營企業法》及其他相關政策規定，堅持中外各方平等互利、利益共享、風險共擔，從有利於項目正常經營和地方經濟發展出發，各方充分協商，由有關地方政府及項目主管部門根據項目具體情況，採取有效方式予以糾正，維護中國吸引外資的良好環境。

二、採取多種方式，妥善處理不同類型的固定回報項目

根據以上原則，對不同類型的固定回報項目，可以採取以下方式進行處理：

（一）對於以項目自身收益支付外方投資固定回報的項目，中外各方應在充分協商的基礎上修改合同或協議，以提前回收投資等合法的收益分配形式取代固定回報方式。

（二）對於項目虧損或收益不足，以項目外資金支付外方部分或大部分投資回報，或者未向外方支付原承諾的投資回報的項目，可以根據項目情況，分別採取「改」「購」「轉」「撤」等方式進行處理：

1. 「改」。通過中外各方協商談判，取消或者修改合同中固定回報的條款，重新確定中外各方合理的收益分配方式和比例。對於外方提前回收投資或外方優先獲得投資收益的，應明確其來源只能是項目可分配的經營性收入和其他合法收入。對於以合同外協議形式保證外方固定回報的，以及地方政府、地方財政部門、其他行政機關和單位為外方提供固定回報承諾或擔保的，有關協議和擔保文件應予撤銷。

2. 「購」。各方協商一致後，經有關部門批准，可以由中方按照合理價格收購外方全部股權，終止執行有關合同及協議，

根據相關規定妥善處理善後事宜，有關企業改按內資企業管理。涉及購匯事宜，由外匯局按規定辦理。

3.「轉」。對於具備外債償還能力或已落實外債償還實體的項目，經各方協商同意，可以申請將原外商投資按照合理的條件轉為中方外債。經國家計委會同外經貿部、外匯局批准後，辦理外債登記，以後按照外債還本付息購匯及支付。有關項目改按內資企業管理。

4.「撤」。對於虧損嚴重或不具備繼續經營條件的企業，以及符合合同、章程規定解散條件的企業，經有關主管部門批准，可按照法定程序終止合營合同的執行，根據有關法律和規定予以清算。

（三）對於僅通過購電協議形式實現外方投資預期回報的項目，不納入此次固定回報項目處理範圍，今後結合電力體制改革總體方案及相關配套政策逐步妥善處理。

三、密切配合，嚴格執法，維護中國吸引外資的良好環境

凡固定回報項目尚未得到妥善處理的地區，項目所在省（自治區、直轄市）人民政府應根據上述原則和意見，採取有效方式處理現有固定回報項目，並於二○○二年底之前完成整改工作。各級計劃、外經貿、外匯、財稅、工商管理等部門及外匯指定銀行要積極配合此項工作，按照國家有關法規和政策規定，辦理相關手續，妥善解決項目處理過程中涉及的各項具體問題。各級地方政府應做好對外解釋工作，與外方充分協商，避免由於工作方式簡單而引發糾紛，如出現談判解決不了的特殊情況和問題，要及時報國家計委、外經貿部。

　　從二〇〇三年一月一日起，凡外方所得收益超過項目可分配的經營性收入和其他合法收入的固定回報項目，未經國家外匯局批准，外匯指定銀行不得為其辦理外匯的購買和對外支付事宜。

　　各級地方政府在積極吸引外商投資促進經濟發展的同時，要嚴格執行國家各項法律、法規和政策規定，維護中國利用外資的良好環境。今後任何單位不得違反國家規定保證外方投資固定回報，也不得以吸引外資的名義變相對外借款。違者一經發現將從嚴處理，所簽訂合同或協議一律無效，同時追究有關領導和責任人的責任。

國務院辦公廳

二〇〇二年九月十日

（III）國務院《關於投資體制改革的決定》

（國發〔2004〕20號決定，2004年7月16日）[5]

各省、自治區、直轄市人民政府，國務院各部委、各直屬機構：

　　改革開放以來，國家對原有的投資體制進行了一系列改革，打破了傳統計劃經濟體制下高度集中的投資管理模式，初步形成了投資主體多元化、資金來源多渠道、投資方式多樣化、項目建設市場化的新格局。但是，現行的投資體制還存在不少問題，特別是企業的投資決策權沒有完全落實，市場配置資源的基礎性作用尚未得到充分發揮，政府投資決策的科學化、民主化水平需要進一步提高，投資宏觀調控和監管的有效性需要增強。為此，國務院決定進一步深化投資體制改革。

一、深化投資體制改革的指導思想和目標

（一）深化投資體制改革的指導思想是：按照完善社會主義市場經濟體制的要求，在國家宏觀調控下充分發揮市場配置資源的基礎性作用，確立企業在投資活動中的主體地位，規範政府投資行為，保護投資者的合法權益，營造有利於各類投資主體公平、有序競爭的市場環境，促進生產要素的合理流動和有效配置，優化投資結構，提高投資效益，推動經濟協調發展和社會全面進步。

（二）深化投資體制改革的目標是：改革政府對企業投資的管理制度，按照「誰投資、誰決策、誰收益、誰承擔風險」的原則，落實企業投資自主權；合理界定政府投資職能，提高投資決策的科學化、民主化水平，建立投資決策責任追究制度；進一步拓寬項目融資渠道，發展多種融資方式；培育規範的投資中介服務組織，加強行業自律，促進公平競爭；健全投資宏觀調控體系，改進調控方式，完善調控手段；加快投資領域的立法進程；加強投資監管，維護規範的投資和建設市場秩序。通過深化改革和擴大開放，最終建立起市場引導投資、企業自主決策、銀行獨立審貸、融資方式多樣、中介服務規範、宏觀調控有效的新型投資體制。

二、轉變政府管理職能，確立企業的投資主體地位

（一）改革項目審批制度，落實企業投資自主權。徹底改革現行不分投資主體、不分資金來源、不分項目性質，一律按投資規模大小分別由各級政府及有關部門審批的企業投資管理辦法。對於企業不使用政府投資建設的項目，一律不再實行審批制，區

別不同情況實行核准制和備案制。其中，政府僅對重大項目和限制類項目從維護社會公共利益角度進行核准，其他項目無論規模大小，均改為備案制，項目的市場前景、經濟效益、資金來源和產品技術方案等均由企業自主決策、自擔風險，並依法辦理環境保護、土地使用、資源利用、安全生產、城市規劃等許可手續和減免稅確認手續。對於企業使用政府補助、轉貸、貼息投資建設的項目，政府只審批資金申請報告。各地區、各部門要相應改進管理辦法，規範管理行為，不得以任何名義截留下放給企業的投資決策權利。

（二）規範政府核准制。要嚴格限定實行政府核准制的範圍，並根據變化的情況適時調整。《政府核准的投資項目目錄》（以下簡稱《目錄》）由國務院投資主管部門會同有關部門研究提出，報國務院批准後實施。未經國務院批准，各地區、各部門不得擅自增減《目錄》規定的範圍。

企業投資建設實行核准制的項目，僅需向政府提交項目申請報告，不再經過批准項目建議書、可行性研究報告和開工報告的程序。政府對企業提交的項目申請報告，主要從維護經濟安全、合理開發利用資源、保護生態環境、優化重大布局、保障公共利益、防止出現壟斷等方面進行核准。對於外商投資項目，政府還要從市場准入、資本項目管理等方面進行核准。政府有關部門要制定嚴格規範的核准制度，明確核准的範圍、內容、申報程序和辦理時限，並向社會公布，提高辦事效率，增強透明度。

（三）健全備案制。對於《目錄》以外的企業投資項目，實行備案制，除國家另有規定外，由企業按照屬地原則向地方政府

投資主管部門備案。備案制的具體實施辦法由省級人民政府自行制定。國務院投資主管部門要對備案工作加強指導和監督，防止以備案的名義變相審批。

（四）擴大大型企業集團的投資決策權。基本建立現代企業制度的特大型企業集團，投資建設《目錄》內的項目，可以按項目單獨申報核准，也可編制中長期發展建設規劃，規劃經國務院或國務院投資主管部門批准後，規劃中屬於《目錄》內的項目不再另行申報核准，只須辦理備案手續。企業集團要及時向國務院有關部門報告規劃執行和項目建設情況。

（五）鼓勵社會投資。放寬社會資本的投資領域，允許社會資本進入法律法規未禁入的基礎設施、公用事業及其他行業和領域。逐步理順公共產品價格，通過注入資本金、貸款貼息、稅收優惠等措施，鼓勵和引導社會資本以獨資、合資、合作、聯營、項目融資等方式，參與經營性的公益事業、基礎設施項目建設。對於涉及國家壟斷資源開發利用、需要統一規劃布局的項目，政府在確定建設規劃後，可向社會公開招標選定項目業主。鼓勵和支持有條件的各種所有制企業進行境外投資。

（六）進一步拓寬企業投資項目的融資渠道。允許各類企業以股權融資方式籌集投資資金，逐步建立起多種募集方式相互補充的多層次資本市場。經國務院投資主管部門和證券監管機構批准，選擇一些收益穩定的基礎設施項目進行試點，通過公開發行股票、可轉換債券等方式籌集建設資金。在嚴格防範風險的前提下，改革企業債券發行管理制度，擴大企業債券發行規模，增加企業債券品種。按照市場化原則改進和完善銀行的固定資產貸款

審批和相應的風險管理制度，運用銀團貸款、融資租賃、項目融資、財務顧問等多種業務方式，支持項目建設。允許各種所有制企業按照有關規定申請使用國外貸款。制定相關法規，組織建立中小企業融資和信用擔保體系，鼓勵銀行和各類合格擔保機構對項目融資的擔保方式進行研究創新，采取多種形式增強擔保機構資本實力，推動設立中小企業投資公司，建立和完善創業投資機制。規範發展各類投資基金。鼓勵和促進保險資金間接投資基礎設施和重點建設工程項目。

（七）規範企業投資行為。各類企業都應嚴格遵守國土資源、環境保護、安全生產、城市規劃等法律法規，嚴格執行產業政策和行業准入標準，不得投資建設國家禁止發展的項目；應誠信守法，維護公共利益，確保工程質量，提高投資效益。國有和國有控股企業應按照國有資產管理體制改革和現代企業制度的要求，建立和完善國有資產出資人制度、投資風險約束機制、科學民主的投資決策制度和重大投資責任追究制度。嚴格執行投資項目的法人責任制、資本金制、招標投標制、工程監理制和合同管理制。

三、完善政府投資體制，規範政府投資行為

（一）合理界定政府投資範圍。政府投資主要用於關係國家安全和市場不能有效配置資源的經濟和社會領域，包括加強公益性和公共基礎設施建設，保護和改善生態環境，促進欠發達地區的經濟和社會發展，推進科技進步和高新技術產業化。能夠由社會投資建設的項目，盡可能利用社會資金建設。合理劃分中央政府與地方政府的投資事權。中央政府投資除本級政權等建設外，

主要安排跨地區、跨流域以及對經濟和社會發展全局有重大影響的項目。

（二）健全政府投資項目決策機制。進一步完善和堅持科學的決策規則和程序，提高政府投資項目決策的科學化、民主化水平；政府投資項目一般都要經過符合資質要求的諮詢中介機構的評估論證，諮詢評估要引入競爭機制，並制定合理的競爭規則；特別重大的項目還應實行專家評議制度；逐步實行政府投資項目公示制度，廣泛聽取各方面的意見和建議。

（三）規範政府投資資金管理。編制政府投資的中長期規劃和年度計劃，統籌安排、合理使用各類政府投資資金，包括預算內投資、各類專項建設基金、統借國外貸款等。政府投資資金按項目安排，根據資金來源、項目性質和調控需要，可分別採取直接投資、資本金注入、投資補助、轉貸和貸款貼息等方式。以資本金注入方式投入的，要確定出資人代表。要針對不同的資金類型和資金運用方式，確定相應的管理辦法，逐步實現政府投資的決策程序和資金管理的科學化、制度化和規範化。

（四）簡化和規範政府投資項目審批程序，合理劃分審批權限。按照項目性質、資金來源和事權劃分，合理確定中央政府與地方政府之間、國務院投資主管部門與有關部門之間的項目審批權限。對於政府投資項目，採用直接投資和資本金注入方式的，從投資決策角度只審批項目建議書和可行性研究報告，除特殊情況外不再審批開工報告，同時應嚴格政府投資項目的初步設計、概算審批工作；採用投資補助、轉貸和貸款貼息方式的，只審批資金申請報告。具體的權限劃分和審批程序由國務院投資主管部

門會同有關方面研究制定，報國務院批准後頒布實施。

（五）加強政府投資項目管理，改進建設實施方式。規範政府投資項目的建設標准，並根據情況變化及時修訂完善。按項目建設進度下達投資資金計劃。加強政府投資項目的中介服務管理，對諮詢評估、招標代理等中介機構實行資質管理，提高中介服務質量。對非經營性政府投資項目加快推行「代建制」，即通過招標等方式，選擇專業化的項目管理單位負責建設實施，嚴格控制項目投資、質量和工期，竣工驗收後移交給使用單位。增強投資風險意識，建立和完善政府投資項目的風險管理機制。

（六）引入市場機制，充分發揮政府投資的效益。各級政府要創造條件，利用特許經營、投資補助等多種方式，吸引社會資本參與有合理回報和一定投資回收能力的公益事業和公共基礎設施項目建設。對於具有壟斷性的項目，試行特許經營，通過業主招標制度，開展公平競爭，保護公眾利益。已經建成的政府投資項目，具備條件的經過批准可以依法轉讓產權或經營權，以回收的資金滾動投資於社會公益等各類基礎設施建設。

四、加強和改善投資的宏觀調控

（一）完善投資宏觀調控體系。國家發展和改革委員會要在國務院領導下會同有關部門，按照職責分工，密切配合、相互協作、有效運轉、依法監督，調控全社會的投資活動，保持合理投資規模，優化投資結構，提高投資效益，促進國民經濟持續快速協調健康發展和社會全面進步。

（二）改進投資宏觀調控方式。綜合運用經濟的、法律的和必要的行政手段，對全社會投資進行以間接調控方式為主的有效

調控。國務院有關部門要依據國民經濟和社會發展中長期規劃，編制教育、科技、衛生、交通、能源、農業、林業、水利、生態建設、環境保護、戰略資源開發等重要領域的發展建設規劃，包括必要的專項發展建設規劃，明確發展的指導思想、戰略目標、總體布局和主要建設項目等。按照規定程序批准的發展建設規劃是投資決策的重要依據。各級政府及其有關部門要努力提高政府投資效益，引導社會投資。制定並適時調整國家固定資產投資指導目錄、外商投資產業指導目錄，明確國家鼓勵、限制和禁止投資的項目。建立投資信息發布制度，及時發布政府對投資的調控目標、主要調控政策、重點行業投資狀況和發展趨勢等信息，引導全社會投資活動。建立科學的行業准入制度，規範重點行業的環保標準、安全標準、能耗水耗標準和產品技術、質量標準，防止低水平重複建設。

（三）協調投資宏觀調控手段。根據國民經濟和社會發展要求以及宏觀調控需要，合理確定政府投資規模，保持國家對全社會投資的積極引導和有效調控。靈活運用投資補助、貼息、價格、利率、稅收等多種手段，引導社會投資，優化投資的產業結構和地區結構。適時制定和調整信貸政策，引導中長期貸款的總量和投向。嚴格和規範土地使用制度，充分發揮土地供應對社會投資的調控和引導作用。

（四）加強和改進投資信息、統計工作。加強投資統計工作，改革和完善投資統計制度，進一步及時、準確、全面地反映全社會固定資產存量和投資的運行態勢，並建立各類信息共享機制，為投資宏觀調控提供科學依據。建立投資風險預警和防範體

系，加強對宏觀經濟和投資運行的監測分析。

五、加強和改進投資的監督管理

（一）建立和完善政府投資監管體系。建立政府投資責任追究制度，工程諮詢、投資項目決策、設計、施工、監理等部門和單位，都應有相應的責任約束，對不遵守法律法規給國家造成重大損失的，要依法追究有關責任人的行政和法律責任。完善政府投資制衡機制，投資主管部門、財政主管部門以及有關部門，要依據職能分工，對政府投資的管理進行相互監督。審計機關要依法全面履行職責，進一步加強對政府投資項目的審計監督，提高政府投資管理水平和投資效益。完善重大項目稽查制度，建立政府投資項目後評價制度，對政府投資項目進行全過程監管。建立政府投資項目的社會監督機制，鼓勵公眾和新聞媒體對政府投資項目進行監督。

（二）建立健全協同配合的企業投資監管體系。國土資源、環境保護、城市規劃、質量監督、銀行監管、證券監管、外匯管理、工商管理、安全生產監管等部門，要依法加強對企業投資活動的監管，凡不符合法律法規和國家政策規定的，不得辦理相關許可手續。在建設過程中不遵守有關法律法規的，有關部門要責令其及時改正，並依法嚴肅處理。各級政府投資主管部門要加強對企業投資項目的事中和事後監督檢查，對於不符合產業政策和行業准入標準的項目，以及不按規定履行相應核准或許可手續而擅自開工建設的項目，要責令其停止建設，並依法追究有關企業和人員的責任。審計機關依法對國有企業的投資進行審計監督，促進國有資產保值增值。建立企業投資誠信制度，對於在項目申

報和建設過程中提供虛假信息、違反法律法規的，要予以懲處，並公開披露，在一定時間內限制其投資建設活動。

（三）加強對投資中介服務機構的監管。各類投資中介服務機構均須與政府部門脫鉤，堅持誠信原則，加強自我約束，為投資者提供高質量、多樣化的中介服務。鼓勵各種投資中介服務機構採取合夥制、股份制等多種形式改組改造。健全和完善投資中介服務機構的行業協會，確立法律規範、政府監督、行業自律的行業管理體制。打破地區封鎖和行業壟斷，建立公開、公平、公正的投資中介服務市場，強化投資中介服務機構的法律責任。

（四）完善法律法規，依法監督管理。建立健全與投資有關的法律法規，依法保護投資者的合法權益，維護投資主體公平、有序競爭，投資要素合理流動、市場發揮配置資源的基礎性作用的市場環境，規範各類投資主體的投資行為和政府的投資管理活動。認真貫徹實施有關法律法規，嚴格財經紀律，堵塞管理漏洞，降低建設成本，提高投資效益。加強執法檢查，培育和維護規範的建設市場秩序。

附件：政府核准的投資項目目錄（2016年本）

國務院
二○○四年七月十六日

注釋

〔1〕　本《法律意見書》摘引文字中的強調均是作者所加，下同。

〔2〕　本《專家意見書》撰寫於2006年4月，距「國發〔1998〕31號通知」
　　　發布約八年，故此處稱「八年以前」。下同。

〔3〕　資料來源：http://www.chinalawedu.com/news/2003_10%5C5%5C21
　　　03171559.htm

〔4〕　資料來源：http://www.cc.ln.gov.cn/lncj/shownews.asp? newsid=307.

〔5〕　資料來源：http://www.moc.gov.cn/zizhan/siju/gonglusi/falvfagui_ZH/
　　　200710/t20071023_439936.html

第 17 章

外商在華投資「徵收」索賠中的「腳踩兩船」與「左右逢源」

——英商X投資公司v.英商Y保險公司案件述評（二）

↘ 內容提要

本文及上一篇文章是互相配合和互為補充的姊妹篇，兩文逐層剖析一宗外商在華投資「徵收」索賠案件的來龍去脈、表面現象及其真實面目。本案涉及三十年來中國吸收外商投資政策和相關法律體制發展過程中出現的一系列立法和執法問題；有關外商投資的法律、法規、法令、規章、政令、施政通知等相互之間的配合協調和矛盾衝突問題。本姊妹篇結合本案的具體案情，運用當代國際公認的基本法理準則以及已經吸收和體現這些法理準則的中國法律原則，諸如：（1）「法無明禁即自由」；（2）「充分尊重當事人意思自治」；（3）「法律不溯及既往」；（4）「下位法不得違反上位法」；（5）「特別法優先於一般法」等。透過表象，廓清迷霧，揭示出本案涉訟的歷次「國務院通知」並非「徵收」法令，外商Y保險公司所承保的「徵收」風險事故並未發生，投保人外商X投資公司索賠的理由不能成立。同時，綜觀整體案

情，不排除有這樣的可能：投保人外商X投資公司對有關爭端問題，採取了「腳踩兩條船」和「左右逢源」的做法，力圖「魚與熊掌兼得」：既從中方合作者手中取得額外的「權」，又從外商保險商手中取得額外的「利」。此種要求，無論依爭端發生地的中國法或依仲裁所在地的英國法，均不能獲得支持。

　　二〇〇六年四月三十日，英商Y保險公司通過其代理律師向陳安教授提供了一份問題清單，開列了十四個具體問題，請求進一步提供法律意見。現在按清單所列順序，逐一簡答如下。為節省篇幅和閱讀方便，凡需參閱四月二十五日原《專家意見書》[1]〔以下簡稱「廬山面目」（一）〕相關段落的，均予逐一註明。以下「Q」代表「問題」（Question），「A」代表「解答」（Answer）。

　　【Q1】是否肯定「國發〔1998〕31號通知」「國辦發〔2001〕10號通知」以及「國辦發〔2002〕43號通知」都屬於中國政府（國務院）對於中國有關中外合作企業法律的合法解釋，而且這些解釋表明對外國投資者實行固定回報的約定不符合中國法律？（這裡有兩個問題需要討論：（1）狹義上，國務院作為行政機關當然是無權對全國人大通過的法律進行解釋，但作為行政機關，上述通知可否理解為中國政府對其理解、執行《中外合作經營企業法》過程中有關問題的解釋，特別是在法律沒有明確規定是否允許固定回報條款的前提下對法律加以解釋？（2）國際法上，對外代表國家的一般是中央政府，因此，對外國而言，是否中央政府的文件都可以對該國法律加以解釋或者改變，而無論在國內

法中，政府是否有權作這樣的解釋或者改變？）

【A1】所列以上三項國務院通知，都不能理解為中國政府對於中國有關《中外合作經營企業法》（以下簡稱「CJVL」）的合法解釋。主要理由如下：

1. 中國國務院是中國的行政機關，依據中國《憲法》第67條和中國《立法法》第42條的規定，任何行政機關均無權對全國人大代表大會通過的法律進行解釋，更無權對上述上位法加以任何修改或廢止。否則就是違法，甚至就是違憲。因此，以中國現行立法體制為準，無論故意地或疏忽地以國務院通知的方式來解釋、修改或廢止CJVL中的有關規定，其通知本身就不符合中國法律規定，因而是沒有法律拘束力的。

2. 國務院當然有權以中國最高行政機關的身分發布通知，要求所屬各下級機關辦理或執行有關中外合作企業的具體事項，或設立一定的行政規範，但以「通知」方式下達的這些要求和設立的有關行政規範，並不是以國務院命令正式發布的**行政法規**，也不是正式**決定**，也不是正式**公告**，也不是正式**通告**，而只是內部**通知**。根據國務院二〇〇〇年八月發布的《國家行政機關公文處理辦法》第5條，國務院上述通知只屬於國務院各種行政措施的第五個層次，因而不能認為它具有**法律**上的強制力或約束力。充其量，它只具有低層次**行政措施**上的強制力或約束力。

3. 如果國務院有意在中外合作經營企業中正式禁止給予外商投資固定回報，並使這種禁止規定具有**法律上**的強制性和約束力，它應當依據《立法法》第56條第三款規定的程序，及時提請全國人民代表大會及其常務委員會制定法律，明文禁止給予外商

投資固定回報。但即使已經按此程序制定了新的法律，一般說來，此項新的法律禁止規定仍然只能自實施之日起生效，並不具有溯及既往的法律效力。（除非另有明文規定可以溯及既往）

4. 在一般外國人的觀感上和印象中，中國國務院代表中國的中央政府；其施政行為一般體現了中國法律法規的相關規定。但是，其前提是國務院也必須嚴格依法施政，做到「有法必依」。國務院的施政行為如不符合中國憲法或法律的規定，則同樣應予糾正，即違法必糾，或「違法必究」。中國的《行政訴訟法》就是專為監督和糾正各級行政機關（含國務院）及其工作人員不依法施政的行為或違法施政的行為而制定的。這說明中國正在逐步發展成為當代成熟的「法治國家」。

5. 關於這個問題的全面理解，還涉及：（1）「法無明禁即自由」；（2）「充分尊重當事人意思自治」；（3）「法律不溯及既往」；（4）「下位法不得違反上位法」等基本法理原則。[2]

【Q2】對方主張：在「國辦發〔2002〕43號通知」發布之前，政府所採取的措施（或者說前兩個「通知」）只對此後新建的中外合作項目有效，從而對本案所涉項目（1996年訂立合作合同）無效或者說沒有影響；但是「國辦發〔2002〕43號通知」卻對本案所涉項目具有溯即既往的強制效力。（請參看對方的《仲裁申請書》（Request for Arbitration）第二十二段，以及中國科技部1999年9月10日通報與對方相同的解釋）這種主張能否成立？

【A2】不能同意對方所主張的這種兩類區分。理由如下：

1. 根據當代國際社會和法治國家公認的上述四項基本法理原則，中國國務院所有上述三項通知，不但是「國發〔1998〕31號通知」和「國辦發〔2001〕10號通知」，而且包括「國辦發〔2002〕43號通知」在內，**全部都不具有溯及既往的法律效力**，即都是只能針對在發出通知之後新建的中外合作項目，才能實行行政措施上的有效約束。對方把三者分為「不溯及既往」和「溯及既往」兩類，硬說「**國辦發〔2002〕43號通知**」具有「溯及既往」的效力，此種主張既沒有具體的法律根據，也沒有公認的法理根據。

2. 中國科技部一九九九年九月十日的通報寫道：中國政府是值得信賴的，不會違背經過政府依法批准的協議和合同。如有違反，就應堅決糾正。（Chinese Government is trust worthy and will not breach the agreements and contracts approved by the government in the legal framework. If he violation occurs, it should be corrected in a firm manner.）其中並沒有片言隻字提到應當修改在此之前已經簽訂、已經依法批准，並正在執行的給予外方固定回報的有關合同。恰恰相反，該通報第一段強調的正是對於在此之前已經簽訂、已經依法批准，並正在執行的給予外方固定回報的有關合同，應當切實遵守，繼續執行，而不得任意違約，以免損害中國政府一貫守信的聲譽。如有違約，即應堅決地予以糾正。

3. 另一方面，該通報又寫道：由於中國市場的發展變化，有些政策應作相應的修改。除了已經簽訂的合同應予繼續履行之外，不要再簽訂給予投資固定回報的新合同。（As a result, some policies shall undergo some corresponding changes. Apart from the

continuous enforcement of signed contracts, no more new contracts promising fixed returns shall be signed.）這分明只是提醒外商們應及時注意中國有關政策的某些相應改變，**今後不得**再在中外合作合同中規定給予外商固定回報。

4. 該通報的上述內容也從一個側面有力地反證了《專家意見書》（一）中論證的有關三個國務院通知**一律不具備溯及既往效力的見解**。[3]

【Q3】「國發〔1998〕31號通知」中使用的「糾正」「清理」（固定回報）等措辭，是否意味著在政府的解釋下或者說就該通知本身的立場來看，在此之前已經簽訂的固定回報合同也是違法的？

【A3】不能這樣理解。因為：

1. 「國發〔1998〕31號通知」的正式名稱是《關於加強外匯外債管理和開展外匯外債檢查的通知》，其中所列舉的應予檢查和加強管理的行為，未必全部都是違法行為。其中針對各種明顯的**違法**行為（如逃匯、套匯、騙匯、外匯黑市買賣等），其用詞是「**嚴厲打擊**」；對於並非違法只是**違規**的行為，對於公民或法人因法律和法規或部門規章規定不嚴密、有疏漏、不明確、有含糊之處而實行的行為（「灰色地帶」──未明文禁止的行為），或因形勢發生變化，對於過去允許可行但今後可能不利於行政管理因而有待改正的行為，則一般使用「清理」或「糾正」。對於原先法律、法規或規章規定不夠嚴密、有疏漏、有含糊之處，只是事後出現的不利於加強管理，因而應予澄清、清理和糾正的各

種行為，**顯然不能不分青紅皂白，一概稱之為「違法行為」**。

2. 關於在中外合作合同中規定給予外方固定回報的企業行為，一般地說，在一九八八年頒行CJVL至一九八八年上述31號通知下發之前，在中國可謂「比比皆是，屢見不鮮」；而且這種規定並不違反CJVL第2條、第21條的寬鬆和靈活規定。[4]因而不應輕率地一概稱之為「違法行為」。國務院於一九九八年九月發出31號通知當時，意欲予以「清理」或「糾正」，目的在於**今後加強管理**。其用語是「分別不同情況提出處理意見，於一九九八年年底之前報國務院審批」。這種措辭顯見留有不同的斟酌餘地和靈活處理空間，不是僵硬地「一刀切」，更不是一律貶之為「違法行為」。

【Q4】CJVL允許雙方自由約定分享收益，是否意味著中國法律允許外方獲得比他的投資比率更高的比率的合作企業利潤？如果允許，是否僅在中方享有其他一些利益作為平衡的前提下才允許？比如說：在合作期滿時，中方可以保留固定資產。

【A4】針對這個問題，應作三層分析：

1. CJVL第2條和第21條以及該法實施細則第43條，均允許中外雙方自由約定分享利益的形式，這毫無疑義意味著中國法律允許外方獲得比其投資比率更高的合作企業利潤。

2. CJVL作出上述允許，意味著不設僵死限制和禁止規定，聽憑中外雙方在合作合同中**自由約定**，再經政府**主管部門審批**即可生效執行。並**不一定要求**中方享有其他某些利益作為平衡的前提。

3. CJVL第21條第二款所規定的「合作期滿時合作企業的全部固定資產歸中國合作者所有」這一前提條件，**僅僅**適用於在合作企業「合同中約定外國合作者在合作期限內**先行收回投資**」這一特定情況。CJVL並不要求把這一特定的前提條件推廣適用於任何其他約定情況（包括約定給予外方固定收益，或給予外方高於其投資比率的合作企業利潤）。

【Q5】「國辦發〔2002〕43號通知」第二之（三）段所提的以購電協議形式實現外方投資預期回報的項目，是否與本案項目有關，或者說是否可能適用於本案項目？

【A5】針對這個問題，可作四個層次的分析：

1. 前文已經一再說明「國辦發〔2002〕43號通知」**整體上不具備溯及既往的效力**。其中各項規定，**原則上均不能溯及既往地適用於本案項目**。

2. 但是，其中第二之（三）段的**特別規定**，即有關「對於**僅**通過以購電協議形式實現外方投資預期回報的項目，不納入此次固定回報項目處理範圍」的規定，其精神顯然是專門針對在華中外合資和合作**電力企業**而規定的特殊寬鬆政策和優惠關照。鑒於《立法法》第84條雖然規定了法律「不溯及既往」的一般原則；且又含有一項「**但書**」，即「為了更好地保護公民、法人和其他組織的權利和利益而作的**特別規定**除外」。因此，從「特別規定」這個意義上說，「國辦發〔2002〕43號通知」第二之（三）段的特別規定，應當適用於符合其前提條件的一切中外合作**電力企業**，可以**推遲到今後再行處理**，即「今後結合電力體制改革總

體方案及相關配套政策逐步妥善處理」。

3. 應當指出，該通知第二之（三）段文字中有個「**僅**」字，顯然是**專指**僅僅依靠購電協議實現外方投資預期回報的項目。而本案項目並非**僅僅**依靠購電協議；而且主要是依靠《爭端合同》**主合同**本身規定的固定回報條款（第15條、第18條等），來實現外方投資固定回報。因此，如果僅僅**從文字**上解釋，該段規定似乎難以適用於本案項目。

4. 但是，二〇〇六年五月十二日英商Y保險公司通過其代理律師向本專家提供了第四個卷宗，含一九二頁文檔。如屬真實文檔，其中第一部分App. E，有一份長達四十一頁的《供購電協議》（Power Purchase Agreement）特別值得注意。它是整個《爭端合同》不可分割的主要組成部分，也是最後落實投資固定回報的主要手段，沒有這份《供購電協議》，整個《爭端合同》就全盤落空，因此，從**實質上和整體上**作**綜合解釋**，該段規定應當適用於本案項目。

【Q6】最高人民法院一九九〇年關於聯營問題的司法解釋是否適用於中外合作企業？（中外合作企業在性質上似也屬於《民法通則》規定的聯營）

【A6】最高人民法院一九九〇年《關於審理聯營合同糾紛案件若干問題的解答》不能一概適用於中外合作企業。特別是其中第四部分「關於聯營合同中的保底條款問題」的解釋，不能取代CJVL第2條和第21條及其實施細則第43條的規定。[5] 理由如下：

1. 中國《憲法》第67條第四款以及《立法法》第42條都明

確規定：法律解釋權屬於全國人民代表大會常務委員會。最高人民法院等機構只「可以向全國人民代表大會常務委員會提出法律解釋要求」，但不能越出法定權限，擅自取代人大常委會任意對有關法律（含CJVL）作出解釋。最高人民法院的上述解答，顧名思義，僅僅是為了審理聯營合同糾紛案件的方便而定出的**司法操作規章**，它本身並不是法律，也不是行政法規，不能直接具有法律約束力，更不能越權作出不符合上位法律原意的任何法律解釋。[6]

2. 誠然，中國《法院組織法》第33條規定：「最高人民法院對於在審判過程中**如何具體應用法律**、法令問題，進行解釋」。這種解釋只是限於「如何具體應用」，而不是對法律條文本身的內容、含義、內涵、外延作出界定，進行詮解。換言之，最高人民法院的上述「解答」，只具有司法操作（審理工作）上的指導意義，而不能離開法律有關規定自行設立另外一套合法、非法的標準。

3. 《民法通則》中有關「聯營」只有第51至53條寥寥三條規定，十分簡略，其中根本未涉及任何「固定回報」或「保底條款」問題。任何司法操作解答都無權把「保底條款」認定為「違法」，並把這種「認定」作為《民法通則》的**新增內容**添加到其第51至53條之中去，擅自「賦予」或「提高」其法律約束力。通讀最高人民法院的上述解答全文，顯然可以看出它具有明確的針對性，即針對**國內**各種內資公司、企業、事業單位之間，巧立名目，投機圖利，因而引起種種糾紛的現象，指導如何處理。看來顯然並未把「中外合作經營企業」這一特定類型的外商投資企業

包含在內。

4. CJVL在中國的立法體系中，屬於「特別法」，具有優先適用的法律地位。按中國《立法法》第83條的規定：同一機關制定的法律中「特別規定與一般規定不一致的，適用特別規定」。本案項目屬於中外合作企業，自應優先適用CJVL的相關規定。只有在CJVL及其實施細則中未作任何規定的場合，才適用包括中國《民法通則》等一般法律的一般規定。

【Q7】國家工商局、外經貿部聯合下達的一九九四年（305）號文件，是否可以證明在本案中外合作協議一九九六年成立以前，固定回報條款已經被認為非法？

【A7】不能如此理解。因為：

1. 該文件只是國務院下屬國家工商管理局和對外經貿部下達的一種「部門規範性文件」（見該文件的明文標示）。它既不是法律，也不是行政法規，也不是以國務院名義下達的任何行政決定、行政措施、國務院公告、國務院通告、國務院通知。這種層次的部門規範性文件，其強制力和約束力都是較弱的，不能與法律、法規的強制性和約束力相提並論，更不能使前者的效力凌駕於後者之上。

2. 此項通知，顧名思義，只是為加強外商投資企業的**審批和管理**工作而予以**行政指導**，規定准不准設立、准不准登記而已，並非自立「合法與非法」或「合法與違法」的標準。自然人或法人的行為如只是不符合部門規章，而並未違反國家的法律或行政法規，有關行政主管部門固然可以以適當的方式，要求加以

改正，或予以修改，但不能任意定性為「違法」「非法」。

何況，此項通知已於二〇〇四年六月三十日被國家工商行政管理局加以廢止。這說明其中的有關規定已因中國加入WTO之後新形勢的發展，顯得過時或不合時宜。[7] 不能援引它作為區分「合法與非法」的判斷標準。

3. 就在上述通知被廢止的第二天，即二〇〇四年七月一日，國務院專門發布了《關於投資體制改革的決定》，明文規定今後要按照「**誰投資、誰決策、誰收益、誰承擔風險**」的原則，落實企業**投資自主權**，強調企業**自主決策**，強調進一步拓寬項目投資渠道，**發展各種融資方式**。從這些措辭上看，給予外商投資預期**固定回報**，理應也是尊重企業投資自主權、尊重企業自主決策以及**可以採用**的**多種融資渠道、多種融資方式之一**。[8]

4. 國務院的上述新**決定**還有以下特別值得注意之處：

5. 它雖然還不是正式的以國務院命令正式頒行的「**行政法規**」但在前述國務院發布的《國家行政機關公文處理辦法》[9] 中，其位階和層次卻僅次於行政法規而居於第二位。它在國務院各種行政措施體系中的地位，不但大大高於國務院下屬各部委自行下達的部門規範性文件，而且還高於國務院以自身名義或國務部辦公廳名義先後下達的「國發〔1998〕31號通知」「國辦發〔2001〕10號通知」以及「國辦發〔2002〕43號通知」。具體說來：

（A）它實質上已經取代了在二〇〇四年七月一日以前原有投資體制中不合時宜的各種僵死規定，即取代了原有的、不符合「誰投資、誰決策」原則以及不尊重企業投資自主權的規定。

（B）它實質上已經修改了或取代了「國發〔1998〕31號通

知」「國辦發〔2001〕10號通知」關於不得在中外合作合同中給予外方投資固定回報的禁止規定。

【Q8】「國辦發〔2002〕43號通知」在中國法制下是否構成法律、法規、法令、命令或政府指示？是否可以認為此項通知是中國法律的一種淵源並對中國自然人或公司具有法律約束力？「國辦發〔2002〕43號通知」在結構上並非是針對個人或者公司的法律規定，而是國務院辦公廳給各省政府、國務院各部委的通知，因此，它似乎是內部的提醒或者說是內部通知。但是，國家外匯管理局的〔2002〕105號通知也下達各外匯業務銀行，這是否可以賦予該通知一種法令的性質，而不僅僅是一種內部的行政指令？

【A8】在中國的法律體系中，「國辦發〔2002〕43號通知」顯然不能達到法律、法規、法令、命令的位階或層次。充其量可以視為國務院對其下屬各級機構傳達要求它們辦理或執行某些具體事項的內部行政指示（internal administrative instruction）[10]，其位階低於國務院發布的行政法規、決定、公告、通告。一般而論，「通知」中的許多規定或意見尚屬不完全成熟，有待實踐進一步認真檢驗，隨時可以修改或變更。它缺乏法律、法規具備的相對穩定性和明確規範性；其制作和下達程序也並不十分嚴格嚴密；加上它並非立即無條件地及時向全國公眾公告周知，因此，它並不能直接地對自然人或公司產生法律約束力，而必須通過國務院所屬下級行政機關辦理、執行具體事項的行政行為，間接地對自然人或公司產生行政行為的約束力或影響。因此，**從嚴格和**

科學的意義上說，不能廣泛地把此類通知推崇為中國的法律淵源。至於外匯管理局的〔2002〕105號通知，如果未經國務院正式批轉和下達，則也只能視為國務院各部委自行下達的部門規章或部門規範性文件。

【Q9】在中國法制下，英商X投資公司作為合作企業的一方（持股方），對合作企業享有什麼權益？

【A9】在中國法律體制下，英商X投資公司作為合作企業的一方，對合作企業享有CJVL和其他相關法律法規規定的一切權益，以及經過中國政府主管部門依法批准的本項目《爭端合同》中約定的一切合法權益。

【Q10】「國辦發〔2002〕43號通知」是否剝奪了或者妨礙了英商X投資公司在合作企業中的什麼權益？英商X投資公司主張其由於「國辦發〔2002〕43號通知」而喪失的權益是來源於其作為合作企業股東的地位，還是來源於合作企業合同的附屬合同——運營和維護合同、擔保合同？

【A10】針對這個問題，應作以下幾點分析：

1. 「國辦發〔2002〕43號通知」本身並沒有剝奪或妨礙，也無權剝奪或妨礙英商X投資公司在合作企業中的任何合法權益。換言之，「國辦發〔2002〕43號通知」從來就不是中國政府發布的對外商在華資產實行徵收的「徵收令」，英商X投資公司在有關保險單承保範圍內的「徵收」風險事故，也從來未曾發生過。[11]

2. 英商X投資公司作為本項目的外方合作者，其權益已充分體現在本項目**主合同**即一九九六年合同有關外方投資資產優先受益、參加企業重大決策、優先選擇企業總經理等三大方面的各種規定之中。運營和維護合同以及擔保合同都是上述主合同的附件即附屬合同。既然對於主合同規定的屬於英商X投資公司的法定權益和約定權益，「國辦發〔2002〕43號通知」本身從來沒有加以剝奪或阻礙，也從來無權加以剝奪或阻礙，那麼，再糾纏什麼是「主合同權益受損」還是「附屬合同權益受損」，就沒有任何實際意義了。

3. 根據《中華人民共和國公司法》第4條，中外投資者均對其投資的企業享有三大權利，即其投入資產的受益權、參與企業重大決策權以及企業經營管理者的選擇權。同時，根據《公司法》第18條，本項目中外合作經營企業作為有限責任公司，一般應適用《公司法》。但是，CJVL等法律另有規定的，適用其規定。因此，CJVL第2條、第21條及其實施細則第43至46條等有關收益分配、先行回收投資等特別規定，應當優先適用。[12]

4. 根據《公司法》的這些一般規定和特別規定，對照本案中外雙方發生爭端以及其後達成《新協議》的實際情況，可以推定：英商X投資公司在《新協議》中的得失相比較而言，應當是「得大於失」。關於此種推定，詳見下文【A12】中第六至十一點的具體分析。

【Q11】英商X投資公司主張：本案中外合作經營企業已經經過有關當局批准，這證明固定回報條款當時是合法的。英商X投

資公司提供的當地兩家律師所的法律意見，是否可以證明該項目及其固定回報條款當時是合法的？

【A11】針對這個問題，可以分析如下：

1. 本項目《爭端合同》中規定的固定回報條款，如果立約當時確已按照法定程序經過行政主管部門正式審查批准並已經生效，則該項目《爭端合同》中規定的外方投資固定回報條款在立約當時應是合法、有效的。[13]

2. 題述的兩家律師事務所提供的法律意見，一般可以作為「初步證據」（prima facie evidence），證明該項目中的固定回報條款在立約當時是合法的。除非另有其他**更為確鑿可信**的相反證據，足以證明該項目中的固定回報條款在立約當時(1996年）就是違法的。

3. 二○○六年五月十二日英商Y保險公司通過其代理律師向本專家提供了第四個卷宗，含一九二頁文檔。其中第二部分有五份原始文檔複印件特別值得注意：

（1）某市C電力公司所在地市政府對外經濟貿易委員會文件「D外經貿准字〔1996〕94號」，表示同意成立中外合作C電力公司；

（2）該市對外經濟貿易委員會文件「D外經貿外資字〔1997〕88號」批覆，表示同意修訂原中外合作合同的若干條款；

（3）中華人民共和國外商投資企業批准證書「外經貿N府資字〔1996〕1311號」；

（4）中華人民共和國企業法人營業執照（副本），註冊號：「企作ND總副字第001405號」，其中載明某市C電力公司的企業

法人地位及其營業範圍等；

（5）中華人民共和國企業法人營業執照（副本），註冊號：「企作ND總副字第001405號」，其中載明該企業名稱略有變更。

4. 如果這些文檔複印件，經當庭**核對原件**，均屬確鑿和**真實可信**，則應當認定：本項目《爭端合同》在立約當時確已按照**法定程序**經過行政主管部門**正式審查批准**並已經生效。根據CJVL第2條、第21條及其實施細則第43條，根據立約當時現行有效的《涉外經濟合同法》第40條，該合同中有關**固定回報的條款一直是合法和有效的**，而且事實上已被本案某市C電力公司中外雙方切實遵守和執行了六年多（1996.6.12-2003.3.11，即從原《爭端合同》生效起至《新協議》生效止）。

由此可見，英商X投資公司的題述主張是正確的。

【Q12】根據英商X投資公司仲裁申請書所述的與中方的重新談判過程，似乎固定回報條款的取消並非直接由於「國辦發〔2002〕43號通知」的發布，後者的影響只是間接的，因此，下列問題需要討論：

（1）英商X投資公司在仲裁申請書第二十五至三十八段描述的重新談判原因顯示：除了「國辦發〔2002〕43號通知」以外，還有「其他因素」也共同促進了重新談判的發生。比如，在「國辦發〔2002〕43號通知」發布以前，合作企業實際上已經面臨財務困難。而且，第三十六段顯示，即使按照「國辦發〔2002〕43號通知」，它明確允許合作企業的外方提前收回投資，英商X投資公司本來可以作此有利選擇，無須作更大的讓步；但該X投

資公司不選擇此途，卻選擇了收取百分之六十稅後淨利的回報。請問：這些「其他因素」在多大程度上發生了作用和影響？

（2）對於中國的F律師事務所在重新談判前後給予英商X投資公司的意見稱，固定回報條款是「有問題的」，您對此有何評述？

【A12】這是一個極其關鍵的問題，確實很有必要進行深入的分析。

1. 關於這個問題，本專家在二〇〇六年四月二十五日提供的《法律意見書》中已經作了初步的分析。[14] 現在根據以上提出的新說法，再進一步加以補充分析。

2. 假定英商X投資公司在其仲裁申請書第二十五至三十八段描述的重新談判原因全部屬實可靠，則除了對方強調「國辦發〔2002〕43號通知」必須遵守執行之外，看來確實還有其他因素促成重新談判，並且終於達成《新協議》，改變了原有的固定回報分配方式。

3. 早在二〇〇二年九月「國辦發〔2002〕43號通知」發布以前大約半年，即二〇〇二年三月間，本項目合作企業的中方代表L先生即已多次抱怨「燃煤漲價，熱汽銷量下降」，導致利潤減少，並宣稱原定的百分之十八固定回報率太高，要求與外方重新談判。但當時他只是要求降低原定百分之十八的比率，根本未提到原定固定回報本身是所謂「違法」的（illegal）。可以推定：他對於原先經過政府主管部門依法審批並且已經實際執行六年之久的百分之十八固定回報方式，直到二〇〇二年三月為止，始終認為是合法的，對中方有約束力的。

4. 值得注意的事實是：國務院「國辦發〔2002〕43號通知」之中，關於修改中外合作企業合同中給予外方固定回報條款的**協商性建議**，實際上早在一九九八年下達的「國發〔1998〕31號通知」以及二〇〇一年下達的「國辦發〔2001〕10號通知」之中，就已以強制性和禁止性規定的措辭，明確表達。而在一九九八至二〇〇〇年三月之間，中方代表L先生卻從未提出要求依據這兩份含禁止性規定的「通知」，改變本項目合作企業中給予外商固定回報的條款。因此，可以有理由推定：中方代表之所以在二〇〇二年三月才開始要求重新談判和改變原定的百分之十八固定回報方式，**主要是**由於仲裁申請書中所稱「燃煤漲價」和「熱汽銷量下降」等**市場原因**或**經濟原因**引起的，即並非由於貫徹政府通知等**行政原因**或**政治原因**引起的。

5. 據仲裁申請書第三十六段所稱：原先英商X投資公司方曾要求以「國辦發〔2002〕43號通知」本身所主動建議和完全可行的「提前回收投資」方式，取代原定的固定回報方式，但因中方代表L先生拒不讓步，（Mr. L would not concede this points）英商X投資公司的代表便放棄了提前回收投資的合理合法要求。從字面上，看不出英商X投資公司代表是面臨中方代表的強迫、要挾或欺詐，因而被迫或被騙同意放棄上述合理合法的要求。因此，有理由推定：英商X投資公司是全面權衡**其他**各種利弊因素後，才放棄了選擇「國辦發〔2002〕43號通知」本身所主動建議和完全可行的替代方式，即放棄了提前回收投資的方式。

6. 在仲裁申請書第三十六段的敘述中，也未能看出英商X投資公司的代表是面臨中方代表的強迫、要挾或欺詐，因而被迫

或受騙放棄「國辦發〔2002〕43號通知」所主動建議的「改」「購」「轉」「撤」等其他有利方式，卻**自願同意**接受二〇〇三年三月十一日簽訂的三份《新協議》，用以取代原先的固定回報方式。因此，有理由推定：英商X投資公司是在全面權衡**其他**各種利弊因素後，才放棄了選擇「國辦發〔2002〕43號通知」所主動建議和完全可行的「改」「購」「轉」「撤」等其他有利方式，卻**自願地同意**接受二〇〇三年三月十一日簽訂的三份《新協議》，用以取代原先的固定回報方式。

7. 眾所周知，作為任何公司的投資者，享有三大權利：（1）所投資產的受益權；（2）參與企業重大決策權；（3）企業經營管理者選擇權。這三大權利是互相有機連繫並融為一體的，而第（2）（3）兩大權利歸根結底又都是為了保證第（1）項權利即資產受益權得以實現。關於投資者享有的這三大權利，中國《公司法》第4條也作了明確規定。

8. 就本項目合作經營企業而言，有一項十分突出的人事安排，即中外雙方對於本公司主要經營管理者（總經理）選擇權的行使，相當特別，值得認真注意。本項目合作公司的總經理L先生，同時具有三種重要身分，同時握有三家利害緊密關聯公司的決策大權和經營管理大權：（1）L先生是參加本項目合作公司的中方合作者「某市B公司」掌握決策大權的**董事長**；（2）L先生同時又是本合作公司與之簽訂「運營與維護合同」的相對方即「某市C電力公司下屬實業公司」的掌握決策大權的**董事長**；（3）L先生同時還是本項目合作公司中的分享決策大權的**副董事長**和獨掌經營大權的**總經理**。

9. 根據一九九六年《爭端合同》第9條規定，本合作企業的總經理應由**中方推薦**並由董事會委派。董事會雖有權隨時撤換總經理，但撤換之後的新總經理人選，依約仍**必須由中方推薦**（而不得改由外方推薦）。這樣的人事安排體制，由於L先生同時是與本合作公司有極其密切利益關係的其他兩家關聯公司的主要決策人，這就使L先生在本合作公司中掌握的經營管理大權，如虎添翼，左右逢源，得心應手。這對於外方合作者英商X投資公司而言，未必是有利的；在中外雙方利益發生矛盾衝突時，這種人事安排體制可能是對外方十分不利的甚至可能是相當有害的。

10. 現在，在二○○三年三月十一日簽訂的三項《新協議》中有了相當重要的新變化：

（1）《新協議》實質上取消了對中方合作者顯然有利、對外方合作者英商X投資公司相當不利的上述原有人事安排體制，把中方對總經理的推薦權（選擇權）取消了，代之以由外方即英商X投資公司行使總經理推薦和選擇的關鍵權利；這種修改，實質上形成了由英商X投資公司依仗其在董事會中擁有**四比三簡單多**數的決定權，實行**單方指派**本合作企業**總經理**的局面；人事安排體制中的這種重大修改或「改革」，實質上打破了、取消了中方對本合作**企業日常經營管理大權**的壟斷，把公司主要經營管理者掌握的大權完全轉到英商X投資公司手中。

（2）《新協議》實質上**取消了由中方合作者**包攬電廠「運營業務」的**承攬權**或**壟斷權**，代之以外方英商X投資公司在一定條件下可以終止《運營與維護合同》，另行選擇和委託新的運營業務承攬人，或自行運營電廠。這種新的改變和「改革」，實質上

形成了由**英商X投資公司**依仗其在董事會中**四比三**的簡單多數，**單方自主選擇**運營業務新的承攬人的局面。除此之外，還另外加重了中國運營方的違約責任，強化了英商X投資公司**中途「換馬」**的選擇權。

（3）由此可見，貫穿於上述《新協議》之中的新的權力分配或公司權力的重新分配，**是十分有利於外方英商X投資公司，而相當不利於中方的**，它們在相當大的程度上改變了、削弱了，甚至實質上完全取消了原先一向掌握在中方合作者手中的經營管理大權和電廠運營業務的承攬大權。

（4）即使單就本項目合作企業而言，經過《新協議》的權力重新分配，中國《公司法》第4條所明文規定的出資者在該企業中享有三大權利，即投資資產受益權、公司業務重大決策權以及主要經營管理者（總經理）選擇權，均已**完全落入外方合作者**英商X投資公司手中，使英商X投資公司實質上可以全盤控制該合作企業的三大權力，形成了「大權獨攬」和「一統天下」的局面。這對於只占投資註冊資金百分之六十的英商X投資公司來說，應該是相當理想和相當愜意的**嶄新局面**。從**市場交易規則**來看，可以說這是一筆「以小本換大利」的「賺錢生意」，至少也正是商人們樂意接受的「利大於本」的正常交易行為。

（5）根據以上《新協議》中的核心內容進行綜合分析，顯然不能排除這樣的可能：中外雙方合作者是經過充分平等磋商、反覆討價還價之後，各自全面權衡利弊，「各有所取」和「各有所予」，**在各方自主和自願的基礎上，互相妥協讓步，達成了新協議。**這種在平等磋商、自主自願基礎上達成的新協議，**當然更**

不能被任意定性為「外國政府的徵收行為」，或已經「發生了」承保範圍內的「外國政府徵收風險事故」。

11.中國F律師事務所二○○三年十二月三日致英商X投資公司的E-mail，其原文是「So as a conclusion, I am of the opinion that the present return arrangement of the disputed CJV project is **problematic** under the Notice.」[15]據《牛津高階英漢雙解詞典》（商務印書館2002年版）釋義，「Problematic」一詞只是「difficult to deal with or to understand that cannot be foreseen; doubtful or questionable」，而絕對不是「illegal——非法、違法」。「illegal」才會導致無效，不能實行，而「Problematic」所指，則可以完全是合法的，只是雙方有爭議，意見不一，一時難以順利解決而已。

12.中國F律師事務所上述E-mail中根本沒有提到英商X投資公司一方不可能援引《爭端合同》第18條的規定，要求採取「buy up」即由中方購買外方股權的辦法，作出新的安排。可見，仲裁申請書第三十八段的說法，並不符合F律師事務所上述E-mail措辭的原意。英商X投資公司一方之所以不要求中方收購（buy up）其原有股權，看來是由於另有所圖，即經全面權衡利弊之後，**自願放棄**此種替代辦法。顯然，英商X投資公司更沒有理由把此種棄權歸咎於「國辦發〔2002〕43號通知」本身，因為「國辦發〔2002〕43號通知」本身就主動建議可以採取這種由中方購買外方股權（buy up）的辦法來取代原定的固定回報辦法。[16]

13.和任何其他律師事務所提供的諮詢意見一樣，中國F律師事務所提供的見解，固然可供外方客戶當事人參考，但不能作為解釋中國法律、法規、政令真實含義的憑據或證據。更不能在**曲**

解或誇大其原意之後，作為訴訟或仲裁程序中的用以判斷是非的標準、憑據或證據。

【Q13】如果英商X投資公司當時提起訴訟或者仲裁，訴稱英商X投資公司已經提出足以符合「國辦發〔2002〕43號通知」規定的有關本案固定回報條款的修訂方案，但中方錯誤地拒絕，會有什麼後果？法院或仲裁庭是否會予以支持？

【A13】針對這個問題，可作以下兩點分析：

1. 如果英商X投資公司當時確實已經提出符合「國辦發〔2002〕43號通知」規定的有關本案固定回報條款的修訂方案，但中方錯誤地予以拒絕，則英商X投資公司有權依據本項目《爭端合同》第21.02條仲裁條款（修訂），將爭端提交「中國國際貿易促進委員會仲裁委員會」）現名「中國國際經濟貿易仲裁委員會」，簡稱「CIETAC」）申請裁決。由於合同中已定有仲裁條款，依中國的《仲裁法》第5條規定，任何一方都無權向中國人民法院提起訴訟。除非雙方另行達成新的協議，同意改為向法院提起訴訟。

2. 根據英商Y保險公司通過其代理律師向陳安教授先後提供的四個Files將近八百頁文檔資料中所顯示的現有的事實和現有的雙方舉證，對照現行的中國法律和法規，包括其實體法和程序法，本案爭端如交由CIETAC仲裁員公正裁斷，則英商X投資公司在仲裁中取得勝訴顯然是很有把握的；反之，敗訴則是沒有事實根據和法律根據的。

【Q14】根據當時現行有效的《涉外經濟合同法》第40條，即使法律有新的規定，中外合作雙方也可以按原有的約定履行合同，因此，如果像英商X投資公司所主張的固定回報條款原本是合法的，在「國辦發〔2002〕43號通知」發布後才使它不合法，那它為何不提起訴訟或者仲裁，主張仍按照原合作合同約定履行？如果它勝訴，就不會有現在所主張的損失了。您對此有何評論？

【A14】這是本案爭端中另一個**極其關鍵**而又十分有趣的問題，值得認真剖析：

1. 根據一九九六年本案《爭端合同》立約當時現行有效的《涉外經濟合同法》第40條，該合同中有關固定回報的條款原本一直是合法的，而且事實上已被本案某市C電力公司中外雙方切實遵守和執行了六年之久（1996. 12-2003. 3. 11，即從《爭端合同》生效起至《新協議》生效止）。**僅僅就此點而言**，英商X投資公司的主張是正確的。[17]

2. 英商Y保險公司通過其代理律師向陳安教授提供的第四本Files文檔資料（4th File Documents）第一部分App. E載明的《供購電協議》，如經查核屬實，則其中第1.06條以及5.14條關於「**法律變更**」（Change of Law）的明文規定特別值得注意：

（1）《供購電協議》第1.06條規定：「法律變更」一詞，指中國國家、本省、本市以及其他當地各種法律、條例或政策，發生變更，涉及稅收、環境等事項，以致影響到電力的生產和傳輸，或直接、間接地影響到本合作經營企業合同規定的經濟利益。

（2）《供購電協議》第5.14條進一步規定：一旦由於「法律

變更」，導致本合作經營企業所辦電力工廠的生產成本增加或利潤收入減少，本合作經營企業有權經由當地物價局批准，提高電力收費，或向當地電力局索取相應補償，以恢復本合作經營企業在法律發生變更以前依據本協議原先享有的地位。依據本協議第12條規定，如果雙方發生有關增收電費的爭端而提交仲裁，不論仲裁結論如何，當地電力局均應立即先行補償增收電費的金額……

可以說，**根據立約當時的《涉外經濟合同法》第40條**，再加上《供購電協議》上述兩條款的明文規定，為本案合作公司（含外方英商X投資公司）在仲裁程序中獲得勝訴，奠定了法定的和約定的堅實基礎。

因此，在一般正常情況下，英商X投資公司看來沒有理由不好好援引以上預先設定的「自衛」條款，抵制中方合作者以「法律變更」為藉口而提出任何無理要求，保護自己的一切合法權益。

3. 《供購電協議》第12.7條關於「放棄以主權國家豁免權為理由的辯護」（Waiver of Sovereign Immunity Defence）明文規定，雙方明確表示：在依據本協議而提交的仲裁程序中，在執行仲裁裁決的法定過程中，雙方均放棄以主權國家豁免權作為理由的辯護，不得主張本單位是主權國家的一個機構或設施而享受主權豁免。

可以說，上述明文規定，更進一步為本案合作公司（含外方英商X投資公司）在仲裁過程中獲得勝訴奠定了法定的和約定的堅實基礎。

因此，在一般正常情況下，英商X投資公司看來更加沒有理由不好好援引以上預先設定的「自衛」條款，抵制中方合作者以「法律變更」為藉口而提出任何無理要求，保護自己的一切合法權益。

4. 《中華人民共和國仲裁法》第19條規定：「仲裁協議獨立存在，合同的變更、解除、終止或者無效，不影響仲裁協議的效力。」這一規定，切實有效地保證了英商X投資公司在任何情況下**都有權**依據本案《爭端合同》（即主合同）以及上述《供購電協議》中的仲裁條款（即仲裁協議），將本案的有關爭端提交約定的仲裁機構裁斷，依法討回公道。

5. 英商Y保險公司向陳安教授提供的第三本Files文檔資料（3rd File Documents）含有一宗案例，即吉林省「長春匯津污水處理公司」訴長春市人民政府一案的過程和結局，如經查核屬實，則具有重大的參考價值和借鑑意義。

匯津中國（長春）污水處理有限公司（以下簡稱「匯津中國公司」），是一九九七年十月三十日在英屬維爾京群島登記的一家國際商業公司。二〇〇〇年三月，長春市排水公司作為甲方與乙方匯津中國公司簽訂了《中外合作經營企業合同》，合同約定；長春市排水公司將長春市北郊污水處理設施的在建工程和項目所需的全部土地使用權，以五千萬元人民幣作為出資額，**匯津中國公司出資二點七億元人民幣**，雙方同意以三點二億元人民幣總投資建立並經營中外合作經營企業——長春匯津污水處理有限公司。

二〇〇三年二月二十八日，長春市政府為**貫徹落實國務院**

「國辦發〔2002〕43號文件」精神，作出了《關於廢止〈長春匯津污水處理專營管理辦法〉的決定》（以下簡稱「廢止《辦法》的決定」）。二〇〇三年八月，長春匯津公司以長春市政府為被告，向長春市中級人民法院提起行政訴訟，索取損害賠償。

法院審判庭經開庭審理後，綜合評議認為：被告長春市政府**依據國務院「國辦發〔2002〕43號文件」規定**，所作出的「廢止《辦法》的決定」，屬於正確合法。原告長春匯津公司主張被告長春市政府作出「廢止《辦法》的決定」屬於違法行為、因而應予撤銷的理由，不能成立，該審判庭不予採納。

二〇〇三年十二月二十四日該審判庭判決如下：駁回原告長春匯津污水處理有限公司要求被告長春市人民政府承擔行政賠償責任的訴訟請求。

原告不服，於二〇〇四年一月八日上訴至吉林省人民法院。

二〇〇五年八月，原告、被告雙方達成和解。這場歷時兩年的法律糾紛，終於以**長春市政府付款回購**外方出資股權而結束。據報導，**長春市**政府支付的**回購金額為二點八億元人民幣**。這個數字，比外方原有投入中外合作企業的**出資額二點七億元人民幣**，多出約一千萬元人民幣。

從以上結局可以看出：

（1）這實質上乃是在華投資外商**通過法律手段迫使中國當地地方政府因自己的違法施政行為依法對受到損害的外商作出應有經濟賠償的典型案件**；

（2）這個案例從實質上和實踐上有力地證明：**國務院辦公廳下達的「國辦發〔2002〕43號通知」，不具有溯及既往效力**；

（3）同時，也有力地說明：**一切在華投資外商，只要敢於和善於依靠和運用中國現行法律保護外商投資的有關規定，採取法律手段（含訴訟和仲裁），向法院起訴，或向約定的仲裁機構申請仲裁，就能夠充分保障自己的一切合法權益，包括過去已經經過政府主管部門依法審批生效的合同中所規定的取得投資固定回報的合法權益。**

6. 根據中國有關法律法規的有關規定，根據對「國辦發〔2002〕43號通知」本身的法定位階以及本身文字含義的正確理解，根據上述典型案例的實踐驗證，即使在「國辦發〔2002〕43號通知」發布之後，上述《爭端合同》中的固定回報條款仍然是合法、有效和應予繼續執行的。所謂英商X投資公司「argues that the fixed return arrangements had originally been legal but were rendered illegal by Circular No. 43, 2002」[18]都是沒有事實根據和法律根據的。因此，英商X投資公司的上述主張是不正確的。[19]

7. 因此，英商X投資公司在仲裁申請書第四十六段標題中所主張和強調的「The promulgation of Circular No. 43 constitutes an Act of Expropriation」[20]，顯然更是沒有任何法律根據和事實根據的一種武斷，它只是為另有所圖而虛構的一種藉口。

8. 綜上所述，**根據**英商Y保險公司代理律師提供的**現有法律**文檔和資料，如經查核屬實，則英商X投資公司本來有足夠的正當理由，依法和依約向中國北京的CIETAC申請仲裁，以解決英商X投資公司與中方合作者之間的合同爭端，而且顯然有很大的把握在仲裁程序中取得**勝訴**。但英商X投資公司不作此種合情、合理、合法的選擇。看來顯然是另有考慮和另有所圖。

　　換句話說，依據現有文檔所顯示的事實，不能排除有這樣的可能：英商X投資公司對本案遇到的爭端問題採取了「**腳踩兩條船**」「**左右逢源**」（to win advantage from both sides）的策略：**一方面**，與中方合作者進行反覆的談判，迫使中方作出重大讓步，即交出了合作公司總經理人選的推薦權和壟斷權，交出了電廠運營業務的承攬權和壟斷權，在此前提下，英商X投資公司自願同意放棄原先的固定回報方式。它與中方做成了一筆「以小本求大利」的賺錢生意，或做成了一筆至少是「利大於本」的一般商務交易，因而**完全自願地放棄了中國法律所給予的各種法律保護**，**也完全自願地放棄了**「**國辦發〔2002〕43號通知**」本身所給予的各種合法選擇權。[21] 與此同時，**另一方面**，英商X投資公司又以「國辦發〔2002〕43號通知」乃是「徵收法令」這一虛構借口，向英國Y保險公司索取純屬虛構的所謂風險事故已經「發生」的賠償。換言之，英商X投資公司力圖做到「魚與熊掌兼得」：既從中方合作者手中取得額外的「權」，又從外商保險商手中取得額外的「利」。

　　這種「腳踩兩條船」「左右逢源」的做法和訴求，如經進一步查核屬實，則按中國的法律（含保險法），是不可能獲得支持的。不難想見，按英國的法律，這種做法，看來也是很難或不可能獲得支持的。

注釋

〔1〕　即前文《外商在華投資「徵收」索賠迷霧中的廬山面目——英商X投

資公司v. 英商Y保險公司案件述評（一）》。

〔2〕 參見2006年4月25日提供的《專家意見書》，即本書《廬山面目》
（一）。第21-37段。

〔3〕 參見《廬山面目》（一），第28-32段。

〔4〕 參見《廬山面目》（一），第21-37段。

〔5〕 參見《廬山面目》（一），第17-19段。

〔6〕 參見《廬山面目》（一），第24-26段。

〔7〕 參見《廬山面目》（一），第33-35段。

〔8〕 參見《廬山面目》（一），第36段。

〔9〕 參見本文【A1】第1-5段。

〔10〕 參見國務院《國家行政機關公文處理辦法》第5條。

〔11〕 參見《廬山面目》（一），第43-51段。

〔12〕 參見《廬山面目》（一），第17-23段。

〔13〕 參見《廬山面目》（一），第17-23段。

〔14〕 參見《廬山面目》（一），第43-51段。

〔15〕 大意是：「因此，我得出結論是，根據『國辦發〔2002〕43號通知』
對本合作項目作出現有的投資回報安排，是懸而未決和有爭議
的。」

〔16〕 參見《廬山面目》（一），第34段。

〔17〕 參見本文【Q11】和【A11】。

〔18〕 大意是：英商X投資公司主張，關於給予投資固定回報的安排原先
是合法的，但「國辦發〔2002〕43號通知」卻使這種安排變成了違
法。

〔19〕 參見《廬山面目》（一），第45-51段。

〔20〕 大意是：「國辦發〔2002〕43號通知」構成了一種徵收法令。

〔21〕 參見《廬山面目》（一），第45-51段。

第 18 章

外商在華投資中的「空手道」融資：「一女兩婿」與「兩裁六審」*
——中國深圳市中方四公司V. 泰國賢成兩合公司案件述評

↘ 內容提要

　　改革開放以來，外商在華投資對於中國經濟發展起了重大的促進作用。但是，其中也有一小部分外商實力嚴重不足胃口卻相當不小，力圖以小本錢攬大生意，甚至千方百計、不擇手段地搞「無本經營」，商界形象地稱之為「空手套狼」或施展「空手道」[1]功夫。這種現象在房地產開發經營中尤為突出。其基本運作方法是：以「中外合資經營」或「中外合作經營」為名，用低廉的代價，從中國政府方面獲得大片地塊的土地使用權，然後以該地塊的使用權作為抵押物，向中國的銀行以及外國的銀行和其他公司貸款融資，以供周轉使用。在這個過程中，由於此類外商本身實力的嚴重不足和商業誠信的嚴重缺乏，往往引發中外公司之間的重大爭端，並且「冤冤相報」，連鎖反應，遷延時日，相持不下，以致對有關合營企業或合作企業造成嚴重損失，也對中國的經濟建設產生相應的負面影響。本文所評述、剖析的案件，就

是這樣一個發生在中國南方城市的、由某外商在房地產開發經營中搞「空手道」融資所引發的典型案例。其中有許多經驗教訓，值得認真總結。

⤵ 目次

一、本案案情梗概

中國深圳市的四家公司，即深圳市華樂實業股份有限公司、深圳上海時裝公司、深圳市工藝服裝工業公司以及深圳市開隆投資開發有限公司（以下簡稱「中方四公司」），與泰國賢成兩合公司於一九八八年十二月簽訂了中外合作經營企業合同，在深圳

市依法登記成立「深圳賢成大廈有限公司」，合作建造賢成大廈。泰國賢成兩合公司原法定代表人吳賢成先生同時兼任「深圳市賢成大廈有限公司」的董事長和法定代表人。中方四公司的主要投資是一萬兩千多平方米地塊的使用權，泰方賢成兩合公司的主要投資是建造大廈地面房屋所需的巨額資金。各方約定大廈建成之後按一定比例分享大廈房產權益。賢成兩合公司因資金實力薄弱，無法籌足建造賢成大廈所需資金，遂未經中方合作公司同意，擅自以「深圳賢成大廈有限公司」所取得的土地使用權及其地面房產的未來權益作為抵押物，或作為「股權轉讓」的標的物，先後向香港鴻昌公司等多家公司和中國銀行取得多筆貸款、價款或借款，周轉使用。因資金周轉不靈，負債累累，工程延誤、停頓，各方權益分配失衡等問題，導致合作各方矛盾不斷激化。一九九三年十二月泰國賢成兩合公司（申請人）與香港鴻昌公司（被訴人）將雙方有關糾紛提交中國國際經濟貿易仲裁委員會（CIETAC）深圳分會仲裁，仲裁庭於一九九四年八月一日作出第40號裁決，認定被訴人香港鴻昌公司在「深圳賢成大廈有限公司」中具有實際投資。

　　接著，經中方四公司申請，深圳市工商行政管理局於一九九四年十一月發出通知，將「深圳賢成大廈有限公司」予以註銷。在這前後，中方四家公司又與香港的鴻昌公司簽訂了「合作經營『深圳鴻昌廣場有限公司』合同」，約定中方合作者即以原「深圳賢成大廈有限公司」所擁有的地塊使用權作為投資，港方合作者則負責注入建造鴻昌廣場房地產所需資金。一九九四年十二月，深圳市政府主管部門批准了這份新的中外合作經營企業合

同，並於一九九五年八月決定對「深圳賢成大廈有限公司」進行結業清算。

　　泰國賢成兩合公司和中國「深圳賢成大廈有限公司」不服上述行政行為，遂以深圳市工商行政管理局等作為被告，於一九九五年一月向廣東省高級人民法院提起行政訴訟和附帶民事訴訟。一九九七年廣東省高院作出行政判決，撤銷深圳市政府主管部門的上述行政決定。被告不服，上訴於最高人民法院，最高院於一九九八年七月就該上訴案作出終審行政判決，維持廣東省高院原判，並要求深圳市政府主管部門對「深圳賢成大廈有限公司」涉訟有關事宜「重新處理。」

　　一九九九年二月，中方四公司聯合向中國國際經濟貿易仲裁委員會（CIETAC）深圳分會提出仲裁申請，要求裁決終止一九八八年簽訂的中外（泰）合作經營企業合同，解散「深圳賢成大廈有限公司」。本案的被申請人即泰國賢成兩合公司隨即提出了索賠的反請求。在這前後的一段期間裡，又有兩家外省的中國銀行以貸款債權人身分起訴於當地人民法院，向「深圳賢成大廈有限公司」索償，並由法院作出了終審判決，查封和拍賣了「賢成大廈」的部分已建房產。

　　本仲裁案案情錯綜複雜，案中有案，先後經歷了一九九四年第一次仲裁以及相繼而來的兩審行政訴訟，還涉及多起民事訴訟，糾紛纏訟長達十幾年。在纏訟後期，泰國賢成兩合公司甚至通過泰國外交部向中國外交部發函，要求後者出面「過問」此案的仲裁事宜。直至二〇〇〇年七月底，才由CIETAC深圳分會（現改稱為「CIETAC華南分會」）仲裁庭排除內外一切行政干

擾，以事實為根據、以法律為準繩，抓住全案主要矛盾和關鍵問題，作出公正、公平的終局裁決。據媒體報導，在執行二〇〇〇年第二次仲裁裁決過程中，又因行政索賠和清算問題再經歷了兩宗四審行政訴訟，直到二〇〇四年三月，以泰國賢成兩合公司的最後敗訴告終。

　　本文是以本案有關司法文檔以及二〇〇〇年終局仲裁裁決[2]為基礎，結合其後續事態的發展，綜合整理而成。文末附錄相關的最高人民法院判決書以及二〇〇四年媒體公開報導，供讀者對照參考。

二、本案各方當事人的主張和仲裁庭對事實的認定

（一）本案各方當事人的主張及其交鋒

　　〔本案申請人有四：〕

　　第一申請人：深圳市華樂實業股份有限公司

　　第二申請人：深圳上海時裝公司

　　第三申請人：深圳市工藝服裝工業公司

　　第四申請人：深圳市開隆投資開發有限公司

　　本案被申請人是：

　　泰國賢成兩合公司（Chareon Kij Calendar Ltd., Part.）

　　中國國際經濟貿易仲裁委員會深圳分會（下稱「深圳分會」）根據上述申請人和被申請人於一九八八年十二月五日在中國深圳簽訂的「合作經營深圳賢成大廈有限公司合同書」（下稱「合作合同」）中的仲裁條款以及申請人的書面仲裁申請，受理了雙方

當事人關於合作合同及補充合同書的爭議案，並於一九九九年二月十二日向申請人和被申請人發出了SHEN V99014號仲裁通知。

本案適用一九八八年五月十日起施行的《中國國際經濟貿易仲裁委員會仲裁規則》（以下簡稱《仲裁規則》）。

1. 各方當事人的程序主張及其交鋒

1999年3月2日，申請人選定張靈漢先生為本案的仲裁員。

1999年4月29日，深圳分會收到了被申請人對本案的「受理、管轄異議書」，並表明其選定仲裁員的行為不得被認為是被申請人已接受深圳分會對仲裁申請的管轄和受理。深圳分會祕書處將上述異議書轉給了申請人。1999年5月11日，申請人向深圳分會提交了對被申請人異議書的答辯意見書。5月12日，深圳分會祕書處將答辯意見書轉給了被申請人。

1999年5月24日，深圳分會收到了被申請人選定姚壯先生為本案仲裁員的函件。同日，被申請人按照仲裁規則規定的期限就本案向申請人提出了反請求，並提交了證據材料，被申請人同時聲稱其提出反請求的行為是為了保留其在可能進行的仲裁程序中的一切權利，而不得被認為已接受深圳分會的管轄。1999年5月24日，深圳分會祕書處向被申請人發出「預繳反訴費用通知單」。被申請人在1999年6月15日的「延遲繳納反訴仲裁費申請書」中提出，其將在收到對仲裁管轄異議書的處理通知後再繳納反訴仲裁費。1999年5月31日，深圳分會祕書處將被申請人的反請求申請書轉給了申請人。

1999年6月10日，針對被申請人提出的管轄異議，中國國際經濟貿易仲裁委員會（以下簡稱「仲裁委員會」）根據《仲裁規

則》第64條的規定，作出了「（99）貿仲字第3325號管轄權決定」，決定如下：合作合同的仲裁條款有效；本案爭議屬於仲裁委員會受理範圍；深圳分會對本案具有管轄權，仲裁程序應繼續進行。該決定已寄送給雙方當事人。

1999年6月10日，由仲裁委員會主任指定的首席仲裁員陳安先生、張靈漢先生、姚壯先生共同組成審理本案的仲裁庭。仲裁庭組成通知已寄送給雙方當事人。

1999年7月26日，深圳分會收到申請人來函，聲稱合作企業的經營期限將於1999年8月1日屆滿，依據有關法律的規定，合作企業已經因經營期限屆滿而終止，自行解散。因而申請撤銷該案，並要求辦理撤案的有關手續。次日，深圳分會祕書處向被申請人發出了「關於反請求事宜的通知」，告知被申請人，申請人已提出了撤回其全部仲裁請求的申請，如被申請人仍堅持提出反請求，務必於原定的1999年8月11日前繳納反請求仲裁費，否則深圳分會不受理反請求。

1999年8月12日，深圳分會收到申請人來函，稱鑒於1999年8月9日合作企業董事會會議因董事長吳賢成不到會，無法研究合作企業的有關事宜，鑒於本案涉及問題複雜，為了避免雙方產生新的爭議，申請人請求仲裁庭繼續開庭審理該案。

1999年8月13日，深圳分會祕書處通知被申請人，申請人已請求撤回其撤銷案件的申請，因此仲裁庭決定繼續進行仲裁程序。鑒於原定的開庭安排因申請人先前的撤訴請求受到影響，因此取消8月17日的開庭安排，新的開庭時間另行通知。此函已於同日抄送給申請人。

1999年8月18日，深圳分會祕書處通知雙方當事人，定於1999年9月22日至24日在深圳開庭，並要求雙方在9月3日前提交證據材料。

1999年9月3日，深圳分會收到了被申請人來函，函稱：（1）被申請人根據申請人撤訴的事實，決定不提出反請求，被申請人未在規定的時間內繳費，以此表明不進行反請求。（2）深圳分會在將申請人的撤銷仲裁申請通知被申請人時，實際上已表明深圳分會同意了該撤案申請。（3）該案連同反請求在內，由於以上原因，在1999年8月11日工作日結束後實質上已經撤銷。（4）申請人是在該案實質上已經撤銷之後的第二天，即1999年8月12日才向深圳分會提出恢復原仲裁請求的，因此被申請人認為該恢復申請是在該案已經撤銷的情況下提出的，因而是無效的。

1999年9月6日，深圳分會祕書處給被申請人去函，答覆如下：（1）依照《仲裁規則》的規定，在仲裁庭組成後撤銷案件的，由仲裁庭決定。因此，本案申請人申請撤回其全部仲裁請求並不意味著本案必然撤銷，在被申請人提出了反請求的情況下，仲裁庭還應視反請求的情況才能考慮本案是否撤銷的問題。因此仲裁庭給予了被申請人辦理反請求受理手續的充分機會。（2）被申請人在1999年8月11日之前從未以書面形式或其他任何通訊方式告知深圳分會其不再堅持反請求，實際上直至1999年9月3日之前深圳分會都未收到被申請人的類似聲明。被申請人在8月11日前不繳納反請求仲裁費的行為，應被視為其放棄主張反請求的權利，但並不意味著本案已被撤銷。在仲裁庭尚未對本案作出撤案決定書的情況下，本案並沒有被撤銷。（3）申請人在1999年8

月12日提出恢復原仲裁請求，仲裁庭認為申請人有權處分其訴權，恢復請求是可被接受的，並不違反《中華人民共和國仲裁法》和《仲裁規則》。（4）基於以上所述，仲裁庭決定1999年9月22日的開庭照常進行。

1999年9月10日，深圳分會收到被申請人「關於延期開庭的申請函」，稱：吳賢成先生最了解本項目和本案情況，將出席庭審，但由於申請人撤訴，吳先生已安排一系列的商務公幹，因此要求仲裁庭將庭審延期到1999年10月31日以後進行。

1999年9月14日，深圳分會祕書處給被申請人去函，稱仲裁庭認為被申請人要求延期開庭的理由不充分，深圳分會已給予當事人足夠的時間準備開庭，因而不接受被申請人的延期開庭申請。

1999年9月22日至23日，仲裁庭在深圳開庭審理本案。第二、第三申請人的法定代表人孔祥茂先生、甘平先生和申請人的代理人盧全章先生、肖峋先生、黃敬忠先生、張文華女士、王俠先生、劉一憲先生、李娟女士出席了庭審，被申請人的代理人李方先生、吳冠雄先生、段繼紅女士、周健先生、李元君先生、翁嬋珍女士、Supin Jitkarnngarn女士出席了庭審。被申請人的代理人在開庭時提交了仲裁答辯書，並提出，申請人對仲裁請求的撤銷和恢復影響了其反請求的提出。仲裁庭明確表示被申請人有提出反請求的權利，但在沒有履行受理手續之前，只能就申請人的請求發表意見。被申請人明確表示要提出反請求，仲裁庭要求其在10月8日前將反請求的手續辦理完畢。此後，雙方就仲裁請求及證據材料進行了辯論和質證，仲裁庭也就有關問題進行了調

查，並要求雙方在10月8日前提交補充材料，並強調雙方若有和解的可能，就不要錯失良機。

1999年9月30日，深圳分會祕書處向被申請人發出了「預繳反訴費用通知單」。被申請人按時辦理了反請求手續。1999年10月15日，被申請人向深圳分會提交了對反請求的變更說明。深圳分會將該說明轉給了申請人。

1999年11月9日，深圳分會通知雙方當事人，定於1999年12月20日至22日在深圳進行第二次開庭，並要求雙方在11月30日前提交證據材料。

1999年12月20日，仲裁庭在深圳第二次開庭審理本案，申請人的代理人盧全章先生、肖崎先生、黃敬忠先生、李娟女士、張文華女士、張志良先生、劉一憲先生、王俠先生出席了庭審，被申請人的代理人李方先生、吳冠雄先生、周健先生、翁嬋珍女士、Pinpong Suwanichkul先生、林敏熙先生出席了庭審。本次開庭將仲裁請求和仲裁反請求合併審理。申請人在開庭時提交「關於對本案作出中間裁決的請求」，稱鑒於深圳賢成大廈（現深圳鴻昌廣場）已投入巨額資金，每日都在發生數十萬元的經濟損失，而申請人申請合作合同應予解除的事實和法律依據都是充分的，因而申請人請仲裁庭先就申請人的仲裁請求作出中間裁決，待深圳賢成大廈有限公司的清算結果出來後，再裁決本案的反請求。在庭上，雙方當事人對仲裁請求和反請求進行了陳述和辯論，仲裁庭也就有關的問題進行了調查。仲裁庭經合議，認為作中間裁決的時機還不成熟。鑒於雙方當事人在庭上提出了調解的要求，仲裁庭決定次日主持調解。12月21日和22日，仲裁庭主持

了本案的調解，但未調解成功。

　　雙方當事人在庭後補充了證據材料。2000年1月14日，深圳分會祕書處收到了被申請人傳真來的「中止審理申請書」，1月17日收到該申請書的原件，18日又收到被申請人代理人段繼紅女士的「請求仲裁庭對賢成大廈一案暫時中止審理的報告」。被申請人要求中止審理的理由有兩點：一是由於最高人民法院的行政判決書沒有得到有效執行，合作企業並未得到有效恢復，合作企業的財產仍被他人非法占有，根本談不上對合作企業內部糾紛進行仲裁；二是合作企業的會計帳目和部分檔案於1995年5月被深圳市人民檢察院扣押，後該院又將上述材料移交到深圳市工商行政管理局破產清盤處，至今尚未歸還合作企業，缺少完整準確的會計帳目和企業檔案，已經嚴重妨礙被申請人進行反請求並有效舉證，因此，被申請人在未得到上述資料之前難以繼續參加反請求審理。2000年3月13日，深圳分會祕書處經商仲裁庭對被申請人作出答覆，認為被申請人提出的第一個問題不是仲裁庭對本案進行審理的障礙；至於第二個問題，說明會計帳冊在本案中已被申請人申請證據保全，仲裁庭考慮到查封的情況，要求被申請人對所需的會計帳冊列出證據清單，深圳分會祕書處將就清單內容協助被申請人進行查詢和複印。因此仲裁庭不同意被申請人要求中止審理的請求。

　　由於本案案情較為複雜，仲裁庭難以在規定的期限內作出裁決，仲裁庭要求將作出裁決的期限延長至2000年6月10日，深圳分會祕書長予以同意。2000年3月10日，深圳分會祕書處給雙方發出了延期作出裁決的決定。

2000年3月29日，深圳分會祕書處收到了被申請人提交的財務帳冊清單。4月26日至27日，在雙方當事人在場的情況下，深圳分會祕書處協助被申請人代表查詢、複印了合作企業的有關帳冊、憑證資料。

2000年4月29日，深圳分會祕書處通知雙方當事人，定於2000年5月29日至31日在深圳第三次開庭，並要求被申請人在5月16日之前提交其對反請求的補充意見和證據材料。

2000年5月29日，仲裁庭在深圳第三次開庭審理本案，第二申請人的法定代表人孔祥茂先生、申請人的代理人盧全章先生、張文華女士、黃敬忠先生、劉一憲先生、王俠先生、張志良先生出席了庭審，被申請人的代理人李方先生、吳冠雄先生、張正乾先生、周健先生、林敏煦先生、董俊絨女士出席了庭審。雙方當事人對各自的主張和對方的觀點進行了陳述和評論，並提出了願在仲裁庭的主持下進行調解的要求。當日下午，仲裁庭即對雙方當事人進行了調解，但未獲成功。次日，仲裁庭繼續審理本案，並在下午五時結束了庭審。

仲裁庭仍難以在2000年6月10日前對本案作出裁決，仲裁庭要求將作出裁決的期限再次延長到2000年8月10日，深圳分會祕書長予以同意。2000年6月9日，深圳分會祕書處向雙方當事人發出了延期作出裁決的決定。

本案於2000年7月審理終結，仲裁庭根據事實和法律在2000年7月31日作出裁決。

2. 各方當事人的實體主張及其交鋒

申請人訴稱：

1988年12月5日，申請人與被申請人訂立了「合作經營深圳賢成大廈有限公司合同書」（以下簡稱「合作合同」）。1989年3月28日，深圳市審批機關以深府經復（1989）第180號文批准該合同生效。1989年4月13日，合作企業辦理了工商註冊手續。1990年10月23日，雙方又訂立了「合作經營深圳賢成大廈有限公司補充合同書」（以下簡稱「補充合同書」）。1990年11月19日，深圳市政府以深府經復（1990）第875號文批准補充合同書生效。

合作合同第7條、第8條、第9條約定：合作企業的投資總額為9620萬元人民幣（2600萬美元），註冊資本為3848萬元人民幣。合作各方提供下列合作條件：（1）申請人提供12581.81平方米的土地使用權，承擔12581.81平方米的徵地費、報建費為1780萬元人民幣。（2）被申請人承擔大廈建造的全部資金2600萬美元。（3）由於地價上升，被申請人願意為申請人提供1500萬元人民幣作為土地補償費。大廈的建造費用，在合作合同登記註冊後半年內被申請人以備用信用證現金或匯票將資金匯入合作企業在深圳銀行開立的帳戶內，由被申請人按工程合同支付。補充合同書第3條約定：被申請人承擔大廈建造的全部資金。同時承擔在建房過程中、房產經營中的全部經濟風險責任。

但是，合作企業批准設立之後，被申請人全面違反出資義務，應投入建設大廈的資金始終不能到位，申請人多次敦促被申請人出資，但被申請人置之不理。由於建設資金不能到位，大廈

建設不能開工，從而嚴重侵害了申請人的合作權益。

1991年11月29日，賢成大廈終於奠基。然而在大廈興建過程中，被申請人由於資金不能及時到位，大廈建設進度緩慢，1993年9月20日，由於被申請人沒有資金投入，賢成大廈在建工程被迫全面停工。

根據《中華人民共和國中外合作經營企業法》第9條關於出資的規定，《中華人民共和國中外合作經營企業法實施細則》第21條關於違約的規定、第48條關於解散的規定，以及合作合同第37條關於違約的約定，申請人請求仲裁庭裁決終止雙方訂立的合作合同和補充合同書，解散合作企業，並由被申請人承擔本案仲裁費。

被申請人答辯如下：

（1）被申請人沒有違約，申請人要求終止合作合同的理由沒有事實和法律依據

1）關於大廈工程的延期開工

申請人指控被申請人建設大廈的資金不能到位，造成工程延期開工。但事實上，被申請人已經履行了自己的出資義務，實際向合作企業投入資金一〇七七萬港幣及一四六萬美元。造成大廈延期開工的真正原因是：

（a）申請人未能依照合作合同的規定取得大廈工程建設要點的批准，導致合作企業的建設規模發生重大變更，合同雙方進入合同的修改、變更和完善過程。

合作合同第6條規定：合作企業的規模，綜合大廈的建築面積為十八萬平方米。第10條關於申請人的責任中規定：「4. 負責

將大廈建設要點報規劃局批准；5. 負責辦理大廈的建設方案報批手續；6. 負責辦理報建手續。」但是合作合同經簽署並批准後，申請人未能依合同取得建設規模十八萬平方米的建設規劃批准，相反，由於大廈的容積率發生變化，大廈的建設規模從十八萬平方米的建築面積劇降到十萬平方米。顯然，雙方在合同項下的根本利益已經受到了重大影響，雙方不得不對合同條件重新進行談判。

1990年10月23日，雙方經過長時間的談判，終於簽署了補充合同書，對合作合同作了重大修改，將建築規模由十八萬平方米減少為十萬平方米左右。補充合同書得到了深圳市人民政府的批准。因此，從1989年初到1990年10月，雙方實際上是處於對合作合同進行修改、補充和完善的協商過程。在補充合同書達成之前，被申請人顯然不可能履行合作合同規定的出資義務，申請人都承認自己曾為面積分配無法達成新的協議而提出終止合同，又如何要求被申請人在此情況下履行出資義務呢？

而合作合同第9條約定在申請人取得建設要點和設計方案批准之後由被申請人分批向申請人支付土地補償費。由於申請人未能取得建設要點和設計方案的批准，加之建設規模的變化使得合作合同、建設要點和設計方案等均需要進行修改，在申請人滿足被申請人支付土地補償費的前提條件之前，被申請人自然沒有支付的義務。

（b）大廈工程的建設規模發生重大變更，導致大廈工程建設的規劃設計方案不得不進行修改。

根據合作合同第11條的約定，被申請人根據大廈原建設規模

進行了大廈建設方案的設計，而在建設規模發生重大變更後，被申請人不得不依據新的建設規模對該設計方案重新進行修改。這些客觀的技術性問題同樣也導致了大廈開工的延誤。

（c）補充合同書簽訂後，被申請人按時支付地價款，大廈工程在符合法律規定的時間內如期開工。

補充合同書對被申請人的出資義務沒有作具體的時間規定，只是根據「關於由合作企業直接與深圳市建設局簽訂購買土地使用權合同」的修改要求，被申請人在1990年11月20日將一千四百萬元人民幣土地補償費作為土地價款匯入合作企業。截至1990年11月28日，被申請人向合作企業投入一千五百萬元人民幣（不包括原先支付的一百萬元人民幣），使得合作企業有能力在1990年11月28日付清了全部地價款，並於1990年12月15日取得了房地產證，合作企業的土地使用權得到了確認。

1991年11月11日，深圳市建設局批准合作企業於1991年11月29日奠基開工。從時間上看，儘管前期大廈出現了建設規模和規劃設計方案的重大調整，賢成大廈的開工時間仍然沒有違反合作企業與深圳市建設局簽署的「深圳經濟特區土地使用合同書」〔深地合字（88）127號（修改）〕的有關規定。

2）關於大廈工程的停工

依據補充合同書第5條，合作企業的合作經營期限為五年，即合作企業應自補充合同書被批准之日1990年11月19日起五年內完成賢成大廈的建設。大廈實際在1991年11月29日開工，至1993年年底完全停工。申請人指控停工的原因是被申請人沒有資金投入，但事實上被申請人完全按照大廈工程的建設進度履行了出資

義務。

（a）合作企業未能支付工程款不是因為被申請人出資不到位。

由於補充合同書對於大廈建設資金的投入時間未作具體規定，因而合理的投入時間應是按照大廈工程的進度投入。被申請人在大廈開工後到停工時，一直根據大廈工程的進度以滿足建設需要為標準向合作企業投入資金，由於資金充足，建設進展順利，完成了地面以下結構工程、地下室和主體結構四層的施工。中建三局深圳一公司（下稱「工程公司」）提前了71天完成工程，並屢次申請提前工期獎。由此可見，被申請人向合作企業提供了足夠的建設資金，完全足以滿足大廈工程建設需要。

（b）合作企業未向工程公司支付的部分工程款並不能導致大廈建設的停工。

截至1993年6月，合作企業未付的工程款共計1794萬元人民幣，但其中還包括數百萬元未獲工程監理單位認定的材差和價差款項。但同時，合作企業在工程公司還存有工程預付款1580萬元人民幣。即使按照工程公司的單方主張，其當時墊付的工程款也僅為214萬元人民幣，並不能導致大廈工程的停工。而合作企業1993年5月到10月集中向工程公司支付了1790.65萬元人民幣和25萬美元的工程款，即使算上1993年6月以後的工程量，合作企業實際上並不欠工程款。項目工程的停工實際上另有原因。

（2）申請人多次違反合作合同和補充合同書，並誤導當地政府作出違法行政行為，才是導致合作企業經營停止和被注銷的真正原因

1）申請人未能依照合作合同的約定為合作企業取得項目建設所需的土地使用權

合作合同第4條約定申請人以土地使用權為投資，第8條約定申請人提供12581.81平方米的土地使用權，第9條約定購買土地使用權的費用，由申請人負責同國土局簽訂合作企業的土地使用合同並交付土地使用費。

顯然，為合作企業取得項目地塊的土地使用權是申請人在合作合同項下的最主要和最根本的義務。但申請人卻只在1989年1月26日（仲裁庭注，實為1989年6月26日）由第三、第四申請人與深圳市政府簽訂了「深圳經濟特區土地使用合同書」，約定將八六二五平方米土地劃撥給上述兩公司使用。此後，申請人遲遲未能繳納土地使用費並將土地使用權轉入合作企業，其行為已構成違約。此後，雙方經協商簽訂補充合同書後，才改由合作企業直接以出讓方式獲得土地使用權。

2）違反合同程序，單方要求終止合作合同

根據合作合同第35條的約定，對合同作重大變更必須經合作各方簽署書面協議並報原審批機關批准。但就在雙方正在對設計方案、面積分配及出資等重要問題進行協商的過程中，申請人卻歪曲事實，未與被申請人協商，單方於1990年8月10日致函深圳市經濟發展局要求提前終止合同。申請人實際上從此時起就有意違反或單方終止合作合同，但其並未按照合同約定的方式解除合同，而是採取了錯誤的方法，這種方法不但誤導深圳市政府作出錯誤的決定並導致後來的一系列違法行政行為，而且明確表示申請人根本沒有誠意履行合同，從開始就違反了誠實信用原則。

3）申請人沒有合同和法律依據單方要求增加合同之外的利益

補充合同書第2條約定，……建設規模為十萬平方米左右。由於大廈面積減少，申請人同意將原合同約定的無償分得建築面積二萬五千平方米改為一萬一千平方米，即贊成大廈建成後（總建築面積不管低於或高於十萬平方米），申請人無償分得建築面積一萬一千平方米的相對集中的樓房的產權，……各方自行出售，轉讓房產，其增值稅由各方自行分擔。

申請人卻無視補充合同書的上述約定，於1992年12月10日向深圳市政府提出要求增加其無償分得建築面積的要求，並根據個別領導沒有法律依據的批覆進一步進行違約活動。

4）申請人單方向深圳市有關部門申請禁止合作企業預售樓房

在履行完自己的出資義務後，為解決項目進一步的資金需求，被申請人在1993年8月18日（仲裁庭注，實為1993年8月21日）向深圳市規劃國土局遞交了「商品房預售申請書」，期望通過預售進行融資，以完成大廈工程的建設。但申請人卻於1993年10月28日以其分得大廈面積過少為由，向深圳市有關部門申請禁止合作企業預售樓房。此違約行為直接導致了合作企業未能獲得進一步的資金來源並導致大廈工程的最終停工。

5）違反合作合同，擅自申請注銷合作企業，導致被申請人的合法權益基本喪失

1994年11月15日，申請人違反合作企業章程和法律，擅自以自己的名義非法向深圳市工商局提出注銷合作企業，並直接導致

了深圳市工商局注銷合作企業的違法行政行為，使合作企業喪失了全部合法財產，嚴重侵害了合作企業和被申請人的利益。

6）申請人擅自以合作企業的資產與第三人訂立新的合同，成立新的項目公司

在被申請人履行合作合同的過程中，申請人與鴻昌國際投資有限公司（下稱「鴻昌公司」）合謀變更和終止合作合同及補充合同書，並於1994年11月15日非法以合作企業擁有的土地使用權與鴻昌公司訂立新的合同，並報深圳市引進外資辦公室（仲裁庭注，實為深圳市引進外資領導小組辦公室）審批。申請人的上述行為不僅違反了合作合同，而且嚴重侵犯了合作企業的合法資產和被申請人的權益，是導致合作企業被違法注銷的主要原因。

由此可見，在合作合同和補充合同書的履行過程中，不是被申請人違約，而是申請人多次嚴重違約，並結合地方有關政府部門的違法行政行為，剝奪了合作企業賴以經營的資產和法律資格，導致合作企業經營的全面停頓。

（3）最高人民法院的相關行政訴訟判決尚未得到執行，合作企業的主體資格應當予以保留

由於上述第2點中所述的申請人的違約行為以及由此導致的深圳市工商行政管理局和深圳市招商局的違法行政行為，被申請人的合法權益受到了嚴重侵害。被申請人於1995年對深圳市工商行政管理局和深圳市招商局提起了行政訴訟，1997年廣東省高級人民法院作出一審判決：1）撤銷深圳市工商行政管理局1994年11月23日注銷合作企業企業登記的行政行為；2）撤銷深圳市招商局1994年12月1日批准設立深圳鴻昌廣場有限公司的批覆；3）

撤銷深圳市工商行政管理局1995年8月1日對合作企業進行清算的決定。1998年7月，最高人民法院對該案作出了終審判決，判決維持廣東省高級人民法院的上述判決，並要求深圳市工商行政管理局和深圳市招商局對合作企業和深圳鴻昌廣場有限公司的有關事宜重新處理。但時至今日，深圳市有關政府部門尚未作出有關的具體行政行為來執行上述判決。為維護法律的嚴肅性和最高人民法院的權威，並保證合作企業的合法權益免受喪失，仲裁庭應當考慮該特殊情況，在上述判決尚未得到執行之前，不應裁決解除合作合同和補充合同書。

綜上，被申請人要求仲裁庭駁回申請人的仲裁請求，並根據上述理由提出**反請求**如下：

1）申請人向被申請人賠償因其違約行為給被申請人帶來的經濟損失43108000港幣和584000美元的利息損失；

2）本案的仲裁費全部由申請人承擔；

3）仲裁的律師費和其他雜費由申請人承擔。

雙方當事人爭議的主要觀點如下：

（1）關於被申請人的出資問題

1）關於一千五百萬元人民幣土地補償費問題

申請人認為被申請人從合作合同簽署之初就開始違約，不能如期支付一千五百萬元人民幣的土地補償費給申請人。

被申請人認為，由於「1989年政治風波」及其客觀上導致的西方國家對中國實行「經濟制裁」這一事實，從1989年春天開始直至1990年，外商投資者普遍處於觀望狀態，合作合同難以得到如期順利的執行。1990年後，由於政府批准的大廈容積率發生重

大變化，建築面積劇降了近一半，雙方不得不協商合同的變更事宜，申請人也承認此點。雙方對合作合同的執行一直到1990年10月23日補充合同書簽署之後才成為可能。但同時，申請人一直未能將項目用地的土地使用權投入合作企業，其在1989年6月26日與深圳市政府簽署土地使用合同書後卻一直未能交付土地使用費，申請人一直主張被申請人未能按時支付土地補償費，但事實上是申請人自己無視合同條款的規定。土地使用費是申請人應當依照其與政府之間的合同自行安排繳納給政府以取得土地使用權的費用，而土地補償費只是合作合同項下應由被申請人補償給申請人，並作為一項合作條件的費用。二者是不同法律關係項下的義務，沒有必然的先後或因果關係。同時，合作合同第9條第二款明確規定了該款項支付的條件，在條件滿足之前，被申請人沒有義務支付相應部分的費用。補充合同書實際上對合作合同規定的合作條件作了重大變更，即把申請人以土地使用權出資變更為由被申請人向合作企業投入資金，再由合作企業以自己的名義直接向政府交費，並申請取得土地使用權。補充合同書簽署之後，被申請人即依約於1990年11月23日到29日向合作企業匯入了267萬美元，折合15110370元人民幣，完全履行了合同義務。

2）關於合作企業註冊資金和投資總額內的資金投入義務

申請人認為，被申請人未能履行合作合同約定的出資義務，按照（94）深國仲結字第40號裁決書（下稱「40號裁決書」），王文洪和鴻昌公司對合作企業的投資都不能被視為被申請人的出資，被申請人全面違反出資義務致使大廈不能開工，開工後因資金不能到位，導致大廈的建設停工。被申請人應承擔違約責任。

被申請人認為，其對合作企業投入的資金（包括註冊資金和投資總額內的資金）由四部分組成：（a）吳賢成先生原先單獨投入合作企業的資金3562585.51港幣和91萬美元；（b）吳賢成先生以向王文洪先生轉讓被申請人股權取得的價款投入或借給被申請人，供被申請人投入合作企業的資金4850萬港幣；（c）王文洪先生借給被申請人，供被申請人投入合作企業的2000萬港幣；（d）被申請人向佳和發展有限公司借款而投入合作企業的資金3571萬港幣和55萬美元。以上合計出資10777萬港幣和146萬美元，核減吳賢成先生以合作企業資金償還其對佳和發展有限公司債務的3000萬港幣後，實際投入資金7777萬港幣和146萬美元。被申請人認為其所提交的各項證據相互印證，充分說明了在1992年6月合作企業的補充合同（二）之前，不論是吳賢成還是王文洪，均是通過被申請人投資於深圳賢成大廈的，因此其二人的出資不論從法律文件上還是從財務資料上均應認定為是被申請人的出資。在補充合同（二）出現後，雖然吳、王二人協商了將王文洪和王泰生在被申請人公司中的權益分割出來，單獨作為其對合作企業相應的權利的事項，但由於該事項不論從合作企業角度還是從被申請人角度，均未能依照各自應當適用的法律（分別為中國法和泰國法）完成必要的法律程序，因此均未能生效。在此法律條件下，無疑前述投資或出資仍然應當計為被申請人的投資或出資。鑒於此，被申請人認為其已經完成了對合作企業註冊資本（3848萬元人民幣）的出資義務，並基本完成了投資總額內的資金籌措義務。其餘資金由於涉及申請人的違約行為導致被申請人無法通過房屋預售等正常途徑進行進一步的融資，致使合作企業的大廈

建設資金不足。

（2）關於合作企業的經營期限問題

申請人認為，合作合同約定的合作期限是五年，合作企業於1989年4月13日領取營業執照，因此，合作企業的經營期限應自1989年4月13日起算至1994年4月12日止；補充合同書簽署和批准後雖然經營期限仍為五年，但補充合同書並未明確該五年期限的起算時間，因此仍應按原定時間起算；補充合同書被批准後合作企業並未辦理經營期限的工商變更登記或延長手續，因此原經營期限應當不變；中國法律規定的時效中斷指訴訟時效中斷，沒有經營期限中斷的規定；即使合作企業的五年經營期限從補充合同書被批准後重新起算，並且從合作企業被注銷後中斷，至最高人民法院終審行政判決1998年7月23日送達生效後恢復計算，該經營期限也應在1999年8月1日屆滿。

被申請人認為，由於項目前期的容積率變化和雙方關於面積分配比例的重新協商，以及補充合同書的簽訂，項目在1990年11月補充合同書被批准時並未實際動工，如果仍然從1989年4月13日開始計算經營期限，顯然合作企業將沒有足夠的時間建成賢成大廈；補充合同書第7條明確規定「合作公司……取得建築許可證後即破土動工，大廈計劃於1995年底前竣工」。顯然，補充合同書規定的大廈建設期限是從1990年底補充合同書被批准時開始至1995年底為止的五年；依照法律規定，經營期限的變更應從審批機構批准時起生效。工商變更登記手續上的缺陷應當由當事人予以補辦，而不應否定其效力。1994年11月23日合作企業被注銷之後，合作企業的經營期限顯然被違法行政行為所中斷，這種期

限的中斷無須法律通過特別的制度加以規定，與訴訟時效的中斷制度是完全不同的法律制度。該違法行政行為雖經行政判決撤銷，但行政判決不可能從行政程序上直接解決合作企業的主體資格或經營期限問題，深圳市工商行政管理局至今尚未作出任何「重新處理」的具體行政行為，因此，在該機構通過具體和明確的行政行為（可證明其行為法律效力的正式文件）作出「重新處理」之前，合作企業或其營業執照不可能自動恢復，合作企業不可能開展任何經營活動，其經營期限也無從恢復計算。

（3）關於合作企業的外方合作者問題

1）關於王文洪入股被申請人的問題

申請人在庭審過程中提交了一份王文洪先生的證言，以證明被申請人吳賢成先生在1991年到香港邀請王文洪先生加入合作企業，在申請人不知情的情況下私自轉讓合作企業的股份，並將合作企業的土地使用權證私自抵押給王文洪先生。

被申請人認為，1991年，深圳的房地產行情上漲，被申請人投資的合作企業具有良好發展的前景，王文洪先生主動到泰國與吳賢成先生簽訂了「股份合約」，吳賢成先生是向王文洪先生轉讓被申請人百分之五十的股份，對價是一萬一千萬港幣，王文洪先生因此成為被申請人的股東。吳賢成先生從未向王文洪先生或鴻昌公司轉讓合作企業的股權，所謂私自轉讓合作企業的股權是毫無根據的。證據表明，王文洪先生1999年5月28日將其在被申請人的全部股權在香港轉讓給泰國公民薩達帕拉古拉努瓦先生，後者於1999年在泰國法院（普通民事法院）提起針對吳賢成和被申請人的訴訟，要求吳賢成作為被申請人的無限合夥人和董事長

完成將其登記為公司有限股東的註冊手續。上述證據證明王文洪直至1999年5月28日仍認為自己是被申請人的公司股東，並以被申請人股東的身分向第三方轉讓被申請人的股份。該證據進一步印證了王文洪先生向合作企業投入的全部資金均為被申請人及吳賢成先生向合作企業的投資。

2）關於40號裁決書的問題

申請人認為應按照已生效的40號裁決書的要求確認鴻昌公司為合作企業的股東。

被申請人認為，王文洪先生與吳賢成先生兩個境外人士在中國境外簽署的關於被申請人（一家中國境外企業）的「股份合約」及其他相關協議的糾紛不應適用中國法律；補充合同（二）是一份尚未成立和生效的合同，不應裁決實際履行。還認為仲裁庭在審理本案時，應當依照本案爭議雙方提交的證據和理由獨立判斷，而不應參考40號裁決書的認定和裁決結果。因此，合作企業的外方股東只能是被申請人一家，而不可能有其他個人或公司，也不存在被申請人違反合作合同私自轉讓合作企業股份的事實。

（4）關於預售賢成大廈商品房的問題

被申請人認為，補充合同書明確規定了申請人無償分得的建築面積，遂按照法律規定和合同約定在大廈的建設過程中向有關政府部門提出了商品房的預售申請，但申請人向政府有關部門提交報告，以不合法的理由禁止賢成大廈預售樓宇。申請人的錯誤行為致使大廈的預售計劃不能順利進行，從而給合作企業及被申請人造成了極大的經濟損失並最終導致大廈建設項目的停工。

申請人認為，被申請人不能取得預售樓宇的批准是因為其不能向政府有關部門提交賢成大廈的房地產證，與申請人無關。

（5）關於補充合同（二）的簽字問題

申請人認為，王文洪先生是吳賢成先生帶進合作企業的，在補充合同（二）簽署之前，申請人一直都不知道王文洪先生的真實身分。在得知王文洪先生是實際的投資者時，未在補充合同（二）上簽字的第二、第三申請人後來都簽了名，此意味著申請人放棄了優先受讓權。補充合同（二）反映了雙方當事人的真實意願。

被申請人認為，其早在1993年8月18日便由於補充合同（二）合同主體的認知錯誤而公開聲明其在該合同文本上的簽字作廢，並分別於1993年9月8日和9月7日送達未在合同文本上簽字的第二、第三申請人，該兩申請人在被申請人已發表聲明後又補簽補充合同（二），是因為申請人四家公司和王文洪先生在私底下達成了一樁交易，損害了被申請人的合法權益，因而補充合同（二）並不具有法律約束力，而王文洪先生或鴻昌公司也不具備成為合作企業股東的有效合同基礎。

（二）本案仲裁庭對事實的認定

由於本案案情相當複雜，本案仲裁庭先後分別於1999年9月22至23日、12月20至22日、2000年5月29至31日，三度開庭審理（含主持雙方自願的再次調解），認真聽取各方的陳述和辯論，審核了大量的有關文檔，查明和認定了基本事實。

仲裁庭查明和認定事實如下：

1. 1988年12月5日，雙方當事人在中國深圳簽訂了合作合同，共同建立合作企業，合作合同與本爭議有關的內容如下：

（1）合作企業經中國政府批准成立，其一切活動必須遵守中國法律和法規及深圳房地產管理條例等有關規定。合作企業的合法權益受中國法律保護。（第3條）

（2）合作企業為有限責任公司，申請人以土地使用權為投資，被申請人以補償土地使用費計一千五百萬元人民幣及負責建房的全部資金為投資，合作建造賢成大廈。建築面積為十八萬平方米，申請人無償分得建築面積二萬五千平方米的房產，其餘房產歸被申請人所有。（第4、6條）

（3）合作企業的投資總額為9620萬元人民幣（2600萬美元），註冊資本為3848萬元人民幣。其中申請人提供12581.81平方米的土地使用權，承擔該地塊的徵地費、報建費1780萬元人民幣；被申請人承擔大廈建造的全部資金2600萬美元（包括圖紙設計、土建工程、室內外水電以及公共電梯、消防通信設施和道路、綠化等室外工程的費用），由於地價上升，被申請人願意為申請人提供1500萬元人民幣作為土地補償費。（第7、8條）

（4）合作企業的資金和合作條件（第9條）

1）購買土地使用權的費用，由申請人負責同國土局簽訂合作企業的土地使用合同並交付土地使用費。若逾期支付需向國土局交付利息時，利息由雙方當事人各承擔50%。

2）被申請人給申請人的土地補償費，在合作合同經批准生效、被申請人收到批文後的30天內預付100萬元人民幣給申請人；設計要點經主管部門批准後的一個月內，被申請人支付650

萬元人民幣給申請人；設計方案批准後的一個月內，被申請人支付750萬元人民幣給申請人。申請人收到全部費用後15天內將國土局正式批准的土地使用紅線圖和土地使用合同正本交給被申請人驗證，並於合作企業登記註冊後60天內移交給合作企業。

3）大廈的建造費用，在合作企業登記註冊後半年內被申請人以備用信用證現金或匯票將資金匯入合作企業在深圳銀行開立的帳戶內。由被申請人按工程合同支付。

4）大廈的建造期限為五年。

（5）合作各方責任（第10條）

申請人責任：

1）依照合作合同第9條第1點規定辦理申請取得土地使用權等手續；

2）負責辦理申請設立合作企業、登記註冊等事宜；

3）負責辦理大廈工程項目立項工作；

4）負責將大廈建設要點報規劃局批准；

5）負責辦理大廈的建設方案報批手續；

6）負責辦理報建手續；

7）負責辦理水、電、路、通訊的「四通」及土地的平整；

8）協助辦理合作企業建造大廈自用的建築材料、裝飾材料、家用電器、機器設備、家私等的進口報關手續；

9）負責辦理合作企業委託的其他事宜。

被申請人責任：

1）依照合作合同第9條第1、2、3點的規定提供資金；

2）協助申請人作施工前的準備工作〔主要為申請人責任中

的第4）、5）、6）條〕；

　　3）負責大廈的建設（包括從破土動工至竣工的整個施工和安裝工作）；

　　4）負責辦理合作企業委託的其他事宜。

　　（6）合作企業建造大廈的設計由被申請人負責。（第11條）

　　（7）在合作中，申請人將得到被申請人所補償的土地使用費一千五百萬元人民幣，無償分得二萬五千平方米建築面積房產（如果地面總建築面積不足十二萬平方米時，申請人得益分配要適當減少：即建十二萬平方米時申請人分二萬三千平方米；建十萬平方米時申請人分二萬二千平方米）。（第13條）

　　（8）申請人必須承擔由於政策變化不能按合同規定進行建房的風險，如不能建房時，保證在市政府及有關部門確認不能建房文件下達的一個月內將一千五百萬元人民幣土地補償費退回被申請人。被申請人必須承擔在建房經營中的全部風險。（第15條）

　　（9）董事會由四名董事組成，申請人委派一名，被申請人委派三名。董事長由被申請人委派，董事長和董事任期五年。（第17條）

　　（10）合作各方在合作期限內協商同意對合同作重大變更，必須經合作各方簽署書面協議，並報原審批機關批准，經工商行政管理局辦理變更登記手續後生效。（第35條）

　　（11）合作任何一方如不履行合作企業規定之義務或嚴重違反合作合同條款，視為違約。履行方除有權向違約方索賠外，還有權報請原審批機關提前終止合作合同。（第38條）

　　（12）合作企業合營期限以建成賢成大廈為期初步確定為五

年，如大廈建成期限提前或推後，合作企業期限也相應提前或推後，合作企業在完成大廈建設任務，房產分配完畢後，向工商行政管理局辦理變更登記手續後，由被申請人繼續經營。（第41條）

（13）合作期滿或提前終止合作合同時，合作企業的一切債權債務依照法定程序及合作合同規定清理，雙方所得的房產歸雙方所有。（第42條）

（14）合作合同受中華人民共和國法律的保護和管理。合作各方履行合作合同發生爭議時，通過協商或調解解決，如協商調解無效，應提交中國國際經濟貿易仲裁委員會深圳分會仲裁，裁決是終局的，對各方都有約束力。合作各方應執行裁決，仲裁費用由敗訴方承擔。（第43、44條）

1989年3月28日，深圳市人民政府以深府經復〔1989〕180號文批覆了上述合作合同，1989年4月13日，合作企業取得了國家工商行政管理局下發的營業執照。

2. 1989年6月26日，第三、第四申請人和深圳市人民政府簽訂了深地合字（88）127號深圳經濟特區土地使用合同書，以人民幣1760萬元的地價取得了編號為H116-1約8625平方米的土地使用權，使用年期50年，從1988年11月16日起至2038年11月15日止，土地用途為綜合樓。此後，申請人將被申請人支付的100萬元人民幣土地補償費和自己籌集的176萬元人民幣共276萬元人民幣交給了深圳市國土局。

3. 1990年8月10日，申請人向深圳市經濟發展局提交關於「深圳賢成大廈有限公司」提前終止合同的申請報告，稱由於被

申請人不支付土地補償費，導致申請人不能按期向國土局支付地價款，經多次交涉、協商，被申請人毫無誠意，因而申請人申請提前終止合作合同。

4. 1990年10月23日，雙方當事人簽訂了補充合同書，內容如下：

因大廈建築規模受土地容積率的限制，可建面積由合作合同的十八萬平方米減為十萬平方米左右等情況的變化，特對合作合同作如下補充：

（1）申請人以投入276萬元人民幣的土地價款以及劃撥土地面積12581.81平方米，其中實際使用面積8625.4平方米，其餘為綠化用地的土地使用權為合作條件。被申請人以出資1500萬元人民幣的補償土地價款及建造大廈的全部資金為投資，合作建造賢成大廈。建設規模為十萬平方米左右。由於大廈面積減少，申請人同意將原合作合同規定的無償分得建築面積25000平方米改為11000平方米，即賢成大廈建成後（總建築面積不管低於或高於十萬平方米），申請人無償分得建築面積11000平方米的相對集中的樓房（該面積包括相連的裙樓和公共設施以及設備所占用的面積）的產權，雙方裙樓建造標準相同，申請人其餘樓房標準和被申請人副樓相同，申請人同時得到20個單位的自用車輛免費停車場。其餘樓房及一切資產全部歸被申請人所有。大廈工程竣工交付使用時，雙方的房地產證由合作企業向房地產部門辦理手續後，分屬各方所有，其手續費由各方自行承擔。各方自行出售，轉讓房產，其增值稅由各方自行分擔。（第2條）

（2）申請人同意將賢成大廈的土地使用權轉到合作企業，

由合作企業直接與深圳市建設局簽訂購買土地使用權合同。雙方將各自未付的土地價款，申請人人民幣84萬元，被申請人1400萬元人民幣，於1990年11月20日前匯入合作企業在深圳市的銀行帳戶。合作企業於1990年11月30日前將土地價款1484萬元人民幣全數付給深圳市建設局，取得該地50年的土地使用權。此後，合作企業有權將該土地使用權作抵押，取得貸款。（第4條）

（3）合作企業合作經營期限為五年。合作企業設立聯合委員會和賢成大廈工程指揮部兩機構為經營管理機構，不再設立董事會。聯合委員會設主席一名，由被申請人出任，設委員五名，申請人委派二名，被申請人委派三名。賢成大廈工程指揮部由被申請人組閣和領導，負責大廈的全部建設和管理工作。（第5、6條）

（4）合作企業收到深圳市建設局批覆的建設要點後，二個月內委託作設計方案；設計方案批准後的六個月內報施工圖，取得建築許可證後即破土動工，大廈計劃於1995年底前竣工。（第7條）

（5）合作任何一方如不履行合作企業規定之義務或嚴重違反合作合同條款，視為違約。因此如遇上地價上漲，或上交滯納金，或土地被深圳市政府無償收回，履行方除有權向違約方索賠外，還有權報請原審批機關提前終止合作合同。（第8條）

（6）合作合同與補充合同書不一致的條款，以補充合同書為準。補充合同書是合作合同不可分割的一部分。（第9條）

1990年11月19日，深圳市人民政府以深府外復〔1990〕875號文批准了補充合同書。

5. 1990年11月28日，合作企業和深圳市國土局簽訂了深地合字（88）127號深圳經濟特區土地使用合同書（修改），合作企業以1760萬元人民幣的地價取得H116-1地塊約8646平方米50年的土地使用權，從1990年11月28日至2040年11月27日止，土地使用者同意負責「宗地圖」所示3964平方米綠化帶的綠化、管理、維護，綠化帶屬社會所有。原深地合字（88）127號深圳經濟特區土地使用合同書作廢。同日，合作企業向深圳市建設局付清了地價款1484萬元人民幣，12月7日，合作企業向深圳市建設局支付了地價利息1866666.56元人民幣，1990年12月15日合作企業取得深房地字第0034401號房地產證。

6. 1991年11月18日，由魏天洲先生代表鴻昌公司，吳賢成先生代表豐泰發展有限公司（下稱「豐泰公司」）簽訂了「承讓股權意向書」。該意向書稱，豐泰公司是泰國賢成兩合公司屬下在香港註冊的公司，豐泰公司為甲方，鴻昌公司為乙方，雙方就深圳賢成大廈物業承讓股權事宜，達成如下意向：

（1）乙方同意以一萬一千萬港幣購入甲方擁有的深圳賢成大廈百分之五十之股權，併合作繼續經營上述物業；甲方將乙方交付予甲方的購股金額中的六千萬港幣，計息（息率另商定）借與雙方合作的公司，作為興建上述大廈的一部分資金，借貸期限，雙方另行商定。

（2）雙方承讓股權的合同等法律手續，須在泰國曼谷市和香港委託雙方各自的律師進行辦理，並經雙方正式簽字後生效。

（3）意向書經雙方簽字後，乙方須於本年11月23日前，匯五千萬港幣入深圳賢成大廈有限公司設於深圳市的銀行戶口，上

述款項在正式合同簽字生效前，甲方不能動用。如承讓事宜雙方達不成協議，乙方可將上述款項取回，承讓事宜達成協議並正式簽訂合同後，雙方合作公司即可動用上述款項，乙方並在合同簽訂後十五天內，將其剩餘款項六千萬港幣匯入甲方指定的戶口內，合同始正式生效。

（4）雙方確認：如承讓達成協議並簽訂的合同生效後，自1991年12月1日起，所有為上述大廈應付出的開支（憑正式收據），計入甲乙雙方合作的公司。1991年12月1日前甲方為上述大廈已付出的開支，除按原有協議（或合同）未付完或必須繼續分期支付的設計費、勘探費、顧問費等之外，全部由甲方負責，不再計入甲乙雙方合作的公司帳目；未付完或必須繼續支付的上述費用，由雙方合作的公司負責支付。甲方1991年12月1日前在帳面上的，除上述必須由雙方合作公司支付的費用外的貸款（本意向書第6條所列FT008-91/11的投資合約除外）及經濟責任與合作公司無關。

（5）甲方原與中方（四家公司或其代表）已簽訂的協議、合同、章程等，凡經深圳市政府有關部門批准的以及由深圳市政府有關部門，如國土局、工商管理局等所頒發的文件，乙方須予承認，並共同執行。上述合同、協議、政府文件等，甲方須交予乙方確認。

（6）甲方原已簽訂的有關第FT008-91/11號投資合約，乙方須出面妥善處理。處理不果時，合作公司須予承認並共同執行。

以上所訂立的6條意向，經雙方簽字後執行。正式承讓能否達成協議，須待本意向書第2、3條所訂條款執行後並簽訂正式合

同始生效。本意向書不具有法律效力。

7. 上述「承讓股權意向書」簽訂後，同年11月27日，被申請人出具了「委派書」，稱根據深圳賢成大廈有限公司章程第四章第14條之規定，泰國賢成兩合公司委派王文洪先生為合作企業副董事長。

8. 1991年12月11日，被申請人方吳賢成先生和王文洪先生在泰國曼谷大公律師樓訂立了一份股份合約，內容如下：

（1）甲（吳賢成）乙（王文洪）雙方已註冊為泰國賢成兩合公司，各占百分之五十股權，乙方為有限制負債股份，甲乙雙方共同投資興建深圳賢成大廈以二萬二千萬港幣為資本額，而乙方同意以一萬一千萬港幣購人甲方擁有的深圳賢成大廈物業百分之五十之股權，並合作繼續共同經營上述物業之業務，如有任何損益甲乙雙方各負一半。甲方將乙方交付予甲方的購股金額中的三千萬港幣借與雙方合作的公司，作為興建上述大廈的一部分資金，借貸期限，雙方另定。

（2）泰國賢成兩合公司除興建深圳賢成大廈之業務外，其他資產如有任何負債或致使被控賠償均為甲方單獨負責甚至如影響及乙方以上所持的股本，甲方須給乙方賠償一切之損失。

（3）自1991年12月1日起，所有為上述大廈應付出的開支，計入甲乙雙方合作的公司。1991年11月30日前，除了未付完新設計費、勘探費、顧問費之外，所有其餘在帳面上之債務、貸款及一切經濟責任，全部由甲方負責，同乙方無關。

（4）甲方在此工程原與中方（四家公司或其代表）已簽訂的合同、章程等，凡經深圳市政府有關部門批准的以及由深圳市

政府有關部門，如國土局、工商管理局等所頒發的文件，乙方須予承認，並共同執行上述合同、協議、政府之文件等，甲方須交予乙方確認。

9. 1991年12月30日，泰國大公律師樓律師陳振東出具了一份證書，內容如下：

泰國賢成兩合公司在泰國商業部1980年1月2日登記成立列6/2523（6/1980）號，由吳賢成占百分之八十，翁嬋珍占百分之二十，公司法人代表為吳賢成先生。

1991年12月11日，吳賢成先生與王文洪先生訂立「股份合約」，主要內容是王文洪同意以一點一億港元購買吳賢成擁有的泰國賢成兩合公司的百分之五十的股份。而後，同吳賢成一起在泰國商業部完成了股份轉讓手續（即王文洪占百分之三十八，其侄兒王泰生占百分之十二）。

雙方同時約定兩合公司在深圳賢成大廈以外項目的盈虧與王文洪先生無關，並明確承認所有深圳市政府有關部門批准的關於深圳賢成大廈有限公司的全部文件。

至此，王文洪先生依照泰國法律完成購買兩合公司股份的法律手續，他在泰國賢成兩合公司內部的股東權益，已受到泰國法律的嚴格保護。

10. 1992年4月2日，王文洪先生與吳賢成先生在香港律師樓簽訂「契約」，內容為，鑒於：1）吳（賢成）是在泰國註冊的泰國賢成兩合公司的股東之一及經營者；2）兩合公司與中方四家公司達成協議在中國成立了深圳賢成大廈有限公司，其主要業務是建造綜合性大廈，並且在大廈完成後出售、租賃和經營；

3）王（文洪）是在香港從事經營的商人；4）由於吳需要資金投入上述工程，為使工程全力進行，吳將邀請王，王同意投資共同建造賢成大廈工程，此工程即將全面開工；5）為使上述投資生效，吳和王通過各自在香港註冊的公司「豐泰發展有限公司」和「鴻昌國際投資有限公司」於1991年11月18日在香港簽署了意向書；6）吳和王就1991年12月11日在泰國曼谷所簽訂的協議將進一步補充其意向；7）為了更充分體現吳、王的合作精神，兩人一致同意接受下列共同簽訂的條款制約。該契約條款如下：

（1）雙方同意：雖然指定吳為深圳賢成大廈有限公司的董事和法定代表人，但吳要準確無誤地向王提供與深圳賢成大廈有限公司有關的信息資料、工程進展及賢成大廈的開發。尤其是深圳賢成大廈有限公司董事會或兩合公司所作出的任何決定。

（2）凡是對兩合公司或深圳賢成大廈有限公司的利益產生影響的事情，吳需徵得王的同意後，方能決定。

（3）吳應與王商議一切重要事情，包括與合作的中方四家公司有關的交易及所有重大事情。

（4）兩合公司或深圳賢成大廈有限公司與中國政府機構簽訂的任何合同或協議，吳在沒有取得王的一致同意下，不得進行任何更改、變化、增加或減少。

（5）王或其委託的代理人有權接觸所有合同和深圳賢成大廈有限公司有關的帳本、記錄、文件、帳目以及發票，在必要時有權複印上述材料，吳應提供同樣的資料，在必要時王有權指定審計師進行審計。

（6）吳應努力使王被任命為深圳賢成大廈有限公司的副董

事長、副總裁，並要使此任命得到中國政府有關部門的批准，在王是兩合公司股東期間，此委任不得撤銷。

（7）在必要時，吳和王應定期會面，雙方應討論共同關心的，以及有關兩合公司、深圳賢成大廈有限公司與賢成大廈利益的一切事情。

（8）……

（9）因而至此，各方同意並確認王持有兩合公司百分之五十的股權（另百分之五十歸吳所有），王是具有有限權益的股東，即對兩合公司在深圳賢成大廈有限公司和賢成大廈的投資具有有限的權利和義務。因此吳和王在賢成大廈和深圳賢成大廈有限公司及賢成大廈中由吳與王同意的其他項目中，獲得的利潤及遭受的損失均按50%：50%劃分承擔。而兩合公司的其他方面的業務，如在中國、泰國或其他任何地方的利潤和損失全部屬於吳。如果因其他任何一方索賠所造成的損失使王的承擔超過上述的責任，吳應使其免於承擔所超越的損失，包括法律訴訟費。

（10）吳保證除非事先得到王的書面同意外，兩合公司和深圳賢成大廈有限公司不得向任何其他人借債。如無王的書面同意，吳不得將兩合公司和深圳賢成大廈有限公司信用作抵押。

（11）為此，雙方一致同意在賢成大廈或其任何一部分出售前，吳將努力使深圳賢成大廈有限公司為此目的開立一個或數個銀行帳戶，所有銷售收益將存進上述帳戶，條件是吳將使王成為上述帳戶的簽署人之一，沒有他的簽名，不能從這些帳戶中提款。

11.1992年5月9日，被申請人和鴻昌國際投資有限公司簽訂

了「協議書」，主要內容為：由於種種原因，鴻昌國際投資有限公司（乙方）提議退出賢成兩合公司（甲方），經兩合公司股東會議決議，同意將兩合公司所擁有的賢成大廈有限公司的全部權益按股東的股份比例進行分割。（1）原賢成兩合公司對合作公司的投資權及全部權益、義務的50%仍由甲方所有；另50%歸乙方所有。雙方之間不需作任何支付。（2）按照本協議第1條規定的權益分割比例，甲方應向合作公司投資4810萬元人民幣，實際已投資36686142.07元人民幣；乙方應向合作公司投資4810萬元人民幣，實際已投資36686142.07元人民幣。甲、乙雙方均應按合作合同和補充合同書規定的時間向合作公司投足資金。（3）根據1990年10月23日原兩合公司與中方四家公司簽訂的補充合同書第3條規定，深圳賢成大廈的建造管理及經營風險責任由原賢成兩合公司承擔，從1992年5月1日起由原兩合公司享有和承擔的權利、義務，改為由甲、乙雙方各自分別享有和承擔其百分之五十。（4）甲方保證對其分割給乙方的合作公司權益擁有完全、有效的處分權，保證該權益沒有設置抵押權，並免遭第三人追索，否則應由甲方承擔由此而引起的一切經濟和法律責任。（5）甲、乙雙方確認：本協議書附表所列截至1992年4月30日合作公司所擁有的全部資產、負債，包括債權、債務及經營損益屬實。雙方同意按本協議書第1條規定的權益分割比例承擔和享有附表所列之合作公司資產和負債，包括債權債務和經營損益。在附表以外的任何債務，不論其是否以合作公司或兩合公司的名義，均由行為人承擔一切經濟和法律責任。如因此造成合作公司或他方經濟損失，應由行為人承擔賠償責任。（6）在本協議書條款及

附表中，凡寫為「原賢成兩合公司」或「原兩合公司」時，意指乙方未退出前的兩合公司。凡寫為「甲方」時，意指乙方退出後的兩合公司。（7）本協議經甲、乙雙方簽字，交深圳市公證處公證，上報深圳市人民政府批准，並到工商行政管理機關辦理相應變更登記手續。

12. 1992年6月10日下午三時，合作企業董事會召開了臨時會議。根據會議紀要記錄，參加會議的有吳賢成先生、王文洪先生、張楚輝先生、魏天洲先生和申請人委派的總代表陳儀春女士。會議內容是討論深圳賢成大廈有限公司補充合同（二）。紀要稱，經董事會充分討論，對補充合同（二）的幾個重要問題作如下的確定：

（1）確認鴻昌國際投資有限公司是泰國賢成兩合公司在中國所投資的合作企業深圳賢成大廈有限公司百分之五十股權的投資者。

（2）泰國賢成兩合公司和鴻昌國際投資有限公司等兩家公司在深圳賢成大廈有限公司的投資比例雙方各自承擔百分之五十。

（3）深圳賢成大廈有限公司乙方的全部權益分別由泰國賢成兩合公司擁有百分之五十、鴻昌國際投資有限公司擁有百分之五十。

（4）同意取消聯合委員會，恢復董事會。明確各方的董事為：中方：陳儀春、陳俊民。泰方：吳賢成、張楚輝。港方：王文洪、魏天洲。確定公司高級管理人員：董事長由吳賢成先生擔任，副董事長由王文洪先生擔任，總經理由王文洪先生兼任，副

總經理由張楚輝和魏天洲先生擔任。

（5）合作公司乙方內部的一切重大問題和債權、債務及產權轉移等事務必須由董事長吳賢成和副董事長王文洪共同決定，簽名確認後方為有效。

（6）深圳賢成大廈有限公司補充合同（二）的其他條款一致通過。補充合同書（二）經深圳市政府批准生效後，鴻昌國際投資有限公司即辦理退出泰國賢成兩合公司的退股手續。

五位董事在會議紀要上簽了名。

同日，由曾國華先生代表第一申請人、陳俊民先生代表第四申請人、吳賢成先生代表被申請人、王文洪先生代表鴻昌國際投資有限公司在「合作經營深圳賢成大廈有限公司補充合同（二）」上簽了名，第二、第三申請人沒有簽名。該補充合同（二）的主要內容為，將鴻昌國際投資有限公司納入了深圳賢成大廈有限公司的合作者，並將被申請人在合作企業中所擁有的全部權益改為由被申請人和鴻昌國際投資有限公司各擁有百分之五十，取消了原補充合同書關於設立聯合委員會的規定，恢復董事會。

13.1992年7月11日，被申請人在深圳召開股東特別會議，全體股東吳賢成先生、王文洪先生、王泰生先生、翁嬋珍女士均出席了會議。會議議案為「股東退出暨股權分割」，會議決議稱，經股東友好協商，一致通過王文洪、王泰生先生退出泰國賢成兩合公司暨分割深圳賢成大廈有限公司的股權之提議，並決議如下：

（1）股東會議一致同意將本公司在中國深圳市深圳賢成大廈有限公司所擁有的全部權利和義務分割為：王文洪先生擁有百

分之五十（包括王泰生先生的百分之十二）；其餘百分之五十的權利和義務仍歸由本公司擁有。

（2）上述分割使王文洪先生擁有深圳賢成大廈有限公司百分之五十的權利和義務，本公司特別保證其完整、真實、獨立、合法。

（3）股東會議授權吳賢成先生代表本公司在中國深圳市與王文洪先生簽署權利和義務分割協議書。

（4）王文洪先生、王泰生先生無條件退出泰國賢成兩合公司並簽訂協議書，在廣州泰國駐華領事館鑑證，在深圳賢成大廈有限公司的外方權利與義務分割協議書得到中國深圳市政府批准生效後，王文洪先生即在生效後十日內，去泰國與王泰生先生一起辦理退出泰國賢成兩合公司的法律手續。

同日，泰國賢成兩合公司股東特別會議達成補充決議如下：

本公司股東就泰國賢成兩合公司和豐泰發展有限公司的四千萬港幣債務的處理問題與吳賢成本人先行投入深圳賢成大廈有限公司三千萬港幣的問題，經過友好協商，一致作出如下決議：

（1）以本公司及豐泰發展有限公司名義向香港佳和發展有限公司借款四千萬港幣的債務及向香港鴻昌國際投資有限公司借款二千萬港幣的債務和由此債務產生的應付利息、佣金、利潤分成分別由：吳賢成先生承擔向香港佳和發展有限公司借款三千萬港幣的債務以及由此產生的利息、佣金和利潤分成，王文洪先生承擔向香港佳和發展有限公司借款一千萬港幣及向香港鴻昌國際投資有限公司借款二千萬港幣的債務以及由此產生的利息、佣金和利潤分成。

（2）鑒於吳賢成先生先行投入深圳賢成大廈有限公司三千萬港幣，為了保證吳賢成先生和王文洪先生向深圳賢成大廈有限公司對等的投資，王文洪先生同意在本公司股東特別之決議和分割之文件，獲得深圳市公證處正式簽發公證書之後十個工作日內支付給深圳賢成大廈有限公司三千萬港幣。

王文洪、王泰生、吳賢成、翁嬋珍都在該決議上簽了名。

14. 1992年12月10日，申請人共同向深圳市副市長李傳芳報送「深圳賢成大廈有限公司中方要求重新調整賢成大廈建築面積分配比例的請示」，稱賢成大廈的總建築面積由十萬平方米增加到十三點三四八萬平方米，並於1992年11月領取了建築許可證，申請人認為補充合同書顯失公平，要求市政府主持正義，維護原合同分配原則，即申請人應無償分得二點三萬平方米，另要求增加一點一萬平方米按成本造價售給申請人。李傳芳在請示上批覆「面積增加，分配數量應增加。請先與合作方協商，否則可提請法律介（解）決，中方利益應予保護」。

15. 1993年8月16日，鴻昌國際投資有限公司向深圳市羅湖區人民法院起訴，稱被申請人侵害其合法權益，要求法院確認其在深圳賢成大廈有限公司中所持有股權。

16. 1993年8月18日，被申請人出具一份聲明，稱在被申請人1992年6月10日簽字蓋章的補充合同（二）中兩中方一直沒有簽字，故補充合同（二）一直未能成立。現被申請人發現補充合同（二）主體錯誤，又鑒於一年多來情況的變化，被申請人認為簽訂補充合同（二）已無意義，為了保證其合法權益不受損失，被申請人鄭重聲明：取消其在補充合同（二）上的簽字和蓋章，被

申請人不受補充合同（二）的約束。被申請人將該補充合同（二）報送給深圳市經發局外資處、深圳市工商行政管理局、深圳市公證處，並送給申請人。

17. 1993年9月6日，王文洪先生、魏天洲先生代表鴻昌國際投資有限公司（甲方）與申請人四家公司（乙方）進行商談，並簽訂了「商談紀要」，內容為：甲乙雙方本著互惠互利、相互支持的精神，經友好協商，就以下事宜達成一致意見：（1）甲方已向乙方提供了在泰國賢成兩合公司擁有深圳賢成大廈百分之五十股權的有關文件，並陳述了實際的投資經過，為了使其在中國的投資權益得到合法保障，要求乙方承認其合法的股權，支持其在深圳市向有關部門報批並辦理有關法律手續，乙方對此表示了理解和支持。（2）甲方充分理解乙方為爭取賢成大廈面積合理分配所提出的要求，同意在原分配方案的基礎上，再從甲方在賢成大廈百分之五十股權中無償增加分配給乙方建築面積三八八八平方米。（3）甲乙雙方明確，甲方無償增加分配給乙方的面積以乙方承認並支持甲方所投資之股權在深圳市辦妥法律保障手續為前提條件；一旦辦妥法律手續，甲方保證兌現上述無償增加分配給乙方的面積。（4）紀要經各方簽字後生效。

1993年9月7日和10月5日，第二和第三申請人分別在補充合同（二）上簽字蓋章。

18. 1993年8月21日，合作企業向深圳市規劃國土局申請賢成大廈商品房預售。1993年9月20日，承建賢成大廈的中國建築第三工程局深圳第一建築安裝工程公司向合作企業發出「關於賢成大廈工程被迫停止施工的致函」，稱由於合作企業自五月以來一

直未能按時按量支付工程進度款，導致賢成大廈工程自9月20日起全面停工。1993年10月28日，申請人向深圳市政府報送「關於請求禁止賢成大廈預售樓宇的報告」，報告稱由於分配比例不公平，申請人根據市領導的批示，半年多一再與被申請人交涉、協商，但被申請人拒不接受申請人的多種調整方案。最近被申請人未經股東大會、董事會一致通過決議就向市政府有關部門申請預售樓宇許可證，據悉有關部門已批准，只因缺乏某些文件才未實施。申請人要求政府有關部門禁止被申請人預售樓宇，以免國家財產遭受損失。

19. 1993年12月20日，被申請人在深圳分會向鴻昌國際投資有限公司提起仲裁，就雙方在合作企業的權益問題提請法律解決。1994年8月1日，該案仲裁庭作出40號裁決書。

20. 1994年11月15日，申請人向深圳市工商行政管理局提交「關於申請注銷『深圳賢成大廈有限公司』的報告」。1994年11月23日，深圳市工商行政管理局發出了深圳賢成大廈有限公司注銷通知書。

21. 1994年11月15日，申請人和鴻昌國際投資有限公司簽訂了「合作經營『深圳鴻昌廣場有限公司』合同書」。該合同書約定：申請人四家公司以位於深圳市深南東路地號為H116-1地塊的土地使用權作為投資，合作公司應承擔原「賢成大廈有限公司」在合法經營中實際產生的債權和債務，其責任範圍以原「賢成大廈有限公司」的註冊資本額為限，等等。同年12月1日，深圳市引進外資領導小組辦公室以深外資辦復〔1994〕976號文批覆了上述合同。1995年8月1日，深圳市工商行政管理局作出深工

商清盤〔1995〕1號「關於成立深圳賢成大廈有限公司清算組的決定」。

22.被申請人和合作企業不服上述行政行為，於1995年1月20日向廣東省高級人民法院對深圳市工商行政管理局、深圳市引進外資領導小組辦公室和本案申請人四家、深圳鴻昌廣場有限公司提起訴訟，1997年8月11日，廣東省高級人民法院作出（1995）粵高法行初字第1號行政判決書，判決：（1）撤銷被告深圳市工商行政管理局1994年11月23日注銷深圳賢成大廈有限公司企業登記的行政行為；（2）撤銷被告深圳市引進外資領導小組辦公室1994年12月1日深外資辦復〔1994〕976號《關於設立中外合作經營企業「深圳鴻昌廣場有限公司」的批覆》；（3）撤銷被告深圳市工商行政管理局1995年8月1日深工商清盤〔1995〕1號《關於成立深圳賢成大廈有限公司清算組的決定》。**1998年7月21日，最高人民法院就該案作出（1997）行終字第18號行政判決書，判決：（1）維持廣東省高級人民法院（1995）粵高法行初字第1號行政判決；（2）深圳市工商行政管理局、深圳市招商局（即原深圳市引進外資領導小組辦公室），依法對深圳賢成大廈有限公司、深圳鴻昌廣場有限公司的有關事宜重新處理。**

23.1996年4月1日，中國銀行湖北省分行花橋支行（下稱「中銀花橋支行」）就其曾向深圳賢成大廈有限公司發放人民幣三千九百萬元投資貸款問題，向湖北省武漢市中級人民法院（下稱「武漢中院」）對深圳賢成大廈有限公司清算組和深圳鴻昌廣場有限公司提起了民事訴訟，要求兩被告償付貸款本金三千九百萬元人民幣和利息等，並申請財產保全。1996年4月9日，武漢中院

作出（1996）武民初字第124號民事裁定書，裁定查封深圳賢成大廈（鴻昌廣場）一層至五層房屋，嚴禁買賣、轉讓、抵押。1996年9月25日，武漢中院作出（1996）武民初字第124號民事判決書，該判決書確認，中銀花橋支行與深圳賢成大廈有限公司於1992年9月29日、11月13日、1993年1月31日分別簽訂了兩份「投資合同」和一份「補充協議」，中銀花橋支行據此向深圳賢成大廈有限公司投資三千九百萬元人民幣，但到期未能收回投資。法院認定，雙方所簽訂的合同和協議違反國家有關金融政策的規定，均屬無效合同，因而判決深圳賢成大廈有限公司清算組返還中銀花橋支行投資款三千九百萬元人民幣及該款的資金占用費，並判決深圳鴻昌廣場有限公司在接受賢成大廈的財產及債權、債務後，依法對上述款項負清償責任。

24. 1996年12月23日，深圳賢成大廈有限公司清算組和深圳鴻昌廣場有限公司就上述已發生法律效力的124號民事判決書以中銀花橋支行貸出的三千九百萬元人民幣不是深圳賢成大廈有限公司的法定債務，訴訟主體不合格，違反法定程序等理由，向武漢中院申請再審。1999年4月23日，武漢中院作出（1999）武民再字第10號民事判決書，該判決書稱，經武漢中院審查，該申請符合法律規定的再審條件，而深圳賢成大廈有限公司的法律地位已恢復，追加為本案被告。再審查明，1992年9月29日、11月13日、1993年1月31日中銀花橋支行與香港賢成集團有限公司先後簽訂了三份「投資合同」和一份「關於1992年9月29日合同的說明」，中銀花橋支行共計向香港賢成集團有限公司投資貸款三千九百萬元人民幣，並按香港賢成集團有限公司董事長吳賢成的指

令分次匯入深圳南泰針紡織品有限公司帳戶。1994年5月28日，中銀花橋支行與香港賢成集團有限公司、深圳賢成大廈有限公司三方簽訂「關於修改變更投資合同的協議」，將中銀花橋支行三千九百萬元人民幣投資貸款的還本付息的義務，由香港賢成集團有限公司轉由深圳賢成大廈有限公司全部承擔，而該兩公司的法定代表人均為吳賢成。同日，中銀花橋支行與深圳賢成大廈有限公司簽訂了兩份「投資合同」和一份「補充協議」，將簽約時間和收款收據的時間均倒簽為原「投資合同」的時間。法院認定原審判決不當，並作出再審判決：（1）撤銷（1996）武民初字第124號民事判決；（2）深圳賢成大廈有限公司清算後，以董事長吳賢成在該公司的實際投資所產生的價值或樓房面積折抵，償還中銀花橋支行的投資款三千九百萬元人民幣及資金占用費。

25.1993年1月15日，被申請人與中國農業銀行西安市分行職工技協服務部（下稱「農行西安分行」）簽訂了借款二千萬元人民幣的「借款合同」，借款期一年，年息為百分之二十，借款匯至被申請人所指定的深圳南泰針紡織品有限公司帳戶，被申請人以其所擁有的深圳賢成大廈樓花作抵押。1993年10月18日，農行西安分行又與深圳賢成大廈有限公司和被申請人簽訂了「借款償還協議書」，主要內容是：深圳賢成大廈有限公司確認上述二千萬元人民幣的借款已全部用於建造深圳賢成大廈，現深圳賢成大廈有限公司願無條件地承擔此筆借款本息的償還責任，並願用深圳賢成大廈第三十層的房產作抵押。此後，由於借款沒有全部償還，農行西安分行對深圳賢成大廈有限公司和賢成兩合公司提起訴訟。1999年7月14日，陝西省高級人民法院作出（1997）陝經

一初字第1號民事判決書，判決：（1）上述「借款合同」和「借款償還協議書」及農行西安分行、深圳賢成大廈有限公司的擔保協議均無效；（2）二被告在判決生效後十日內向原告償還所欠本金一四五〇萬元人民幣及合同期外利息等。1999年10月13日，陝西省高級人民法院作出（1999）陝執經字第38-5號民事裁定書，裁定變更深圳鴻昌廣場有限公司為本案被執行人，查封、扣押、凍結、拍賣深圳鴻昌廣場有限公司的財產。並於同日和11月22日下發了查封、扣押鴻昌廣場第二十八層、第二十九層和第三十層的財產清單。同年12月23日，陝西省高級人民法院委託深圳市陽光拍賣行有限公司對上述查封房產進行了拍賣。

三、本案仲裁庭的合議評析和終局裁斷

（一）本案仲裁庭的合議評析

　　仲裁庭審閱了本案申請人、被申請人、反請求的申請人和反請求的被申請人先後提交的申請書、答辯書以及有關證據材料，並在多次庭審中聽取了各方當事人就本案事實和問題進行的充分陳述和反覆辯論，在查明本案事實的基礎上，針對本案的法律適用問題、被申請人對本案管轄權的異議問題、申請人請求終止合作合同和補充合同書問題、被申請人反請求問題、仲裁費及律師費的承擔問題，分別提出如下意見：

　　1. 關於本案的法律適用問題

　　《中華人民共和國涉外經濟合同法》第5條第二款規定，在中華人民共和國境內履行的中外合作經營企業合同，適用中華人

民共和國法律。又，雙方當事人在合作合同第43條約定，本合同受中華人民共和國法律的保護和管理。根據以上兩點，本案應適用中華人民共和國法律。

2. 關於被申請人對本案管轄權的異議問題

1999年4月29日，深圳分會收到本案被申請人提交的「受理、管轄異議書」，1999年6月10日，仲裁委員會作出「（99）貿仲字第3325號管轄權決定」，確認合作合同的仲裁條款有效；本案爭議屬於仲裁委員會受理範圍；深圳分會對本案具有管轄權。

本仲裁庭於1999年6月10日正式組成後，已經查明本案項下的合作合同第44條明文規定：「合作各方履行本合同發生爭議時，通過協商或者調解解決，如經過協商調解無效，應提交中國國際經濟貿易仲裁委員會深圳分會仲裁，仲裁是終局的，對各方都有約束力。合作各方應執行裁決，仲裁費用由敗訴方承擔。」

據此，依照合作合同中上述仲裁條款以及《中華人民共和國仲裁法》第4條的有關規定，深圳分會對本案具有當事人約定的和法定的管轄權。

深圳分會於1999年7月12日收到被申請人關於「延期繳納反訴仲裁費申請書」，其中聲稱對仲裁委員會上述管轄權決定（6月10日）仍然保留異議。但是，被申請人在1999年9月30日向深圳分會提出變更反請求金額的要求，接著，又於1999年10月15日向深圳分會提交了「反請求變更說明」，並按規定繳納了反請求的仲裁費。自此之後，直到仲裁庭於2000年5月30日宣布本案最後一次庭審終結，被申請人未再表示對本案管轄權有任何異議。迄本裁決書簽發之日止，被申請人也未再提出此種異議。可見被

申請人實際上已經完全放棄了原先的管轄權異議主張，完全接受了深圳分會對本案的管轄。

3. 關於申請人請求終止合作合同和補充合同書問題

本案合作合同於1989年3月生效。十餘年來，各方當事人之間糾紛不斷，爭訟迭起，並且多次「對簿公堂」。根據最近一年多以來的案情發展，申請人與被申請人的爭議焦點集中在應否按照申請人的請求正式終止本案合作合同及其補充合同書，解散深圳賢成大廈有限公司這一問題上。

仲裁庭認為，解決這一爭議焦點，取決於三個方面的事實，即：第一，本合作合同及其補充合同書的各方當事人是否已經切實履行了約定的義務；各方當事人有無重大的違約行為，導致合作企業無法繼續經營。第二，合作企業是否已經發生嚴重虧損，導致無力繼續經營。第三，合同規定的合作期限是否已經屆滿。

甲、關於第一方面，申請人和被申請人各自主張本方是守約方，對方是違約方，而且是嚴重的違約方。經仲裁庭查核認定：雙方都有重大的違約行為。

A. 就被申請人一方而言，其主要的重大違約行為至少有三：

（1）被申請人為籌措資金，自1991年11月18日至1992年5月9日，在這大約半年的時間裡，未經申請人四方的同意，也未經合作企業董事會討論和作出決定，先後以泰國賢成兩合公司屬下的「豐泰發展有限公司」的名義，或以「吳賢成」個人名義，與本合作合同以外的第三人，即「鴻昌國際投資有限公司」或「王文洪」個人等，簽訂了或簽署了「承讓股權意向書」（1991年11

月18日）、「股份合約」（1991年12月11日）、「契約」（1992年4月2日）、「協議書」（1992年5月9日）以及「股東退出暨股權分割決議」（1992年7月11日）等五份文件，這五份文件的核心內容互相銜接，其主旨在於擅自將被申請人擁有的深圳賢成大廈物業的百分之五十權益轉讓給鴻昌公司或王文洪等人，從而獲得巨額款項。這就嚴重違背了合作合同第16至22條以及合作企業章程第12至22條的有關規定，也完全違反了《中華人民共和國中外合作經營企業法》第10條的明文規定，即「中外合作者一方轉讓其在合作企業合同中的全部或部分權利、義務的，必須經他方同意並報審批機關批准」。

（2）被申請人於1992年9月29日、11月13日，1993年1月31日，以「香港賢成集團有限公司」的名義，與中銀花橋支行相繼簽訂了兩份「投資合同」和一份「補充協議」，以支付高達百分之二十四和百分之二十七的年利為條件，向中銀花橋支行取得「投資貸款」三千九百萬元人民幣。事後，被申請人未經申請人四方同意，也未經合作企業董事會討論並作出決定，又於1994年5月28日擅自以「深圳賢成大廈有限公司」的名義，與本合作合同以外的第三人，即中銀花橋支行，簽訂了「關於修改變更投資合同的協議」，約定將香港賢成集團有限公司所欠上述三千九百萬元人民幣巨款的還本付息義務，全部轉由深圳賢成大廈有限公司承擔。被申請人的這種行為，再次違背了合作合同第16至22條以及合作企業章程第12至22條的有關規定，也違反了深圳市政府對該合作企業補充合同書有關批覆（1990年11月19日）中的明文規定：「合作合同貸款的擔保問題由乙方（指泰國賢成兩合公司）

負責。」其後，被申請人的這一行為終於在1996年4月9日導致原深圳賢成大廈地面五層以下的建築物業被武漢中院強制執行，公告查封。

（3）被申請人於1993年1月15日以「泰國賢成兩合公司」的名義與農行西安分行簽訂了「借款合同」，向後者借得二千萬元人民幣。隨後，被申請人又在1993年10月18日，未經申請人四方的同意，也未經合作企業董事會討論和作出決定，擅自以「深圳賢成大廈有限公司」的名義，作為乙方當事人，與本合作合同以外的第三人，即甲方當事人農行西安分行，簽訂了「借款償還協議書」，約定原由被申請人借得的上述二千萬元人民幣，「乙方（即深圳賢成大廈有限公司）願無條件地承擔此筆借款本息的償還責任」；「乙方願用深圳賢成大廈第三十層的房產作為甲方（即農行西安分行）資金的抵押」；「如乙方不能按期償還借款時，依法處理抵押房產以歸還甲方資金。」被申請人的這種行為，又再次違背了合作合同第16至22條以及合作企業章程第12至22條的有關規定以及深圳市政府有關貸款擔保問題的上述批覆規定。其後，在1999年12月23日，被申請人的這一行為最終導致了在原深圳賢成大廈底層建築物業基礎上建成的第二十八、二十九、三十層樓房合計五三一六點五七平方米被陝西省高級人民法院強制執行，低價拍賣償債，從而造成申請人的重大經濟損失。

B. 就申請人四方而言，其主要的重大違約行為至少有二：

（1）申請人四方於1993年9月6日，未經被申請人同意，也未經合作企業董事會討論並作出決定，擅自與合作合同以外的第三人，即鴻昌公司，簽訂了「商談紀要」，以申請人四方共同承

認鴻昌公司在深圳賢成大廈有限公司「擁有」由泰國賢成兩合公司讓與的百分之五十股權並支持報批和辦理法律手續作為交換條件，從鴻昌公司「擁有」的深圳賢成大廈有限公司股權項下，額外無償取得深圳賢成大廈建築面積三八八八平方米的物業。申請人四方的這種行為，顯然違反了合作合同第16至22條以及合作企業章程第12至22條的有關規定，也違反了補充合同書（1990年10月23日）第2條關於建築面積分割的原有約定。

（2）申請人四方於1994年11月15日，未經被申請人同意，也未經合作企業董事會討論並作出決定，擅自與鴻昌公司簽訂了「合作經營『深圳鴻昌廣場有限公司』合同書」，約定由申請人四方將原屬於深圳賢成大廈有限公司的深圳市H116-1號地塊一二五八一點八一平方米的土地使用權作為申請人四方的投資，與鴻昌公司另行組建新的中外合作企業，即深圳鴻昌廣場有限公司，並且報經深圳市主管部門批覆同意。申請人四方的這種行為，「屬於以非自有財產與他方合作經營」（見最高人民法院（1997）行終字第18號行政判決書），顯然從根本上違背了其與被申請人簽訂並已實施四五年的原有合作合同及其補充合同書，也完全違反了《中華人民共和國中外合作經營企業法》第10條的前述規定。

仲裁庭認為：被申請人與申請人先後分別從事以上各項重大違約行為，其綜合後果，已經導致合作企業無法繼續經營。

乙、關於第二方面，即合作企業是否已經發生嚴重虧損，無力繼續經營問題。仲裁庭經查核申請人與被申請人提供的大量資料證據，傾聽雙方在多次庭審過程中的反覆辯論，現在認定：由

於申請人與被申請人雙方在履行本案項下合作合同過程中，都至少有過上述重大的違約行為，而且互為因果，矛盾日益激化，爭訟頻頻，從而嚴重影響合作企業的正常經營，並確已造成合作企業的嚴重虧損，負債累累；加上深圳市工商、外資主管部門的有關行政行為「違反了法定程序」（見最高人民法院同上判決書），在這些內外因素的綜合作用下，終於導致了合作企業實際上陷於癱瘓狀態，確已難以恢復正常運作。

丙、關於第三方面，即合同規定的合作期限是否已經屆滿以及何時屆滿問題，當事人各方持有不同見解。申請人主張五年合作期限的起算日期應是合作合同正式生效、合作企業領取營業執照的1989年4月13日，原應於1994年4月12日期滿。即使按補充合同書被批准（1990年11月19日）後重新起算，並且合作企業被注銷的期間（1994年11月23日-1998年7月23日）中斷不計，合作經營期限也應在1999年8月1日屆滿。被申請人則主張五年合作期限應自補充合同書被批准後起算，原應於一九九五年底滿期，但因合作企業被注銷而期限中斷，在深圳市工商行政管理局遵照最高人民法院的行政判決採取具體和明確行政行為作出「重新處理」之前，合作企業的經營期限無從恢復計算。

仲裁庭經核查和聽審，認定如下：

（1）合作合同第41條規定：「合作公司合營期限以建成綜合大廈為期初步確定為五年，如大廈建成期限提前或推後，合作公司期限也相應提前或推後。」可見，關於五年合營的計算取決於大廈建設的工程進展，具有一定靈活性。其後，由於大廈建築規模的變化，補充合同書第7條明確規定「大廈計劃於一九九五年

底前竣工」；第9條進一步規定：「原合同與本補充合同不一致的條款，以本補充合同為準」。據此，被申請人關於五年合營期限的起算日期的主張，是有合同依據的，應予採信。

（2）在最高人民法院上述行政判決送達各方當事人之後，深圳市工商行政管理局已於1998年8月4日致函合作企業，全文如下：「深圳賢成大廈有限公司：根據最高人民法院（1997）行終字第18號行政判決，本局決定撤銷1994年11月23日作出的注銷深圳賢成大廈有限公司企業登記的決定，收回『核准企業注銷登記通知書』。深圳市工商行政管理局（公章）1998年8月4日。」

隨後，該局又於1998年11月10日以「深工商函（1998）59號」文件正式通知深圳賢成大廈有限公司：「鑒於你司營業執照有效期限已經屆滿……你司應到我局申請辦理延期變更登記或注銷登記手續……請你司自收到本通知之後，備齊法定資料到我局辦理有關手續。」接著，該局又於1998年12月28日以深工商〔1998〕107號文件向深圳賢成大廈有限公司原清算組各組成人員單位發出通知：「根據最高人民法院（1997）行終字第18號行政終審判決，本局決定：撤銷深工商函〔1996〕28號、〔1996〕67號、〔1996〕98號文。相關事宜待後依法處理。」

此外，該局又於1998年12月30日向深圳鴻昌廣場有限公司發出公函，通知該公司：「依據中華人民共和國最高人民法院（1997）行終字第18號判決，深圳市外商投資局以深外資函〔1998〕20號致函你司，收回深圳市引進外資領導小組辦公室1994年12月1日深外資辦復〔1994〕976號《關於設立中外合作經營企業「深圳鴻昌廣場有限公司」的批覆》。該函已抄送我

局。請你單位據此依法到我局辦理相應手續。」

根據以上文檔，仲裁庭認定：深圳市工商行政管理局已經採取具體明確的行政行為，執行了最高人民法院行政判決中關於「重新處理」的決定；合作企業的五年經營期限，自補充合同書正式生效的1990年11月19日起算，扣除1994年11月23日至1998年7月23日這三年八個月的中斷時間之後，最遲應於1998年12月30日起恢復連續計算，並應於2000年2月6日屆滿。

查：《中華人民共和國中外合作經營企業法實施細則》第48條規定：「合作企業因下列情形之一出現時解散：（一）合作期限屆滿；（二）合作企業發生嚴重虧損，或者因不可抗力遭受嚴重損失，無力繼續經營；（三）中外合作者一方或者數方不履行合作企業合同、章程規定的義務，致使合作企業無法繼續經營；（四）合作企業合同、章程中規定的其他解散原因已經出現；（五）合作企業違反法律、行政法規，被依法責令關閉。」

對照以上三方面的實際情況，仲裁庭認定：現在上述法定的（一）（二）（三）項解散原因和條件已經同時出現或同時具備，本案申請人請求終止合作合同和補充合同書，解散深圳賢成大廈有限公司的主張，依法可以成立，應予支持。

4. 關於被申請人反請求問題

被申請人（即反請求的申請人）1999年5月24日提交深圳分會的反訴申請書，請求裁定申請人（即反請求的被申請人）：（1）賠償經濟損失43108000港幣和584000美元的利息損失；（2）承擔本案全部仲裁費用；（3）賠償被申請人支付的律師費和其他雜費。

　　1999年9月30日和1999年10月15日，被申請人致函深圳分會，變更了上述第1項反請求，改為索賠10773047.30元人民幣，並提出了變更說明，其主要理由是：（1）本案申請人於1993年10月28日向深圳市政府主管部門提交「關於請求禁止賢成大廈預售樓宇的報告」；（2）隨後又於1994年11月15日提出關於注銷深圳賢成大廈有限公司的報告；（3）同日，又以原合作公司的土地使用權與鴻昌公司簽署了另一份合作合同，並於1995年初在原合作公司在建工程的基礎上動工興建「鴻昌廣場」。申請人的這些行為造成了被申請人在1993年10月28日至1994年12月31日期間遭受上述經濟損失，應予賠償。

　　經查核，被申請人曾以「深圳賢成大廈有限公司」的名義在1993年8月21日向深圳市規劃國土局遞交了「商品房預售申請書」，並隨附「商品房預售明細表」和「售樓方案」各一份。深圳市有關主管部門的經辦人羅先生於1993年9月5日批註：「經審查，該項目有下列問題須待查：（1）……（2）超建築面積二四八五平方米，占百分之〇點二；（3）遲遲未送房地產證正本。建議：先由領導審批，後按指示執行。」隨後，該主管部門的「處領導」蔣先生於1993年9月14日在「預售商品房審批表」上明確批示：「擬同意。房地產證正本收回，此項目批准預售後，不可再作抵押。」上述主管部門的經辦人的批註和「處領導」的批示，均在申請人提交上述「禁售」報告之前一個多月即已作出，且已明確表示「擬同意」預售申請，故後來深圳賢成大廈有限公司申請預售樓花一事之所以未能如願以償，其根本原因不在於申請人於主管部門領導批示「擬同意」月餘之後提交了「禁售

報告」，而在於被申請人自身始終未能按批示要求，及時把房地產證正本送交政府主管部門，可見，由此造成的融資困難及其後果，應由被申請人自行承擔責任。

至於以上第二、三兩點所述行為，申請人確應承擔違約責任，但這兩項違約行為，都與被申請人在此之前從事的三項重大違約行為〔詳見「仲裁庭意見」（三）甲之A〕有直接的因果關係，被申請人對於自己的重大違約行為及其所導致的後果，也應承擔相應的違約責任。

查：《中華人民共和國民法通則》第111條規定，當事人一方不履行合同義務或者履行合同義務不符合約定條件的，另一方（即守約方）有權要求違約方賠償損失。第113條則進一步明確規定：「當事人雙方都違反合同的，應當分別承擔各自應負的民事責任」。

《中華人民共和國涉外經濟合同法》第18、21條也有相應的規定。

對照本案案情，鑒於申請人與被申請人都有重大違約行為，鑒於被申請人並非純粹的守約方，而且其違約行為發生在先，鑒於被申請人的違約行為也給申請人造成重大經濟損失而申請人並未提出索賠要求，因此，仲裁庭認為：依據上述法律規定的基本精神以及相關的公平合理原則，對於被申請人提出的前述索賠反請求，不應予以支持。

5. 關於本案仲裁費和律師費等的承擔問題

鑒於本案申請人提出的關於終止合作合同和補充合同書、解散合作企業的仲裁請求已經獲得仲裁庭支持；又鑒於申請人的違

約行為對於造成合作企業嚴重虧損、無法繼續經營、從而不得不解散存在一定影響，因而也應當承擔一定責任，因此仲裁庭認為：本案仲裁請求的仲裁費應由被申請人承擔百分之六十，申請人承擔百分之四十。

鑒於本案被申請人提出的反請求未能獲得仲裁庭支持，因此，仲裁庭認為：本案反請求的仲裁費應由被申請人自行承擔。

鑒於本案被申請人有重大違約行為，對於本案爭議之提交仲裁，負有相應的責任，因此，仲裁庭認為：被申請人在仲裁過程中所支付的律師費用和其他雜費，應由被申請人自行承擔。

（二）本案仲裁庭的終局裁斷

綜上各點，仲裁庭裁決如下：

1. **終止申請人與被申請人訂立的「合作經營『深圳賢成大廈』有限公司合同書」和「合作經營『深圳賢成大廈』有限公司補充合同書」，解散深圳賢成大廈有限公司，並依法清算；**

2. 駁回被申請人提出的第一項和第三項反請求；

3. 駁回申請人和被申請人關於本案仲裁費全部由對方承擔的請求；

4. 本案仲裁請求的仲裁費由申請人承擔40%，由被申請人承擔60%。申請人預繳的554800元人民幣，其中221920元人民幣抵作其應承擔的仲裁費，其餘的332880元人民幣，應由被申請人在本裁決書作出之日起30日內償還申請人。逾期不還，按年利率6%計付利息。

5. 本案仲裁反請求的仲裁費全部由被申請人承擔。被申請

人已經預繳的275627元人民幣，抵充其應承擔的仲裁費。

本裁決為終局裁決。

首席仲裁員：陳安

仲裁員：張靈漢

仲裁員：姚壯

2000年7月31日於深圳

附錄

一、中華人民共和國最高人民法院行政判決書

（1997）行終字第18號

上訴人（原審被告）：深圳市工商行政管理局。

〔法定代表人、委託代理人等，從略。下同〕

上訴人（原審被告）：深圳市招商局（原深圳市引進外資領導小組辦公室）。

上訴人（原審第三人）：深圳上海時裝公司。

上訴人（原審第三人）：深圳市工藝服裝工業公司。

上訴人（原審第三人）：深圳開隆投資開發公司

委託代理人：江平，中國政法大學教授。

上訴人（原審第三人）：深圳市華樂實業股份有限公司。

上訴人（原審第三人）：深圳鴻昌廣場有限公司。

被上訴人（原審原告）：泰國賢成兩合公司。

法定代表人：吳賢成，董事長。

被上訴人（原審原告）：深圳賢成大廈有限公司。

法定代表人：吳賢成，董事長。

委託理人：應松年，國家行政學院教授。

第三人：（香港）鴻昌國際投資有限公司。

法定代表人：王文洪，董事長。

上訴人深圳市工商行政管理局、深圳市招商局（原深圳市引進外資領導小組辦公室）、深圳上海時裝公司、深圳市工藝服裝工業公司、深圳開隆投資開發公司、深圳市華樂實業股份有限公司、深圳鴻昌廣場有限公司不服廣東省高級人民法院（1995）粵高法行初字第1號行政判決，向本院提起上訴。本院依法組成合議庭，公開開庭審理了本案，上訴人深圳市工商局法定代表人龔陪連，委託代理人龍云飛、閆建國；上訴人深圳市招商局委託代理人肖峋、盧全章；上訴人深圳上海時裝公司法定代表人孔祥茂，委託代理人高宗澤、王以嶺；上訴人深圳市工藝服裝工業公司法定代表人顧伯英，委託代理人耿北原、王以嶺；上訴人深圳開隆投資開發公司法定代表人劉如堯，委託代理人江平、王以嶺；上訴人深圳市華樂實業股份有限公司法定代表人黃敬忠，委託代表人胡鐵成、王以嶺；上訴人深圳鴻昌廣場有限公司法定代表人王文洪，委託代理人劉振芳、賈紅衛；被上訴人泰國賢成兩合公司委託代理人袁曙宏、張正乾；被上訴人深圳賢成大廈有限公司委託代理人應松年、馬懷德；第三人（香港）鴻昌國際投資有限公司法定代表人王文洪，委託代理人劉振芳、嚴天敏等到庭參加訴訟。本案現已審理終結。

經審理查明，1988年12月5日，泰國賢成兩合公司與深圳上海時裝公司、深圳市工藝服裝工業公司、深圳開隆投資開發公司、

深圳市華樂實業股份有限公司（以下簡稱「中方四家公司」）簽
訂《合作經營「深圳賢成大廈」有限公司合同書》，合同約定：中
方四家公司以深圳市深南東路地號為H116-1地塊12581.81平方米
土地使用權為投資，泰國賢成兩合公司以補償土地使用費一千五
百萬元及負責建房全部資金為投資，合作興建賢成大廈，合作期
限初步確定為五年；如大廈建成提前或推後，合作公司期限也相
應提前或推後等。1989年3月28日深圳市人民政府以深府經復
〔1989〕180號文批准該合作合同。而後，深圳賢成大廈有限公
司在深圳市工商行政管理局（以下簡稱「深圳市工商局」）註冊
登記，領取了企業法人營業執照。執照有效期限自1989年4月13
日至1994年4月13日。1990年11月23日，合作雙方又簽訂了《合
作經營「深圳賢成大廈」有限公司補充合同書》，合同約定：合
作經營期限為五年，大廈計劃於一九九五年底前竣工；原合同與
本合同不一致條款，以本補充合同為準，本補充合同是原合同不
可分割的一部分。同年11月19日深圳市人民政府以深府外復
〔1990〕875號文批覆同意該補充合同，但深圳賢成大廈有限公
司未到深圳市工商局辦理變更營業執照期限的手續。同年12月15
日，深圳賢成大廈有限公司辦理了使用深圳市深南東路地號為
H116-1地塊的深房地字第0034401號房地產證，該房地產證注明
權利人是深圳賢成大廈有限公司。1991年11月29日，深圳賢成大
廈動工興建。後因泰國賢成兩合公司內部發生股權糾紛，工程建
設資金不能到位，賢成大廈建設於1993年9月20日起全面停工。
1994年11月23日深圳工商局作出《核准企業注銷登記通知書》，
注銷了深圳賢成大廈有限公司企業登記。該通知記載：「深圳賢

成大廈有限公司（字第200059號）已於1994年11月23日在我局辦理注銷登記手續。」但深圳賢成大廈有限公司一再申明沒有向深圳市工商局申請注銷登記，深圳市工商局也未能提供深圳賢成大廈有限公司董事長簽署的申請文件和該公司債權債務清算報告。同年12月1日，深圳市引進外資領導小組辦公室（以下簡稱「原深圳市外資辦」）作出深外資辦復〔1994〕976號《關於設立中外合作經營企業「深圳鴻昌廣場有限公司」的批覆》，批准中方四家公司與（香港）鴻昌國際投資有限公司在1994年11月15日簽訂的《合作經營「深圳鴻昌廣場」有限公司合同書》。該合同約定：中方四家公司以位於深圳市深南東路地號為H116-1地塊的土地使用權為投資，與（香港）鴻昌國際投資有限公司合作經營鴻昌廣場有限公司；深圳鴻昌廣場有限公司承擔深圳賢成大廈有限公司在合法經營中實際產生的債權債務等。而後，深圳鴻昌廣場有限公司在原賢成大廈建設的基礎上興建鴻昌廣場。1995年8月1日，深圳市工商局作出深工商清盤〔1995〕1號《關於成立深圳賢成大廈有限公司清算組的決定》。該決定稱：根據《中華人民共和國公司法》決定成立深圳賢成大廈有限公司清算組，負責該公司清算業務。泰國賢成兩合公司、深圳賢成大廈有限公司對上述三個具體行政行為均不服，先後提起訴訟。一審法院進行了合併審理。

　　一審認定：深圳市工商局注銷深圳賢成大廈有限公司企業登記不符合法律規定；深圳市工商局在注銷深圳賢成大廈有限公司企業登記後再決定組成清算組，對該公司進行清算，違反了法定程序；中方四家公司以深圳賢成大廈有限公司擁有的土地使用權

為投資與（香港）鴻昌國際投資有限公司合作，不符合法律規定；原深圳市外資辦在中方四家公司未取得土地使用權的情況下，便批准其與（香港）鴻昌國際投資有限公司的合作合同，與法不符。據此，一審法院於1997年8月1日作出如下判決：

一、撤銷深圳市工商局1994年11月23日注銷深圳賢成大廈有限公司企業登記的行政行為；

二、撤銷深圳市外資辦1994年12月1日深外資辦復〔1994〕976號《關於設立中外合作經營企業「深圳鴻昌廣場有限公司」的批覆》；

三、撤銷深圳市工商局1995年8月1日深工商清盤〔1995〕1號《關於成立深圳賢成大廈有限公司清算組的決定》。

深圳市工商局、深圳市招商局、中方四家公司及深圳鴻昌廣場有限公司對上述判決不服，向本院提起上訴。二審開庭前，（香港）鴻昌國際投資有限公司向本院申請參加訴訟，本院准許其以第三人身分參加訴訟。

上訴人訴稱：原深圳賢成大廈有限公司營業執照已過期，停止經營活動一年多，工商機關注銷其企業登記是合法的；深圳市工商局是依職權注銷深圳賢成大廈有限公司企業登記的，注銷登記後成立清算組符合法律規定；外資企業管理部門審查中外合作企業合作合同時，只進行形式審查，不進行實體審查，原深圳市外資辦批准成立深圳鴻昌廣場有限公司是正確的；一審兩原告以公司的名義提起訴訟未經公司董事會討論決定，不具備原告主體資格；原深圳市外資辦是受深圳市人民政府委託對合作企業辦理審批的，非本案的適格被告。一審判決認定事實不清，適用法律

錯誤，程序違法，請求二審法院撤銷一審判決。

被上訴人辯稱：深圳賢成大廈有限公司中外雙方簽訂的補充合同規定的合作期限並未到期，賢成大廈工程雖然停工，但並未停止經營活動；根據有關法律規定，工商機關無權直接注銷企業登記；公司終止應當先清算後注銷，深圳市工商局先注銷後清算，程序違法；中方四家公司以深圳賢成大廈有限公司已獲使用權的土地又作為與（香港）鴻昌國際投資有限公司合作經營鴻昌廣場的合作條件是違法的，原深圳市外資辦批准該合同也是違法的；被訴的三個具體行政行為侵害其合法權益，其法定代表人以公司的名義提起訴訟符合法律規定；原深圳市外資辦以自己的名義行使審批權是當然的被告。一審判決認定事實清楚，適用法律正確，程序合法，請求二審法院予以維持。

第三人述稱：一審兩原告主體資格不合法，（香港）鴻昌國際投資有限公司是工程建設的實際投資者，其合法權益應予保護，請求將本案發回重審。

本院認為，《中華人民共和國公司法》《中華人民共和國中外合作經營企業法》《中華人民共和國公司登記管理條例》《中華人民共和國企業法人登記管理條例》等有關法律、法規，均未明確授予工商行政管理機關未經清算和申請即可注銷企業登記的權力。上訴人深圳市工商局雖在注銷登記通知書中稱深圳賢成大廈有限公司已在該局辦理了注銷登記手續，但在訴訟中未能提供該公司法定代表人簽署的申請文件和該公司債權債務清算報告，在注銷登記通知書中亦未引用有關法律依據。因此，上訴人深圳市工商局注銷深圳賢成大廈有限公司企業登記缺乏法律依據和事

實根據。中方四家公司以位於深圳市深南東路地號為H116-1地塊的土地使用權為投資與泰國賢成兩合公司合作經營深圳賢成大廈有限公司，經有權機關批准，該公司已依法取得該地塊使用權。中方四家公司在未經土地合法使用權人同意且未依法變更登記的情況下，又以該土地與（香港）鴻昌國際投資有限公司簽訂合作合同，屬於以非自有財產與他方合作經營，且合作協議有處分第三者權益的條款。原深圳市外資辦批准該合同的行為，違反了《中華人民共和國中外合作經營企業法實施細則》、對外貿易經濟合作部《外商投資企業合同、章程的審批原則和審查要點》的規定，應屬無效。根據《中華人民共和國公司法》第199條的規定，公司清算結束後，清算組應當制作清算報告，報股東會或者有關主管機關確認，並報送公司登記機關，申請註銷公司登記。上訴人深圳市工商局在註銷深圳賢成大廈有限公司企業登記八個月後，才決定成立清算組進行清算，違反了法定程序。根據《中華人民共和國行政訴訟法》的有關規定，泰國賢成兩合公司、深圳賢成大廈有限公司認為深圳市工商局、原深圳市外資辦作出的具體行政行為侵犯其合法權益，其法定代表人有權以公司的名義提起訴訟。上訴人及第三人以被上訴人泰國賢成兩合公司、深圳賢成大廈有限公司不具備原告資格的上訴理由不能成立；原深圳市外資辦是以自己的名義作出批復的，上訴人深圳市招商局提出原深圳市外資辦是受委託進行審批不是本案適格被告的理由亦不能成立。二審開庭前，（香港）鴻昌國際投資有限公司向本院申請參加訴訟，考慮到該公司與本案有利害關係，准許其以第三人身分參加訴訟。但該公司不屬於必須參加訴訟的第三

人，一審法院未通知其參加訴訟，不屬於違反法定程序，其發回重審的請求不予支持。上訴人及第三人提出的涉及企業法人之間的投資、股權爭議以及保護實際投資者利益等問題，屬於民事法律關係範疇，不屬於行政訴訟的審查範圍，當事人可自行協商或通過民事訴訟等方式解決。一審事實清楚，證據確實充分，適用法律法規正確，符合法定程序。經本院審判委員會討論決定，依照《中華人民共和國行政訴訟法》第54條、第61條第一項的規定判決如下：

一、維持廣東省高級人民法院（1995）粵高法行初字第1號行政判決；

二、深圳市工商行政管理局、深圳市招商局，依法對深圳賢成大廈有限公司、深圳鴻昌廣場有限公司的有關事宜重新處理。

本案二審受理費660100元，由上訴人深圳市工商行政管理局、上訴人深圳市招商局、上訴人深圳上海時裝公司、上訴人深圳市工藝服裝工業公司、上訴人深圳開隆投資開發公司、上訴人深圳市華樂實業股份有限公司、上訴人深圳鴻昌廣場有限公司各負擔94300元。

本判決為終審判決。

審判長：羅豪才

審判員：楊克佃

審判員：江必新

審判員：岳志強

審判員：趙大光

代理審判員：羅鎮堂

代理審判員：胡興儒

中華人民共和國最高人民法院

（蓋章）

1998年7月21日

本件與原本核對無異

書記員：楊臨萍

楊　晶

王　平

二、《深圳特區報》新聞報導：深圳賢成大廈事件始末

（2004年4月7日）

　　一座當年被媒體稱作「中華第一樓」的大廈引發了一場歷時十年之久、案及最高司法機關的連環行政訴訟案，被法律界稱為中國「行政訴訟第一案」，在社會各界中引起了強烈反響。今年三月，省高級法院一紙終審判決為這一系列案件畫上了句號。

　　今年三月二十一日，鴻昌廣場隆重開盤。這座矗立於深圳繁華鬧市、高聳入雲的摩天大廈，其前身正是當年輝煌一時，號稱「中華第一樓」的深圳賢成大廈。記者昨天從採訪中了解到，這座曾歷經風雨的大廈目前的銷售勢頭令人看好。十年來，這座大廈所引出的故事，無疑將在推進中國依法行政的歷史進程中留下濃重的一筆，其間的法與理、對與錯、是與非，更將留給我們無盡的思索。

【泰港股權起糾紛】「中華第一樓」擱淺

案件的起因要追溯到十六年前。1988年12月5日，泰國賢成兩合公司與中方四家公司簽訂合作協議，約定中方四家公司以土地使用權為投資，泰國賢成兩合公司投入建房資金，合作興建賢成大廈。1989年3月，深圳市政府批准了該合作合同，爾後，賢成大廈公司在市工商局註冊登記，領取了企業法人營業執照，執照有效期自1989年4月13日至1994年4月3日。

1991年11月29日，賢成大廈正式破土動工。賢成大廈之名取自泰國賢成兩合公司董事長吳賢成的名字，項目建立之初，合作雙方都躊躇滿志，決意將賢成大廈建成國內最高的「中華第一樓」，不想大廈始建不久，雙方在合作中即產生了波折，而這一波折的產生與泰方在建樓過程中引入港資所引發的股權糾紛有著直接的關係。

1991年12月11日，吳賢成與香港鴻昌國際投資公司董事長王文洪簽了一份「股份合約」，約定雙方各占泰國賢成兩合公司百分之五十的股權，以二點二億港幣為資本額，雙方共同投資興建賢成大廈，王文洪同意以一點一億港幣購入吳賢成擁有的賢成大廈物業百分之五十的股權。同年12月16日，國家工商行政管理局變更登記賢成大廈公司執照，增加王文洪為公司副董事長，隨後，王開始向大廈投入資金，成為大廈的實際投資者。

正當賢成大廈這艘巨艦朝著「中華第一樓」的目標，順風滿舵地挺進時，卻由於泰方投資人吳賢成的突然變卦而擱淺了。

1992年6月，深圳賢成大廈有限公司投資各方召開臨時董事會，會議形成決議，確認了以王文洪為代表的香港鴻昌公司在賢

成大廈投資的事實和實際投資者的地位，決定簽訂經營賢成大廈的補充合同，同意香港鴻昌公司作為外方投資者進入賢成大廈有限公司，並報政府有關部門批准。

在這一關鍵時刻，身為公司董事長的吳賢成卻突然變卦，拒絕履行公司董事會的決議，拒不辦理增加香港鴻昌公司成為賢成大廈實際投資者的法律手續，同時也不再向大廈投資，同時與鴻昌公司就股權糾紛提起了仲裁。賢成大廈——這座在蹣跚中起步的「中華第一樓」也因「斷糧」而全面停工，直至賢成大廈有限公司營業執照到期時仍未能恢復，「中華第一樓」的建設中途夭折。

【董事長不辭而別】內地與香港合作另起爐灶

1993年12月20日，泰國賢成兩合公司向中國國際經濟貿易仲裁委員會深圳分會提出仲裁申請，請求該機構裁定其與香港鴻昌公司簽訂的共同投資興建賢成大廈的協議無效，鴻昌公司在大廈中無實際股權。

經過認真地審查案情，一九九四年八月一日，中國國際經濟貿易仲裁委員會深圳分會作出裁決：（1）香港鴻昌公司在深圳賢成大廈中具有實際投資；（2）在裁決作出三十日內，泰方須協同中方四家投資者辦理香港鴻昌公司成為賢成大廈有限公司合作者的法律手續。裁決書同時確認，該裁決為終局裁決。

據後來有關機構審計，香港鴻昌公司無論在事實上還是在法律上，都是賢成大廈的實際投資者，泰國賢成兩合公司名義上是賢成大廈的投資者，但其實際投資只占大廈建設資金的極少部分。

仲裁裁決的結果，令泰方的如意算盤完全落空。如果此時泰方本著誠信的原則對合作各方以誠相待，忠實履行仲裁裁決，賢成大廈也許早已矗立在特區的土地上。但令人難以置信的是，此時的吳賢成卻選擇了一條極端的道路。

此後，中方四家公司與香港鴻昌公司多次找到吳賢成，協商履行仲裁裁決及處理合作公司延期的問題，但此時的吳賢成態度十分強硬，明確拒絕履行仲裁裁決。同年九月十二日，中方四家公司的負責人與吳賢成進行了最後一次會談，之後吳便一去杳無蹤影，任憑合作方千呼萬喚，始終沒有回應。

董事長不辭而別，公司營業執照已經過期，大廈處於全面停工狀態，香港鴻昌公司投入的大量資金及中方提供的土地使用權都陷入其中。萬般無奈之下，中方四家公司及港方投資者伸手向政府求援。

【賢成大廈變鴻昌廣場】清算引發行政訴訟

一九九四年十一月四日，深圳市工商局、外資辦、規劃國土局、建設局等部門及中方四家公司、香港鴻昌公司代表召開了協調會，會議通知了泰方，但泰方代表沒有到會。鑒於深圳賢成大廈有限公司的營業執照已經過期且沒有申請延期的事實，會議經各方面協調，大致形成了如下處理意見：依法註銷賢成大廈有限公司，對公司進行清算，以維護各方利益，同時由中方四家公司與香港鴻昌公司組成新公司繼續建設大廈，新公司承擔賢成大廈有限公司的合法債權債務。

協調會後，深圳市工商局註銷了賢成大廈有限公司，同時組成清算組對該公司進行了清算。中方四家公司與香港鴻昌公司合

作成立了一家名為深圳鴻昌廣場有限公司的新公司，將大廈改名為「鴻昌廣場」，繼續合作興建，在雙方的通力合作下，大廈迅速復工，僅僅一年時間，一座雄偉的大廈便聳立在深圳的中心區，創造了新的「深圳速度」。

正當內地與香港合作方額手稱慶，準備分享合作成果之時，一場曠日持久的系列行政訴訟官司卻不期而至。

一九九五年一月，身在境外的吳賢成以泰國賢成兩合公司和深圳賢成大廈有限公司法定代表人的身分，以注銷賢成大廈有限公司和批准成立鴻昌廣場有限公司及成立清算組的行政行為違法為由，對深圳市工商局、外資辦提起行政訴訟。廣東省高級人民法院受理此案後，於一九九七年八月十一日作出一審判決，撤銷深圳市工商局、外資辦作出的注銷深圳賢成大廈有限公司、成立清算組和批准成立鴻昌廣場有限公司的三個具體行政行為。深圳市工商局和外資辦對判決不服，上訴至最高人民法院。最高人民法院於一九九八年七月二十一日作出終審判決，除維持一審判決外，還判決深圳市有關主管部門對深圳賢成大廈有限公司和深圳鴻昌廣場有限公司的有關事宜重新處理。

【泰商無理訴求被駁回】鴻昌廣場終見光明

最高人民法院的終審判決雖然對內地與香港合作建樓十分不利，但中方四家公司與泰方決裂的決心並未因此而動搖。

一九九九年九月二十二至二十三日，中方四家公司根據有關仲裁條款，向中國國際經濟貿易仲裁委員會深圳分會提出仲裁申請，請求裁決終止雙方於一九八八年訂立的合作建設賢成大廈的合同及相關補充合同書。

仲裁庭經過開庭審理，於二〇〇〇年七月三十一日作出終局裁決，支持了中方四家公司的請求，裁決終止雙方訂立的合作經營深圳賢成大廈的合同書及相關補充合同書，解散深圳賢成大廈有限公司並依法清算。

值得一提的是，在此期間，吳賢成又以深圳賢成大廈有限公司和泰國賢成兩合公司的名義，向深圳市規劃國土局、外商投資局、工商局提起第二宗行政訴訟，提出總額高達七億多元的「天價」索賠要求。廣東省高級人民法院一審此案，以其請求不符合起訴條件為由，裁定駁回了吳賢成的巨額索賠之訴。吳賢成再度上訴至最高人民法院，最高人民法院依法駁回其上訴，維持了一審裁定。

二〇〇〇年八月十六日，中方四家公司以仲裁裁決為依據，向深圳市工商局申請組織清算深圳賢成大廈有限公司。隨後，深圳市根據《深圳經濟特區企業清算條例》成立了清算組，不想再次招來一場行政訴訟官司。

吳賢成又以泰國賢成兩合公司及深圳賢成有限公司的名義，第三次向法院提起行政訴訟，認為深圳市工商局依據《深圳經濟特區企業清算條例》成立清算組，屬適用法律、法規錯誤，應依據外經貿部發布的《外商投資企業清算辦法》予以清算。

深圳市中級人民法院一審認定：根據一九九二年七月一日全國人大常委會第26次會議通過的《關於授權深圳市人民代表大會及其常務委員會和深圳市人民政府分別制定法規和規章在深圳經濟特區實施的決定》及《中華人民共和國立法法》的有關規定，深圳市工商局依據深圳市人大常委會制定的《深圳經濟特區企業

清算條例》，對在深圳經濟特區註冊成立的企業法人作出組織清算組的決定，適用依據正確。

一審判決下達後，吳賢成不服提起上訴。廣東省高級人民法院在終審判決中明確指出：「本案的爭論焦點是依照《深圳經濟特區企業清算條例》還是《外商投資企業清算辦法》規定的程序組織清算組（清算委員會）的問題……《深圳經濟特區企業清算條例》是全國人民代表大會常務委員會授權制定的地方性法規，深圳賢成大廈有限公司因仲裁裁決解散，被上訴人（深圳市工商局）作為深圳市企業清算主管機關，根據實際情況，決定成立該公司清算組，符合上述規定，原審判決對該行政行為予以維持是正確的。」最終，省高級人民法院終審判決駁回了吳賢成一方的上訴，維持了原判。

從某種意義上說，這起行政官司的終審判決，其意義遠遠超越了案件本身的是與非，因為它不僅依法維護了行政機關作出的行政行為，保障了投資人的合法權益，更從司法的角度保障了深圳的特區立法具有優先適用的效力。

（作者：本報記者劉眾、吳濤、馮傑）

三、《深訓商報》新聞報導：
賢成兩合公司淨欠深賢公司三二一一萬元

（2004年4月6日）

深圳市工商局依法組織清算組的清算結果表明：在深圳賢成大廈合作開發中，以吳賢成為法人代表的泰國公司沒有按合同的

約定投資──賢成兩合公司淨欠深賢公司三二一一萬元。

【本報訊】（深圳商報記者陳洋）二〇〇〇年七月三十一日，中國國際經濟貿易仲裁委員會深圳分會作出仲裁書裁決，終止申請人中方四家公司與被申請人泰國賢成兩合公司訂立的「合作經營『深圳賢成大廈』有限公司合同書」以及「合作經營『深圳賢成大廈』有限公司補充合同書」，解散深圳賢成大廈有限公司，並依法清算。根據該裁決，深圳市工商局於二〇〇〇年十二月六日，依法組織了深圳賢成大廈有限公司清算組。由中方深圳上海時裝公司、深圳市工藝服裝工業公司、深圳開隆投資開發公司、深圳市華樂實業股份有限公司（以下簡稱「中方四家公司」）的代表，吳賢成的委託代理人及在賢成大廈中有實際投資的香港鴻昌國際投資有限公司（代表王文洪），以及獨立的多名註冊會計師和律師組成清算組，廣東聖天平律師事務所律師黃士林擔任清算組組長，開始對深圳賢成大廈有限公司進行清算。

經過近兩年的時間，到二〇〇二年九月，清算組完成了對深圳賢成大廈有限公司的清算，清算有效。清算組接管了深圳賢成大廈有限公司（以下簡稱「深賢公司」）的資產，對其現有的資產進行登記、造冊和審計，並進行了債權申報及審查確認，對公司債權進行了追償，在此基礎上編制了資產負債表和財產清單。清算組在完成了債權申報及審查、財產清理、清算方案制作等程序後，向深圳市工商局提出了申請，深圳市工商局於二〇〇二年九月十二日對深圳賢成大廈有限公司的資產負債表、財產清單依法確認。清算組宣布對清算方案的合法性、真實性、完整性獨立承擔法律責任，並於二〇〇二年十月十九日對外發布了清算結果

的報告。

由於深賢公司對大廈土地使用權於一九九六年被深圳市規劃國土局收回,並被注銷了大廈房地產證,依中國國際經濟貿易仲裁委員會深圳分會一九九四年的仲裁書裁決,在賢成大廈有實際投資的香港鴻昌國際投資有限公司,成立了深圳鴻昌廣場有限公司(以下簡稱「深鴻公司」),該公司與深圳市規劃國土局簽訂了大廈土地使用權出讓合同書,並辦理了該宗地的初始登記,取得了大廈房地產證。由此,深圳賢成大廈變更為深圳鴻昌廣場。

根據賢成公司清算組與深鴻公司清算組共同委託的深圳鵬城會計師事務所出具的評估字〔2001〕76號《關於深圳鴻昌廣場(賢成大廈)房地產評估結果報告書》(以下簡稱「評估結果報告書」),確定於基準日二〇〇〇年十二月六日大廈整棟物業評估總值為145342萬元(含稅),減去應交稅費21661萬元,評估淨值為123680萬元。

根據鵬城所出具的特字〔2001〕73號《深圳賢成大廈有限公司審計報告》和《評估結果報告書》,深賢公司清算財產總計260007814.43元。債權狀況:深賢公司現有應收的債權如下:(1)吳賢成1555109.79元(帳面記載的欠款);(2)泰國賢成兩合公司4718370.09元(帳面記載的欠款和占有的汽車等)。債務狀況:經清算組會議審查核定,確認雲浮硫鐵礦集團公司等三個單位債權總計為60824868.89元。

根據《深圳經濟特區企業清算條例》第38條的規定,將深賢公司的清算財產撥付清算費用和清償債務如下:

(1)優先支付的清算費用二百五十萬元。

（2）根據《評估結果報告書》，深賢公司需承擔稅金及費用為28870108.32元。

（3）清償企業債務合計60824868.89元。

深賢公司清算財產按照上述順序清償後的剩餘財產為109077894.90元。按照投資人實際投資比例進行分配，深賢公司中的中方四家公司應分得的總價值為17550547.66元。

經上述預留清算費用、應交稅費，清償企業債務，以及中方四家公司優先分配後，剩餘的房產價值為85283470.43元；另外應收債權資產為6273479.88元，兩項資產合計為91556950.31元。這部分資產應當在泰國賢成兩合公司與（香港）鴻昌國際投資有限公司之間進行分配。根據審計報告，泰國賢成兩合公司投入資金為14338842.64元，占深賢公司外方投資總額比例17.2662%；（香港）鴻昌國際投資有限公司投入資金為68706900.00元，占深賢公司外方投資總額比例82.7338%。依上述投資比例分配如下：

（1）泰國賢成兩合公司應分配財產：15808406.15元。

（2）（香港）鴻昌國際投資有限公司應分配財產：75748544.16元。

經清算審計，泰國賢成兩合公司欠付深賢公司債務為4718370.09元。

清算組於二○○二年五月十三日作出了《關於向泰國賢成兩合公司追償損失的決議》，確認泰國賢成兩合公司應當賠償深賢公司經濟損失52218163.00元。上述債務和損失賠償額合計為47920440.64元。

鑒於泰國賢成兩合公司既是深賢公司財產分配的享有者，又

是深賢公司的債務人，故依法將其應分得的財產與其所欠債務相互折抵。將泰國賢成兩合公司所欠471920440.64元債務和損失賠償額與其應分得房地產現值14725214.57元和應收債權1083191.58元，合計15808406.15元全部折抵後，泰國賢成兩合公司在深賢公司中應得財產已分配完結，並且尚欠深賢公司32112034.49元。

　　一位全面參與深賢公司法律糾紛處理與協調的法律界人士接受記者採訪時說，從清算的結果和已生效的仲裁裁決不難看出，以吳賢成為法人代表的泰國賢成兩合公司在深圳賢成大廈合作開發中，並沒有按照合同的約定進行投資，其嚴重違約行為不僅侵犯了合作經營的中方四家公司的合法利益，而且侵害了共同投資人的正當權益。正是基於這樣的事實，深圳市有關部門從保護正常的經濟秩序、維護良好的投資環境以及保護真正投資者和中方合作者的合法權益的角度出發，依仲裁裁定注銷深圳賢成大廈有限公司，重新註冊成立深圳鴻昌廣場有限公司。這樣做，既是符合中國法律的宗旨和基本原則的，又是世界各國的法律原則所公認的。

　　〔編者按：本報3月28日發表了《省高級人民法院依法駁回泰國賢成兩合公司、深圳賢成大廈有限公司不服深圳中級人民法院判決提起的上訴，作出終審判決：深圳市工商局對深圳賢成大廈有限公司的清算行政行為合法——維持深圳市工商局依法行政行為》及《中國國際經濟貿易仲裁委員會深圳分會仲裁裁決：解散合作企業深圳賢成大廈有限公司》的報導後，引起社會強烈反響。許多讀者來電來信，詢問有關賢成大廈清算的結果及深圳賢成大廈變更為深圳鴻昌廣場等情況。於是本報記者進行追蹤採

訪，寫出今天的報導。〕

注釋

* 本文是以本案有關司法文檔和2000年終局仲裁裁決為基礎，結合其後續事態的發展，綜合整理而成。文末附錄相關的最高人民法院判決書以及2004年媒體公開報導，供讀者對照參考。

〔1〕 「空手道」是日本的一種拳術，源於中國少林寺武功。其特點是不藉助任何武器，只徒手（空手）格鬥，克敵制勝。參見《現代漢語詞典》（增補本），商務印書館2002年版，第721頁，「空手道」詞條。

〔2〕 這份編號為（2000）深國仲結字第67號的終局裁決，全文長達59頁，約四萬三千字。其中的事實認定部分由CIETAC深圳分會業務處曾銀燕處長執筆；筆者作為本案首席仲裁員，綜合三位仲裁員見解擬就「仲裁庭的意見」，並將裁決全文統稿後，交由本案合議庭審定簽發。

鑒於新近多篇媒體報導中對本案各方當事人的真實姓名和商家名稱已予公開，近乎「家喻戶曉」，故本文轉述中亦比照辦理，未予隱去，俾便讀者對照參考。

第四編——國際貿易法

第1章

某些涉外經濟合同何以無效以及如何防止無效[*]

↘ 內容提要

「合同必須信守」與「違法合同自始無效」是兩條貫穿於民商法中的基本法理原則，也體現在中國的《涉外經濟合同法》中。涉外經濟合同無效的原因包括合同主體不合格、合同內容不合法以及欺詐等等。近年來涉外經濟合同中，因違反中國法律或社會公益而歸於無效者，就有關當事人的主觀狀態和法律意識而言，不外乎明知故犯、僥倖輕率、「法盲」犯法三類，其中後兩類當事人占大多數，可以通過普遍推行經濟合同鑑證制度，使他們得到及時的指導和提醒，自行修正合同中的有關條款，防止合同無效。已經無效的合同可由主管機關依法予以公平處理。

↘ 目次

六、無效合同的處理和預防

一、「合同必須信守」與「違法合同自始無效」

　　一九七九年以來，順應著經濟形勢的重大轉折和長足發展，中國的經濟立法，包括涉外經濟立法，也出現了嶄新的局面，從原先的不完備狀態，逐步走向完備化和系列化。

　　一九八一年十二月，頒布了《中華人民共和國經濟合同法》（以下簡稱《經濟合同法》）。它為中國境內的經濟貿易活動確立了一套基本的行為規範和行動規則。

　　鑒於跨越中國國境的涉外經濟貿易活動既具有中國境內經貿活動的一般共性，又具有涉外經貿活動的獨特個性，《經濟合同法》第55條規定：「涉外經濟貿易合同條例參照本法的原則和國際慣例另行制定。」這意味著：《經濟合同法》所體現的基本準則和基本精神，也適用於中國的涉外經濟合同。

　　一九八五年三月頒布的《中華人民共和國涉外經濟合同法》（以下簡稱《涉外經濟合同法》），正是根據上述原則制定的。可以說，《涉外經濟合同法》是《經濟合同法》的重大發展和延伸。

　　《經濟合同法》規定：經濟合同當事人的合法權益應當受到保護；[1] 經濟合同依法成立，**即具有法律約束力**，當事人必須全面履行合同規定的義務，任何一方不得擅自變更或解除合同。[2] 同時規定：訂立經濟合同，必須遵守國家的法律，必須符合國家政策和計劃的要求。任何單位和個人不得利用合同進行違法活動，擾亂經濟秩序，破壞國家計劃，損害國家利益和社會公共

利益，牟取非法收入。[3] 相應地，一切違反國家法律、政策和計劃的合同，一切採取欺詐、脅迫等手段所簽訂的合同，一切違反國家利益或社會公共利益的合同，都是無效的；無效的經濟合同，**從訂立的時候起，就沒有法律約束力**。[4] 這些規定，顯然同時貫穿著民商法中的兩條基本法理原則：「合同必須信守」和「違法合同自始無效」。

這些精神和原則，也體現在《涉外經濟合同法》之中。它大力強調：必須保障涉外經濟合同當事人的合法權益，以促進中國對外經濟關係的發展。[5] 合同依法成立，即具有法律約束力。當事人應當履行合同約定的義務，任何一方不得擅自變更或者解除合同。在這裡，鄭重地重申了「合同必須信守」的原則。與此同時，該法第4條、第9條、第10條又分別明文規定：「訂立合同，必須遵守中華人民共和國法律，並不得損害中華人民共和國的社會公共利益」；「違反中華人民共和國法律或者社會公共利益的合同無效」；「採取欺詐或者脅迫手段訂立的合同無效」。這些條文，再次強調和鄭重重申了「違法合同自始無效」的原則。[6]

「違法合同自始無效」，這是一條十分古老的、業已獲得舉世公認的法理原則。時至今日，全世界各國的法學家和法律工作者，不論他屬於什麼思想體系，持有何種政治觀點，即使是最強烈的「契約（合同）自由」論者，看來都不會公然反對這一原則。世界各國的民法、商法，不論其屬於什麼法系，也都以不同的法律形式和不同的文字表述，肯定了和包含了這一共同的原則。[7]

但是，當人們把這一舉世公認的法學理論原則在不同的國家和地區付諸具體實踐時，由於各國和各地區社會、經濟制度的不

同，政治、法律體制的差異，法學觀點的分歧，也由於合同各方當事人法律知識的廣狹深淺以及守法觀念的強弱有無，就發生了種種的齟齬、矛盾和衝突。而這些齟齬、矛盾和衝突，除了明知故犯、以身試法者外，集中到一點，就在於對什麼是合法的契約、什麼是違法的契約看法不同；或者說，契約之合法與違法，其根本界限與判斷標準往往是因國而異、因地而異、因時而異的。

就近年來中國的情況而言，自從一九七九年大力貫徹對外經濟開放政策以來，涉外經濟合同數量與日俱增。這些合同在保障各方當事人合法權益、促進中國社會主義建設、繁榮世界經濟等方面，都起了重大的、積極的作用。這是客觀事實的本質和主流。但是，由於前述種種原因，在涉外經濟合同中，也出現了一定數量違法的，因而是無效的合同。儘管它只是事物的支流，但是它的消極和破壞作用卻是不容忽視的，因而已經引起中外法學界、工商界有識人士的共同關注，並且正在進行共同的努力，以遏制這一支流及其消極和破壞作用。

本文試圖以近年來所發生過的一些典型事實和案例〔8〕為基礎，以中國現行的法律為準繩，對內地涉外經濟貿易往來中的某些違法的，因而是無效的合同加以分析和評論，冀能引起更多的關注和討論，匯合到上述的共同努力之中去。

以下試從一樁「鰻苗」案件入手，剖析其中涉外合同的違法與無效問題。

二、「鰻苗」風波——數項合同一連串違法

　　本案的案情梗概是：外商A鑒於鰻苗在國際市場交易中獲利甚豐，於一九八四年十二月和一九八五年二月與中國B公司先後簽訂了「合作協議書」和「補償貿易協議書」，約定共同組織福建沿海盛產的珍品「烏耳鰻」魚苗以及鹽水蘑菇等出口。同時，由外商A向B公司提供進口滌綸絲五百噸。先由B公司提供人民幣貨款定金，日後由外商A以美元購貨進口，貨款對抵結算。雙方私下口頭達成結匯協議，每一美元折合五元人民幣（按當時國家銀行牌價一美元合2.8元人民幣左右）。一九八五年二月一日至八日，外商A先後向B公司提取現金26萬元人民幣及匯票16萬元，共計42萬元人民幣，前往沿海甲縣設點高價收購鰻魚苗。待將來滌綸絲進口後，該項巨款即按上述比率抵充美元貨款。同時，外商A另以一萬二千美元按1：5.5的比率折估人民幣，質押給鰻魚販子莊某，充當收購價款，日後再以人民幣兌回。

　　鰻苗販子莊某從乙縣收購鰻苗轉運至甲縣途中，在丙縣被扣。丙縣工商行政主管部門從中獲悉外商A在甲縣設點高價收購鰻苗，即會同公安、海關、漁政部門前往追查，連夜查獲已經收購等待外輪運輸出口的鰻魚苗81.64市斤。上述主管部門面告外商A：上述換匯、購苗等諸項行為均屬違法，有關各項合同自始無效，鰻苗應予沒收，並應接受罰款處分。

　　外商A辯稱：鰻苗和滌綸絲均非「違禁品」，在國際上素來都屬於自由貿易的合法商品；外商A與B公司之間的各項書面協議和口頭協議、鰻苗收購人與採苗人及轉運販子之間的買賣協議

均出於雙方當事人完全自願，並無任何脅迫欺詐，應屬合法合同。特別是在甲縣設點收購鰻魚一事，外商A事先曾與甲縣某官辦貿易公司張經理洽談，並獲該縣縣委書記李某的接見和宴請，李書記在席間明確表示同意搞鰻苗生意，並指示張經理要提供方便。顯見設點收購鰻苗全是公開進行，光明正大，並未瞞騙地方當局，並非違法行為。至於有關各項合同以美元折抵人民幣或以美元質押，鑒於美元是國際通行的硬通貨，折算率或質押率均屬雙方自願約定，亦非違法行為。

丙縣工商行政管理部門、漁政管理部門以及海關部門駁稱：

第一，擅自設點收購鰻苗是違禁行為。福建沿海所產「烏耳鰻」，乃是國際美食家交口讚譽的海味珍品，不但肉味鮮美，而且營養價值極高。因此，福建鰻苗一向是國際養殖界爭購的緊俏商品。單單鰻苗一項的出口創匯率，就占福建全省水產品出口創匯率的一半左右。它是中國沿海的重要漁業資源之一。鰻苗每年只有三個月旺產時期，如不嚴加控制，濫採濫捕或走私出口，則不但大量減少國家的外匯收入，而且勢必破壞國家的重要漁業資源。有鑒於此，中國對鰻苗的採捕和出口，素來採取國家控制管理的政策。誠然，鰻苗本身並非「違禁品」，但未經依法授權，便擅自設點高價搶購，[9] 爭奪國家控制的緊缺資源，破壞國家收購計劃，卻是違反禁令的。根據國務院一九七九年二月頒布的《中華人民共和國水產資源繁殖保護條例》第19條的授權，福建省於一九八三年三月制定和發布了《福建省水產資源繁殖保護實施細則》，其中第7條明文規定：「因養殖生產和出口需要採捕鰻苗和其他經濟魚蝦幼苗時，其採捕數量、規格及時間、地點，應

由當地主管水產行政部門統一安排，漁政部門發給採捕和收購許可證。」[10]無證採捕或無證收購，即是違法行為。至於外商A所稱事先獲得甲縣縣委李書記口頭許可一節，經查證，當事人否認此事。退一步說，即使地方某領導人確有口頭許可，亦不等於申請人業已依法獲得採捕授權。因為任何幹部，均不得以言代法。「任何組織或者個人都不得有超越憲法和法律的特權。」[11]

　　第二，擅自運輸鰻苗出口是走私行為。福建鰻苗屬於國家控制的出口物資，凡從中國境內運出，均須事先獲得對外經貿部門的正式定額出口許可證，出口時應持證向海關申報，辦理繳納關稅等項手續，經海關檢驗、審批放行。外商A全然未曾正式辦理各項法定手續，便私自約請外輪，準備運出，顯屬走私行為，觸犯了《中華人民共和國暫行海關法》[12]《關於出口許可制度的暫行辦法》[13]，以及國務院、中央軍委一九八一年三月二十七日聯合發布的《關於堅決打擊走私活動的指示》[14]。此理極明，毋庸贅述。

　　第三，擅自高價競換美元是套匯及擾亂金融行為。中國是社會主義國家，也是發展中國家，從本國的具體國情出發，為了維護國家權益，促進國民經濟發展，中國參照許多同類國家的慣例，對外匯實行管理和控制。美元雖屬國際流行的硬通貨，亦在外匯管制之列。《中華人民共和國外匯管理暫行條例》第4條第二款規定：「在中華人民共和國境內，禁止外幣流通、使用、質押，禁止私自買賣外匯，禁止以任何形式套匯、逃匯。」有關主管當局根據該條例頒布了《違反外匯管理處罰施行細則》[15]，其中第2條載明：非經國家管匯機關批准或國家另有規定，凡以

人民幣償付應當以外匯支付的進口貨款或其他款項者，均屬「套匯」行為。第6條規定：非經國家管匯機關批准，在中國境內以外匯計價結算、借貸、轉讓、質押或者以外幣流通、使用者；私自買賣外匯、變相買賣外匯，或者超過國家外匯管理局規定價格買賣外匯，以及倒買倒賣外匯者，均屬「擾亂金融」行為。對於犯有「套匯」行為的雙方，應根據情節輕重，各按套匯額處以百分之十至百分之三十的罰款。[16] 對於犯有上述「擾亂金融」行為者，應強制收兌違法外匯，沒收非法所得，或者處以違法外匯等值以下的罰款，或者罰、沒並處。[17] 對照本案中外商A與中國B公司約定以美元高價抵日後進口滌綸絲貨款、以美元高價質押給鰻苗販子莊某等項情節，顯屬共謀賣匯套匯、擾亂金融行為，觸犯了上述法規禁令，除有關合同自始無效外，雙方當事人均當依法受罰。

第四，B公司未經登記擅自從事外貿活動屬於非法經營。國務院曾於一九八二年八月發布《工商企業登記管理條例》，以保障合法經營，取締非法活動，維護社會主義經濟秩序。其中規定：工商企業均應依法辦理登記。登記的主要事項之一即是經過主管部門批准的**生產經營範圍**。一經登記，即應嚴格按照依法核定的登記事項從事生產經營，不得擅自更改或擴大經營範圍，否則即屬非法經營，應受懲處。[18] 就進口貿易而言，中國實行進口貨物許可制度。凡屬法定憑證進口的貨物，必須事先申請領取進口貨物許可證，經由國家批准經營該項進口業務的公司辦理進口訂貨。[19] 法律「禁止未經批准經營進口業務的部門、企業**自行進口貨物**」[20]。換言之，凡未經依法批准授權的企業，根本

無權經營進口，即不具備與他人簽訂進口貿易合同的合法資格。本案中的B公司即屬此類。它所登記在案的合法經營範圍，並不包括進口業務。因此，它與外商A所訂立的關於進口五百噸滌綸絲的協議乃是非法越權交易，協議理應自始無效。

根據以上各項有關法規，前述主管部門對本案作出如下處理決定：

1. 本案所涉多項協議和合同，應確認為具有違法性質，自始無效。

2. 將外商A擅自設點收購並籌劃私運出口的鰻苗八十一點六四斤（約值十四萬元人民幣）予以沒收，並結合其變相高價賣匯、擾亂金融等違法行為，合併科處罰款八萬元人民幣。

3. 責成外商A將B公司提供的四十二萬元人民幣資金，全數退還後者。

4. B公司非法從事進口經營，並實行高價套匯、擾亂金融，處以罰款五萬元人民幣；工商行政主管當局命令該公司限期停業整頓。

5. 鰻苗販子莊某查有前科，屢教不改，另案處理。

當事人外商A對以上處理決定表示不服，向上申訴，上級主管當局經審議後，駁回申訴，維持原有處理決定。

從有關主管部門對本案案情及其性質所作的前述四點分析中，可以看出，之所以確認本案中的數項經濟合同為無效，主要出於兩個方面的原因：一是參加簽訂涉外經濟合同的一方或兩方**主體不合格**，一是經濟合同的**內容本身不合法**。近年來，中國有相當數量的涉外經濟合同之所以終歸無效，究其主要原因，也大

多出於以上兩個方面，有鑒於此，下面將循此主要線索，就有關事例作進一步的評述和剖析。

三、合同主體不合格導致合同無效

所謂合同的主體，指的就是簽訂合同的各方當事人。涉外經濟合同的主體，就是指在這種合同的經濟法律關係中享有民事權利和承擔民事義務的各方當事人。

按中國《涉外經濟合同法》的規定，有資格簽訂涉外經濟合同的主體（即當事人），在外國一方是外國的企業、其他經濟組織或個人；在中國一方，則是「中華人民共和國的企業或者其他經濟組織」[21]。不具備上述資格的當事人所簽訂的涉外經濟合同是無效的。

涉外經濟合同中的**外國主體**，其主體資格問題，因各國有關法律規定不一，茲暫不置論。

就中國法律而言，有關涉外經濟合同中**中國主體**的主體資格問題，除上述概括性條文外，還有許多具體的規定。例如：

1. 非企業法人不能成為涉外經濟合同的主體

按照《中華人民共和國民法通則》（以下簡稱《民法通則》）的規定，十八歲以上的成年公民，只要不是精神病人，即具有完全的民事行為能力；[22]法人一經依法成立，亦即具有完全的民事行為能力。[23]從法理上說，凡具有完全民事行為能力的自然人或法人，當然就有資格與他人訂立經濟合同。但是，依照《涉外經濟合同法》的上述規定，並非所有具備民事行為能力的人

（自然人或法人），都有資格與他人簽訂涉外經濟合同。

《民法通則》把法人分為兩大類，一類是企業法人，[24]另一類是非企業法人，即機關、事業單位和社會團體法人。[25]《涉外經濟合同法》把訂立涉外經濟合同的中國方面的主體，限於「企業或其他經濟組織」，顯然是把後一類法人（即非企業法人）排除在外，換言之，中國的機關、事業單位和社會團體法人，由於它們並非「企業」，也非「其他經濟組織」，因而並不具備訂立涉外經濟合同的資格，相應地，外商、港商如果與上述這些非企業法人訂立經濟合同，就勢必因中方的合同主體不合格而歸於無效。

目前，有的地方性法規規定可以由當地政府的土地管理機關與外商直接簽訂土地使用權有償轉讓合同，這種規定如何與《涉外經濟合同法》中有關中方主體的規定取得一致和互相銜接，是值得認真探討的。

2. 國家法令禁辦的企業法人不能成為涉外經濟合同的主體

一九八四年下半年，在開放、搞活、體制改革的經濟形勢下，有些黨政機關和黨政機關在職幹部利用社會上存在多種價格和多種調節手段的客觀條件，以牟利為目的而經商或辦企業，並用所得利潤變相增加工資。某些地方甚至出現「皮包公司」性質的經營體，從事套購或倒賣國家緊缺物資，走私販私、買空賣空、牟取高利。從實質上說，這是一種以權謀私、與民爭利，甚至損民以自肥的不法行徑和犯法行為。它危害了黨風政紀、腐蝕了黨政機體、破壞了黨群關係、敗壞了改革聲譽。為了糾正這種現象，中共中央、國務院於一九八四年十二月三日頒發了《關於

嚴禁黨政機關和黨政幹部經商、辦企業的決定》，對此類企業加以整頓，關、停、併、轉。凡屬國家禁辦及正在整頓和關、停、併、轉的企業，當然也就不再具備訂立涉外經濟合同的主體資格。外商與這類中方企業簽訂的經濟合同也就勢必歸於無效。

上述決定表明：並非所有的企業法人，都無一例外地可以成為涉外經濟合同的中方主體。

3. 企業法人不能成為其登記經營範圍以外的涉外經濟合同的主體

如前所述，工商企業在依法成立、正式開業之前，即應向工商行政主管當局辦理登記，申報生產經營範圍，並嚴格按照核定的登記事項進行生產經營。否則，企業本身就會視情節輕重受到一定處罰。[26]

《民法通則》作為指導中國自然人和法人民事活動的基本法律，又前進了一步，以更加明確的文字，重申「企業法人應當在核准登記的經營範圍內從事經營」[27]；如果超出登記機關核准登記的經營範圍，從事非法經營，則除企業法人本身應當承擔法律責任外，主管機關還可以對該企業的**法定代表人**給予行政處分、罰款；構成**犯罪**的，還應依法**追究刑事責任**。[28]

根據以上原則以及其他有關規定，凡核准登記的經營範圍限於對內經濟活動和對內貿易業的企業，即不具備訂立涉外經濟合同的主體資格。在涉外經濟合同中，由於中方主體不合格而導致合同無效者，時有發生。前述「鰻苗」風波案件中外商A與中方B公司之間的進口合同，即是一例。[29] 又如香港某貿易公司曾於一九八四年與福州市某公司訂立一批電子檯曆的購銷合同，約定

價款為六點四萬餘美元。因後者（買方）不履行付款義務導致前者（賣方）遭受重大經濟損失。港商起訴於人民法院。經查，始悉被告（買方）登記經營範圍僅限於內貿，根本無權從事進口貿易，由於**無法申請外匯**，導致「合同不能履行」。追本溯源，該合同本身因福州市某公司作為合同主體不合格，自始就是一項無效合同。

進而言之，即使是有權進行外經外貿活動的中方企業法人，也並非具備訂立**任何種類**涉外經濟合同的主體資格。

例如，中國規定：棉紗、棉坯布、棉滌綸紗、棉滌綸坯布的出口，是由中國紡織品進出口總公司統一經營的，其他外貿公司，非經特許，均不得經營。[30] 又如，按照法律規定，「中華人民共和國對外合作開採海洋石油資源的業務，統一由中國海洋石油總公司全面負責」，「中國海洋石油總公司是具有法人資格的國家公司，享有在對外合作海區內進行石油勘探、開發、生產和銷售的**專營權**」[31]。其他任何外貿、外經企業，全然無權經營。由此可見，涉外經濟合同的雙方當事人在談判過程中互相了解對方的資信和履約能力之際，就外商一方而言，尤應認真查明作為談判訂約對象的中國企業法人，其獲准登記的具體經營範圍是否包含外經外貿業務，雙方所訂的經濟合同的具體內容是否超出對方登記在案的特定的經營範圍，然後決定是否與對方正式訂立經濟合同，以免日後因對方並不具備涉外經濟合同主體資格導致合同無效，造成無謂的矛盾糾紛和經濟損失，後悔莫及。

4. 中國公民個人**目前一般**不能直接成為涉外經濟合同的主體

如前所述，一九八五年三月頒布的《涉外經濟合同法》把訂立涉外經濟合同的外方主體規定為「外國的企業和其他經濟組織或者個人」，而把中方主體限定為「中華人民共和國的企業或其他經濟組織」，對比兩段法律文字，顯然可見中國的公民（自然人）個人目前並不具備訂立涉外經濟合同的主體資格。不難理解，這種規定是立足於中國現階段的國情，旨在加強涉外經濟活動的引導和管理的。它同一九七九年七月頒行的《中華人民共和國中外合資經營企業法》中關於中方合營主體的規定是一致的。[32]

但是，隨著中國現行經濟體制改革的逐步深入，在實踐中和理論上都出現了一些值得注意的新動向：

首先，在國家對外開放政策的指導下，中國經濟特區、開放城市和經濟技術開發區已經出現一定數量的個體工商戶或其合夥經濟組織，從事某些對外經濟合作的輔助活動，或參加某些小額的涉外經濟合作。諸如小額的來料加工、來圖加工、來樣裝配，小型的種植或養殖出口，小型的運輸、修理、提供勞務等服務性營業。相應地，也就出現了各種自發的、小額的涉外經濟合同。

據新聞報導：已有個別公民曾與外商開設合資經營企業，獲得有關方面的肯定和支持。儘管有人認為「那僅是個別情況，並不意味著中國現行政策鼓勵中國公民同外商辦合資企業」[33]但是，這至少說明在特定的情況下，有關當局並不絕對地、一無例外地禁止公民個人與外商訂立涉外經濟合同。

其次，一九八五年五月國務院發布的《中華人民共和國技術引進合同管理條例》第2條規定，可以與外商簽訂技術引進合同的中方主體，包括「中華人民共和國境內的公司、企業、團體或

個人」〔34〕，這種合同既然同樣貫穿著「等價有償」的原則，自屬涉外經濟合同的範疇。由於該條例允許中國境內的「**個人**」也可以成為有關技術引進的涉外經濟合同的主體，因此，學術界有人認為，這是對前述《涉外經濟合同法》一般性規定的重大**發展**和重要**補充**。

尤其值得注意的是：在第六個五年計劃結束的一九八五年底，中國的個體工商戶已達一千多萬戶，從業人員已達一千七百萬人。中國在第七個五年計劃期間（1986-1991年）繼續推行**扶持和鼓勵個體**經濟發展的政策，預計「七五」期間個體經濟從業人員將發展到五千萬人。〔35〕這個數字，相當於歐洲地區的一個頭等大國！在廣東的農村，則有更大數量的「承包經營戶」。現行的《民法通則》，根據《憲法》第11條的精神，正式從法律上具體地肯定了這些個體經濟的應有地位和權利義務，明文規定對個體工商戶和農村承包經營戶加以法律保護。〔36〕凡此，都說明個體經濟作為「社會主義公有制經濟的補充」〔37〕，隨著經濟體制改革的發展與深入，勢必發揮相當重大的作用。在今後經濟發展的某個階段，它們是否可以、是否應當在社會主義公有制經濟的主導下，在國家主管當局的引導和管理下，在一定的範圍內和一定的程度上，也以積極的姿態參與涉外經貿活動，從而**一般地**成為涉外經濟合同的重要主體，這個問題，當然還有待於今後的實踐逐步作出完滿的回答。

一九八八年七月一日開始施行的《中華人民共和國私營企業暫行條例》正式允許個體工商戶和農村村民開辦私營企業，即企業資產屬於私人所有、雇工八人以上的營利性經濟組織；同時規

定這些私營企業可以依法與外商舉辦各種中外合營企業，可以承攬外商來料加工等，從事補償貿易。[38] 可以說，這些規定已經對上述問題提供了部分答案：中國公民個人在現階段雖然一般還不能直接成為涉外經濟合同的主體，卻已經可以通過開辦私營企業，以私營企業名義依法與外商簽訂各種經濟合同。[39]

四、合同內容不合法導致合同無效

如前所述，《涉外經濟合同法》強調訂立合同必須遵守中華人民共和國法律，並不得損害中華人民共和國的社會公共利益；違反中華人民共和國法律或者社會公共利益的合同，概屬無效。[40] 這些原則，在後來頒布的《民法通則》中得到了再次強調。[41]

近年來的涉外經濟合同中，因違反中國法律或社會公益而歸於無效者，可大致分為三類：第一類是合同主體（當事人）出於私利，見利忘義或利令智昏，對中國法律明知而故犯；第二類是對中國法律體制一知半解，若明若暗，想當然，或心存僥倖，未弄清有關法令規定就輕率簽約，以致違法；第三類是習慣於資本主義的法律體制，對於社會主義法律體制的不同規定確實缺乏了解，屬於「法盲」違法。這三類情節各異，合同當事人因此承擔的法律責任也各不相同，但有關合同本身因違法歸於無效，這一點卻是基本相同的。

試就若干實際案例，列舉如下，以明梗概：

案例一：原國家經濟委員會進出口局技貿結合處副處長葉之

楓，夥同某經濟文化開發總公司職員張常勝，於1984-1985年，與不法外商互相勾結，由葉、張把國家採購進口汽車以及涉外談判的重要機密洩漏給外商，索取賄賂。外商大量行賄後，葉利用職權施加壓力，要我國有關公司接受外商提出的價格，從速簽訂合同；在得知國家關於進口汽車的規定將有變動的消息後，葉又通過張示意外商及中方有關公司，採取倒簽合同日期等手段，欺騙國家主管部門。在此期間，張常勝先後收受賄賂款及物品共折合71.1萬餘元人民幣（當時約合180萬港元）；葉之楓收受賄賂款及物品，共折合25000餘元人民幣。贓款、贓物被全部查獲。北京市中級人民法院於1986年3月27日判決：張常勝犯洩露國家重要機密罪、收受賄賂罪和私藏槍枝彈藥罪，判處死刑。葉之楓犯洩露國家重要機密罪、收受賄賂罪，判處17年有期徒刑。[42] 本案所涉及各項汽車購銷合同，按《涉外經濟合同法》第9條第1款以及第10條的規定，顯屬自始無效。[43]

案例二：外商李某經營的貿易公司（賣方）與福建省平潭某實業公司（買方）於1985年簽訂西裝布及冷暖機購銷合同。買方收貨後，發現質量低劣，不符合合同質量條款規定，拒付貨款，要求退貨。港商李某向人民法院起訴，追索貨款。經調查，始悉李某在訂立合同當時早有預謀：為逃避我海關徵稅，利用我對臺貿易政策，偽造臺灣原產地證明和臺灣商業企業登記證，賄賂大陸沿海某對臺貿易機構負責人，從而將大量劣質**港貨**冒充**臺貨**運進福建。如全部得逞，即可牟取暴利3000萬元人民幣以上。大量確鑿證據表明：李某素是走私分子，訂立合同之初就是「以合法形式掩蓋非法目的」[44]，合同屬於自始無效，應按無效合同處

理。本案的刑事部分，由人民法院移送人民檢察院立案，繼續全面深入偵查，按公訴程序另行追究刑事責任。

案例三：外商某公司與廣東省某公司洽談在大陸某風景區合資經營一個旅遊點，包括興建賓館以及各項旅遊、娛樂設施。外商提出的合同草案中有一條規定：擬在旅遊區內舉辦「適合國際成年人娛樂要求」的項目，中方合營者起初不以為意。後來經知情人提醒，才知道這些「娛樂」項目實際上是一些傷風敗俗的淫穢玩意，經耐心解釋、說服，在取消了這一條款的前提下，雙方愉快地達成了合營協議。

假設當時中方合營者因不明內情而貿然簽約，則合同應屬自始無效。因為此項合同內容不但不符合中國社會主義道德風尚（善良風俗）的要求，違反了社會公共利益，而且觸犯了國家的法令，[45] 屬於違法合同。

鑒於某些合同當事人（特別是某些外商）確屬對中國的社會主義法制不甚了解，屬於「法盲違法」，為了給無意中觸犯法網或知法以後願意守法者留有餘地，《涉外經濟合同法》進一步規定：「合同中的條款違反中華人民共和國法律或者社會公共利益的，經當事人協商同意予以取消或者改正後，不影響合同的效力。」（第9條第二款）[46] 此項規定既維護了社會主義法制的尊嚴，又保護了合同當事人的合法權益，可謂十分得當和合理。對比上述案例，設使當初雙方**簽訂**的正式合同中已經載有所謂「成人娛樂」條款，則在雙方重新議定取消這一條款後，關於合資經營旅遊點的整個合同仍然具有法律上的約束力，雙方都必須認真

履約，不得食言。否則就應承擔違約和賠償損害的民事責任。

案例四：有些外商，在與中方公司洽談涉及用地問題的經濟合同時（特別是在中國實行對外開放政策初期），往往在合同草案中提出「購買土地」「擁有土地所有權」等條款。其中部分合同在提交有關部門審核時，上述條款和措辭被刪改了，有些合同則未被及時糾正，造成有關合同或有關條款因違法而自始無效。根據中國的具體國情，《憲法》第10條原先規定：城市的土地屬於國家所有；農村和城市郊區的土地，除由法律規定屬於國家所有的以外，屬於集體所有。任何組織或者個人不得侵占、買賣、出租或者以其他形式非法轉讓土地。據此，1987年1月施行的《民法通則》規定，公民個人可以依法取得國有土地或集體所有土地的承包經營權（使用、收益權），受法律保護，但重申土地不得買賣、出租、抵押或以其他形式非法轉讓。[47] 即使是在經濟特區，對於經有關當局批准提供使用的土地，特區企業或個人也**只有使用權，沒有所有權**。[48]

隨著形勢的發展和根據客觀的需要，中國《憲法》上述條款於一九八八年四月十二日作了重要修改，即刪去了關於不得出租的規定，增加了「土地的使用權可以依照法律的規定轉讓」的明文規定，而土地的所有權，仍然絕對禁止買賣或非法轉讓。

據報導，廣西柳江縣發生過一起重大的非法倒賣耕地案，令人驚心！[49] 在一九八五年一年中，該縣「綜合開發公司」無視國家有關規定，非法越權徵用耕地，擅自以每畝2100元人民幣的

價格，強徵並占用進德鄉耕地2128畝，不經任何開發，旋即轉手以每畝3500元至5000餘元的價格，倒賣給若干工廠、學校和行政機關，攫取暴利總額竟高達人民幣470多萬元。[50]據初步調查，這家「綜合開發公司」之所以如此膽大妄為，主要原因在於該公司的正、副經理竟是由該縣縣長和縣府辦公室主任分別兼任；而非法倒賣土地的決定竟是該縣領導共同研究作出的。儘管該縣土地管理部門曾提醒縣領導要依法辦理徵地審批手續，但縣長覃××竟說：「先用再說，有責任我負！」此案依法查處，自在意料之中。顯然，覃縣長妄自「負責」和「授權」訂立的有關倒賣土地的一切合同，勢必因其嚴重違法而概屬無效。舉一可以反三！外商在中國洽談經貿業務、簽訂合同之際，如果遇到個別地方領導人作出此類違法諾言或約許，切忌輕信！

案例五：福建某貿易公司（買方）於1984年與香港某旅遊公司（賣方）簽訂汽車購銷合同，由後者向前者提供國產東風牌汽車和北京牌吉普車各五輛，約定以人民幣支付貨款，並預付了巨額定金。交貨方式是由港方支付港幣在香港開單，由上述貿易公司在內地提貨。首批來車交貨過程中，被有關主管部門發覺，認定為這種交易是「以人民幣償付應當以外匯支付的進口貨款」[51]，屬於「套匯」行為，加以制止。買方向賣方追索已交的巨額定金，賣方拒還，並辯稱：「《中華人民共和國經濟合同法》第14條第2款明文規定：合付定金的一方不履行合同的，無權請求返還定金，國際貿易中也向來有此慣例。」買方無奈，向人民法院起訴。人民法院認定：本項汽車購銷合同違反我國外匯管理

法令，[52] 屬自始無效，應按無效合同處理。[53]

與本案案情近似的另一起汽車「互贈」糾紛，也值得人們注意。港方某車商與吉林省某公司議定：由前者向後者「無償贈送」日產皇冠牌小轎車×輛、豐田牌二十二座小巴旅行車×輛，以「贈車回鄉」名義免稅進口。半年以後，由該吉林某公司「無償贈送」福建晉江一帶僑屬解放牌貨車×輛。貨車已運到廈門並通知僑屬前來提貨，被有關主管部門查扣。港方車商向吉林某公司索賠。經查，這批貨車實際上是由某些海外華僑向前述香港車商交款購買並指名贈送內地親屬農村專業戶的。所謂「互贈」協議，實質上是一項改頭換面、變相偽裝的換貨交易合同，其中既有套匯情節，又有逃稅行為，純屬違法合同。合同自始無效，並應追究雙方責任，依法論處。

案例六：廣東、福建有的地區為吸引外資、僑資，任意制定與國家稅法統一規定相牴觸的本地區優惠稅則。有的領導人不經法定程序，自行宣布稅收優惠辦法，或輕率越權許諾，以言代法，造成不良影響。例如，福建某地區擅自規定僑資經營的「獨資企業所得稅稅率為16%，合作企業所得稅稅率為15%」。（按：中華人民共和國財政部〔1982〕財稅字第24號通知規定：對此類僑資企業應比照《外國企業所得稅法》徵稅，即最低稅率應為20%，視所得額累進徵稅，最高稅率達40%。[54]）福建另一地區擅自規定：華僑投資的「三資」企業（即獨資企業、合資企業、合作企業），凡經營期在十年以上的，「從開始獲利年度起，免

徵企業所得稅五年；從第六年起，減半徵收所得稅。」（按：首先，財政部（1983）財稅字第19號通知規定：僑資合營企業應按修改的《中華人民共和國企業所得稅法》納稅，即從開始獲利年度起第一年和第二年免徵所得稅。第三年至第五年減半徵收所得稅。自第六年起，即按所得稅率全額計徵，不再享受減免待遇。[55] 其次，前述獨資企業以及合作企業，性質不同於合資企業，故根本不能享受合資企業減免所得稅的優惠待遇。此外，還有個別省級領導人，竟然無視《中華人民共和國個人所得稅法》的有關規定，[56] 口頭隨意許諾某港商資方人員在我國境內所得可完全免納個人所得稅。）

　　至於內地國有公司與港商簽訂投資合同時，擅自在合同條款中載明降低法定稅率、延長法定減免稅期限或推遲法定起徵時間的，也時有發生。[57]

　　以上情況，都在一定地區內或一定程度上造成混亂現象。十分明顯，凡是未經國家授權並且未經法定程序制定的地方立法或地方領導人的各種約許，如果違反國家有關稅法的統一規定，都應當是不發生法律效力的。至於中外雙方當事人擅自商定的違反稅法統一規定的合同條款，其自始無效，更是不言而喻的。

　　為了廓清諸如此類的混亂現象，國務院於一九八六年四月二十一日發布了《中華人民共和國稅收徵收管理暫行條例》，其中第3條明確規定：「各類稅收的徵收和減免，必須按照稅收法規和稅收管理體制的規定執行。任何地區、部門、單位和個人，都不得以任何形式作出同現行稅收法規和稅收管理體制的規定相牴

觸的決定。」這條規定的基本精神，顯然應當貫徹於在中國境內的一切徵稅領域。

案例七：外商某電子公司（供方）與中方某計算機公司（受方）於1985年7月訂立轉讓合同，由前者向後者提供某型電子計算機生產技術圖紙以及有關的原材料和零部件。同時規定後者在十年以內不得向其他任何公司引進類似技術以及採購同類型的原材料與零部件。合同上報主管機關審批，主管機關認為該項合同所引進的機型生產技術並不十分先進，而且其中限制條件要求過苛，拒絕批准，駁回重議。主管機關這樣處理的主要法律依據是1985年5月24日國務院發布的《中華人民共和國技術引進合同管理條例》第9條第2款和第4款，即禁止供方「限制受方自由選擇不同來源購買原材料、零部件或設備」，禁止供方「限制受方從其他來源獲得類似技術或與之競爭的同類技術」。

該條例概括地規定「供方不得強使受方接受不合理的限制性要求」的同時，進一步具體列舉了九種限制性條款，明文規定：非經合同審批機關「**特殊批准**」，一概不得把此類條款列入合同。換言之，除了上述兩種以外，還有七種限制性條款，也在一般禁止之列：（1）要求受方接受同技術引進無關的附帶條件，包括購買不需要的技術、技術服務、原材料、設備或產品；（2）限制受方發展和改進所引進的技術；（3）雙方交換改進技術的條件不對等；（4）限制受方利用引進的技術生產產品的數量、品種或銷售價格；（5）不合理地限制受方的銷售渠道或出口市

場；（6）禁止受方在合同期滿後，繼續使用引進的技術；（7）要求受方為不使用的或失效的專利支付報酬或承擔義務。[58]

五、兩起涉嫌「欺詐」的涉外合同糾紛

如前所述，在《經濟合同法》與《涉外經濟合同法》中，都有專門條款明文規定：採取欺詐或者脅迫手段訂立的合同無效。[59] 從廣義上說，採取上述手段訂立的合同也是一種違法合同，因為各國法律都無一例外地禁止一方當事人用這些手段使對方在違背真實意思的情況下「同意」簽約。但從狹義上仔細分析，「違法合同」一般指的是立約**內容上**的違法，而對於通過欺詐或脅迫所簽訂的合同，則著重強調其立約**手段上**的違法。不論是立約內容上的違法，還是立約手段上的違法，都勢必導致合同無效。

近年來，有兩項涉港合同，因涉嫌「欺詐」分別在福建某市引起了糾紛。雙方對簿公庭，引人注目。

一項是該市某皮革工業公司訴香港某實業公司案。原告於一九八一年三月向被告訂購從聯邦德國進口的碎牛皮71500磅，價款為393250港元。雙方約定採取「付款交單」（documents against payment, D/P）方式，並可由買方**驗貨後再付款**。一九八一年五月，首批（1/5）碎牛皮運抵廈門，原告（買方）驗收時發現碎牛皮面積太小，不符合約定規格者竟達50%。雙方協商調換，數年未決。原告不願付款，被告應交的其餘4/5碎牛皮亦不再交貨。原告遂於一九八四年七月向該市人民法院起訴，指控被告

（賣方）在供貨中以小充大，以次充好，不符合合同質量條款，涉嫌欺詐取財。要求賠償因碎牛皮質量不適於生產加工所造成的經濟損失33000餘元人民幣。

被告辯稱：合同中載明碎牛皮每塊面積應為「**十五平方公分**」以上。賣方供貨，完全符合合同所定規格，毫無「欺詐」可言。同時，按國際貿易慣例，雙方約定的「付款交單」（D/P）方式，理應是原告（進口買方）付款之後才能向代收銀行領取貨運單據並憑單提貨，但原告竟未付款就取單提貨，提貨後不但不付款，反而要索賠三萬餘元人民幣，實屬蠻橫無理，賴債詐財。

本案爭執主要點在於：（1）買方何以不付款就提貨？提貨後何以仍不付款？（2）碎牛皮面積大小究竟是否符合原先約定的規格？（3）原被告兩造對有關事實，何以各執一詞？

經查：被告（賣方）於首批碎牛皮發運後，曾將提單副本寄給原告，原告即憑此提單副本將貨提出（倉管發貨人員疏忽，把副本誤認為正本），根本沒有向代收銀行付款取單。原告認為，既然雙方曾經約定「可由買方驗貨後再付款」，則在付款前為驗貨而提貨，是合情合理、無可厚非的。至於提貨、驗貨後因發現碎牛皮質量不合約定規格而拒付貨款，更是理所當然的。

因此，決定性的關鍵問題仍在於碎牛皮的面積規格。初查合同文字，確實有利於被告，因其中載明要求被告供應的碎牛皮可以「大小不等，但十五平方公分以下者不得超過百分之四。」按此種面積規格檢驗，被告所供碎牛皮百分之百合格，貨品質量超過合同要求。但是，深入調查之後，才弄清原告在訂立合同之際，曾向被告提交皮革工廠生產所需的碎牛皮樣品，樣品上寫明

「碎牛皮最小不得小於一個**巴掌**」。如按合同文字所載「十五平方公分」計算面積，則只相當於一個**火柴盒面**，可見合同文字所載，並非原告購貨真意，即合同文字中的意思表示違背原告真意。根據原告申述的日常生產用途，特別是根據上述樣品物證及物證上的文字，足以認定原告的真實意思應是採購「十五公分乘十五公分」面積的碎牛皮，即採購相當於「一個巴掌」大小而不是相當於一個火柴盒面大小的碎牛皮。經法院邀請該市商檢局專家，會同原告、被告雙方，查詢洽談訂約過程中的各項細節，最終確認如上。被告面對事實，自知理虧，對此也不再持有異議。

眾所周知，國際商品供銷合同中的品質條款，通常可區分為憑樣品買賣（sales by sample）與憑規格買賣（sales by specification）兩大類。本合同則存在兩類標準同時混用而又互相矛盾的複雜情況。原、被告各執一端，相持不下，法院並未簡單地肯定任何一造，而是通過細緻的調查和取證，澄清了真意，解決上述矛盾，這是值得稱道的。

另一方面，原告方的過錯在於：第一，指派的洽談簽約人員缺乏數字常識，在合同文字中把「15cm×15cm」表述為「十五平方公分」（實為二二五平方公分），予被告方以可乘之機。幸虧立約時附有採購樣品並另附有文字說明，否則就「有理說不清」了。第二，原告方驗貨後認為質量不合格，本可以拒絕付款並要求退貨，或者是退貨之後提出索賠，但均未按此辦理。原告收貨之後，既不退貨，又不付款，自屬無理。第三，被告方曾向原告方提出允許退貨，原告鑒於還有五分之四碎牛皮未交貨，未作明確回答及妥善處理。

經人民法院調查和調解，原告、被告雙方都明確了各自的責任所在。鑒於訟爭曠日持久，對雙方都十分不利，雙方自願和解，被告將首批小片碎牛皮無償贈送給原告，以補償原告因合格碎牛皮生產原料供應不上所造成的部分經濟損失。原訂合同予以解除，其餘五分之四碎牛皮不再交貨、不再付款。法院於一九八四年十一月十日裁定：准如原告所請，撤訴結案。訴訟費由原告負擔。

另一項涉港經濟合同因涉嫌「欺詐」所引起的訟案，是福建省A市房主十九戶聯名訴香港某投資公司及該市D開發公司案。案情梗概如下：

1981年，被告方兩家公司決定合作在A市新區興建多座公寓大樓。雙方商定：香港某投資公司負責提供建房資金、在港澳地區及東南亞各國進行售樓廣告宣傳、辦理售樓合同手續；該市某開發公司負責申請建屋用地、招工承建、在該市進行售樓廣告宣傳並辦理售樓合同手續。1982年間，在港售出公寓22單元，在A市售出12單元。1982年9月，首批兩座大樓竣工。34家業主住戶遷入後，發現牆面、地面、門窗、水管等多項質量問題，同時房屋實用面積小於該市售屋廣告面積（廣告稱：實用面積可達建築面積的85%以上，實際上各套公寓的實用面積只在73%-76%之間）。其中19家房屋業主（分別為外籍華人、華僑、香港居民及國內僑屬）聯名於1984年7月向人民法院起訴，指控前述兩家公司「虛構面積，欺騙買主」，所售房屋偷工減料，質量有嚴重瑕疵，對買主造成重大損失，要求判處被告兩家公司另建合格樓房

履約，或解除原先的房屋買賣合同，雙方互相退款、退屋，並由被告賠償原告因被欺騙購屋所受一切經濟損失。

被告香港某投資公司辯稱：售屋統一合同的條款文字以及售屋廣告的文稿和圖樣，均由建屋合作雙方共同商定。廣告內容與合同內容相符，並無虛誇和欺騙買主情節。關於樓房實用面積的計算，因考慮到售屋對象主要在海外和香港，故雙方商定依據香港房地產買賣的商業習慣，採用香港通常使用的一種計算方法，房屋實用面積已達百分之八十五，並在每份售屋合同中都附有面積計算圖表和具體尺寸。因此，售屋合同簽約時買賣雙方對合同內容的理解是一致的，不存在賣方欺詐香港和海外買主及其國內親眷問題。至於建房質量問題，可由合作建房的兩家公司會同承建工程公司負責維修補救。

被告A市D開發公司的答辯理由與上述香港公司大體相同。問題在於，在A市成交簽約的十二項售屋合同，並未附有面積計算圖表。如也按香港地區通用的那種計算方法，實用面積可達百分之八十五，即與該市廣告內容相符。但是，如按A市通行的關於實用面積的計算方法，實況與廣告內容就有一定差距。D開發公司辯稱：A市廣告內容與香港廣告內容是一致的，實用面積均按香港慣用方法計算。在該市成交簽訂的售屋合同中雖未附有面積計算圖表，但各有關買主在簽約之前均已詢明情況並曾到建屋現場就地察看各單元實物位置和實際面積，當時並無任何異議。因此，買賣雙方對合同的理解也是一致的，賣方並無欺詐情事。

市人民法院經過調查、取證、庭審，還特地聘請當地多家房

建工程單位的八名工程師組成鑑定小組，對前述兩幢大樓多次進行質量鑑定，確認了房屋內外裝修方面存在的各項具體問題。最後作出綜合判斷：（1）房屋實用面積問題，是由於原告、被告雙方對計算方法的事後解釋不同引起的。但在合同簽訂當時，買賣雙方對實用面積的理解和意思表示是清楚的、一致的和真實的，因此，不能認為有關經濟合同因一方受欺詐而自始無效，或任意加以撤銷、解除。它們在法律上仍有拘束力，雙方均應認真履行。（2）鑒於被告一方在履行合同質量條款上有多項缺陷，影響業主住戶正常生活，應由被告兩家公司承擔經濟責任，由它們會同建築承包工程公司負責維修補救，並由市建築質量監督機構監督執行。根據上述認定，市人民法院於一九八六年四月八日作出相應的公開判決。

原告一方對上述第一審判決表示不服，已上訴於福建省高級人民法院。二審（即終審）判決如何，迄本文撰寫時止，尚未揭曉。

福建省有關法學界人士對上述第一審判決看法不盡一致。

一種意見認為：上述一審判決大有商榷餘地。因為：第一，按照國際私法中的衝突規範（conflict rules or choice of law rules，亦稱「法律適用規範」或「法律選擇規範」），對於涉外合同內容合法性的認定以及對於合同內容的解釋，一般應以**「合同締結地法」**（*lex loci contractus*）作為準據法。[60] 衡諸本案，似應以香港法律為準。但是，在國際私法衝突規範中，還有一條關於適用「合同履行地法」（*lex loci solutionis*）的準則，一般用於解決合同履行方面的糾紛問題。[61] 本案爭端發生在履行過程中，而履行

地又在中國內地的A市，自應以該市民間通行的住房面積計算規則和慣例作為判斷原、被告有關房屋面積紛爭孰是孰非的準據。第二，按照國際慣例，有關不動產權益的涉外爭端，一般應適用「物之所在法」（lex situs）作為解決問題的準據法。[62]《民法通則》第144條明確規定，不動產的所有權，適用不動產所在地法。足見中國已經同意接受這一國際慣例。本案所涉的全部房屋既都是坐落在福建A市的不動產，則有關此項不動產面積計算問題上的意見分歧，自應以該市通常的住房面積計算慣例作為判斷是非的圭臬。第三，特別是在該市成交簽約的那十二個單元住房的售屋合同，無論是按「合同締結地法」準則、「合同履行地法」準則，還是按「不動產所在地法」準則，均應採取該市慣用的面積計算標準加以解釋，更屬毫無疑義。第四，本案一審判決對被告一方的主張加以認可和肯定，認為應以香港通行的面積計算慣例作為解釋合同的標準，這不但不符合國際私法上的前述各項衝突規範準則，也頗不利於法律上切實保護中國內地公民的應有權益。總之，事關中國國家主權、法律尊嚴和公民權益，在選擇和確定解決涉外經濟合同糾紛的準據法時務必三思，不可不慎之又慎。

與此相反，另外一種意見認為：上述第一審判決是正確的。因為：

第一，國際私法衝突規範——法律選擇規範中，有一條舉世公認、廣泛實施的當事人「意思自治」（autonomy of will）原則，即在一定條件下，允許各方當事人在締結涉外合同時自己約定適用某國某地的法律。[63] 中國《涉外經濟合同法》第5條規定：「合

同當事人可以選擇處理合同爭議所適用的法律」，後來，《民法通則》第145條也重申了這一點，[64] 足見中國已經同意接受國際通行的當事人「意志自治」原則。在這種情況下，就國際私法各種衝突規範的適用、實施而言，當事人「意思自治」這一準則的地位和層次，一般地應當高於、優先於「合同締結地法」和「合同履行地法」等準則。換言之，既然承認當事人有選擇契約準據法的自主權，那麼，當事人一經明示特定選擇，就理應排除此種選擇以外的其他準則的適用。衡諸本案，作為被告的中國內地和香港兩家公司事先自行商定，按香港房地產買賣的商業習慣計算所建商品房屋的實用面積，對於當事人這種並非違法行為的「意思自治」，法院自應予以認可和尊重。就原告、被告雙方（即房屋買賣雙方）在香港成交簽約的二十二單元售房合同而言，由於所附面積計算圖表明白無誤，雙方簽約時對住房面積的理解應當是一致的，雙方簽約時的意思表示也應當是真實的和一致的。對於雙方基於真實意思表示而達成的協議──合同，法院同樣應當本著認可和尊重當事人意思自治[65] 的原則，承認其法律效力。

第二，就原、被告雙方在福建成交簽約的十二單元售屋合同而言，雖然未附面積計算圖表，但買方在簽約之前既已實地勘察目睹實物（即售屋合同中的標的物），則買主簽約也應認定為基於個人自由意志和真實意思表示，因此，不應主張因受詐欺而所簽合同自始無效或應予撤銷。

第三，誠然，國際慣例及中國《民法通則》都肯定不動產**所有權**的涉外爭端應按不動產所在地的**法律**處理。但是，此種國際慣例或條文的含義，指的是不動產所有權客體的法定範圍、不動

產所有權本身的法定內涵及其行使，一般應依物之所在地法決定；不動產所有權的取得、轉移、變更和消滅的法律方式和法律條件，一般應依物之所在地法決定。[66] 因此，不能任意擴大這種國際慣例或條文的真實含義，隨便把諸如不動產所在地有關住屋面積的通常計算方法，也認定為當地的**法律**或具有法律效力的強制性規定，進而主張當事人只有服從的義務而無選擇、規避的權利。衡諸本案，前述福建Ａ市通行的住屋面積計算方法，本身並非法律，也未見有什麼法令加以肯定和強制推行，因此不能把它認定為「不動產所在地的法律」，它並不具備法律的權威性、約束性和強制性；換言之，售屋合同當事人雙方如有真實的、自由的意思表示，就可以不受此種住屋面積計算方法的約束。當然，如果問題牽涉到上述房屋的業主（不動產所有權人）對於自己的房產是否可以全盤享有占有、使用、收益和處分的權利，是否可以在自己的房產上設置典權、抵押權，在房產所有權的取得、轉移、變更或消滅上，應當具備何種法定條件和履行何種法定手續，等等，凡此，都是涉及不動產所有權的**法定內涵**和**法定外部條件**問題，那就務必要遵守中華人民共和國有關不動產所有權的各種法規（包括省、市的地方性法規）的具體規定，嚴格依法辦事，涉外合同當事人不得規避或違反。否則，就會導致有關民事行為的違法和無效。

第四，從宏觀上說，法律是上層建築，是為經濟基礎服務的。在經濟上實行對外開放，加強對外經濟貿易交往，是中國的長期國策。中國的立法和司法，亦應以此種國策作為指導，從而對此種國策的貫徹實現加以保證和促進。前述《涉外經濟合同

法》和《民法通則》關於允許涉外合同當事人有權在一定條件下自行選擇合同爭議準據法的規定，就體現了這種精神。在上述國際慣例已為國際社會所廣泛承認和採用的情況下，中國的國內立法也作出類似的規定，這樣做，不但無損於中國的國家主權和法律尊嚴，而且正是在各國主權平等基礎上實行的國際互利立法，是促進國際經貿往來的正常的、必要的措施。國家主權尊嚴，當然必須堅持和維護，但不能對主權問題作僵化的理解。特別是有關中國對香港恢復行使主權的問題，已經在一九八四年九月的《中英聯合聲明》中得到肯定，在這種情況下，對於通行於香港地區的某些習慣做法（包括住屋面積的通行計算方法，等等），只要它並不違反內地的法律和社會公益，就沒有理由不允許涉港經濟合同的當事人自行抉擇採用。

　　基於以上四點理由，應當認為福建省A市人民法院對上述售屋合同爭端的第一審判決是正確的。

　　不過，也有人認為上述一審判決只能說是基本正確，它還有不足之處。例如，它只責令被告一方負責對新屋進行維修補救，而未針對由於被告提供的商品房屋含有多項質量瑕疵、造成原告長期生活不便和精神苦惱等情節，進一步追究被告的民事責任，責令他們賠償原告在物質上和精神上所受到的各種損害；對於原告方因起訴而支付的各種費用（包括律師聘請費等），也未責令被告方予以補償。

六、無效合同的處理和預防

無效經濟合同的出現，對於社會經濟秩序和當事人合法權益說來，都是一種消極、有害的現象。無論國家機關還是合同當事人，對於已經出現的無效合同，應當及時妥善處理，對於可能出現的無效合同，更應多方設法預防。

有鑒於此，中國國家工商行政管理局於一九八五年七月二十五日發布了《關於確認和處理無效經濟合同的暫行規定》。其中的基本原則，當然也適用於無效的涉外經濟合同。

無效經濟合同的確認權和處理權，屬於各級工商行政管理局和人民法院。[67] 上述暫行規定把無效經濟合同大致分為合同主體不合格、合同內容不合法以及無效代理三類，每類各包含三四種，共計十一種。[68] 除有關當事人可以訴請法院對無效經濟合同加以確認和處理外，工商行政管理局對在日常工作檢查中發現的或者第三人告訴的無效經濟合同，也應當立案處理，並按一定程序在查明事實、分清責任的基礎上，制作「無效合同確認書」。[69] 確認書一經正式生效並交付執行，即應認定有關的經濟合同從設立時起就沒有法律約束力；合同尚未履行的，不得履行；正在履行的，應立即終止履行；合同被確認為部分無效的，如不影響其餘部分的效力，其餘部分仍然有效。[70]

對於無效經濟合同造成的財產後果，應根據當事人過錯大小，用返還、賠償、追繳三種方法處理：

（1）返還財產：使當事人的財產關係恢復到合同簽訂以前的狀態。當事人依據無效經濟合同取得的標的物，應當返還給對

方。如果標的物已不存在或已被第三人合法取得，因而不能返還時，可按賠償損失的方法折價賠償。

（2）賠償損失：由有過錯的一方對自己給對方造成的損失承擔賠償責任。如果雙方均有過錯，應按責任的主次和輕重，分擔經濟損失中的相應份額。

（3）追繳財產：對當事人故意損害國家利益的行為採取必要的經濟懲罰。如果雙方都是故意的，應追繳雙方已經取得或者約定取得的財產，收歸國庫。如果只有一方是故意的，故意的一方應將從對方取得的財產返還給對方；非故意的一方已經從對方取得或約定取得的財產，應予追繳，收歸國庫。在追繳故意一方當事人的財產時，必須切實注意保護非故意一方當事人的合法利益。[71] 這些原則性規定，是若干年來主管當局處理無效經濟合同的經驗總結，也是現階段正確處理無效經濟合同的法律規範。本文前面所援引和評述的各項涉外經濟合同，在被正式確認為無效合同之後，雖因情節不同而處理各異，但略加分析歸納，確實也不外乎是上述三種方式：返還、賠償、追繳，或三者分別單獨使用，或其中兩者合併使用，或三者同時兼施。如此處理，確已取得了明顯的、積極的社會效果。

但是，亡羊補牢，雖未為晚，畢竟不如曲突徙薪，防患於未然。「一分預防，勝似十分治療」！這是醫學界的信條，它對於醫治社會病象之一──無效經濟合同來說，同樣具有指導意義。有鑒於此，中國國家工商行政管理局於一九八五年八月十三日進一步發布了《關於經濟合同鑑證的暫行規定》。

鑑證制度的核心，是經濟合同管理機關根據雙方當事人的申

請，依法證明經濟合同的真實性和合法性。除國家法令另有規定者外，應按當事人自願的原則，實行對經濟合同的鑑證。[72] 工商行政管理局是國家法定的經濟合同鑑證機關。鑑證手續一般由合同簽訂地或履行地的工商行政管理局辦理。[73]

鑑證機關在收到合同當事人的自願申請後，應當依照國家法律、行政法規和有關政策的規定，著重從以下四個方面審查合同的有關條款：[74]

（1）簽訂經濟合同的當事人是否合格，是否具有權利能力和行為能力；

（2）經濟合同當事人的意思表示是否真實；

（3）經濟合同的內容是否符合國家的法律、政策和計劃的要求；

（4）經濟合同的主要條款內容是否完備，文字表述是否準確，合同簽訂是否符合法定程序。

申請鑑證的各方當事人可親自前往鑑證機關辦理手續，亦可書面委託他人代辦。申請人應當提供：經濟合同正本和副本；營業執照或副本；簽訂經濟合同的法定代表人或委託代理人的資格證明；其他有關證明材料。[75]

鑑證人員在認真審查各方當事人提供的上述文本和材料之後，如認為全部真實、合法，符合鑑證條件，即應在合同文本上簽名並加蓋工商行政管理局經濟合同鑑證專用圖章。如發現經濟合同內容不真實、不合法，應即向當事人說明不予鑑證的理由，並在合同文本上註明。[76]

如前所述，近年來涉外經濟合同中，因違反中國法律或社會

公益而歸於無效者，就有關當事人的主觀狀態和法律意識而言，不外是明知故犯、僥倖輕率、「法盲」犯法三類。其中第二類和第三類占相當大的比重。普遍地推行經濟合同鑑證制度，可以使後兩類當事人得到及時的指導和提醒，增加法律知識和增強守法意識，及時修改合同有關條款，從而避免日後的無謂糾紛和無謂損失，使自身的合法利益受到應有的法律保護。有些當事人（特別是對中國法制比較陌生的外商）擔心：如果合同條款中有違法內容，在申請和提交鑑證過程中被發現，可能受到懲處。其實，這是不必要的顧慮。違法條款未經實施即在鑑證中被發現並及時改訂，這正是上述法規所鼓勵的，不存在因此受罰的問題。至於對那些明知故犯的不法之徒來說，此種合同鑑證制度無異設下了一道重大障礙，使其違法、犯法經濟活動難以得逞，至少不能通行無阻。而鑑證制度廣泛施行之後，凡是未經鑑證機關認可和鑑證的經濟合同，雖然未必違法、無效，但在合同當事人以外的各方關係人中，就較難獲得一般的「社會承認」。日積月累，由此逐步形成的社會心態，勢必反過來大有助於提高整個社會的法律意識和守法觀念，大有助於社會經濟秩序的正常、安定和健康發展。

　　中國在經濟上實行對外開放、促進對外經貿往來的政策，已經深入人心，受到舉世歡迎。在涉外經濟合同中，各方當事人若能認真貫徹「合同必須信守」原則，同時自覺地預防和抵制違法合同的產生和出現，則無論對於中國的四化建設，對於友好國家和世界的經濟繁榮，還是對於當事人的經濟事業，顯然都是大有裨益的。

注釋

* 本文原為英文論文，載於美國俄勒岡州威拉梅特大學《威拉梅特法學評論》1987年第23卷第3期。香港、新加坡書刊先後予以收輯或轉載。韓國留美學者將其譯成朝鮮文並收輯入朝文版法學文集。本文的中文譯文於1990年4月9日至14日分五次連載於《中國貿促報》。文中所援引的法律、法規，均以1990年當時現行有效者為準。閱讀時請注意查對1990年以來有關法律、法規的發展情況。

〔1〕 參見《經濟合同法》第1條。

〔2〕 參見《經濟合同法》第6條。

〔3〕 參見《經濟合同法》第4條。

〔4〕 參見《經濟合同法》第7條。

〔5〕 參見《涉外經濟合同法》第1條。

〔6〕 參見《涉外經濟合同法》第4、9、10、16條。1999年3月，中國立法機關公布了《中華人民共和國合同法》（以下簡稱《合同法》），統一適用於一切內國合同和涉外合同。其中吸收和保留了原先《經濟合同法》《涉外經濟合同法》以及《技術合同法》中的各項基本法理原則和基本規定。新的統一的《合同法》自1999年10月1日起施行，原先的《經濟合同法》《涉外經濟合同法》以及《技術合同法》同時廢止。

〔7〕 試以在世界大陸法系各國立法史上具有重大影響的1803年《法國民法典》（即《拿破崙法典》）為例。其中第1134條規定：「依法訂立的契約，對於締約當事人雙方具有相當於法律的效力」；第1108條則以具備「合法原因」作為「契約成立的主要條件」之一。第1133條規定，如果訂立契約的原因「為法律所禁止，或原因違反善良風俗或公共秩序時，此種原因為**不法原因**」；而第1131條則強調「**基於……不法原因的義務，不發生任何效力**」。該法典「總則」第6條中，把上述各點概括為「不得以特別約定違反有關公共秩序和善良風俗的法律」。

在英美法系諸國，不論在以判例法形式出現的普通法中，還是以制定法形式出現的成文法中，也都貫穿著同樣的基本原則。參見高爾森：《英美合同法綱要》，南開大學出版社1984年版，第36-47頁。

〔8〕　文中所列舉的事實和案例，凡牽涉到具體的個人和公司，除個別刑事大案外，均隱其真實姓名或商號名稱。

〔9〕　當時，每市斤鰻苗的國家收購價均為一千元人民幣，外商A卻把搶購價抬高為一千五百至一千八百元人民幣，運往香港國際市場，每市斤約可售得九百美元。如按一比五的私定匯率計，約折合四千五百元人民幣。轉手之間，便可牟得暴利。

〔10〕　福建省水產廳編印：《漁政工作手冊》（第二輯），第5頁。1986年1月通過、同年7月1日開始施行的《中華人民共和國漁業法》第21條更加明確地規定：「禁止捕撈有重要經濟價值的水生動物苗種。因養殖或者其他特殊需要，捕撈有重要經濟價值的苗種或者禁捕的懷卵親體的，必須經國務院漁業行政主管部門或者省、自治區、直轄市人民政府漁業行政主管部門批准，在指定的區域或時間內，按限額捕撈。」該法把捕撈珍貴水生動物苗種的審批權局限在**省級以上**漁政主管機關，同時對無證（許可證）採捕或違證採捕行為，規定了罰款。情節嚴重的，應依《中華人民共和國刑法》第129條追究刑事責任。參見《漁業法》第28-33條。

〔11〕　《中華人民共和國憲法》第5條第4款。

〔12〕　《中華人民共和國暫行海關法》規定：「進出口貨物應依法交驗對外貿易管理機關的許可證件向海關申報」（第104條）；「進出口貨物，應按照中央人民政府頒布的海關稅則徵收關稅」（第113條）；「運輸或攜帶貨物、貨幣、金銀及其他物品，不經過設關地方進出國境，或經過設關地方而逃避監管者」，以及從事上述活動的「預備行為者」，均屬走私行為（第175條第1、10項）；有本法第175條所列行為之一者，海關應將其走私物品沒收，並得科走私人以走私物品等值以下的罰金。但情節輕微者，得僅科罰金或免予處分」（第177條）。1987年7月1日開始施行的《中華人民共和國海關法》，也有類似的規定。前述暫行海關法同時廢止。

〔13〕　參見《關於出口許可制度的暫行辦法》第4條、第6條、第8條，中國進出口管理委員會、對外貿易部於1980年3月6日頒布。

〔14〕　該指示第2項第3點規定：舉凡「在沿海海域，一切船隻，包括漁船在內，偷運貨物、貨幣及其他物品，逃避進出口管理，在海上或上岸非法買賣的」，均屬走私行為，應予打擊。

〔15〕　1985年4月5日由國家外匯管理局公布施行。

〔16〕參見《違反外匯管理處罰施行細則》第3條。

〔17〕參見《違反外匯管理處罰施行細則》第7條。

〔18〕參見《工商企業登記管理條例》第2條、第5條、第17條、第18條。第18條規定的處罰辦法包括警告、罰款、勒令停辦或停業、吊銷營業執照、沒收非法所得等，視情節輕重而定。1985年8月25日，中國國家工商行政管理局根據本條例的基本原則以及新的實踐經驗，進一步頒布了《公司登記管理暫行規定》，對有關的行為規範作了許多重要的補充。1988年7月1日開始施行的《中華人民共和國企業法人登記管理條例》，吸收了上述基本精神，作了類似的、更嚴格的規定。前述兩項法規同時廢止。

〔19〕參見《中華人民共和國進口貨物許可制度暫行條例》第2條。另據該條例第3條規定，中華人民共和國對外經貿部代表國家統一簽發進口貨物許可證。省級對外經貿管理部門，在對外經貿部規定的範圍內，可以簽發本省、自治區、直轄市進口貨物許可證。

〔20〕《中華人民共和國進口貨物許可制度暫行條例》第4條第3款。

〔21〕《涉外經濟合同法》第2條。

〔22〕參見《民法通則》第11條。

〔23〕參見《民法通則》第36條第2款。

〔24〕參見《民法通則》第41條。

〔25〕參見《民法通則》第50條。

〔26〕參見《工商企業登記管理條例》第2條、第5條、第17條、第18條。第18條規定的處罰辦法包括警告、罰款、勒令停辦或停業、吊銷營業執照、沒收非法所得等，視情節輕重而定。

1985年8月25日，中國國家工商行政管理局根據本條例的基本原則以及新的實踐經驗，進一步頒布了《公司登記管理暫行規定》，對有關的行為規範作了許多重要的補充。

1988年7月1日開始施行的《中華人民共和國企業法人登記管理條例》，吸收了上述基本精神，作了類似的、更嚴格的規定。前述兩項法規同時廢止。

〔27〕《民法通則》第42條。

〔28〕參見《民法通則》第49條第1款。

〔29〕參見《中華人民共和國進口貨物許可制度暫行條例》第4條第3款。

〔30〕參見國務院批轉對外經濟貿易部《關於向香港出口棉紗、棉坯布、

棉滌綸紗、棉滌綸坯實行出口許可證管理的請求》的通知（1985年1月19日）。

〔31〕《中華人民共和國對外合作開採海洋石油資源條例》（1982年1月12日通過）第5條。

〔32〕參見《中華人民共和國中外合資經營企業法》第1條。

〔33〕《我國公民能同外商辦合資企業嗎？》，載《民主與法制》1985年第8期，第48頁。

〔34〕《中華人民共和國技術引進合同管理條例》第5條第2款第3項。

〔35〕參見《我國將繼續發展個體經濟》，載《人民日報》（海外版）1986年1月23日。另參見王漢斌：《關於〈中華人民共和國民法通則（草案）〉的說明》，第三點，載《中國法制報》1986年4月4日。

〔36〕參見《民法通則》第28條。

〔37〕《中華人民共和國憲法》第11條。1984年10月《中共中央關於經濟體制改革的決定》更強調指出：中國現在的個體經濟「是社會主義經濟必要的有益的補充」，「它對於發展社會生產、方便人民生活、擴大勞動就業具有不可代替的作用」。

〔38〕參見《中華人民共和國私營企業法》第2條、第11條、第22條。
修訂後的《中華人民共和國對外貿易法》自2004年7月1日起施行，其中第8條就「對外貿易經營者」作出界定：「指依法辦理工商登記或者其他執業手續，依照本法和其他有關法律、行政法規的規定從事對外貿易經營活動的法人，其他組織或者個人。」據此，自2004年7月1日起，依法辦理了執業手續的個人已經可以成為外貿合同的合格主體。

〔39〕據國家工商行政管理局個體私營經濟司對十二個省市的不完全統計，目前有產品出口的個體和私營企業已有近萬戶。它們通過外貿部門出口或從事「三來一補」業務，累計已為國家增加外匯收入折合人民幣近十億元。有關負責人認為：我國個體和私營企業發展外向型經濟呈上升趨勢，發展潛力很大。目前遇到的問題是：一些政策、法律已不適應個體和私營企業發展外向型經濟的需要。參見《人民日報》（海外版）1989年2月10日。

〔40〕參見《涉外經濟合同法》第4條、第10條。

〔41〕《民法通則》第55條規定：「民事法律行為的必備條件之一是不違反法律或者社會公共利益。」第58條規定：「一切違反法律或者社會

公共利益的民事行為，均屬無效；無效的民事行為，從行為開始起就沒有法律約束力。」詳見各有關條文。

〔42〕參見《中華人民共和國最高人民法院公報》1989年第二號，第34-36頁。

〔43〕《涉外經濟合同法》第9條第1款規定：「違反中華人民共和國法律或者社會公共利益的合同無效」；第10條規定：「採取欺詐或者脅迫手段訂立的合同無效」。《民法通則》第58條除重申上述原則外，進一步補充規定：「凡惡意串通，損害國家、集體或者第三人利益的民事行為（包括訂立合同），凡以合法形式掩蓋非法目的民事行為，概屬無效」。

〔44〕《民法通則》第58條第1款第7項。

〔45〕《中華人民共和國刑法》第170條規定：「以牟利為目的，制作、複製、出版、販賣、傳播淫穢物品的，處三年以下有期徒刑，拘役或者管制，並處罰金。」國務院於1985年4月17日發布的《關於嚴禁淫穢物品的規定》載明：凡具體描寫性行為或露骨宣揚色情淫穢形象的錄像帶、錄音帶、影片、電視片、幻燈片、照片、圖畫、書籍、報刊等十四類，均屬淫穢物品。指令全國各地：「對各種淫穢物品，不論是否以營利為目的，都必須嚴禁進口、制作（包括複製）、販賣和傳播」（第1條）；「凡攜帶、郵寄或走私入境的淫穢物品，由海關一律予以沒收，並可對當事人處以罰款。對情節嚴重的，由公安、司法機關依法懲處」（第4條）。

〔46〕《經濟合同法》有類似規定：「確認經濟合同部分無效的，如果不影響其餘部分的效力，其餘部分仍然有效。」其後，《民法通則》第60條也規定：「民事行為部分無效，不影響其他部分的效力的，其他部分仍然有效。」

〔47〕參見《民法通則》第80條。1986年6月25日通過、1988年12月29日修改的《中華人民共和國土地管理法》進一步明確規定：「國有土地和農民集體所有的土地，可以依法確定給單位或者個人使用」（第7條）；「依法登記的土地的所有權和使用權受法律保護，任何單位和個人不得侵犯」（第11條）。同時規定，對買賣或以其他形式非法轉讓土地者，沒收非法所得，限期拆除或沒收在這些土地上新建的建築物，並可對當事人處以罰款（第47條）。

〔48〕參見《廈門經濟特區土地使用管理規定》（1984年7月14日）第9條；

《深圳經濟特區土地管理暫行規定》（1981年11月17日）第5條。

〔49〕參見《廣西柳江縣領導非法倒賣耕地》，載《人民日報》（海外版）1985年6月2日。

〔50〕國務院於1982年5月14日公布施行的《國家建設徵用土地條例》第8條規定：「一般縣人民政府，只有權批准徵用三畝限額以下的耕地，如徵用耕地達三畝以上，或林地、草地十畝以上，縣府只有審查權而無批准權，審查後必須報省級人民政府批准。徵用耕地一千畝以上，必須由國務院批准。」柳江縣領導人既越權徵地於先，又暴利倒賣於後，實屬雙重嚴重違法！

1987年1月1日開始施行的《中華人民共和國土地管理法》對徵地審批權限問題作了大體相同的規定（第25條）。同時明文強調：「超越批准權限非法批准占用土地的，批准文件無效，對非法批准占用土地的單位主管人員或者個人，尤其所在單位或者上級機關給予行政處分；收受賄賂的，依照《刑法》有關規定追究刑事責任。非法批准占用的土地按照非法占用土地處理。」（第48條）。

〔51〕參見《違反外匯管理處罰施行細則》第2條第1款。

〔52〕參見《中華人民共和國外匯管理暫行條例》第4條第2款；《廈門經濟特區土地使用管理規定》（1984年7月14日）第9條、《深圳經濟特區土地管理暫行規定》（1981年11月17日）第5條。

〔53〕參見本文第六部分。

〔54〕參見《中華人民共和國外國企業所得稅法》第3條。

〔55〕參見《關於修改〈中華人民共和國中外合資經營企業所得稅法〉的決定》（全國人民代表大會常務委員會1983年9月2日通過）第1項。

〔56〕按《中華人民共和國個人所得稅法》的規定：個人工資、薪金所得，適用超額累進稅率，月收入超出八百元者，其超額部分累進稅率為百分之五至四十五；個人勞務報酬所得，股息、特許權使用費所得等，適用比例稅率，稅率為百分之二十。參見該法第3條及所附稅率表。

據報導：上海石油化工總廠在與港商洽談合資經營項目時，也遇到了港方企圖規避繳納個人所得稅的問題。港商曾經提出雙方高級職員的工資應在各方的利潤中支付。化工總廠的法律顧問及時、敏銳地指出：這樣做，實質是規避和違反了中國的《個人所得稅法》。他們勸說對方依法辦事，從而避免了日後雙方都陷於被動的局面。

參見《民主與法制》1986年第1期，第8頁。

〔57〕 如廣州某中外合資經營酒家的合同中規定：在還清外商全部投資資本本息後，才開始繳納企業所得稅，這顯然是違反有關稅法的起徵時間規定的。參見《中華人民共和國外匯管理暫行條例》第4條第2款；《廈門經濟特區土地使用管理規定》（1984年7月14日）第9條；《深圳經濟特區土地管理暫行規定》（1981年11月17日）第5條。

〔58〕 參見《中華人民共和國技術引進合同管理條例》第9條。

〔59〕 參見《經濟合同法》第7條第2款；《涉外經濟合同法》第10條。後來，《民法通則》第58條第3款更明確地規定，若一方以欺詐、脅迫的手段或者乘人之危，使對方在違背真實意思的情況下所為的民事行為，無效。

〔60〕 參見韓德培主編：《國際私法》，武漢大學出版社1983年版，第50頁。

〔61〕 參見韓德培主編：《國際私法》，武漢大學出版社1983年版，第51頁。

〔62〕 同上書，第120-121頁。

〔63〕 同上書，第51頁。

〔64〕 《民法通則》專辟一章，題為「涉外民事關係的法律適用」。其中第145條規定：「涉外合同的當事人可以選擇處理合同爭議所適用的法律，法律另有規定的除外。」第150條規定：「依照本章規定適用外國法律或者國際慣例的，不得違背中華人民共和國的社會公共利益。」可見，當事人選擇適用法律的自主權，受到一定的但書限制。這些限制也同樣體現在《涉外經濟合同法》的有關條文（第4條、第5條第2款）中。

〔65〕 「意思自治」一詞，通常有廣、狹二義。狹義的「意思自治」，指的是當事人有選擇契約準據法的自由，屬於國際私法的範疇；廣義的「意思自治」，指的是當事人有訂立契約的自由，即「契約自由」或「契約自治」原則，屬於民法的範疇。本文此處是從廣義上使用此詞的；而在前面論及法律選擇問題時，則是從狹義上使用此詞的。參見《中國大百科全書》（法學卷），中國大百科全書出版社1984年版，第95、464頁。

〔66〕 參見韓德培主編：《國際私法》，武漢大學出版社1983年版，第123頁。

〔67〕 參見《經濟合同法》第7條第3款。

〔68〕 參見國家工商行政管理局《關於確認和處理無效經濟合同的暫行規

定》第1條。

〔69〕參見國家工商行政管理局《關於確認和處理無效經濟合同的暫行規定》第3條。

〔70〕參見國家工商行政管理局《關於確認和處理無效經濟合同的暫行規定》第2條。

〔71〕參見國家工商行政管理局《關於確認和處理無效經濟合同的暫行規定》。這些具體規定的主要依據，是《經濟合同法》第16條。其整體精神，亦體現於後來頒行的《民法通則》第92條、第111-113條、第117條。

〔72〕參見國家工商行政管理局《關於經濟鑑證合同的暫行規定》第1、2條。

〔73〕參見國家工商行政管理局《關於經濟鑑證合同的暫行規定》第3條。

〔74〕參見國家工商行政管理局《關於經濟鑑證合同的暫行規定》第4條。

〔75〕參見國家工商行政管理局《關於經濟鑑證合同的暫行規定》第7條。

〔76〕參見國家工商行政管理局《關於經濟鑑證合同的暫行規定》第9條。

第 2 章

跨國商品代銷中越權抵押和爭端管轄權問題剖析
——義大利古西公司v.香港圖榮公司案件述評

 內容提要

　　義大利古西公司訴香港圖榮發展有限公司一案中，原被告雙方簽訂了兩份代銷合同、一份銷售合同，約定由被告代銷原告的「GUCCI」名牌系列產品。合同履行過程中，被告嚴重違約，既逾期一年多不償還代銷貨物的價款，又不交還逾期未能銷出的剩餘產品，甚至謊稱擁有代銷貨物的完全所有權而將之作為貸款抵押，致使原告合法利益受到重大損害。原告在代理律師的幫助下，及時參訟，據理力爭，並及時申請「財產保全」和「先予執行」，其合法權益獲得了中國法律的有力保護。

目次

一、本案案情梗概

　　義大利古西公司於一九九二年六月三十日與香港圖榮發展有限公司（簡稱「圖榮公司」）簽訂了兩份代銷合同、一份銷售合同，約定代銷或銷售義大利古西「GUCCI」名牌系列產品。三份合同所涉總金額為一七九一萬餘美元。這三批貨物均按圖榮公司指定的交貨地點運入廈門，存放在廈門市商業儲運公司（簡稱「廈儲公司」）的「**保稅倉庫**」中。圖榮公司對外謊稱對上述全部貨物「**擁有永久、全部的所有權**」，在一九九二年十月十二日與廈儲公司訂立合作協議，隨後不久，又與廈門東方發展有限公司（簡稱「東方公司」）訂立借貸協議，由東方公司貸給圖榮公

司一百萬美元，圖榮公司則從古西公司委託圖榮公司代銷的廈門存貨中，撥出價值六百萬美元的名牌產品，作為貸款抵押物。事後，圖榮公司違約，不但長期欠交應向廈儲公司繳納的倉儲費，而且逾期不償還東方公司的美元貸款。一九九三年十一月圖榮公司向廈儲公司提貨，廈儲公司以其久欠倉儲費為由拒絕發貨。東方公司則從古西公司在廈存貨中撥出價值一四〇美萬元的產品，削價出售獲得二十萬美元，用以抵債，並將繼續甩賣其餘價值四六〇萬美元的古西廈門存貨，以便得款抵債。圖榮公司提貨未果，遂於一九九三年十二月五日以廈儲公司為被告，向法院起訴要求廈儲公司放貨。因涉案金額巨大，折合一點四億餘元人民幣，且案情複雜，故由福建省高級人民法院作為第一審法院直接受理。

在此之前，古西公司因圖榮公司嚴重違約，既逾期一年多不償還代銷貨物的價款，又不交還逾期未能銷出的剩餘產品，曾經多次催討已售產品的貨款和要求退還未售產品原物，均被圖榮公司以各種藉口敷衍搪塞，迄無結果。直至一九九三年十一月圖榮公司、廈儲公司雙方已經捲入訴訟並即將對簿公堂，古西公司才獲知信息，「如夢初醒」，對於受圖榮公司長期矇騙感到十分震驚和憤怒，遂求助於兼職律師陳安、王志勇和吳翠華。律師代表古西公司向福建省高院申請依中國民事訴訟法有關規定以「第三人」身分直接參與上述以圖榮公司為原告、以廈儲公司為被告的訴訟。圖榮公司眼看騙局即將敗露，委託北京律師針對古西公司直接參與本案訴訟的請求，向法院提出「管轄權抗辯」。所持的主要理由是：古西公司與圖榮公司簽訂的代銷合同中規定了爭端

管轄條款，約定一旦發生爭端應提交義大利米蘭市法院處斷。古西方代理律師依據國際通行的慣例和中國民事訴訟法的有關規定，力爭應由中國法院受理此案。

一九九四年三月二十二日，福建省高院開庭審理本案，原告圖榮公司的法定代表人及其代理律師膽怯缺席。訴訟程序照常進行。法庭調查基本澄清了事實真相，梳理了涉案的先後五項合同和協議訂約各方的權利義務，解開了糾纏在一起的「疙瘩」。庭後，在有關審判員和各方律師參加下，古西公司與廈儲公司、東方公司達成了協議：（1）將廈儲公司倉庫中剩餘的存貨全部歸還原物主古西公司；（2）由古西公司對廈門兩家公司因圖榮公司的矇騙和違約行為而遭受的損失給予一定補償。

在福建省高院正式開庭審理本案之前約兩個月，古西公司鑒於廈門存貨可能被圖榮公司或其他債權人轉移、盜賣或拍賣，特依法向法院申請對廈門存貨予以「財產保全」；在開庭之後、法院作出正式判決之前，古西公司鑒於上述存貨滯存已久，倉儲條件欠佳，為防止名牌產品款式「老化」、發生霉變，又依法向法院申請「先予執行」，請求准予早日提貨出倉，以便及時銷售。一九九四年八月二日，福建省高院作出裁定，同意「將現存於廈門商業儲運公司的所有GUCCI牌產品全部運出保稅倉庫」，予以銷售。義大利當事人對於本案糾紛及時獲得公正、公平處斷，其合法權益獲得中國法律的有力保護，深表滿意。

以下根據當時筆者接受古西公司委託，先後書寫並呈交福建省高院的《民事訴狀》《對圖榮公司〈答辯狀〉的反駁》《代理詞》財產保全申請書》以及《先予執行申請書》，綜合整理，撰成本

文。

二、本案民事訴狀

原告：義大利古西公司（Guccio Gucci S. P. A）

〔地址、電話、傳真、訴訟代理人、法定代表人等，從略〕

被告：香港圖榮發展有限公司（Two Wins Development Ltd.）

〔地址、電話、傳真、訴訟代理人、法定代表人等，從略〕

直接關係人：廈門市商業儲運公司

〔地址、電話、傳真、訴訟代理人、法定代表人等，從略〕

案由：代銷合同糾紛、產品所有權糾紛，並直接涉及倉儲合同糾紛

（一）兩份代銷合同的約定

義大利古西公司（以下簡稱「原告」）與香港圖榮發展有限公司（以下簡稱「被告」）於一九九二年六月三十日簽訂了兩份「GUCCI」名牌系列產品的代銷合同。雙方約定：

（1）被告負責代銷兩批GUCCI產品，其總值為12073078美元＋3945032美元＝16018110美元。被告同意按上述總值在簽約後六個月以內（即1992年12月30日以前）向原告付清全部價款。

（2）交貨目的地由被告指定。運費及保險費由原告承擔。

（3）被告在一九九二年十二月三十日以前如未能將上述產品代售完畢並付清全部價款，應即將原貨返還給原告。

（4）上述產品只能在中國內地銷售，不得在香港銷售。

現在，售貨和付款期限已過，被告嚴重違約，至今逾期一年多，不但分文未付還貨款，也不按合同規定迅即將原貨返還原告，使原告蒙受嚴重經濟損失。

（二）一份銷售合同的約定

原告與被告在一九九二年六月三十日簽訂了另一份「GUCCI」產品的銷售合同，雙方約定：價款為1898202美元；交貨地點為廈門市商業儲運公司；一九九二年七月底以前交貨完畢；交貨完畢後180天以內還清全部價款。

現在，被告嚴重違約，迄今還款期限已逾期一年多，貨款分文未付，也不將原貨退還原告，致使原告蒙受另一份嚴重經濟損失。

（三）香港圖榮公司嚴重違約侵權

現已查清：

（1）上述貨物目前均儲存在廈門市商業儲運公司（以下簡稱「商儲公司」）的保稅倉庫中。

（2）一九九二年十月十二日，被告與商儲公司簽訂了一份有關「GUCCI」上述貨物倉儲業務的合作協議書，其中第2條第二款第（5）項竟公然聲稱上述「GUCCI」產品的「所有權永遠、全部屬於」被告所有；被告「擁有全權處理其GUCCI產品」。

（3）合作協議書中沒有片言隻字說明這三批「GUCCI」產品的真正所有權人（即貨主）乃是義大利古西公司，從而隱瞞和歪曲了這批商品的所有權全部屬於原告的真相。

鑒於被告嚴重違約，迄今既不付款，又不還貨；鑒於被告在

上述合作協議書中隱瞞真相，謊稱對上述貨物擁有永遠、全部的所有權，勢必使原告遭受更嚴重的經濟損失，原告不得不請求貴院給予法律保護。

（四）義大利古西公司請求參訟維權

義大利古西公司獲悉：被告圖榮公司已於一九九三年十二月五日向貴院起訴，要求廈門市商業儲運公司立即同意圖榮公司提取上述全部貨物，貴院已決定立案受理並已於同年十二月十五日向廈門市商業儲運公司發出「應訴通知書」。根據《中華人民共和國民事訴訟法》第56條的規定，古西公司曾於一九九三年十二月二十七日正式向貴院申請，作為本案的第三人，直接參加本案的訴訟。現特再次備狀，重申上述請求，**並懇請貴院作出如下判決：**

（1）被告應立即向原告付清上述三批「GUCCI」名牌產品的全部價款17916312美元，或立即負責將上述貨物全數返還給原告。

（2）被告應賠償因被告嚴重違約給原告造成的一切經濟損失。

（3）本案涉及的訴訟費及律師費用等全部由被告承擔。

謹呈

中華人民共和國福建省高級人民法院

義大利古西公司

1994年1月28日

三、本案爭端管轄權問題剖析——對圖榮公司答辯狀的反駁

福建省高級人民法院經濟庭：

收到圖榮發展有限公司一九九四年一月十五日的答辯狀後，義大利古西公司認為圖榮公司提出的關於中華人民共和國福建省高級人民法院對本案沒有管轄權的「答辯」不能成立，其事實和理由如下：

（一）對本案實行管轄完全符合中國法律和國際慣例

依法行使對涉外民事案件的司法管轄權，是堅持和維護國家主權的一種具體體現。在合理的程度上儘可能地擴大本國對境內涉外案件的司法管轄權，是近數十年以來日益強化的國際慣例。

根據舉世公認的主權觀念和由此產生的「屬地優越權」（supremacy of territory）原則，主權國家對於本國領土上（或本國境內）的一切人和事，享有獨立的、排他的管轄權。第二次世界大戰結束以後數十年來，眾多原先的弱小民族紛紛掙脫殖民枷鎖，實現了本國的獨立自主。從近數十年以來世界各國涉外民事案件管轄的實踐來看，擴大本國司法管轄權乃是一切國家，特別是眾多發展中國家的發展趨勢。這一發展趨勢和時代潮流已逐漸形成各國民事訴訟法的重要立法原則之一。

中國《民事訴訟法》第243條至第246條的規定以及中國最高

人民法院《關於適用（中華人民共和國民事訴訟法）若干問題的意見》（以下簡稱《民訴法適用意見》）第305、06條的規定，都充分地體現了這種基本精神。

茲摘錄有關條文如下，俾使對照本案事實，加以分析：

1. 《民事訴訟法》的規定

第243條　因合同糾紛或者其他財產權益糾紛，對在中華人民共和國領域內沒有住所的被告提起的訴訟，如果合同在中華人民共和國領域內簽訂或者履行，或者訴訟標的物在中華人民共和國領域內，或者被告在中華人民共和國領域內有可供扣押的財產，或者被告在中華人民共和國領域內設有代表機構，可以由合同簽訂地、合同履行地、訴訟標的物所在地、可供扣押財產所在地、侵權行為地或者代表機構住所地人民法院管轄。

第244條　涉外合同或者涉外財產權益糾紛的當事人，可以用書面協議選擇與爭議有實際連繫的地點的法院管轄。選擇中華人民共和國人民法院管轄的，不得違反本法關於級別管轄和專屬管轄的規定。

第245條　涉外民事訴訟的被告對人民法院管轄不提出異議，並應訴答辯的，視為承認該人民法院為有管轄權的法院。

第246條　因在中華人民共和國履行中外合資經營企業合同、中外合作經營企業合同、中外合作勘探開發自然資源合同發生糾紛提起的訴訟，由中華人民共和國人民法院管轄。

2. 最高人民法院《民訴法適用意見》的規定

305.　依照民事訴訟法第34條和第246條規定，屬於中華人民共和國人民法院專屬管轄的案件，當事人不得用書面協議選擇

其他國家法院管轄。但協議選擇仲裁裁決的除外。

306.　中華人民共和國人民法院和外國法院都有管轄權的案件，一方當事人向外國法院起訴，而另一方當事人向中華人民共和國人民法院起訴的，人民法院可予受理。判決後，外國法院申請或者當事人請求人民法院承認和執行外國法院對本案作出的判決、裁定的，不予准許；但雙方共同參加或者簽訂的國際條約另有規定的除外。

《民事訴訟法》第243、244、245和246條規定了中國法院對涉外民事案件行使司法管轄權的基本原則。從這些條文規定的邏輯看，很顯然，第243條大力強調了中國對本國領域內涉外民事案件實行司法管轄的「屬地優越權」，並逐一規定了這種管轄權的具體範圍。凡屬該條文列舉的六種情況，即合同簽訂地、合同履行地、訴訟標的物所在地、可供扣押財產所在地、侵權行為地或代表機構住所地，六者之一是在中國領域之內，即使涉訟被告在中國境內並無住所，也應由中國法院管轄。該條文乃是**強制性**的規定，而絕非**任意性**的規定，強行法（jus cogens），又稱強制法、絕對法，指必須絕對執行的法律規範，不允許法律關係當事人一方或雙方任意予以伸縮或變更。其相對名稱為任意法（jus dispositivum），又稱相對法，指可以隨意選擇取捨的法律規範，允許法律關係當事人在法定範圍內自行確定相互間的權利義務關係，並不能按當事人的協議而任意改變。

第244條的規定是在第243條這一前提下，允許當事人作有限制的選擇。至於第245條，則是上兩條規定情況之外的一種補充──推定性補充，即如果不具備第243、244條的條件，只要被

告應訴答辯，便可根據這一事實，推定被告已默示同意接受中國法院的司法管轄。第246條是專屬管轄的規定，也貫徹了在合理程度上擴大中國對涉外民事案件的司法管轄權的基本精神。簡言之，第243條構成了涉外民事案件司法管轄的基石，而且不論是依據法理上的「緊密連繫」原則，或是「實際控制」原則，都足以論證第243條乃是強制性規範。至於第244條的規定，目的也是為了擴大中國法院的管轄範圍，而不是為了限制自己的司法主權。

連繫到第243條的文字內容，「……可以由……人民法院管轄」，其中「可以」一詞在這裡顯然指的是法院的自由裁量和依法認定，而絕不是當事人的任意選擇和隨心所欲。

第243條作為中國法院對涉外民事案件的司法管轄規定，鮮明地體現了中國在司法管轄問題上的主權。而第244條則是在充分維護中國主權（司法管轄權）的前提下，適度地體現了當事人的「意思自治」。**「意思自治」原則絕不能對抗「國家主權」原則，更不能以「約定管轄」為由，排除中國法律對異國受害人弱者的應有保護，或逃避中國法律對異國侵權行為人（不法分子）的應有制裁。**

（二）對本案放棄管轄有損中國法律尊嚴和中國法院形象

在本案中，孤立地、片面地強調「約定管轄」，勢必背離上述立法精神和法理邏輯，也不利於保護合法權利受侵害的異國弱者當事人的利益，從而有損於中國法律的尊嚴和中國法院的國際形象。

1. 就本案的實際情況看，發生糾紛的合同標的物是限定在中國境內代銷的貨物，因而合同的履行地在中國；被告圖榮公司在中國境內設有代表機構；合同標的物（即訴訟標的物）至今仍存放在中國廈門商業儲運公司的保稅倉庫內；被告對原告所有權的侵權行為地也顯然在中國領域之內；所有這些條件，都完全符合中國《民事訴訟法》第243條的規定，本案應接受中國法院的管轄，乃是理所當然，毫無疑義的。

2. 被告在答辯狀中聲稱：本案涉訟的「**這批貨物只是在事實上存放於中國境內的倉庫中**」，而訴訟「**標的物在法律意義上不在中國境內**」。其唯一藉口乃是這批貨物尚未「進關完稅」。這種辯解，不但無力，而且近乎荒謬！試問：第一，「中國境內的倉庫」難道「在法律意義上不在中國境內嗎」？它難道是坐落在公海上？在外國領土上？在火星上？第二，這批貨物目前是在中國海關的依法嚴密監管之下的中國「保稅倉庫」之中，這難道不是鐵的事實，證明這批貨物千真萬確地「在法律意義上」百分之百地正在中國境內嗎？

3. 雖然「代銷合同」有「約定管轄」的條款，但是，（1）被告自一九九二年十二月三十日起嚴重違約至今已一年。（2）對於爭議之標的物，不僅所有權人（即貨主）——古西公司現已無法控制，就算義大利米蘭法院（協議條款中規定的管轄法院）也根本無法控制和進行有效審理。（3）被告對其無權處分的爭議標的物，已經違法處分了一部分，而且到處對外謊稱其擁有「永遠的所有權」；此外還存在著其他人的侵權問題（如廈門東方發展公司已經擅自盜賣了其中價值一六〇萬美元的「古西存貨」，

而且還將繼續盜賣另外四四○萬美元的「古西存貨」）。（4）原告古西公司提起的訴訟，直接關係到被告對廈門商業儲運公司的另一場訴訟，原告古西公司主張自己對爭議的標的物擁有所有權，乃是一種**物權**主張，它不應受原先「代銷合同」中有關**債權**的「約定管轄」的限制。換言之，「約定管轄」僅僅在法律沒有強制性規定的前提下可以約束「代銷合同」在訂立、履行中的合同債權問題，而現在的實際情況已經遠遠超出單純的合同債權問題，並且與福建省高級人民法院正在審理的另一宗訴訟密切相關。因此，福建省高級人民法院對本案行使司法管轄權，是切合實際的，是具有充分法律根據和事實根據的。

4. 義大利古西公司作為訟爭合同的債權人，作為受被告以及其他第三人侵權行為侵害的受害人，為了維護自己的合法利益，基於對中國法院執法公正廉明的信任，基於對中國法院辦事效率的信任（據原告所知，由於義大利目前政局混亂，法院辦事效率極低，本案如由義大利米蘭法院管轄，即使歷時五年能否結案尚是問題），尤其是基於對中國法律的信任，向中國法院提出了訴訟請求。中國的司法機關如果不考慮已經發生的實際情況，不分析被告妄圖利用其居心不良的「意思自治」，藉口「約定管轄」，使其嚴重違法侵權行為得以逃避中國法律的追究和制裁，勢必嚴重損害中國法律的尊嚴和中國法院主持正義、扶弱抑強、懲劣安良的良好國際形象。

綜上所述，義大利古西公司認為：（1）中國法院（福建省高級人民法院）對本案擁有完全合法和無可爭議的司法管轄權。（2）原告堅持中國法院對本案擁有司法管轄權，完全合理合

法，完全符合實事求是的基本原則。這是嚴格依據中國《民事訴訟法》的規定，從糾紛的實際情況出發，從最有利於案件的有效審理著眼，以及從判決結果實際有效執行等方面得出的正確結論。（3）被告人所謂的「**本案是約定管轄案件**」，所謂的「**本案並非財產權益糾紛，標的物在法律意義上也不在中國境內**」，所謂的「**本案應適用特殊優於一般的原則**」，所有這些藉口和遁詞，如果不是有意曲解，顯然就是對有關基本法理，對中國民訴法立法精神的膚淺理解。因此，義大利古西公司懇請貴院依法據理，實事求是，堅持對本案的司法管轄權，駁回被告人的「答辯」，維護受害原告人的合法權益。不勝感激！

　　致

　　禮

義大利古西公司謹呈

1994年1月28日

四、本案訟爭商品所有權問題剖析

（一）本案訟爭的標的物的所有權屬於義大利古西公司

　　（1）這批訟爭的物品，是根據古西公司與圖榮公司於一九九二年六月三十日簽署的兩份合同，由圖榮公司運進中國內地，存放於廈門商儲保稅倉庫之中的。

　　（2）根據合同的規定，圖榮公司有義務在從合同簽訂之日起六個月內（即至1992年12月30日）將未售出的產品返還古西公

司，並支付已出手貨物的協議價款。全部貨物的協議總價款為16018110美元。

（3）一九九二年六月三十日簽署的兩份合同，其性質屬於《義大利民法典》第1556條（合同中明確記載的法律條款）規定的「代銷合同」。即，根據可退貨經售合同（代銷合同），一方當事人將一件或多件動產交付給另一方；另一方必須支付價款，除非他在規定期限內返還該物品。

（4）古西公司按「代銷合同」規定，承擔了運輸和保險費用，將合同規定的產品，交付到圖榮公司指定的地點。

（5）在合同履行期間，圖榮公司除了開出一張到期日為一九九二年十月五日的五十萬美元的**不能兌現**的信用證外，未向古西公司支付過任何價款。

（6）合同規定的應當返還產品的期限屆滿後，圖榮公司既不按合同規定支付價款，也不按合同規定返還貨物，已構成對合同的違約。

（7）雖然從一九九三年一月開始，圖榮公司多次向古西公司提出延長合同期限三個月（即延長至1993年3月底）和延長付款期限，但都未得到古西公司的同意。一九九三年十二月二十二日，古西公司最後一次通知圖榮公司，年內應將應返還的全部產品運回給香港古西公司。至今，由於圖榮公司與廈門東方發展公司的糾紛，這批產品仍滯留在廈門商儲保稅倉庫中。

上述事實，有如下證據支持：

（1）古西公司與圖榮公司於1992年6月30日簽署的兩份代銷合同。

（2）義大利律師Marina Wongher出具的古西公司致陳安教授函及附件《義大利民法典》第四章第1556、1557、1558條的條文。

（3）1993年11月30日，古西公司副總裁J先生給圖榮公司法定代表人、董事長L女士的傳真件。

（4）1993年12月20日，L女士給J先生的傳真件。

（5）1993年12月22日，古西公司M先生給L女士的傳真件。

（6）1993年4月9日，L女士給M先生的信。

（7）1993年4月6日，L女士給M先生的信。

（8）1993年2月20日，L女士給古西公司G博士的信。

基於上述的事實和證據，顯然應當認定：

（1）古西公司與圖榮公司一九九二年六月三十日訂立的兩份合同，是代銷合同。無論是按合同約定的《義大利民法典》來看，或是按中國民法來看，其性質都是十分清楚的。代銷合同中代銷人的權利僅限於代為銷售。也就是說，代銷人雖然實際占有合同規定的代銷物品，但代銷人對這些代銷物品**並沒有所有權**，只有在代銷人支付了這些代銷貨物的**價款後，所有權才發生轉移**。代銷人可以在兩種義務中進行選擇，或是按期返還代銷貨物，或是按期支付貨物價款，絕不應既不返還貨物，又不支付貨款。至於代銷人將代銷貨物用於抵押借款，也是十分錯誤的，代銷人無權這麼做。圖榮公司關於借款抵押的種種理由，都是無稽之談。古西公司並未承諾要負責圖榮公司代銷這批貨物的承銷費用。代銷合同之所以成立，本身已就銷售風險作了考慮。否則，何需讓代銷人在兩種應該履行的義務中選擇其一。至於圖榮公司強調的貨物老舊、有瑕疵等，更不能成為該公司長期非法占有所

有權屬於古西公司產品的理由，假如這些貨物無法在中國市場銷售，圖榮公司完全可以按約定的時間返還貨物，大可不必讓這些貨物繼續滯留在自己手中，這於人於己都是有害而無利的。圖榮公司既然不選擇按合同履行義務，而寧可違反合同約定和違反有關法律，後果當然也只能由圖榮公司自負。

（2）自《代銷合同》簽訂之後，古西公司已完全履行其義務。而圖榮公司則根本未履行義務，事實已證明圖榮公司違反了合同的約定，也違反了雙方合同中約定的適用法律條款。

（3）由於合同規定的代銷期限早已屆滿，也由於圖榮公司未支付任何代銷貨物的價款，加上一九九三年十二月二十二日，古西公司與圖榮公司就返還貨物達成一致，所以，現在儲存於廈門商儲保稅倉庫中的全部「GUCCI」產品，其所有權屬於古西公司。圖榮公司應立即將這些「GUCCI」產品運回給古西公司，並承擔因其過錯而給古西公司造成的全部經濟損失。

（4）圖榮公司在其指控廈門市商業儲運公司的訴狀中，說明了現存於廈門商儲保稅倉庫中的「GUCCI」產品共為303180件（3196箱，價值14734180美元），而古西公司交付給圖榮公司「代銷」的貨物價值16018110美元，現存物品與應返還的物品之間價值差額為1283930美元。

體現上述價差的物品，無論是如何減少的，按代銷合同規定，只要代銷人無法返還原物品，那麼，代銷人就有義務支付相應的物品的價款。

（二）古西公司不能為圖榮公司的過錯負責

圖榮公司與廈門商儲公司、東方發展公司之間的糾紛，業經法庭調查，事實應當基本清楚了。關於這些糾紛，古西公司認為，無論是圖榮公司或是其他公司，雖然它們之間的糾紛與現在存於廈門商儲保稅倉庫中的「GUCCI」產品有關聯，但糾紛是由它們的相互行為而形成的，古西公司對此毫無責任。具體說來：

1. 圖榮公司訴商儲公司是它們之間的倉儲合同糾紛，無論基於何種原因產生的糾紛，顯然與代銷行為無關，也與貨物本身無關。

2. 圖榮公司違法將價值六百萬美元的代銷貨物抵押給東方發展公司，不論圖榮公司基於何種理由作了這種抵押，圖榮公司應自行承擔責任。因為：

（1）作為貨物的代銷人，在未支付貨物價款之前，並無這批貨物的所有權。

（2）圖榮公司依合同得到的權利，僅僅是代為銷售，而抵押是與銷售不同的法律行為，作為代銷人的圖榮公司無權將代銷貨物用作抵押。

（3）圖榮公司以六百萬美元的貨物抵押借款一百萬美元，且到期不歸還借款，而貸款人東方發展公司則非法將一六〇萬美元的抵押貨物私自銷售，僅得款二十萬美元左右，貸款雙方的此種所作所為，很難令人相信是善意的。

（4）古西公司直至參加訴訟，方知屬於自己的貨物被圖榮公司用於抵押，且被貸款人東方發展公司私自處理，對此，古西公司十分震驚。

古西公司謹此再次聲明：圖榮公司自己的一百萬美元借款，應由圖榮公司自己負責，古西公司不承認該抵押的效力。

以上意見，請法庭充分加以考慮。古西公司請求法庭：

（1）依法確認古西公司對現存於廈門商儲保稅倉庫中的全部「GUCCI」產品的所有權；

（2）責令圖榮公司立即按一九九三年十二月二十二日古西公司的指示，將這批「GUCCI」產品運到古西公司指定的地點；

（3）責令圖榮公司支付不能返還的「GUCCI」產品的合同價款；

（4）責令圖榮公司承擔其自己的行為所產生的全部責任。

另外，古西公司希望法庭能夠注意到，現已臨近春季雨期，天氣狀況可能會對這些「GUCCI」產品的保管、儲存帶來不利的影響。希望法庭能儘快就這批產品的返還作出判決。

感謝之至！

義大利古西公司謹呈

1994年3月22日

附：《中華人民共和國民事訴訟法》第92條：

人民法院對於可能因當事人一方的行為或者其他原因，使判決不能執行或者難以執行的案件，可以根據對方當事人的申請，作出財產保全的裁定；當事人沒有提出申請的，人民法院在必要時也可以裁定採取財產保全措施。人民法院採取財產保全措施，可以責令申請人提供擔保；申請人不提供擔保的，駁回申請。人

民法院接受申請後，對情況緊急的，必須在四十八小時內作出裁定；裁定採取財產保全措施的，應當立即開始執行。

附錄

一、古西公司財產保全申請書

申請人：義大利古西公司

被申請人：香港圖榮發展有限公司

直接關係人：廈門市商業儲運公司

申請保全事項：

請將被申請人現在儲存於廈門市商業儲運公司的全部「GUCCI」產品，予以妥善保護和暫時凍結，禁止被申請人或任何第三人對這些產品以任何方式加以損害、轉移、拍賣或盜賣。

事實和理由：

上述全部「GUCCI」產品，其所有權完全歸屬於申請人（詳情見1994年1月28日申請人呈交貴院的兩份民事訴狀）。鑑於申請人與被申請人之間因代售合同及銷售合同糾紛一案已由貴院受理，為了避免上述產品即本案涉訟標的物在訴訟進行期間受到被申請人或任何第三人的損害、轉移、拍賣或盜賣，導致日後無法挽回或難以彌補損失，故謹依《民事訴訟法》第92條規定，向貴院申請財產保全。

此呈

福建省高級人民法院經濟庭

申請人：義大利古西公司（蓋章）

1994年1月28日

二、古西公司先予執行申請書

申請人：義大利古西公司

申請事項：請求貴院對現在儲存於福建省廈門市商業儲運公司保稅倉庫中的全部「GUCCI」產品作出先予執行的裁定，允許申請人儘快將上述產品提出倉庫予以出售。

申請理由：

現在儲存於廈門市商業儲運公司保稅倉庫中的全部「GUCCI」產品，其所有權均為申請人擁有。由於本案當事人香港圖榮公司對這些產品所有權的不法侵犯，已給申請人造成了重大損失，為此，申請人以訴訟第三人的身分加入本案訴訟。法庭已就本案於3月22日開庭審理。

申請人鑒於：（1）這批產品已在廈門該保稅倉庫中存放18個月以上，隨著時間的延長與款式的逐漸陳舊和老化，銷售這批產品的不利因素勢必與日俱增，從而導致銷售價格（產品價值）急遽下降；（2）目前面臨春季雨期，貨物易生霉變，氣候狀況極其不利於這批產品的保管和儲存，加之這批產品屬高檔消費品，產品外觀對銷售影響極大；（3）按中國海關法規規定，在保稅倉庫中儲存的貨物，期限為一年；特殊情況經批准可續期一年。再有幾個月這批產品儲存期將滿，面臨即將被勒令退運出境的被動局面。基於這些考慮，申請人特依《中華人民共和國民事訴訟法》第97、98條的規定，提供有效擔保，請求貴院作出先予

執行的裁定，允許申請人儘快將上述「GUCCI」產品提出倉庫予以出售，以減輕不必要的損失。十分感謝！

古西公司謹此表示：1994年1月3日古西公司為申請「財產保全」所提供的擔保以及所承擔的法律責任，同樣適用於本項「先予執行」的申請。

此呈

福建省高級人民法院

申請人：義大利古西公司

1994年4月2日

附：《中華人民共和國民事訴訟法》第97、98條

第97條　人民法院對於情況緊急需要先予執行的案件，可以根據當事人的申請，裁定先予執行。

第98條　人民法院裁定先予執行的，應當符合下列條件：（一）當事人之間權利義務關係明確，不先予執行將嚴重影響申請人的生活或者生產經營的；（二）被申請人有履行能力。人民法院可以責令申請人提供擔保，申請人不提供擔保的，駁回申請。申請人敗訴的，應當賠償被申請人因先予執行遭受的財產損失。

第 3 章

外貿匯票承兌爭端管轄權衝突問題剖析

——美國約克公司v.香港北海公司案件述評

↘ 內容提要

　　本文論證的主旨是：（1）本案合同當事人雙方曾經以明示方式一致選定中國國際經濟貿易仲裁委員會作為受理合同爭端的管轄機構；（2）無論根據「默示推定」原則或是「最密切連繫」原則，中國的法律都理應是解釋、分析和解決本合同一切爭議的唯一準據法；（3）本案匯票承兌的爭議，是本案買賣合同關於供貨與付款總爭議的一個組成部分，應當同樣接受買賣合同中仲裁條款以及中國有關法律的約束。簡言之，當時英國治下的香港法院無權受理本案。

↘ 目次

一、本案案情梗概

美國約克空調製冷公司（賣方）與香港北海冷電工程公司（買方）於一九九二年十二月三十一日在中國北京簽訂了一份貨物買賣合同。其中約定：與合同有關的爭端如不能協商解決，應提交中國國際經濟貿易仲裁委員會仲裁。一九九三年六至七月，雙方因交貨和付款問題發生糾紛，互不讓步，僵持不下，約克公司於同年九月向香港初審法院起訴。北海公司援引上述買賣合同中的仲裁條款，請求香港初審法院依法中止訴訟，轉交上述約定的仲裁機構仲裁。香港初審法院駁回北海公司的請求，北海公司不服上訴。應北海公司及其代理律師要求，筆者在一九九四年三月、四月、九月先後出具了《專家意見書》《專家意見書的重要補充》以及《評英國皇家大律師狄克斯的書面證詞》，對本案的**管轄權**歸屬問題作了剖析，依據國際公認的法理原則、國際條約、法律規定以及國際通行慣例，論證和確認本案的管轄權理應歸屬於當事人事先約定的中國國際經濟貿易仲裁委員會；指出當時英國治下的香港各級法院均無權受理本案；並且揭露和批駁了英國皇家大律師狄克斯（A. R. Dicks. Q. C.）在其「書面證詞」

中對中國《民事訴訟法》和票據法規內容的肆意歪曲和「大膽」
窟改。這裡收輯了這三份法律文書。有關本案論爭的焦點和後續
發展，請參看本書第四編第四章《指鹿為馬　枉法裁斷》中的
「案情梗概」一節。

二、關於約克公司與北海公司爭議案件的專家意見書

（1994年3月10日）

　　本人，中華人民共和國廈門大學政法學院院長陳安教授，應
香港賀×、陳××律師事務所一九九四年二月三日來函要求，就
美國約克空調制冷公司（York Air Conditioning & Refrigeration,
Inc.，以下簡稱「約克公司」）與香港北海冷電工程公司（North
Sea A/C & Elect. Eng., Co.，以下簡稱「北海公司」）爭議案件（編
號為：1993, No.A8176，以下簡稱「本案」），提供法學專家意見
如下：

（一）專家簡況

　　〔本段第一點至第十一點，參照國際上同類法律文書的通行
做法，簡述了有關專家本人的學歷、經歷以及主兼各職，以供香
港高等法院了解本件《專家意見書》作者的學識與能力背景。為
節省本書篇幅，茲從略。〕

　　12.基於以上各點，本人自信具有合格的學識和能力針對上
述香港律師事務所提出的以下諸問題，提供專家諮詢意見。

（二）諮詢的問題

13.香港賀×、陳××律師事務所於一九九四年二月三日來函，並附寄本案「上訴卷宗」（Appellant's Hearing Bundle, AHB）共二八四頁，隨後又在二月二十三日、三月四日通過傳真發來補充資料三十五頁，要求依據所述事實，對照查證中華人民共和國的有關法律規定，就本案關於合同「仲裁條款」適用範圍問題的爭端，提供法學專家意見。

14.事實摘要：

14.1　本案原告約克公司（賣方）與本案被告北海公司（買方）於一九九二年十二月三十一日在中國北京簽訂了一份貨物買賣合同（編號為A158/4/92-01，以下簡稱「A158號買賣合同」或「本合同」）。雙方約定：約克公司向北海公司提供四臺約克牌冷水機組，總價款為USD522760.00。合同第7條規定：「仲裁：與合同有關的分歧通過友好協商解決。如不能達成協議，將提交中國國際經濟貿易仲裁委員會仲裁」。（見附件「PAC-1」：第7條，AHBp.111）（從略）

14.2　一九九三年九月十一日，約克公司向香港高等法院原訟法庭（High Court）起訴，聲稱：該公司曾於一九九三年六月三日向北海公司出具一張匯票（Bill of Exchange），要求後者補還上述貨物價款餘額USD339794.00，後者曾經同意承兌，但事後卻又拒付。因此，訴請法院責令北海公司補還上述貨款，另加延期付款利息以及其他有關費用。（見附件「PAC-2」：AHB pp.2-3）（從略）

14.3　約克公司強調：上述Bill of Exchange乃是完全獨立於

上述A158號買賣合同之外的另一份合同，因此，A158號買賣合同中的仲裁條款完全不適用於上述Bill of Exchange。（見附件「PAC-3」：Submission for the Plaintiff, pp.2-3）（從略）

14.4　被告北海公司辯稱：原告在履行上述A158號買賣合同中，有多項違約行為，無權索取全額價款；更重要的是：原告與被告在上述合同中訂有仲裁條款，本案涉訟的Bill of Exchange付款爭端，乃是A158號買賣合同貨物價款問題的一部分，自應適用上述仲裁條款的規定。同時，A158號買賣合同是由約克公司設在北京的營業辦事處的代表與北海公司的代表，共同在中國北京磋商和簽訂的，根據香港《仲裁條例》第6條的有關規定，理應將上述爭端提交由雙方在A158號買賣合同中約定的仲裁機關仲裁。據此，北海公司請求香港法院裁定：（1）中止本案訴訟；（2）責令原告約克公司償還被告北海公司因被捲入本案訴訟而支付的一切費用。（見附件「PAC-4」；AHBpp.5-6、16-17）從略）

14.5　一九九三年十二月七日，香港高等法院之High Court法官Master Woolley裁定：駁回被告北海公司關於中止訴訟的申請，並責令被告償還原告約克公司因本案支付的費用。（見附件「PAC-5」：AHB p.271）（從略）

14.6　被告北海公司不服上述裁定，乃提起上訴，並重申第14.4點提出的兩項請求。（見附件「PAC-6」：AHB pp.273-274）（從略）

15.疑難問題：

基於以上事實及其有關爭端，請解答以下兩方面疑難問題：

（1）有關上述A158號買賣合同的爭端應當適用何種法律？是內地的法律，還是香港地區法律？

（2）上述Bill of Exchange的爭端，是否獨立於A158號買賣合同之外？是否不適用該合同第7條所規定的仲裁條款？換言之，該合同中的仲裁條款的約束力是否不足以涵蓋（或包括）有關Bill of Exchange的爭端在內？

（三）專家的看法和意見

16. 針對第15點中（1）（2）兩個方面的問題，本人提出以下各點看法和意見，供各有關方面參考。

17. 以下先解答第15點中第（1）方面的問題：

18. 《中華人民共和國民法通則》（以下簡稱《民法通則》）第八章「涉外民事關係的法律適用」第145條明文規定：「**涉外合同的當事人可以選擇處理合同爭議所適用的法律，法律另有規定的除外。涉外合同的當事人沒有選擇的，適用與合同有最密切連繫的國家的法律。**」（見附件「PAC-7」：第145條）

本條的規定，顯然與當代各國民法、國際私法（衝突法）通行的「國際慣例」相一致。其中第一款的規定，貫穿了當事人「意思自治」（autonomy of will）原則；第二款的規定，則貫穿了「最密切連繫」（the closest connection）原則。

19. 《中華人民共和國涉外經濟合同法》（以下簡稱《涉外經濟合同法》）第5條也有基本相同的明文規定：「**合同當事人可以選擇處理合同爭議所適用的法律。當事人沒有選擇的，適用與合同有最密切連繫的國家的法律。**」（見附件「PAC-8」：第5條）（從

略）

20.根據以上兩種基本法律，對照本案事實，必須依次逐一澄清以下四個問題：

（1）何謂「涉外經濟合同」？上述法律條文中的這一概念，其內涵和處延（intension and extension）是否可以涵蓋（或包括）本案中由兩家非中國境內公司（即一家香港公司和一家美國公司）訂立的上述A158號買賣合同？

（2）如果上述合同屬於法定「涉外經濟合同」的範圍，則上述合同的當事人雙方是否曾在合同中協議一致選擇處理本合同爭議所適用的法律？

（3）如果對20（2）問題的答案是肯定的，即當事人曾經作過協議一致的選擇，則處理本合同爭議所適用的法律應當是哪一國的法律？

（4）如果對20（2）問題的答案是否定的，即本合同當事人對處理本合同爭議所適用的法律並未作出協議一致的選擇，那麼，上述條文中所稱「適用與合同**有最密切連繫的國家的法律**」指的是什麼？

21.對於20（1）問題的權威性答案，見中華人民共和國最高人民法院作出的兩項司法解釋，即第21.1點與第21.2點。

21.1　一九八七年十月十九日下達的《最高人民法院關於適用〈涉外經濟合同法〉若干問題的解答》第一部分第（一）（二）項指出：《涉外經濟合同法》不但適用於中國企業或其他經濟組織同外國的企業、其他經濟組織或者個人之間訂立的經濟合同，而且「也可以適用於……外國企業、其他經濟組織或者個人之

間，港澳地區的企業、其他經濟組織或者個人之間，**外國企業、其他經濟組織或者個人與港澳地區的企業**、其他經濟組織或者個人之間**在中國境內訂立**或者履行的上述經濟合同。」〔見附件「PAC-9」：第一部分第（一）（二）項〕（從略）

本案中的A158號買賣合同乃是美國企業約克公司與香港企業北海公司之間在中國境內（北京）訂立的合同，對照上述權威性司法解釋，顯然屬於中國《涉外經濟合同法》可以適用的範圍。

21.2　一九八八年四月二日《最高人民法院關於貫徹執行〈中華人民共和國民法通則〉若干問題的意見（試行）》第178條規定：「凡民事關係的**一方或者雙方當事人是外國人、無國籍人、外國法人的**；民事關係的標的物在外國領域的；產生、變更或者消滅民事權利義務關係的法律事實發生在外國的，**均為涉外民事關係**。人民法院在審理涉外民事關係的案件時，**應當按照《民法通則》第八章的規定**來確定應適用的實體法。」（見附件「PAC-10」：第178條）（從略）

本案中的A158號買賣合同關係是一種民事關係，其一方當事人是外國（美國）法人；另一方當事人是香港法人，它在一九九七年七月一日香港回歸中國以前，被中國法律視同外國法人。對照上述權威性司法解釋，上述合同關係顯然也是中國《民法通則》所認定的一種「涉外民事關係」，其有關的「法律適用」問題，應當按照《民法通則》第八章各條的相應規定予以確定。

第18點所援引的《民法通則》第145條的規定，正是該通則第八章中的首要條文，列為第八章之首條。

由此可見，本案中的A158號買賣合同，乃是《民法通則》所規定的「涉外民事關係」之一，應當按該通則第145條的規定，確認其應當適用的法律。

21.3　對照以上兩項司法解釋，本案A158號買賣合同應當屬於中國《民法通則》以及《涉外經濟合同法》所規定的「涉外合同」「涉外經濟合同」及／或「涉外民事關係」的範疇，受上述中國法律的約束。

這樣，我們就依法回答了第20點中的第（1）個問題。

22.把以上18、19、21.1以及21.2各點綜合起來，理應得出簡明的邏輯結論如下：

根據中國《民法通則》《涉外經濟合同法》有關條款的規定以及中國司法解釋中相應的權威說明，對於處理本案A158號買賣合同爭議所適用的法律，如果本合同當事人已有一致的選擇，應尊重當事人的共同選擇；如果當事人並無一致選擇，則應適用與本合同有最密切連繫的國家的法律。

23.由於對前述第20點中第（1）個問題的答案是肯定的，於是就有必要對第20點中的第（2）個問題作出進一步的回答，即：本案中A158號買賣合同的當事人雙方是否曾經協議一致選擇處理本合同爭議所適用的法律？

23.1　本案雙方當事人在上述A158號買賣合同第7條中明確約定：「與合同有關的分歧通過友好協商解決。如不能達成協議，將提交中國國際經濟貿易仲裁委員會仲裁。」（見附件「PAC-1」）（從略）

23.2　在上述「仲裁條款」中，當事人雙方一致同意並明白

表示：日後應將與本合同有關而又互相僵持的爭端提交中國的上述仲裁機構仲裁。這意味著雙方共同選擇了**中國**的上述仲裁機構作為受理和解決本合同有關爭議的**管轄機構**。

23.3　在上述「仲裁條款」中，雙方雖未明確表示在仲裁中選擇適用中國法律作為準據法，但它們既然明示選擇**中國的仲裁機構**作為受理和解決爭端的管轄機構，而又並未明確表示另外選擇任何其他國家（非中國）的法律作為準據法，那麼，就應當推定：它們是以**默示**的方式，共同**選擇中國法律**作為準據法。這種推定是順理成章，合乎邏輯的，也是完全符合大量仲裁實踐的事實的。

23.4　上述既符合邏輯又符合實踐的「推定」原則，早在一九八三年就已正式載入**國家統編**的「**高等學校法學教材**」《國際私法》一書，十幾年來，已被中國法學界和司法界所廣泛接受並獲得公認。這本大學教科書由中國權威法學家韓德培教授主編，其中寫道：「**當事人雖未約定應適用的法律，但在合同中規定了一旦發生爭議，交由某國法院或仲裁機關管轄時，一般均可據此推定當事人意圖適用該國法律。**」（見附件「PAC-11」：該書第145頁）（從略）

24. 根據第23.1點所援引的合同「仲裁條款」以及第23.2至23.3點所作的分析，實際上也回答了第20點中提出的第（3）個問題。其答案是：本案A158號買賣合同雙方當事人以明示的方式一致選擇中國的仲裁機構作為受理合同爭端的管轄機構；並以**默示的方式**一致選擇中國的法律作為解決合同爭端的準據法。

25. 退一步說，如果有人反對上述有關「默示選擇」這一符

合邏輯、符合實踐的見解，硬說：當事人既未在合同中以明示方式選擇中國法律作為處理合同爭議所適用的法律，就意味著當事人並未對應適用的法律作出任何選擇，那麼，就有必要進一步對第20點中提出的第（4）個問題作出回答，即中國《民法通則》第145條第二款中所稱「適用與合同**有最密切連繫**的國家的法律」究何所指？

25.1　《最高人民法院關於適用〈涉外經濟合同法〉若干問題的解答》第二部分第（六）項指出：「如果當事人未選擇合同所適用的法律時，對於下列經濟合同，人民法院按照最密切連繫原則確定所適用的法律，在通常情況下是：1. 國際貨物買賣合同，適用合同訂立時賣方營業所所在地的法律。……」第二部分第（七）項又進一步規定：「當事人有一個以上的營業所的，應以與合同有最密切關係的營業所為準。」〔見附件「PAC-9」：第二部分第（六）（七）項〕（從略）

25.2　對於「最密切連繫」原則，第23.4點所引大學教科書中也作了比較具體的說明。它認為：從國際私法的理論與實踐看，在當事人未作法律選擇，而法院地的衝突法又未規定可以直接適用的法律時，則以下幾種可能的推定，在相關情況下是可以採取的：

（1）**締約地法**。通常，只有在**締約地也是合同談判地**，或當事人共同的住所地時，其法律才具有重要意義。

（2）**履行地法**。一位英國法官於一八九一年認為，「如果一個合同在一個國家訂立，而打算在別國履行，不管此種履行是全部的或部分的，只要沒有相反約定情況，單只據此便可以推定得

出當事人雙方必然是意圖適用這另一國法律的」^{〔1〕}。一九七一年美國的*Restatement of the Conflict of Laws*（*Second*）一書認為，當合同履行地和合同談判地相一致的時候，該州（國）的實體法通常應適用於此合同所發生的一切問題。（見該書第188節）

（3）**法院地法或仲裁地法**。當事人雖未約定應適用的法律，但在合同中規定了一旦發生爭議，交由某國法院或仲裁機關管轄時，一般均可據此推定當事人意圖適用該國的法律。

（4）**物之所在地法**。凡屬與合同的成立有關的形式要件及所產生的債權（如買賣的價格、價金返還請求權、損害賠償請求權等），應適用債法原則，可由當事人選擇適用的法律。在這種情況下，**債權**既是**由物權派生出來**的，故缺乏當事人明示的選擇時，可首先推定適用物之所在地法。

（5）**船旗國法**。

（6）**當事人**的居住地、住所地或**營業地法**。（見附件「PAC-11」：該書第143-145頁）（從略）

26.根據第25.1點提到的權威司法解釋以及第25.2點摘引的權威學者主張，對照本案A158號買賣合同的有關事實，以下各點特別值得注意：

27.**締約地**：本合同的締約地是在中國首都北京，這已是雙方不爭的事實。這裡應當強調指出的是：從「法律選擇」（choice of laws）的角度來看，從「最密切連繫」（the closest connection）的原則來看，本合同**締約地**這個連結點（connecting point）或連結因素（connecting factor），並**不是孤立自在的**，它和本合同的下述其他幾個連結點或者連結因素，包括合同履行地、協議仲裁

地、物之所在地以及賣方營業所所在地等，都是極其緊密地**結合在一起**而且**高度一致**的（詳見以下逐點具體分析）。換言之，下述的其他幾個連結點，或者全部在**中國**，或者至少其實質部分或主要部分在**中國**，因此，締約地**在中國**這個因素與其他連結點也全部或主要在中國的那些因素，就起著相輔相成、互相促進和互相強化的作用。由於它們相互之間的緊密結合和高度一致，這就在綜合判斷本合同的「最密切連繫」點並進而選擇本合同準據法（lex causae, applicable law, or the proper law of the contract）時，起著**決定性**的作用。

28.**履行地**：本合同的履行地，乍一看，或者孤立地從形式上看，似乎只是在香港一地（即本合同第2條規定的運輸「終點站」——交貨地），但仔細觀察，就應當承認本合同的履行地實質上或主要在中國首都北京。其理由是：

28.1　合同在列明買賣雙方當事人之後，就開宗明義，赫然載明本合同的立約**宗旨**：「**工程名稱：中國中央電視臺冷凍站**」（見附件「PAC-1」：AHB p.108）（從略），即為在中國北京建造中國中央電視臺冷凍站這一工程項目而買賣本合同規定的商品。這就從**總體**上載明了本合同當事人雙方共同的**最終履約地**，是在**中國北京**。換言之，一方面，立約雙方通過這個買賣合同，共同**向中國北京**的這個終端用戶提供冷水機組設備，**在北京提供各種售後技術服務**，從而在北京建造起合乎要求的冷凍站；另一方面，立約雙方又分別通過出售產品或買入後又轉售同一產品，而歸根結底地各自從**中國北京**這個終端用戶所支付的價款中，分享一份利潤。

28.2　上述設備運抵北京安裝完畢後，按本合同第5條及「附件一」^{〔2〕}B、C、D三點規定，賣方約克公司負責：（a）**在北京**為終端用戶免費調試；（b）**在北京**參加驗收；（c）於一年保用期內**在北京**為終端用戶免費修理或更換零件；（d）**在北京**為終端用戶排除操作故障；（e）免費邀請**在北京**的終端用戶四名人員赴美監造驗收後，再免費送回**北京**；（f）免費將**在北京**的終端用戶六名操作人員送往香港或新加坡培訓後，再免費送回北京。^{〔3〕}這其中，（a）（b）（c）（d）四點合同義務的**履行地**完全在北京，（e）（f）兩點合同義務的**履行地**也基本上或至少一半在北京。

28.3　設約克─北海合同為A，北海─興遠合同為B，興遠─中央電視臺合同為C，則A、B、C這三個合同實際上從**一開始就共同構成一個總體的**連鎖合同─鏈條合同─**多邊接力合同**。約克、北海、興遠三家公司從**一開始就**有意識地、自覺自願地和**有計劃地**組成一個「接力跑團隊」（relay team），而上述設備商品則形同這個團隊的「接力棒」（relay baton），並由這三個「接力隊員」共同負責跑完自美國（經香港、汕頭）至中國北京的接力全程，將「接力棒」送到北京終點，交給終點「收棒員」，並由後者對這三位「接力隊員」分別酬以一塊大「蛋糕」（總價款）中的一份。

這種粗略譬喻的根據是：A、B、C三份合同在同一日期（1992年12月31日）、同一地點（中國北京）、同一會議室、以同一種文字（中文）連續地相繼簽訂，三份合同各自的當事人（包括約克公司駐北京營業辦事處的代表劉×女士、北海公司代表林××先生、興遠公司代表王××先生以及終端買主（用戶）中央

電視臺代表許××先生）都同時親臨現場，既**各自簽約**，又**互相見證**。其現場照片右下角的日期標記是「92.12.31」，與上述三份合同的簽署日期完全吻合；而照片背景的那個大字橫幅，尤其值得注意：它鮮明地標示各方代表正在舉行的聚會乃是「**中央電視臺購買約克冷機簽字儀式**」（見附件「PAC-13」：AHB p.167）（從略）。這有力地證明了三點事實：

第一，這三份合同的各方當事人（一個原始賣主，兩個中間買主兼轉售人，一個終端買主），為了一個「共同目標」——為中央電視臺購買約克冷機設備——而走到一起來了。他們共同策劃和精心設計了一個**實質上**的「**多邊接力合同**」，而又把它分解為三個**法律上**的「**雙邊合同**」，以便既規避美國法律的禁運規定，[4]又逃避中國海關徵稅，**分工執行，合作完成**。換言之，各方當事人合作履行這個實質上的「多邊接力合同」時，雖各有「專段跑程」，但這種有意識、有計劃的「分工」是為了共同跑完全程，**共同完成在北京全面履約的任務**。

第二，各方當事人對所有這三份合同的主要內容都是事先經過互相磋商和明確知情的；而三份合同各自附列的四個附件（供貨範圍、技術參數、技術服務項目以及零部件清單），其內容則完全雷同（AHB pp.62-68, 85-91, 112-117）（從略），這也足證各方當事人在舉行簽字儀式之前早已互相充分溝通並已全面達成協議。

第三，在A158買賣合同中即使單就約克公司交貨這一單項義務的履行地而言，在字面上和形式上固然載明是香港地區，但在實質上則是**在北京地區全面履行合同**的**不可分割**的一個組成部

分。因此，即使對交貨這一單項義務的履行地，也不應孤立地只從字面上作片面的和割裂的理解。更何況，本合同中還有其他多項義務（見第28.2點中所列各項），其履行地無可爭辯地就是中國北京！

28.4　特別應當強調的是：就在各方當事人在同日（1992年12月31日）、同地、同室連續地分別簽署三項合同之際，約克公司駐北京營業辦事處代表劉×女士又會同北海公司代表林××先生向北京終端用戶出具一份「保證書」（見附件「PAC-15」：AHB p.34）（從略），劉×女士在其中明確表示：「我們代表香港約克公司〔按：指美國約克公司在香港設立的營業代表機構〕保證按時保質提供冷水機組。」這表明：在交貨這一單項義務的履行問題上，**約克公司已越過或繞過了兩家中間買主和轉售人，直接向北京的終端買主保證在北京按時保質供貨**，從而把自己「按時保質提供冷水機組」這一義務的履行，從原履行地香港進一步**擴展**和**延長到新履行地北京**，對於在新履行地北京履行供貨義務，也承擔了**全面的連帶責任**。

28.5　綜上各點，可見本合同的履行地實質上或主要地在中國北京。同時，這一履行地又是本合同的談判地和締約地，這三個「連結點」的重疊、複合、結合和吻合，就大大加強了它們在本合同準據法選擇過程中的分量、作用和重要性。

29. **仲裁地**：本合同仲裁條款中對仲裁地已有明確的選擇，即明確選擇中國國際經濟貿易仲裁委員會作為受理本合同爭端的管轄機構，因此，應當作為本合同準據法的「仲裁地法」，顯然就是中國法。關於這一點，第23.1至23.4點以及第25.2點之（3）

已作闡析，茲不再贅。

30.**物之所在地**：本合同之標的物四套約克冷水機組等，自一九九三年七月起即運抵北京市中央電視臺，保存至今。因此，按國際上「衝突法」學者們公認的標準以及第25.2點之（4）摘引的中國權威學者的見解，縱使當事人對本合同的準據法缺乏明示選擇，也應首先推定適用上述標的物當前所在地的法律，即中國的法律。

31.**當事人的營業所所在地**：本合同買方當事人北海公司的營業所設在香港，在北京並無營業所；賣方當事人約克公司則在美國、中國內地與香港地區均設有營業所。本合同是賣方約克公司設在**中國**北京的營業辦事處代表劉×女士與買方北海公司代表林××先生在北京磋商、談判、簽訂的，又主要是在**北京**履行的，因此，就賣方約克公司設在世界各地的多家營業所而言，其駐北京的營業辦事處應當是與本合同**有最密切連繫**的營業所。根據第25.1點摘引的權威性司法解釋所作的說明，本合同無疑應當適用與本合同有最密切連繫的賣方營業所所在地的法律，即中國的法律。

32.綜閱第27至31點的事實，顯然可以斷言：本合同的**談判地、實質履行地或主要履行地、仲裁地、物之所在地**以及與本合同有最緊密連繫之**賣方營業所所在地，無一不是在中國**。換言之，從「法律選擇」和「最緊密連繫」的判斷標準來看，與本合同有**最密切連繫**的上述這幾個「**連結點**」，是高度競合、重疊和**互相一致的，即都在中國**，因此，根據這些舉世公認的「**連結點**」去選擇、認定或推定本合同應當適用的準據法，就必然要**落**

實為適用**中國法律**。

至此，我們就有足夠的理由毫不含糊地回答第15點提出的第（1）個方面的問題：有關上述A158號買賣合同的爭端，應當適用中華人民共和國的法律。依據中國法律規定和合同當事人的約定，應將無法取得協議的爭端提交中國國際經濟貿易仲裁委員會仲裁。

33. 於是，就有必要進一步分析和回答**第15點提出的第（2）個方面的問題**，即本案買賣雙方當事人有關Bill of Exchange的爭端，是否獨立於A158號買賣合同之外，既不適用中國內地的法律，也不受合同中仲裁條款的約束？相反，它是否應當由香港法院適用香港或英國的法律作出司法裁判？

34. 如前所述，A158號買賣合同第7條明確規定，「仲裁：與合同有關的分歧通過友好協商解決。如不能達成協議，將提交中國國際經濟貿易仲裁委員會仲裁」。揣摩這段文字，對照本案事實，必須依次逐一澄清以下四個問題：

（1）如何理解「與合同有關的分歧」一語？它的範圍是廣義的，還是狹義的？

（2）本案中關於Bill of Exchange的爭端，是否屬於上述「與合同有關的分歧」的範圍？它是**獨立於**合同之外的爭端，還是**附屬於**合同本身的爭端？

（3）此項爭端，應當由**中國**國際經濟貿易仲裁委員會受理、管轄，並作出**仲裁裁決**，還是應當由**香港**法院受理、管轄，並作出**司法裁判**？

（4）如果在受理本項爭端之管轄權本身以及法定管轄機構

本身問題上發生分歧，應當如何解決？

35.第21.1點所引的司法解釋第二部分第（一）項指出：「對於《涉外經濟合同法》第5條所說的『**合同爭議**』應作**廣義的理解**。凡是雙方當事人對合同是否成立、合同成立的時間、**合同內容的解釋**、合同的履行、違約的責任以及合同的變更、中止、轉讓、解除、終止等發生的爭議，均應包括在內。」〔見附件「PAC-8」：第5條；PAC-9：第二部分第（一）項〕（從略）

35.1　對照本案事實：上述Bill of Exchange的兌現問題，乃是買賣雙方在本合同履行過程中貨款支付上的爭議；而關於此項爭議是否應當提交中國仲裁機構仲裁的問題，則是對本合同第7條仲裁條款的含義和適用範圍應當如何解釋的爭議，即乃是一種有關「**合同內容的解釋**」上的爭議。根據第35點摘引的司法解釋，無論是前一種爭議還是後一種爭議，顯然都應歸屬於廣義的「合同爭議」的範圍，應當按中國《涉外經濟合同法》第5條和《民法通則》第145條的有關規定，確認或推定適用於本合同上述兩大爭議的準據法以及管轄和處理這兩大爭端的專屬機構。

35.2　由此可見，就**邏輯概念**而論，上述Bill of Exchange的爭議，**不能獨立**於上述仲裁條款中「與合同有關的分歧」一詞以及上述司法解釋中「合同爭議」一詞的「**內涵**」與「**外延**」之外，即不能排除中國上述有關法律條文中「合同爭議」這一概念對它的涵蓋，不能排除中國上述有關法律規定以及有關司法解釋對它的適用和約束。

這樣，我們就澄清了第34點中提出的第（1）個問題。

36.不但如此，**就買賣合同的特殊本質而論**，上述Bill of

Exchange爭端，也不可能獨立於A158號買賣合同之外，孤立自在。否則，這個Bill of Exchange本身就會成為**無根之本、無源之水**或無身軀的「**半個心臟**」——從而失去它自己的生命！

36.1　A158號買賣合同一開頭就標明「**買方**」和「**賣方**」，足見這是一個典型的買賣合同。合同第1條規定賣方的供貨義務（即買方的得貨權利）；第2條規定交貨地點和費用；緊接著，第3條規定買方的付款義務（即賣方的得款權利）。第3條標題赫然標明「付款」兩字，顯然是指買方應當支付給賣方的貨物價款。換言之，第3條與第1條明確規定了買賣雙方的基本權利和基本義務，兩者互相對應，**互相依存**，互相結合，**不可分割**地構成本買賣合同的**靈魂和心臟**。誠然，「付款」兩字以下並未寫明具體支付方式，但是，這種文字空白和合同末尾雙方的簽字蓋章結合在一起，只是說明當事人雙方當時一致同意先行立約，然後再就付款問題的細節另行具體議定，以填補此項空白，使本合同更加完善化。事實證明：後來雙方當事人就是如此行事的。

36.2　如果以事後另行議定作為理由，或援引任何似是而非的藉口，硬說此項Bill of Exchange乃是完全獨立於A158號買賣合同之外的另一合同，那麼，試問：第一，**難道Bill of Exchange上載明的USD 339794.00竟然不是A158號買賣合同上載明的「合同總金額USD 522760.00」之中的一個組成部分**？第二，如果硬說Bill of Exchange上的金額竟然與上述合同貨款總金額毫不相干，那麼，合同第3條規定的「付款」義務就成為一句空話，從而A158號買賣合同就成為「只要求賣方供貨、**不要求買方付款**」的合同，就變成了約克公司向北海公司實行「無償贈與」的合

同，合同開頭標明的「買方」與「賣方」也就變成了「受贈人」和「贈與人」，這豈不荒謬可笑？第三，約克公司要求北海公司兌現Bill of Exchange，也就相應地變成毫無合法原因而強行要求北海公司向約克公司實行「無償贈與」的「勒索」了！這豈是原告索取貨物價款的原意或行使請求權的立足點？可見，如果硬把本案中的Bill of Exchange說成是獨立於A158號買賣合同之外的法律事實或法律關係，這就不但**根本改變了A158號買賣合同作為買賣合同的特殊本質**，從而剝奪了它的法律「生命」，而且也使約克公司就該項Bill of Exchange提出的**兌現請求權**成為**無根之本**和**無源之水**，從而**根本否定了該Bill of Exchange本身的合法存在並同樣剝奪了它的法律「生命」**

37.本案中Bill of Exchange兌現問題的爭議乃是付款問題上的爭議，它實際上是直接由供貨問題引起的，也可以說是同一爭議問題的正反兩個方面。終端用戶買主（中央電視臺）強調中間賣方未能按時、按質、按量供貨（即逾期交貨、貨品部分損壞、部分短缺），造成終端買方的損失，因而扣住部分貨款不付，供作損害賠償，其「連鎖反應」所及，追本溯源，導致北海公司也扣住部分貨款，不肯向原始賣主（約克公司）全額付清價款。可見供貨問題上的爭議與付款問題上的爭議兩者之間具有**直接的、不可分割的因果關聯**；也可以說，付款爭議乃是供貨爭議的一種表現形式。既然雙方當事人都不否認供貨問題的爭議乃是**直接屬於本合同履行上的爭議**，那麼，對於由此直接引起的付款爭議（即Bill of Exchange爭議），任何一方當事人也就無權、無法否認它也是完全**直接屬於本合同履行上的爭議**。

38.既然從「合同爭議」的邏輯概念上，從買賣合同的特殊本質上，從供貨與付款的直接因果關連上，都絕對無法否認本案Bill of Exchange爭議乃是整個A158號買賣合同內容爭議的一個不可分割的、有機的組成部分，那麼，本合同中專為解決合同任何爭議而訂立的仲裁條款，也就毫無疑義地應當完全適用於此項Bill of Exchange的爭議。

至此，我們也就澄清了第34點中提出的第（2）個問題。

39.由於A158號買賣合同的仲裁條款明確規定應將當事人雙方無法達成協議的有關合同的任何爭端提交中國國際經濟貿易仲裁委員會仲裁，因此，與本合同貨款支付直接相關的Bill of Exchange的爭議，理所當然地應依約提交上述中國仲裁機構仲裁，而不應**違約**訴請香港法院受理和管轄，並由後者作出司法裁判。

這樣，我們也就澄清了第34點中提出的第（3）個問題。

40.在澄清了第34點中提出的三個問題之後，如果當事人對於上述「仲裁條款」本身的內容及其適用範圍仍有爭議，特別是對於上述中國仲裁機構對本案Bill of Exchange爭議是否有權受理管轄一事仍有分歧，那麼，要解決這種爭議或分歧，在中國的有關規定中仍然是**有法可依**和**有章可循**的。這些法律和規章的基本要點如下：

40.1　中國《民事訴訟法》第257條規定：「**涉外經濟貿易**……中發生的糾紛，當事人在合同中訂有仲裁條款或者事後達成書面仲裁協議，提交中華人民共和國涉外仲裁機構或者其他仲裁機構仲裁的，當事人不得向人民法院起訴。」（見附件「PAC-16」：第257條）（從略）

40.2　《中國國際經濟貿易仲裁委員會仲裁規則》（以下簡稱《仲裁規則》）第60條規定：「**仲裁裁決是終局的，對雙方當事人均有約束力。任何一方當事人均不得向法院起訴，也不得向其他機構提出變更仲裁裁決的請求。**」（見附件「PAC-17」：第36條）（從略）

40.3　上述這兩項規定是互相呼應、互相補充的。這些規定意味著：凡是當事人約定對涉外爭端**採取仲裁解決的**，就絕對**排除司法解決**；除非雙方當事人另有新的協議，任何一方當事人都**不得違約向法院起訴**，法院也不得受理。

40.4　按照第35點所引證的司法解釋，關於「**合同內容的解釋**」的爭議，也是諸多「**合同爭議**」之中的一種。合同中的仲裁條款，當然是合同內容的一個重要組成部分，因此，有關仲裁條款含義和適用範圍的爭議，也應認定為一種合同爭議，並依合同中仲裁條款的規定，提交事先約定的仲裁機構仲裁。

40.5　《仲裁規則》第2條第三款規定：「仲裁委員會有權就**仲裁協議**的**有效性**和仲裁案件的**管轄權**作出決定。」（見附件「PAC-17」：第2條）（從略）

《仲裁規則》的這種規定，顯然和上述司法解釋互相呼應，互相補充，兩者的基本精神是完全一致的。

41.上述「仲裁委員會」就各種仲裁協議的有效性和各宗仲裁案件的管轄權作出判斷時，應該根據哪些準則來衡量和審定？關於這一點，《仲裁規則》本身並未作明確規定或具體說明。

其所以如此，看來有兩個原因：第一，《仲裁規則》一共只有四十三條，十分簡明扼要，篇幅極其有限，不可能事事逐一詳

細規定。第二，中國的《民事訴訟法》中對於涉外民事糾紛案件的管轄權問題設有專章（第25章），具體規定了有關**可否受理**和**能否管轄**的**基本準則**。這些基本準則，顯然也是上述「仲裁委員會」在判斷仲裁協議有效性和仲裁案件管轄權時應當**遵循**的，或應當認真**參照執行**的。

42.上述第二點見解，是有行政法令作為依據的。

一九八八年六月，中國國務院在一份專為《仲裁規則》修訂工作下達的「**批覆**」文件中，明確指示：**應當根據中國法律和中國締結或參加的國際條約，並參照國際慣例，對中國原有的涉外案件仲裁規則進行修訂。**（見附件「PAC-17」：該書第一頁：《中國國務院對中國國際貿易促進委員會的「批覆」》）（從略）這顯然是明確指示：一九八八年頒行的《仲裁規則》，其一切內容和具體規定（包括管轄受理原則和審理原則等），都**不得違背中國法律**所明確規定的基本法理原則和**基本行為準則**，也都不得違背中國已經參加的國際條約，不得違背國際社會早已公認的、約定俗成的國際慣例。

43.中國的《民事訴訟法》第25章專門對涉外民事糾紛案件受理管轄的基本準則作了比較具體的規定。其中第243條列明：「因合同糾紛或者其他財產權益糾紛，對在中華人民共和國領域內沒有住所的被告提起的訴訟，如果合同在中華人民共和國領域內簽訂或者履行，或者訴訟標的物在中華人民共和國領域內，或者被告在中華人民共和國領域內有可供扣押的財產，或者被告在中華人民共和國領域內設有代表機構，**可以由合同簽訂地、合同履行地、訴訟標的物所在地、可供扣押財產所在地、侵權行為地**

或者代表機構住所地人民法院管轄。」（見附件「PAC-16」：第243條）（從略）

　　按照本條的規定，涉外民事糾紛案件中只要有所列的六種情況（或六種「連結點」）之一，中國的法院就可以管轄和受理。

　　44.中國《民事訴訟法》中關於涉外民事糾紛案件管轄原則的上述規定，是立足於本國國情並參照國際立法慣例制定的，它是與當代有關司法管轄權的國際慣例互相接軌和基本一致的。誠然，上述規定是針對中國法院的司法管轄權而言的，但是，根據第42點提到的**中國國務院指令性文件**的基本精神，中國國際經濟貿易仲裁委員會在判斷**可否受理**和**能否管轄**涉外民事糾紛仲裁案件時，顯然也應當遵循或至少應當**認真參照執行**上述有關法院管轄權的基本準則。

　　45.對照本案的事實，本案第A158號買賣合同是在中國**簽訂**的；合同**履行地**的實質部分或主要部分在中國；**訴訟標的物**一直在中國；被訴人香港北海公司在北京投資舉辦了一家中外合資經營企業，因而在北京擁有**可供扣押的財產**。根據第43點引述的法律規定，所列六種「連結點」中只要具備其中之一，中國法院即可予管轄，而本案合同糾紛中，**六個法定「連結點」中已具備其中之四**，可見中國的仲裁機構遵循或參照執行上述管轄原則，對本案糾紛予以管轄受理，自是理由充足，順理成章，應在意料之中。

　　至此，我們也就澄清了第34點中提出的第（4）個問題。

（四）基本結論

46. 綜上分析，本人認為對香港賀×、陳××律師事務所來函諮詢的疑難問題，應當作出如下幾點基本結論：

46.1　本案A158號買賣合同糾紛應當適用何種準據法？對於這個問題，**應當根據有關本合同爭端的各種事實，以中國的現行法律、法規、司法解釋以及國際公認的衝突法（conflict of laws）基本原則作為準繩，加以解釋和分析（to construe and analyse），作出判斷和決定。**

46.2　中國的《民法通則》第145條和《涉外經濟合同法》第5條的規定，與當代國際公認的衝突法最基本的準則是完全一致的，其中貫穿的是「當事人意思自治」原則和「適用與合同有最密切連繫的法律」原則。本案A158號買賣合同適用的準據法或the Proper Law of the Contract應當根據上述法規和原則加以解釋、分析、判斷和認定。

46.3　本案A158號買賣合同第7條仲裁條款的規定表明：本合同當事人雙方已經以明示方式一致選定中國的涉外仲裁機構——中國國際經濟貿易仲裁委員會，作為受理合同爭端的管轄機構。對於當事人這一共同的明示選擇，應當按國際公認的「意思自治」原則，予以充分的尊重。

46.4　根據當事人已作明示選擇的上述事實，對照和遵循國際公認並已為中國各界公眾廣泛接受的「**仲裁地法**」這一準據法推定原則，應當推定本合同當事人已經以**默示方式**一致選擇仲裁地法——中國的法律，作為解決合同爭端的準據法。對於這一符合邏輯、符合實踐、符合國際慣例的科學推定，應當予以客觀的

承認和足夠的止肯定。

46.5　根據本案A158號買賣合同的**談判地、締約地、履行地、仲裁地、物之所在地、賣方營業所所在地**等多方面的事實，對照和遵循衝突法領域盛行的**國際慣例**——「最密切連繫」原則，對照和遵循中國法律關於「最密切連繫」原則的規定以及相應的司法解釋，並參考中國權威學者對「最密切連繫」原則的具體論述，應當承認本合同與中國法律之間具有**一系列最緊密連繫的和互相競合重疊的「連結點」**，從而果斷地確認**中國法律**乃是**解釋、分析和解決**本合同一切爭議的**唯一準據法**。

46.6　本案有關Bill of Exchange兌現問題的爭議，無論從仲裁條款措辭的**邏輯概念**上，從買賣合同的**特殊本質**上，還是從爭議產生的直接**因果關係**上來分析，都理應充分肯定和明確認定它乃是A158號買賣合同關於**供貨與付款總爭議**的一個組成部分。它是**不可分割地從屬於、隸屬於**A158號買賣合同的一項爭議，而絕非可以完全獨立於該合同之外、與該合同毫不相干的另外一份合同的爭議，因此，**它不能不受A158號買賣合同仲裁條款以及中國有關法律的約束**。

46.7　由於A158號買賣合同仲裁條款中「與合同有關的分歧」一詞應當涵蓋和包括上述Bill of Exchange兌現問題的爭議，因此，應當將這一爭議按仲裁條款的明文規定**提交中國國際經濟貿易仲裁委員會仲裁**。

46.8　根據中國法律的規定：凡是當事人在涉外經濟合同中約定和訂有仲裁條款的，**即不得向法院起訴**。本案A158號買賣合同的賣方當事人約克公司將隸屬於本合同的Bill of Exchange兌

現爭議問題與本合同割裂開來，完全無視合同中仲裁條款的明文規定，擅自單方向香港法院提起訴訟，這既是一項違約行為，也是一項違反中國有關法律的行為。

46.9　A158號買賣合同的買方當事人北海公司依據合同中已訂有仲裁條款的事實，向香港法院**提出中止訴訟的申請**，並要求將上述爭議提交中國國際經濟貿易仲裁委員會仲裁，這一申請和要求是**符合合同約定、符合中國法律規定、符合國際慣例的。**

47.據我們所知，北海公司的上述申請和要求，也是符合香港《仲裁條例》（《香港法例》第341章）第6條（Section 6 of Hong Kong Arbitration Ordinance, Cap.341）規定的基本精神的。

48.在這裡，我們愉快地看到了內地與香港兩種仲裁體制**基本規範**之間具有一個十分重要的**交會點、融合點和共同點。**

三、關於約克公司與北海公司爭議案件專家意見書的重要補充

（1994年4月7日）

本人應香港賀×、陳××律師事務所要求，曾於一九九四年三月十日出具《關於約克公司與北海公司爭議案件的專家意見書》（以下簡稱《專家意見書》）。事後，一九九四年四月一日，本案當事人北海公司的負責人林××先生又傳真發來兩份證據文件，一份是本案涉訟的Bill of Exchange的全文（見附件「PAC-18」）（從略），另一份是約克公司簽發給北海公司的售貨發票（INVOICE, NO. HKB 10732C，見附件「PAC-19」）（從略）。經

仔細研究，並與本案涉訟的北海一約克買賣合同（編號為A158/4/92-01，以下簡稱「A158號買賣合同」）核對，本人認為這兩份證據十分重要，它們極其雄辯地證明了三個要害問題，即：

（1）上述Bill of Exchange所載明的款項確是A158號買賣合同貨物總價款的一部分；

（2）上述Bill of Exchange本身乃是A158號買賣合同**不可分割**的一個**組成部分**；因此，

（3）A158號買賣合同中的「仲裁條款」，應當完全適用於買賣雙方當事人有關該Bill of Exchange的爭端。

茲特補充列舉事實和分析意見如下：

1. 前述一九九四年三月十日出具的《專家意見書》第33至39點，已經系統地論證了這樣的見解：無論從「合同爭議」的邏輯概念上，從買賣合同的特殊本質上，或從供貨與付款的直接因果關連上，都絕對無法否認本案Bill of Exchange爭議乃是整個A158號買賣合同內容爭議的一個不可分割的、有機的組成部分。

2. 現在，我們已進一步查明該Bill of Exchange倒數第四行赫然記載：「所收款項乃是本公司一九九三年五月二十二日簽發的**第HKB 10732C號售貨發票價款總額的百分之六十五**」（Value received as 65% value per our invoice No. HKB 10732C dtd. May 22, 1993）。這就證明：該Bill of Exchange上所載明的USD 339794.00這筆款項，既不是任何贈與，也不是出於任何其他法律原因的支付，即只能是根據約克公司的上述**特定發票**所要求支付的**貨物總價款的一個組成部分**，即百分之六十五。

3. 那麼，該特定發票究竟記載哪些要點呢？

3.1　約克公司第HKB 10732C號發票上載明「顧客定貨單號碼：A158/4/92-01」，這個號碼與上述北海—約克買賣合同的號碼——A158/4/92-01——完全一致和互相銜接。

3.2　發票的主題是「關於北京中國中央電視臺」（Re: CTV, BEIJING）。這說明了兩點：第一，該發票的主題與A158號買賣合同的主題是完全一致和互相銜接的，因為合同的主題也赫然載明：「工程名稱：中國中央電視臺冷凍站」（Name of the project: Cooling Station of the China Central Television（CCTV），見附件「PAC-1」：第23、28頁）（從略）。第二，約克公司售貨當初和簽發發票當時就已明知這批貨物儘管有兩個中間買主和轉售人，但其終端買主和實際用戶乃是北京的中國中央電視臺。這就進一步確鑿地證明了前述《專家意見書》第28.1至28.5點所作的分析和論證是符合事實和正確無誤的。

3.3　該發票所列明的售出貨物：四臺約克冷機組以及一批零配件（accessories），其具體型號與數量，與A158號買賣合同第1條第一款的記載完全相符和互相銜接。

3.4　該發票所載明的總金額貨款為USD 522760.00，也和A158號買賣合同第1條第三款規定的合同總金額的具體數字完全相符和互相銜接。

4. 如果進一步把該發票與本案涉訟之Bill of Exchange加以仔細對照，就可以看出如下幾個**關鍵要點，特別值得注意**：

4.1　該發票右上端載明發票編號為「NO. HKB 10732C」。這個號碼與本案涉訟之Bill of Exchange倒數第四行記載的發票號

碼完全一致和互相銜接。

4.2　該發票右上方載明「簽發日期：1993年5月22日」（INVOICE DATE: May 22,1993），這個記載與上述Bill of Exchange倒數第四行末端以下、約克公司印章以上之間註明的發票日期也完全一致和互相銜接。

4.3　該發票右上方載明：「付款條件：承兌後交單，30天內付還價款總額的65%」（TERMS：D/A 30 days on 65% of Total）；而在以大寫字母英文文字寫明價款總額USD 522760.00（「Total US Dolars Five Hundred Twenty Two Thousand Seven Hundred Sixty Only」）之後，緊接著又在括號內列出了一個具體算式：「（USD 522760.00×65%＝USD 339794.00）」，這個**百分比**數字及其**絕對值**金額均與上述Bill of Exchange所列的**百分比**與**絕對值**金額完全雷同和互相銜接。

4.4　該發票左上方載明的買主──北海公司，既是A158號買賣合同中的買主，同時也是上述Bill of Exchange左下方載明的受票人（drawee）和付款人（payer），這三者之間是完全一致和互相銜接的；與此相對應，該發票右下端載明的簽發單位──約克公司，則既是A158號買賣合同中的賣主，也是上述Bill of Exchange右下端載明的出票人（drawer）和事實上的受款人（payee）。這三者之間，也是完全一致和互相銜接的。眾所周知：按照國際貨物買賣行為中的常規和慣例，如果以Bill of Exchange的方式付款，則出票人和事實上的受款人就是賣主，受票人和付款人就是買主。本案涉訟的Bill of Exchange的內容和形式，都是完全符合國際買賣行為的上述常規和慣例的。因此，該

Bill of Exchange中載明並要求北海公司支付的金額，只能是A158號買賣合同規定的以及NO. HKB 10732C發票指明的總貨款中的百分之六十五。

5. 綜上所述，第3.1至3.4點所指出的事實，確鑿地證明了約克公司簽發的NO. HKB 10732C售貨發票與A158號買賣合同的完全一致和互相銜接。換言之，A158號買賣合同中記載的法律行為內容以及買賣雙方當事人相互間的權利義務，都在HKB 10732C號發票中得到進一步的肯定和證實。這份發票與這份合同是有機地連繫在一起、密切結合、不可分割的。

6. 綜上所述，第2點以及第4.1至4.4點所指出的事實，確鑿地證明了本案涉訟的Bill of Exchange中要求支付的款項，就是第HKB 10732C號發票中要求支付的貨款，同時也就是A158號合同中要求支付的總貨款的百分之六十五。

7. 如果說，第3.1至3.4點所列舉的事實，組成了一條**粗大的鐵鏈**，把HKB 10732C號發票**緊緊地焊接**在A158號買賣合同之上；那麼，第2點所摘的文字「Value received as 65% value per our invoice No. HKB 10732C dtd. May 22, 1993」，以及第4.1至4.4點所列舉的事實，組成了**另一條粗大的鐵鏈**，把本案涉訟的Bill of Exchange**牢牢地焊接**在第HKB 10732C號發票之上，從而使這份Bill of Exchange通過HKB 10732C號發票這一「中介體」，與A158號買賣合同牢牢地結合在一起，成為其不可分割的組成部分。換言之，正是Contract—Invoice—Bill of Exchange這三者緊密連繫和有機結合，才完整地構成本項買賣行為的全過程。

8. 結論

本案涉訟Bill of Exchange中的文字和數字記載，確鑿地證明它本身就是A158號買賣合同中的貨款支付方式，也就是A158號買賣合同第1條第三款「合同總金額」以及第3條「付款」規定的具體化。因此，有關這份Bill of Exchange的爭議，當然就是有關該合同內容的重大分歧之一。既然該合同第7條明文規定：與合同有關的分歧如不能達成協議，應提交中國國際經濟貿易仲裁委員會仲裁，那麼，按照這條「仲裁條款」的規定，將此項Bill of Exchange的爭議提交上述仲裁機構仲裁，應當是充分尊重「約定必須信守」（*pacta sunt servanda*）以及當事人「意思自治」（autonomy of will）原則，從而合理、合法地解決本案分歧的唯一途徑。

四、評英國皇家大律師狄克斯（A. R. Dicks Q. C.）的書面證詞

（1994年9月1日）

本人曾於一九九四年三月十日出具《關於約克公司與北海公司爭議案件的專家意見書》，一九九四年四月七日又出具了《關於約克公司與北海公司爭議案件專家意見書的重要補充》。這兩份法律文件，均已由香港賀×、陳××律師事務所呈交香港高等法院。

最近，本人閱讀了香港律師狄克斯先生撰寫的「Affidavit of Anthony Richard Dicks」（以下簡稱「Dicks' Affidavit」或「D A」）。其中對本人為本案撰寫的上述兩份法律文件提出了若干異議。經

過仔細研究，本人認為狄克斯先生的這些異議是不正確的。茲特評論如下：

1. 狄克斯先生提到：本案原告律師要求他提供專家證詞（expert evidence），回答一個問題，即「本案原告的索賠要求是否屬於原告與被告在一九九二年十二月三十一日所訂合同中仲裁條款約束的範圍」。（The question whether or not the Plaintiff's claim in this action falls within the ambit of the arbitration clause in the contract made between the Plaintiff and the Defendant and dated 31st December, 1992. 原文見D A第7點）

面對這個直截了當的問題——本案當前爭論的焦點和核心問題，狄克斯先生沒有直截了當地正面回答，卻聲稱：「我的證詞並非針對這個問題作答，即本案的索賠要求是否屬於中國國際經濟貿易仲裁委員會組織章程所規定的管轄範圍」。（My evidence is not direct to the question whether the claim in this action is of a kind which falls within the jurisdiction scope of the China International Economic and Trade Arbitration Commission（CIETAC）as defined by its organizational statute.原文見D A第8點）這樣回答問題，很難不被理解為：（1）答非所問，文不對題（beside the point, or wide of the mark）；或（2）不能、不敢正面回答，因而迴避主題，轉移視線，「顧左右而言他」。

2. 狄克斯先生完全撇開或迴避本案涉訟匯票（即YIHK 10732C號匯票）與本案「A158/4/92-01號合同」（以下簡稱「A158號買賣合同」）之間不可分割的有機連繫，硬說「香港《匯票法例》中的強制規定使得票據當事人之間訂立的一系列合同都只能

受香港法律的管轄支配」（見Ｄ Ａ第10點）。可是，他「忽略」（ignore）了以下幾點，致使他的這個論斷留下了以下幾個漏洞：

2.1　在香港的《匯票法例》中，究竟有哪幾條「強制性規定」規定本案涉訟匯票只能由上述法例加以「管轄支配」，而與任何其他法律一概無關？對此，狄克斯先生連一條也沒有明白地加以引證和列舉。只有論點而沒有論據，或只有主張而沒有舉證，這樣的論點和主張是站不住腳的。

2.2　在香港的法律體系中，有著許許多多的「條例」或「法例」（ordinances），它們相互配合構成一個整體，才能使香港法制正常運作。有如一部正常運轉的機器，各個齒輪輪輪相扣，缺一不可。就本案而言，目前爭論的焦點恰是應否提交仲裁和提交何處仲裁的問題，因此，絕對不能將《香港仲裁法例》（香港法例第341章，Hong Kong Arbitration Ordinance, Cap.341）棄置不顧，不置一詞。《香港仲裁法例》第6A（1）條明文規定：仲裁協議的任何一方當事人，在法院對仲裁協議的另一方當事人就雙方所同意的事項開始訴訟程序時，任何一方訴訟當事人均可向法院申請中止訴訟，法院應作出中止訴訟的命令。但該仲裁協議無效、失效或無法實行，或雙方當事人在同意提交事項上並無實際爭議者，不在此限。本案A158號買賣合同的買方當事人和YIHK 10732C號涉訟匯票的承兌人北海公司依據該合同中已訂有仲裁條款的事實，向香港法院提出中止訴訟的申請，並要求將上述爭議提交合同約定的仲裁機構仲裁，這是完全符合《香港仲裁法例》第6A（1）條規定的。如果認為本案涉訟匯票與《香港仲裁法例》第6條的規定完全無關，因而應當排除它對本案的適用，

那也總要加以科學論證，說出一個道理來，怎能只抓住一個《匯票法例》，而對《仲裁法例》熟視無睹？

2.3　英國是一九五八年《承認和執行外國仲裁裁決公約》（以下簡稱《紐約公約》）的締約國，香港也屬於該公約的適用地區，應當受該公約的約束。該公約第2條第三款規定：「當事人就訴訟事項訂有本條所稱之協議者（按：指合同中的仲裁條款或單獨的仲裁協議），締約國法院受理訴訟時應依當事人一造之請求，命當事人提交仲裁，但前述協議經法院認定無效、失效或不能實行者不在此限。」只要將《紐約公約》的這一規定與香港《仲裁條例》的上述規定稍加比較，就不難看出兩者的基本原則是一脈相承、互相響應的，具體文字也是大體相同的。作為香港的律師，對於香港地區法院應受其約束的一九五八年《紐約公約》的上述規定，顯然不應當不加以足夠的重視，更不應任意誇大香港《匯票法例》的法律效力，不但使它凌駕於香港《仲裁條例》之上，排斥後者的適用；而且使它凌駕於一九五八年《紐約公約》之上，藐視後者的約束。

3.　和任何事物一樣，票據也有它產生的原因和由來。在中國的學術著作中，[5] 把票據當事人之間授受票據的原因稱為「票據的原因關係」[6]（見附件「PAC-20」：p.3，畫線處。）（從略）就本案而言，YIHK 10732C號涉訟匯票產生的原因和根源就是前述A158號買賣合同。A158號買賣合同與YIHK 10732C號匯票之間的因果關係和主從關係是一目了然的。本案買主（北海公司）與賣主（約克公司）先是從事買賣行為的雙方當事人，繼而又是從事票據行為的雙方當事人，在這份業經承兌的匯票**並未轉讓**給

任何第三人以前，本買賣行為與本票據行為的各方主體（當事人、行為人）是完全重疊、複合和一致的。買賣行為雙方當事人在民法上的權利與義務（買方得貨付款，賣方得款交貨）與票據行為雙方當事人在票據法上的權利與義務（承兌人——付款人因得貨而付款，收款人因交貨而得款）也是完全重疊、複合和一致的。在這種情況下，**雙方在票據行為上發生的爭執**（應否付款）與買賣行為上的爭執（交貨是否符合合同約定）實際上也是完全重疊、複合和一致的。此時，對於這樣一件在**買賣行為和票據行為**上雙方當事人分別重疊複合、權利義務重疊複合、爭端重疊複合的案件，如果任意誇大票據行為的「獨立性」或「自主性」（autonomy），硬把本項票據糾紛與其直接產生原因即本項買賣供貨糾紛完全割裂開來，單就票據本身談票據，而絲毫不問其糾紛直接原因即買賣行為中的**是非曲直和青紅皂白**，要求買方（即承兌人——付款人）無條件付款，這就既不符合基本法理，也不符合具體法律規定。因此，向香港法院提出這種無理要求，就難免令人聯想到廣泛流行於中國民間的一則著名寓言：某甲中箭受傷，求醫於某乙。乙取出小鋸，鋸斷甲體外的箭桿，即稱手術完畢，要求付酬。甲惶惑不解，訴說箭鏃尚在體內。乙答：「我是外科醫生，只管體外部分。箭鏃既在體內，請另找內科醫生！」不言而喻：任何一個稍具水平的律師在為當事人排難解紛時，顯然都應把因果直接相連、不可分割的兩項糾紛綜合考慮，作出符合基本法理的公平判斷，就像任何一個稍有醫學常識的醫生在治療上述箭傷時，理應對「箭鏃」與「箭桿」綜合考慮、綜合施治一樣。

4. 狄克斯先生批評說：「陳教授和姚教授兩人提出的見解，都沒有考慮到，也不符合中國在匯票以及其他票據方面實施的各項法律原則。」（Both Professor Chen and Professor Yao have adopted a view which neither takes account of nor accords with the legal principles applicable in China to bills of exchange and other payment instruments. 原文見D A第11點）並且列舉了一九八八年《銀行結算辦法》（Procedures for Bank Settlement, 1988）中的若干規定、郭鋒先生（Mr. Guo Feng）論述票據糾紛的一篇文章以及中國《民事訴訟法》的若干條款，論證上述批評的「正確」。遺憾的是：經過仔細對照被摘引或轉述的上述文件的原文和全文，我們發現狄克斯先生所引述或轉述的，並不符合原文和全文的原意。這就使他的批評從自認為的「正確」轉變成為事實上的不正確和錯誤。

5. 狄克斯先生在援引《銀行結算辦法》（以下簡稱《辦法》）時，轉述了其中第14條第五款關於商業匯票允許背書轉讓的規定，同時摘引了其中第20條的規定，即「本辦法允許**背書轉讓**的票據，因不獲付款而遭退票時，持票人可以對出票人、背書人和其他債務人行使追索權，票據的各債務人對持票人負連帶責任」。他力圖以這兩項規定來論證他所主張的有關匯票的絕對的「獨立性」或「自主性」（見D A第11、15、16點），似乎中國的有關法令或規章也承認匯票的這種「獨立性」或「自主性」乃是至高無上、凌駕一切、壓倒一切、「所向無敵」和不容抗辯的。

5.1　據我們所知，中國的現行法令和規章中，從未使用過「獨立性」或「自主性」這樣的字眼來形容票據權利的「崇高性」

或「權威性」，更從未賦予票據權利以如此崇高、如此權威的地位，似乎它可以不受民法任何基本法理原則的指導以及一系列其他法律規定的限制和約束。

5.2　即以《辦法》本身而言，第14條第二款和第三款的規定，就是對商業匯票使用範圍及其票據權利的重大限制：該第二款從正面規定：「在銀行開立帳戶的法人之間根據**購銷合同**進行**商品交易**，均可使用商業匯票。」緊接著，該第三款又從反面加以補充：「簽發商業匯票必須以合法的商品交易為基礎，**禁止簽發無商品交易**的匯票。」按照這兩款的規定，一張商業匯票，即使它完全具備一般票據行為的要件，但它的簽發如果不以**合法的商品交易**為基礎，或者它竟是一張無商品交易的匯票，那麼，**在中國**，這張匯票就是不受法律保護的匯票，或者，它就是一張法令所禁止的因而是**自始無效**（*void ab initio*）的匯票。試問：一張不受法律保護的匯票或自始無效的違法匯票，它所記載的票據權利，在**並未背書轉讓**以前，又有何「autonomy」可言？衡諸本案事實，本案涉訟的YIHK 10732C號匯票，如果它不是以A158號買賣合同的商品交易為基礎，如果它不與此項商品交易緊密結合，它就是中國現行法令所禁止的「無商品交易的匯票」。在此種情況下，以中國的現行《辦法》作為法律準繩，這張匯票對於收款人約克公司說來，就理所當然地成為無根之本、無源之水或無身軀的「半個心臟」，從而失去它自己的法律生命，這又有什麼值得大驚小怪呢？（參見D A第12點。）試問，一張匯票連法律生命都不存在了，又有何「autonomy」仍然健在呢？

5.3　上述辦法第10條明文規定：「銀行按照本辦法的規定審

查票據、結算憑證和有關單證。**收付雙方發生的經濟糾紛**，應由其自行處理，或向仲裁機關、人民法院申請調解或裁決。」這一條文至少說明了三點事實：

（1）票據成立之後，收款人與付款人之間產生經濟糾紛乃是一種屢見不鮮的正常現象。就匯票而言，此類「收付雙方發生的經濟糾紛」的主要表現一般就是收款人要求兌現付款而承兌人或付款人提出抗辯並拒絕付款。由此可見，一方面，執票人或收款人依法享有匯票上所載明的收款的權利；另一方面，承兌人或付款人也依法享有對對方收款權利提出抗辯的權利。這樣才會形成「收付雙方的經濟糾紛」。反之，如果不承認承兌人或付款人的抗辯權，凡是票據上的債務人對票據載明的債權只許屈從不許抗辯，那就不會發生任何「收付雙方的經濟糾紛」，從而也就無須在有關票據的法令中對票據「收付雙方的經濟糾紛」的解決途徑專設一條規定了。可見，這條規定的實質就是承認和保護票據債務人有權對票據債權人依法抗辯。

（2）票據「收付雙方發生的經濟糾紛」的解決途徑有三，即A. 當事人自行協商解決；B. 向仲裁機構申請調解或仲裁；C. 向人民法院起訴，要求給予判決。本案的案情已經表明：上述A種途徑已經行不通。

（3）中國的《民事訴訟法》第257條規定：涉外經濟貿易中發生的糾紛，當事人在合同中訂有仲裁條款或者事後達成書面仲裁協議，提交中國涉外仲裁機構或者其他仲裁機構仲裁的，**當事人不得向人民法院起訴**。衡諸本案案情，A158號買賣合同中已經訂有明確的仲裁條款（合同第7條），因此，上述第（2）點所

述的C種途徑也已經行不通。剩下唯一可行的途徑就是將本案「收付雙方發生的經濟糾紛」依法、依約提交中國國際經濟貿易仲裁委員會仲裁。

由此可見，中國的《銀行結算辦法》第10條關於票據收付雙方經濟糾紛解決途徑的規定，也不存在什麼「autonomy」，它不但不能排斥中國《民事訴訟法》第257條對於票據收付雙方經濟糾紛的適用，而且正是與《民事訴訟法》這一條規定互相銜接，並且嚴格遵循這一條法律規定的。

由此可見，在上述辦法第10條面前，狄克斯先生所反覆強調的關於YIHK 10732C號匯票的「autonomy」，再一次被打了一個大大的折扣。誰也無法否認，本案YIHK 10732C號匯票的收付雙方糾紛，實質上就是A158號買賣合同買賣雙方糾紛的集中表現，前者就是後者不可分割的一個組成部分。正是《辦法》第10條的規定，根據本案A158號買賣合同的仲裁條款，遵循《民事訴訟法》第257條的規定，已經把作為A158號買賣合同買賣雙方糾紛之組成部分的「YIHK 10732C號匯票」收付雙方糾紛的受理權和管轄權，明白無誤地和無可置疑地授予了中國國際經濟貿易仲裁委員會。

6. 狄克斯先生轉述了中國律師郭鋒先生論述票據糾紛的一篇文章，認為文章作者概述了票據的若干特點，並「清楚地論證了這種（票據）交易的獨立性」（demonstrating clearly the autonomy of such transactions，見DA第17、18點）（從略）。我們發現，狄克斯先生在轉述這篇文章時「忽略」（ignore）了幾個關鍵問題：

6.1 據我們了解：在一九九二年五月撰寫上述文章當時，

郭先生是中國人民大學法律系的一名講師（現在是北京「中銀律師事務所」的一名律師）。一般說來，發表在《法制日報》上的署名文章通常只是個人學術見解，既不代表該報，也不代表該報的任何主管部門。在中國任何報紙上發表的個人文章，通常都是參考性、討論性的。在同一份報紙上同時發表或先後發表不同觀點的文章，這在世界各國都是常事，在當前中國也不例外。沒有必要在轉述郭先生的個人觀點時牽扯到中國的司法部。何況，中國的立法權或司法解釋權都另有專屬機關。

6.2　郭鋒先生這篇文章探討的主題乃是：票據經**背書轉讓之後**，票據債務人對於持票的**善意第三人**的票據債權應當承擔什麼責任。換言之，全文的論述主題，特別在論述普通債權與票據債權的區別時，其大前提乃是：第一，票據**已經背書轉讓**；第二，**已經出現**持票的善意第三人。狄克斯先生提醒人們注意的他提供的這篇文章英譯本的第一部分，其中的醒目標題就赫然寫著「應當區別普通債權轉讓和票據的**背書轉讓**」，接下來所列舉的六點區別，也無一不是以票據已經「背書轉讓」和已經出現持票的「善意第三人」作為立論前提的。（見附件「PAC-21」：畫線處）（從略）但是，狄克斯先生在援引郭文這些論點用以論證狄克斯先生自己所極力強調的票據權利的「autonomy」時，卻有意無意地忽略了或**刪除**了郭文立論的這兩個**大前提**。本案涉訟的YIHK 10732C號匯票，其票據雙方當事人始終就是買賣合同原來的雙方當事人，**從未發生過「背書轉讓」**情事，因此，本案這場票據糾紛的當事人也百分之百的就是原來買賣合同糾紛的當事人，絲毫**不涉及**任何持票的善意**第三人**問題。在根本不存在任何

持票善意第三人的本案中，援引專論**票據背書轉讓**後如何對待持票善意第三人的文章，來論證票據的所謂「autonomy」，這豈不是「驢唇不對馬嘴」（no more alike than chalk and cheese, or quite a different pair of shoes）？

6.3　應當指出：郭鋒先生的這篇文章本來就含有數處明確論述，對狄克斯先生所堅持的票據無條件「autonomy」的主張十分不利，或者說，對這種票據絕對「autonomy」的主張起了否定的作用。但郭文中的這些明確論述，也被狄克斯先生不該忽略地「忽略」（ignore）了。例如，郭文中提到，在許多場合，票據債務人可以對票據債權人提出抗辯，拒絕付款。其中包括：如果票據債務人從事的票據行為是受欺詐或脅迫而進行的，或者**原因關係**中的直接相對人拒絕履行民事義務[7]，等等，票據債務人均可依法行使抗辯權。為了說明問題，郭文中特地舉了一個例子：「如甲乙簽訂購銷合同，乙銷售貨物給甲，甲簽發商業匯票一張給乙，乙**背書轉讓**給丙。由於某種原因，乙未能交貨給甲。此時，**如果乙持票要求甲付款，甲可以以乙未履行合同為由進行抗辯**。但如果受讓票據時不知情的丙提示票據要求付款，則甲不能拒付。」郭先生並且強調：「司法實踐中，對於**正當抗辯必須予以維護**。」（見附件「PAC-21」：畫線處）（從略）

根據郭鋒先生本人所作的說明，他在上述文章中所說的「原因關係」，其含義是指票據的基礎關係。在因買賣行為而授受票據的情況下，該買賣關係就屬於原因關係（見PAC-22）（從略）。郭先生這種觀點與當前中國內地有關票據法著作中的一般觀點是一致的（見附件「PAC-20」：p.3，畫線處）（從略）

6.4　郭鋒先生的這些觀點是正確的。它所論證的恰恰就是：在一項買賣行為（票據授受的原因或原因關係）中，儘管賣主已經持有買主承兌的匯票，如果賣方不依約履行供貨義務（包括完全不供貨、供貨數量或質量不符合合同規定），買方就有權在賣方持票要求兌現付款時，提出抗辯，拒絕付款。在這種情況下，賣主所持有的匯票之能否兌現，**取決於**和完全**從屬於**原有的買賣行為中賣方是否已經依約履行供貨義務，這麼一來，這張匯票及它所記載的票據債權，又有何「autonomy」可言呢？

連繫到本案，北海公司就相當於郭文上述舉例中的甲，約克公司就相當於上例中的乙，北海公司與約克公司之間的買賣關係與票據關係，就相當於上例中的甲乙兩方當事人的關係。因此，北海公司對YIHK 10732C號匯票的抗辯權，依法是無可爭議的，也是法律所應當予以保護的。由於約克公司持票索款和北海公司依法行使票據抗辯權而引發的票據糾紛，事實上是和A158號買賣合同的買賣糾紛完全「化合」在一起的，並且從屬於買賣糾紛，成為一個不可分割的有機的整體，無法機械地予以切割分離。此時此際，豈能以票據的所謂「autonomy」為藉口，胡亂切割，只顧鋸斷體外的「箭桿」，卻不連根拔除體內的「箭鏃」？

7. 在中國內地出版的票據法著作中，持有與上述第6.3點郭鋒相同的見解者，可謂屢見不鮮。在這方面最新的著作之一，是一九九四年二月出版的《票據法全書》（全書1950頁，約315萬字），其中就辟有一章專門論述「**票據抗辯**」。書中多處論證、肯定和支持票據債務人依法行使抗辯權，從而很不利於或否定了狄克斯先生論證票據的絕對「autonomy」見附件「PAC-20」：

pp.5-8，畫線處）（從略）。茲簡單摘錄數段如下：

7.1 「票據抗辯是指票據債務人對於票據債權人提出的請求（請求權），提出某種合法的事由而加以拒絕。票據抗辯所根據的事由，稱為抗辯原因；債務人提出抗辯，以阻止債權人行使債權的權利，稱為抗辯權。票據抗辯是票據債務人的一種防禦方法，是債務人用以保護自己的一種手段。」[8]（見附件「PAC-20」：p.5，畫黑線處）（從略）

7.2 「對人的抗辯：對人的抗辯是指特定的債務人對特定的債權人的抗辯……」主要有以下幾種情況：

（1）原因關係不合法：簽發票據的原因是否有效，本來不影響票據債權的效力，因為票據是無因證券。但是如果這種不合法的原因關係**發生在授受票據的直接當事人之間**，則仍**可**以此為理由而主張**抗辯**。例如，為支付賭博所欠款項而簽發的支票，債務人對於**直接接受**該支票的受讓人的付款請求，可以主張抗辯，但不得對抗其他非直接受讓人的請求。

（2）原因關係的無效、不存在或已消滅：票據上的權利義務因票據行為而發生，本來不會因其原因關係無效、不存在或消滅而受影響，但在**直接授受票據的直接當事人間，仍可主張抗辯**。例如，甲向乙購貨而簽發一張本票給乙，後**乙不能交貨**，對於乙的付款請求，**甲可以主張抗辯**。

（3）欠缺對價：「票據關係的效力本不因對價關係的有無而受影響，但**在直接當事人間，如以對價的收受為條件**時，**一旦欠缺對價，則可主張抗辯**。例如，發票人以執票人應貸相當於票面金額的款項為條件而簽發票據與執票人時，如執票**人未依約貸款**

給發票人，則發票人可以此對抗執票人。」[9]（見附件「PAC-20」pp.6-7，畫線處）（從略）

7.3　「……在對人的抗辯中，對直接當事人之間的抗辯也無法限制。例如，在發票人與受款人之間，**既存在票據關係也存在原因關係**。依照民法同時履行的原則，受款人向發票人請求付款時，發票人也可以請求受款人履行原因關係中的債務。雖然前者屬於票據關係，後者屬於原因關係，**但是既然同時存在於相同的當事人之間**，如不許其行使抗辯權，顯然是不公平的，而且會使當事人之間的法律關係更加復雜。所以，**對直接當事人之間的抗辯，票據法也不予限制**。」[10]（見附件「PAC-20」：pp.7-8，畫線處）（從略）

「……如果原因關係與票據關係存在於**同一當事人之間**時，**債務人可以利用原因關係對抗票據關係**。例如，A向B購貨而交付本票於B，以後A、B間的買賣合同解除，B持票向A請求付款時，A可以主張原因關係不存在而拒絕付款，這種情形只限於直接當事人之間。」[11]（見附件「PAC-20」：p. 4，畫線處）（從略）

8. 中國內地學者上述票據法著作中所闡述的基本觀點，與一九八八年《聯合國國際匯票和國際本票公約》有關規定的基本精神是完全一致的。

該公約第28（1）（b）和（1）（d）條規定：當事人既可以向不受保護的持票人提出基於他本人與出票人在票據項下一項交易的任何抗辯；也可以提出對他本人與持票人之間的合同內行動可提出的任何抗辯。第30（1）（b）條則進一步規定：當事人對於受保護的持票人可以提出基於他本人與上述持票人在票據項下的

交易而使該當事人在票據上簽字而提出的抗辯。（見附件「PAC-23」：畫線處）（從略）

9. 從中國內地學者票據法著作中所闡述的上述觀點以及聯合國上述公約的有關規定中，顯然可以歸納出以下幾個要點：

9.1　民法上的一般債權債務關係與票據法上的債權債務關係既有區別又有連繫。因此，既不能把兩者完全混為一談，又不能無條件地把兩者絕對割裂。

9.2　在票據上的原債權債務通過背書已轉移給授受票據的原當事人以外的善意第三人之後，就應當嚴格地區分作為授受票據原因的原有一般民事債權債務關係與票據轉讓後新產生的票據債權債務關係。換言之，在這種條件下，即在票據背書轉讓後，新產生的票據債權債務關係具有一定的獨立性，不受原民事債權債務關係的影響。

9.3　在票據未經任何背書轉讓給任何第三人以前，在直接授受票據的直接當事人之間，既存在票據法上的債權債務關係，也存在票據原因上的債權債務關係，即原有的、一般民法上的債權債務關係。在此種場合，票據行為上的債權債務關係就與民事行為上的債權債務關係完全交融和完全化合在一起，成為一個合成體和化合物；而且，就該民事行為與該票據行為完全相同的雙方當事人之間而言，票據行為上的債權債務產生於、從屬於民事行為的債權債務，在這種情況下，該票據行為上的債權債務關係就不存在任何「獨立性」。因此，應當對該票據行為上的債權債務糾紛與原民事行為上的債權債務糾紛實行綜合「診斷」和綜合「治療」。此時此際，就應當特別強調保護票據債務人依法享有

和依法行使的抗辯權。

9.4　連繫到本案，A158號買賣合同糾紛與YIHK 10732C號匯票兌現糾紛之間的雙方當事人、糾紛性質、糾紛關係，完全符合第9.3點的情況。因此，對於雙方行為和雙方主張的是非曲直，理應切實按照第9.3點的分析，作出符合當今世界各國基本法理原則、符合國際慣例的綜合分析，實行綜合「診斷」和綜合「治療」。

10.第4至9點評論了狄克斯先生在援引、轉述中國《銀行結算辦法》、中國報端文章時，多處不符合原文件和原文原意的事實。這裡，我們還要進一步鄭重指出，狄克斯先生在轉述中國的《民事訴訟法》，以論證其所謂匯票的「autonomy」時，竟出現了令人驚訝不已的誤解（misunderstanding）或曲解（misinterpretation or twist）。

10.1　狄克斯先生轉述了《民事訴訟法》第189至192條所規定的「督促程序」說是：

（1）「它使原告在請求被告給付金錢或有價證券時，有權單方申請法院向被告發出『支付令』，被告在十五日內不提出反對意見，支付令即可強制執行。被告有權提出書面『異議』，說明原告要求給付的權利受到當事人間其他糾紛的制約，在這個基礎上，法院就必須決定是否取消支付令。」（It enables a plaintiff claiming a sum of money or delivery of a valuable security to obtain ex part and serve on the defendant a payment order which, if not contested by the defendant within 15 days, can be enforced. It is subject to the right of the defendant to enter a written opposition... showing that the right to payment (or delivery) is the subject of dispute between the parties, on the basis of which **the court must decide whether or not to discharge the payment order.** 見D A第26點）

（2）「……關於當事人之間是否存在某種糾紛從而可否取消針對票據的支付令，應由法院根據被告主張是否有理，作出決定，而並非單憑被告呈交『異議』，便可自動決定取消。」（...the question **whether or not** there is a dispute of such a kind as to require discharge of a payment order made in respect of a payment instrument is a **question for the courts to decide** on the strength of defendant's case **rather than being automatically determined by the mere filing of the opposition...**見D A第28點）

（3）「對依據匯票提出的付款請求提出不合理的或未說明理由的異議，即使是在匯票原有當事人之間提出，也不足以取消支付令。」（**An unreasoned or unexplained opposition to a claim on a bill of exchange,** even between the original parties to the bill, **can not suffice to discharge a payment order.**見DA第28點）

10.2　把狄克斯先生的這**三段轉述文字**，與中國《民事訴訟法》有關條文的下述**原文**作一對照，立即可以看出狄克斯先生竟把他的不正確理解**強加給**中國的有關法律：

（1）《民事訴訟法》第189條第一款規定：「債權人請求債務人給付金錢、有價證券，符合下列條件的，可以向有管轄權的基層人民法院申請支付令：（一）**債權人與債務人沒有其他債務糾紛的**；（二）支付令能夠送達債務人的。」

（2）該法第191條第一款規定，人民法院受理申請後，經過

審查，可以批准申請並向債務人發出支付令，也可以駁回債權人的申請。第二款則進一步規定：「**債務人應當**自收到支付令之日起十五日內清償債務，或者**向人民法院提出書面異議**。」

（3）該法第192條明文規定：「人民法院收到債務人提出的書面異議後，**應當裁定終結**督促程序，**支付令自行失效，債權人可以起訴**。」（以上三條的全文見PAC-24。）

10.3　根據第10.2（1）點的法律規定，債權人可以向法院申請支付令的必備前提條件是該「債權人與債務人沒有其他債務糾紛」。反之，只要債權人與債務人之間還存在其他債務糾紛，該債權人就失去了向法院申請「支付令」的資格，就無權申請「支付令」。狄克斯先生在轉述中國有關申請「支付令」的法律規定時，卻把這個**要害**和**關鍵「閹割」**了。衡諸本案事實，原告與被告之間除了YIHK 10732C號匯票糾紛之外，還存在著密切相關的A158號買賣合同糾紛，即還存在著「其他債務糾紛」，據此，原告哪有什麼資格向法院申請「支付令」呢？

10.4　根據第10.2（3）點的法律規定，法院在收到債務人提出的書面異議後，就「**應當裁定**」終結督促程序，與此同時，已經發出的「支付令」立即「**自動失效**」。在這裡值得特別強調的是：第一，這段法律條文明確規定了法院必須遵循的審判原則和行為規範，即：一旦債務人在法定期限內提出了書面異議，法院「**應當裁定終結**督促程序」，從而使「支付令自動失效」。換言之，此時法院在應否裁定終結督促程序並使已經簽發的「支付令」自動失效問題上，並無任何自由裁量的權力（the power/right of discretion），而只有**依法裁定終結**督促程序的義務。第二，如果

真有哪一位中國法官敢於無視法律的上述**強制性規定**（mandatory provision），在債務人提出上述書面異議之後，竟然採納狄克斯先生的「建議」，自由地「decide whether or not to discharge the payment order」，並膽敢擅自作出繼續實行「督促程序」和維持原有「支付令」的決定或裁定，那麼，這位中國法官就是「知法犯法」和「執法犯法」了。第三，可以斷言，在「督促程序」和「支付令」這個具體問題上，中國不會出現這種水平的法官。因為《民事訴訟法》第192條文字是如此斬釘截鐵、明明白白，毫無模棱兩可之處。

　　10.5　中國《民事訴訟法》第189至192條的上述規定顯然否定了狄克斯先生所極力主張的匯票債權債務的絕對「autonomy」。因為，第一，儘管票據當事人之間確實存在債權債務關係，但只要該當事人之間還有其他債權債務糾紛，該票據債權人就無權依法申請「支付令」；顯見在此情況下，**票據債務糾紛**與當事人間的**其他債務糾紛**已經「**化合**」在一起，票據債務糾紛已完全失去「autonomy」。第二，即使法院已同意票據債權人的申請並向票據債務人簽發了「支付令」，但只要該債務人提出書面異議，法院就別無選擇，只能必須裁定終結督促程序，必須使已經簽發的支付令自動失效。換言之，此時此際，法院根本無權對債務人提出的書面異議的內容和理由進行實質性的審查。相反，**單憑**債務人提出書面異議這一行為和這一事實，就足以促使法院必須立即終結本督促程序，並且從**實質**上取消已發的「支付令」。顯而易見，在此種條件下的票據債權以及據此簽發的「支付令」，也不存在任何「autonomy」。第三，在申請法院簽發和執行「支付令」

失敗後，「債權人可以起訴」，這顯然意味著正規的訴訟程序完全取代了已經終結的督促程序。只有**在督促程序已完全轉化為訴訟程序之後**，法院才有權對債務人針對票據債權提出的**書面異議**的內容、主張及其理由加以實質性的審查，並結合票據債權人與債務人之間所存在的**其他債務糾紛**，進行綜合的審理和裁判。按照中國法律的上述規定，既然法院無論在「督促程序」或「訴訟程序」中都不能無視存在於票據債務糾紛當事人之間的其他債務糾紛，而必須將相同當事人之間的票據債務糾紛與其他債務糾紛綜合考慮和綜合處理，那麼，此時票據債權的「autonomy」又從何談起呢？

由此可見，第10.1（2）點中摘引的狄克斯先生的見解，即認為在票據債務人提出書面異議**之後**和督促程序終結**以前**，法院竟然有權審查究竟是否真正存在票據債務人所主張的「其他債務糾紛」，而且這個問題竟然「應由法院根據被告主張是否有理，作出決定，而並非單憑被告呈交『異議』便可自動決定撤銷」，這一見解顯然與中國《民事訴訟法》中的上述明確規定背道而馳。

10.6　簡言之，中國《民事訴訟法》第189至192條的中文表述是如此之明白和準確，其原文原意容不得有半點誤解或曲解。其中所說的內容與所謂的「匯票自治原則」是風馬牛不相及的。因此，狄克斯先生沒有理由硬把他所理解的所謂匯票的「autonomy」強加於中國上述法律條文。

11.狄克斯先生斷言，中國既沒有關於匯票衝突法的國內特別立法，又未參加一九三〇年《關於解決匯票與本票若干法律衝突

的公約》，因此，「在合同關係中適用法律衝突的一般準則時務必謹慎小心」（the applicability of the general rules regarding conflict of laws in relation to contracts must be a matter requiring great caution），並由此進一步斷言，適用於合同關係的一切法律衝突準則一般說來與匯票幾乎沒有什麼關係。（all the conflict rules applicable to contracts in general thus have little relevance to bills of exchange. 見D A第24點）

　　狄克斯先生作出這種論斷之際，沒有列舉出任何法律根據、學理依據和事實證據，難免令人產生一系列疑問；而且，如果誤信狄克斯先生的論斷，就勢必在中國的司法實踐中到處碰壁。

　　11.1　就中國的法律體系而言，它所實行的是「**民商合一**」而不是「民商分立」，因此，**除法律另有明文規定之外，中國《民法通則》中規定的基本原則均應適用於商務法律關係**。對於中國法律體系的這一重大特點，狄克斯先生諒必不會一無所知。在中國，眾所周知，《民法通則》中設有專章，即第八章「涉外民事關係的法律適用」，其中規定了解決民事關係法律衝突和準據法（proper law）問題的最基本的、已經成為國際慣例的原則。諸如：中國締結或者參加的國際條約同中國的民事法律有不同規定的，適用國際條約的規定，但中國聲明保留的條款除外；中國法律和中國締結或參加的國際條約沒有規定的，可以適用國際慣例；中國公民定居國外的，他的民事行為能力可以適用定居國法律；涉外合同的當事人可以選擇處理合同爭議所適用的法律，但法律另有規定的除外；法律沒有規定，當事人又沒有選擇的，適用與合同有最密切連繫的國家的法律；侵權行為的損害賠償，適

用侵權行為地法律；依照本章規定適用外國法律或者國際慣例的，不得違背中國的社會公共利益，等等。（見附件「PAC-25」）試問：中國《民法通則》中規定的適用於一切中國涉外民事關係法律衝突的這些基本準則，都一概與匯票關係無關或「幾乎沒有什麼關係」嗎？都絕對不能適用於涉外匯票關係上的法律衝突嗎？果真如此，則中國法院在審理涉外票據糾紛時，在準據法問題上就完全「無法可依」了嗎？稍知中國司法實踐情況者，都不會作此等錯誤判斷。請看，中國民法以及許多其他國家同類法律都有同類規定：一個國家參加某項國際條約之後，該國際條約的法律效力應優越於該國國內法。試問，這樣一條衝突法原則，**難道與國際票據關係無關**因而不能適用於國際票據關係嗎？果真如此，則當今世界上一切有關票據的國際條約還有什麼締結的必要和存在的價值？

11.2　中國的《民事訴訟法》設有專門一編，即第四編「涉外民事訴訟程序的特別規定」（包括第237-270條），其中也規定了解決涉外民事訴訟中法律衝突和準據法問題的一系列基本準則。這些準則，也是與國際上行之已久、業已形成國際慣例或已為國際社會所公認的民事訴訟法律衝突基本準則互相一致和相接軌的。試問在中國的涉外票據關係訴訟中，《民事訴訟法》中的這些準則也一概無關、不能適用嗎？果真如此，中國法院在審理涉外票據訴訟時，在程序上就完全「無法可依」了嗎？稍知中國司法實踐情況者，也都不會作此等錯誤判斷。

11.3　由此可見，狄克斯先生在沒有列舉任何法律根據、學理依據和事實證據的情況下，硬說在中國「適用於合同關係的一

切法律衝突準則一般說來與匯票幾乎沒有什麼關係」，輕輕一句話就剝奪了中國現有的全部（all）衝突法準則在涉外票據關係上的「生存權」和生命力，這樣的論斷，就很難不被認為是一種**專橫的武斷**！

結論（Conclusions）

12. 在中國的現行法律和法令中，客觀上並不存在也不承認（recognize）任何票據關係（包括匯票債權債務關係）具有什麼無條件的、**絕對的**獨立性或自主性（autonomy）。

12.1　只有在特定前提條件下，即在票據已經被**背書轉讓**給原票據關係以外的**善意第三人**之後，票據債務人與被背書人之間的新票據關係才具有相對的獨立性。關於這種**相對的**獨立性，我們已在前面第6.2至6.4點、第7.1至7.4點、第9.1至9.4點中作出了闡述。

12.2　在直接授受票據的直接當事人之間，如果還存在該票據債權債務關係以外，但屬於該票據開立原因或轉讓原因的其他債權債務關係，則在這一對授受票據的直接當事人之間的該票據債權債務關係，就被化合於或從屬於該票據的原因關係，從而**沒有任何獨立性**可言。關於這個關鍵問題，我們已在前面第6.4點、第7.3點以及第9.3點中予以特別強調。

12.3　中國法律、法規以及中國學者關於票據關係獨立性問題的上述規定和見解，都是符合國際公認的基本法理原則、符合一九八八年訂立的《聯合國國際匯票和國際本票公約》的基本精神的。對此，我們已在前面第8點作了引證和對照。

13. 狄克斯先生所援引的中國《銀行結算辦法》、中國郭鋒先

生的文章以及中國《民事訴訟法》的具體條文，都不能證明狄克斯先生所描繪的**幻境**：中國的法規似乎已經「**承認**」了他所理解的所謂匯票關係的絕對的「autonomy」，即「the principle of autonomy of bills of exchange as recognized by the provisions of Chinese Statutory law」。（D A第33點）恰恰相反，他所援引的上述文件的原文原意中，卻有多處驚醒和破滅了他的上述幻覺，否定了他所主張的匯票關係的絕對「autonomy」。

　　既然狄克斯先生自稱是「**精通中國文字**」，並且「**精心研究中國法律已逾25年**」（conversant with the Chinese written language，並且have for over 25 years made a careful study of Chinese law，見D A第4點狄克斯先生在其「證詞」開頭向香港法院所作的「自我介紹」），那麼，上述誤解和幻覺的產生就更加令人驚訝和難以置信。但善良的人們可以預期：如果他對他所援引的上述各項文件以及尚未援引的其他有關法令，**逐字逐句**地對中文原文的**全文**作更進一步的「精心研究」（careful study），他諒必會認真修改甚至完全推翻他現有的成見（preconception）和論斷。

　　14.正因為在票據（包括匯票）債權債務關係上並不存在無條件的、絕對排他的「autonomy」，因此，在票據背書轉讓給善意第三人以前，如果**票據關係**上的債務糾紛與**票據原因關係**上的債務糾紛同時存在於相同的雙方當事人之間，則這兩種債務糾紛就完全交融和「化合」成為一個不可分割的整體，前者成為後者的一個組成部分並從屬於後者，從而失去任何獨立性或自主性。

　　15.本案YIHK 10732C號匯票糾紛與A158號買賣合同糾紛，完全符闔第14點所述的條件，因此，應當將已經完全「化合」在

一起的兩項糾紛作為一個整體來看待和處理。

16.根據A158號買賣合同第7條雙方約定的仲裁條款，根據一九五八年《紐約公約》第2條第三款，根據中國《民法通則》第145條、《涉外經濟合同法》第5條以及有關的權威性司法解釋，根據中國《民事訴訟法》第243條和第257條，根據香港的《仲裁條例》第6A條的明確規定，本案YIHK 10732C號匯票糾紛毫無疑問應當作為A158號買賣合同糾紛的一個不可分割的組成部分，提交本案原告與被告早已約定的中國國際經濟貿易仲裁委員會仲裁。關於這方面的論證，請參看陳安教授、姚壯教授先後在一九九四年三月十日、四月四日以及四月七日向香港法院提供的三份專家意見書。茲不另贅。

注釋

〔1〕 參見〔英〕諾里：《商法》（第4版），1975年英文版，第365頁。
〔2〕 本合同末句載明：「合同附件是合同不可分割的部分」。見附件「PAC-1」：AHB p.111。（從略）
〔3〕 本合同文字上並未標明這些監造、驗收和操作人員來自北京和應送回北京，但連繫AHD/p.39，中央電視臺與深圳興遠公司所訂購銷合同第13條以及後來履行的事實，上述人員之來自北京和送回北京就一目了然和無可爭辯了。見附件「PAC-12」：AHB pp.39, 42。（從略）
〔4〕 美國對華實行高科技禁運，約克公司提供的四套冷水機組中包含有「微電腦控制中心」等（見附件「PAC-1」AHD, p.108，合同第1條第2款「供應範圍」），依美國法律不得售與中國。故這批貨物的提單上特別註明：「美國只許可這批貨物運往最終目的地香港。禁止違背美國法律規定。」（These commodities licensed by the United States for ultimate destination HONG KONG. Diversion contrary to U.S. Law prohibited.）見附件「PAC-14」：AHB p.146。（從略）

〔5〕 1995年5月10日，全國人大常委會通過《中華人民共和國票據法》，自1996年1月1日起施行。1994年9月筆者撰寫本項法律文書時，中國尚未頒行用以調整票據行為的基本法律，無從援引當時的現行法律進行論證。

〔6〕 覃有土、李貴連主編：《票據法全書》，中國檢察出版社1994年版，第31頁。

〔7〕 順便說說，狄克斯先生把郭文中的「原因關係中的直接相對人」一詞譯為「a party with an immediate relationship」（見狄克斯先生呈交香港法院的ARD-2英譯文第9頁末；並見PAC-21，畫線處）（從略），顯然是不正確的，請對照原文原意予以訂正。

〔8〕 覃有土、李貴連主編：《票據法全書》，中國檢察出版社1994年版，第67頁。

〔9〕 覃有土、李貴連主編：《票據法全書》，中國檢察出版社1994年版，第68-69頁。

〔10〕 同上書，第69-70頁。

〔11〕 同上書，第33頁。

第4章

指鹿為馬　枉法裁斷

——評香港高等法院 「一九九三年第A8176號」案件判決書*

↘ 內容提要

　　美國約克空調與製冷公司訴香港北海冷電工程公司一案在香港高等法院的審理中，主審法官尼爾‧卡普蘭對中文「一竅不通」，卻又缺乏高級法官應有的敬業精神和謙虛謹慎，輕率地完全採信了當時在香港執業的英國皇家大律師狄克斯先生提供的虛假不實的《書面證詞》（Affidavit），憑以斷案，造成錯判。狄克斯在其證詞中自詡「精通中國文字」，「精心研究中國法律已逾二十五年」，以博取主審法官的信賴；同時又膽大妄為，利用主審法官對中文的「不識之無」和盲目輕信，肆意歪曲和竄改中國內地票據法規和《民事訴訟法》有關規定的原文原義，杜撰出一些在中國內地處理票據爭端的所謂「法律原則」，對主審法官實行誤導，誘使主審法官以其虛假證詞為據，懵懵懂懂、稀里糊塗地落入錯判陷阱！此位英國皇家大律師職業操守之劣，著實令人驚訝！最後，本案原、被告雙方在中國國際經濟貿易仲裁委員會深圳分會仲裁庭的主持下，達成和解協議，分別在香港撤訴結

案。本文針對該案的錯誤判決，就本案的管轄權，中國內地票據法原則、民事訴訟程序中的「支付令」，以及被告的答辯權三個主要方面，分別提出質疑和評論，並指出：在偏聽偏信、受人誤導情況下，以子虛烏有的所謂中國內地票據「法律原則」作為斷案的主要根據之一，則在真相大白之後，此種判決的法律效力和有關人士的公信力，必將喪失殆盡，不但貽笑大方，而且貽笑天下！

❧ 目次

「獨立性」問題

（一）中國內地法律中並不存在狄克斯生造的「匯票自治原則」和匯票至高無上的「獨立性」

（二）狄克斯援引中國內地的《銀行結算辦法》時，使用了斷章取義和化有為無的手法

（三）狄克斯在轉述郭鋒先生的論文時，「閹割」前提、歪曲原意

（四）狄克斯的見解與中國內地票據法學術著作中公認的觀點、有關的國際公約以及中國內地票據法的具體規定都是背道而馳的

（五）狄克斯在援引中國內地《民事訴訟法》，以論證其所謂匯票的「autonomy」時，竟然竄改條文，無中生有

四、判決質疑之三：關於本案被告的答辯權問題

（一）卡普蘭法官的「為時太晚」論是站不住腳的

（二）卡普蘭法官不給予被告充分的答辯權，是違反公平原則、違反國際訴訟程序慣例的

引言

　　美國約克空調與製冷公司（York Air Conditioning & Refrigeration Inc）因貨物買賣合同糾紛訴香港北海冷電工程公司（North Sea A/C & Elect Eng, Co）一案，於一九九三年九月由香港高等法院受理，編號為：一九九三年第A8176號（以下簡稱「本案」）。一九九四年十二月十六日，香港高等法院法官尼爾・卡普蘭（Neil

Kaplan）對本案作出判決。

當時，本案原告、被告雙方雖然都不是中國內地公司，但買賣訟爭的標的、案情的是非曲直以及訴訟當事人的勝負得失，都直接牽涉到中國內地兩個（家）法人[1]的重大利害。案件雖在香港法院審理，卻直接牽涉到中國國際經濟貿易仲裁委員會（以下簡稱「CIETAC」）的管轄權問題，以及中國內地的民事訴訟法、民法、涉外經濟合同法、國際私法（法律衝突規範）等領域的一系列法律問題。對於這些法律問題，中國和英國的學者、仲裁員、法官和律師們見仁見智，分歧很大。最後，本案經香港高等法院法官作出判決之後，在被告再度上訴過程中，訟爭雙方卻又在CIETAC的主持下，達成和解協議，並由CIETAC作出裁決，雙方當事人共同遵守，分頭執行。

因此，不論從哪個角度來看，本案的訟爭和解決過程，都是中國內地法、香港法以及比較法方面具有**典型意義**的案例或事例，值得中外法學界同行加以認真回顧、剖析和證論，藉以達到在法學學術上互相溝通的目的。

本文擬從案情事實簡介入手，闡述全案訟爭的關鍵法律問題，並針對香港高等法院對本案所作的「一九九三年第A8176號」案件判決書，以及該判決書引以為據的香港執業皇家大律師安東尼‧理查德‧狄克斯（Anthony Richard Dicks）先生出具的《書面證詞》（Affidavit），進行剖析、評論，並就本案的管轄權，中國內地票據法原則、民事訴訟程序中的「支付令」，以及被告的答辯權三個主要方面，分別提出質疑，以就教於國內外同行。

一、本案案情梗概

本案原告美國約克空調與製冷公司（以下簡稱「約克公司」或「賣方」）與本案被告香港北海冷電工程公司（以下簡稱「北海公司」或「買方」）於一九九二年十二月三十一日在中國北京簽訂了一份貨物買賣合同（編號為A158/4/92-01，以下簡稱「A158號買賣合同」「A合同」或「本合同」）。[2]

在A158號買賣合同中，雙方約定：約克公司向北海公司提供四臺約克牌冷水組，總價款為USD 522,760.00（伍拾貳萬貳仟柒佰陸拾美元）。該合同第7條規定：「仲裁：與合同有關的分歧通過友好協商解決。如不能達成協議，將提交中國國際經濟貿易仲裁委員會仲裁」[3]。

一九九二年十二月三十一日，即A158號買賣合同簽訂的同一天，在北京的同一間會議室中，由香港北海公司（賣方）與深圳興遠實業有限公司（買方）、深圳興遠實業有限公司（賣方）與中國中央電視臺（買方）另外分別簽訂了兩份內容基本相同的合同（以下簡稱「B合同」和「C合同」）。三份合同的買賣標的物完全相同，但其價款則有所不同。

A158號買賣合同第3條的內容是「付款」。由於買賣雙方在簽約當時付款的具體方式尚未議妥，雙方同意待簽約後再補上，故第3條除「付款」這兩字標題之外，並無具體規定。在合同簽署之後，買賣雙方口頭約定貨款分三期支付：（1）總價款的30%，即156,828美元，於一九九三年一月內以現金支付；（2）總價款的65%，即339,794美元，於買方收到上述貨物海運提單

後，以匯票支付；（3）總價款的其餘5%尾數，即26,138美元，於上述貨物運抵中國北京在中國中央電視臺安裝調試完畢和驗收之後15日以內付清。

事後，第一期貨款如期支付。關於第二期貨款，賣方在一九九三年六月三日開出面額為339,794美元的匯票（編號為「YIHK10732C」，以下簡稱「0732C號匯票」），買方於同年六月七日收到海運提單後立即在匯票上簽署承兌，定於同年七月十九日兌現付清。但買方隨即發現和認定賣方在供貨義務上有重大錯漏短缺。經一再通知，賣方仍不補發缺漏的設備重要部件，買方遂於一九九三年七月十七日通知付款銀行停止付款，致使上述匯票不能如期兌現。[4]

一九九三年九月十一日，約克公司向香港高等法院起訴，請求法院責令北海公司補還上述貨款，另加延期付款利息以及其他有關費用。[5]一九九三年九月二十三日，被告北海公司答辯稱：原告在履行上述A158號買賣合同中，有多項違約行為，無權索取全額價款；更重要的是：原告與被告在上述合同中訂有仲裁條款，本案10732C號匯票的付款爭端，乃是A158號買賣合同貨物價款問題的一部分，自應適用上述仲裁條款的規定。同時，A158號買賣合同是由約克公司設在北京的營業辦事處的代表與北海公司的代表共同在中國北京磋商和簽訂的。根據香港《仲裁條例》的有關規定，理應將上述爭端提交由雙方在A158號買賣合同中約定的仲裁機構仲裁。據此，北海公司請求香港法院裁定：中止本案訴訟。[6]

原告約克公司強調：10732C號匯票乃是完全獨立於A158號

買賣合同之外的另一份合同，因此，A158號買賣合同中的仲裁條款完全不適用於上述匯票。約克公司於一九九三年九月二十七日進一步具狀向香港高等法院請求援用《香港高等法院規則》中的第14號令，對上述匯票爭端實行「即決裁判」[7]，責令被告北海公司立即如數兌現支付匯票所載款額。[8]

一九九三年十二月七日，香港高等法院法官烏利（Woolley）裁定：駁回被告北海公司關於中止訴訟的申請，並責令被告償還原告約克公司因本案支付的費用。[9]被告北海公司不服上述裁定，乃於翌日即一九九三年十二月八日提起上訴，並重申上述答辯中提出的關於中止本案訴訟的請求。[10]

應被告北海公司要求，廈門大學國際經濟法學專家陳安教授於一九九四年三月十日出具了一份專家意見書。他詳細地剖析了本案的主要事實，援引中國內地的有關法律、香港的有關法例以及當代各國民法、國際私法（法律衝突）領域中通行的國際慣例和基本原則，論證：被告北海公司向香港法院申請中止訴訟，將本案轉交CIETAC仲裁，是符合合同約定、符合中國內地法律規定、符合國際慣例的，也是符合香港《仲裁條例》規定的。[11]一九九四年四月，北海公司向陳安教授提供了兩份新的、十分重要的證據文件。據此，後者又對前述專家意見書作了重要補充。[12]

應被告北海公司要求，中國外交學院國際法研究所原所長姚壯教授於一九九四年四月四日出具了另一份專家意見書。他強調：依據中國內地有關法律的規定，特別是依據一九五八年《承認及執行外國仲裁裁決公約》的規定，A158號買賣合同引起的

10732C號匯票兌現爭端，應當以中國內地的法律為準據法，並提交CIETAC仲裁。[13]

　　應原告約克公司要求，香港執業大律師安東尼・理查德・狄克斯於一九九四年八月五日出具了一份專家意見書。他強調：匯票能夠絕對地「獨立存在」，具有「自主性」，並稱之為「匯票自治原則」。他援引在中國《法制日報》上發表的一篇文章、一九八八年頒行的《銀行結算辦法》以及一九九一年頒行的《民事訴訟法》的若干條文，硬說他所提倡的「匯票自治原則」已經被中國內地的法規規定所承認和肯定[14]，並且以此為據，批駁陳安、姚壯兩位教授的前述見解。他斷言：「陳教授和姚教授所持的看法，都沒有考慮到，也不符合中國內地在匯票和其他票據方面實施的各項法律原則」[15]；而且進一步斷言，即使是中國的仲裁庭，只要充分重視他所強調的、已為中國內地法規所承認的「匯票自治原則」，也不會採納陳、姚兩位教授對A158號買賣合同仲裁條款的解釋。[16]狄克斯先生的結論是：（1）本案10732C號匯票爭端並非A158號買賣合同爭端的一個不可分割的組成部分；因此，（2）A158號買賣合同中雙方約定的仲裁條款不能適用於10732C號匯票爭端；（3）10732C號匯票爭端應由香港法院根據香港的《匯票條例》和香港的其他法律加以審理和處斷。[17]

　　被告北海公司收到狄克斯先生的上述意見書後，立即轉寄一份複印件給陳安教授。後者發現狄克斯先生所援引的中國報刊文章、法律和法規以及所作的論證發揮，有多處誤解、曲解原文原意。遂應北海公司要求，於一九九四年九月一日再次出具一份專家意見書，題為《評狄克斯律師的AFFIDAVIT》[18]，對上述誤

解和曲解逐一予以澄清，並由被告再次及時呈送香港高等法院。

　　在此之前，北海公司鑒於本案在香港久拖不決，徒耗時間、金錢，遂根據A158號買賣合同仲裁條款的規定，於一九九四年八月二十三日CIETAC深圳分會申請仲裁，後者迅速立案受理。[19]

　　一九九四年十二月十六日，香港高等法院法官尼爾・卡普蘭作出判決。其要點是：（1）A158號買賣合同中的仲裁條款不適用於10732C號匯票爭端；（2）10732號匯票爭端的準據法應當是香港法；（3）被告北海公司對原告約克公司根據該匯票提出的索債要求無權抗辯；（4）被告北海公司上訴申請中止訴訟，應予駁回；（5）被告應賠償原告因反對中止訴訟而支付的費用；（6）原告請求按《香港高等法院規則》第14號令（Order 14）對10732C號匯票的有關爭端實行「即決裁判」，此項請求留待其他法官另行審理。[20]

　　被告北海公司不服卡普蘭法官的上述判決，遂由香港大律師R.J.福克納具狀向香港上訴法院上訴。上訴理由有三：（1）卡普蘭法官錯誤地認定A158號買賣合同中的仲裁條款不能適用於本案10732C號匯票的爭端；（2）該法官錯誤地認定被告對原告的憑匯票索債無權抗辯；（3）該法官錯誤地全盤採信（原告方）狄克斯先生提供的證詞，卻不讓被告方提供專家證詞加以反駁。[21]

　　一九九五年三月十五日，CIETAC仲裁庭在深圳開庭審理本案，在澄清事實和分清是非之後，經仲裁庭調解，北海公司與約克公司達成了和解協議，仲裁庭據此作出了相應的裁決。其要點是：（1）北海公司應在一九九五年四月十五日以前（即裁決後一個月以內）向約克公司支付A158號買賣合同項下的百分之六

十五貨款及其利息；（2）約克公司應在收到北海公司通知之後十五天以內，派技術人員前往北京中國中央電視臺，為購自約克公司的製冷設備補足所有缺漏零部件，並全部安裝調試完妥；（3）北海公司應在上述設備經過驗收合格之後的十五天以內，將A158號買賣合同項下百分之五的貨款尾數支付給約克公司；（4）雙方在香港支付的各項訴訟費用（包括訴訟費、庭費、律師費等），由雙方各自承擔；（5）在深圳仲裁所繳納的仲裁費，由雙方平均分擔；（6）雙方應在一九九五年三月十八日中午以前同時撤銷在香港法院為本案提起的一切訴訟和上訴。〔22〕

二、判決質疑之一：關於本案的管轄權問題

本案的首要關鍵，在於它的管轄權究竟應屬誰：它應由香港的高等法院通過訴訟方式處斷還是應由CIETAC通過仲裁方式解決？

在「一九九三年第A8176號」案件判決書中，卡普蘭法官寫道：

「本案匯票是在香港出具並在香港承兌的，因此，應當適用香港法律。該匯票本身並未定有仲裁條款。我不認為本案〔A158號買賣合同〕所規定的仲裁條款足以涵蓋因匯票引起的討債爭端……我認為，本案中的匯票產生了一項自由獨立的合同，它離開當事人之間簽訂的含有仲裁條款的基礎合同而單獨存在……

……我的結論是：本案基礎合同適用的準據法，對於考慮因匯票引起的此項討債爭端說來，是不相干的；此項匯票爭端另有

適用的法律，即香港法律。根據香港法，我非常相信：對於根據匯票提出的此項討債請求，無權抗辯；所引據的仲裁條款不能適用於此項討債請求。按照最後的分析，我顯然應當駁回關於中止訴訟的請求，因為它所依據的仲裁條款不能涵蓋本項訴訟中提出的討債請求」[23]。

這樣，卡普蘭法官就把本案的管轄權強行扣留在香港法院手中，而拒絕把它歸還給CIETAC。

卡普蘭法官對本案的管轄權作出這樣的處斷，不但無視客觀事實之間的本質連繫，根本違反了當事人的原有意願和共同約定，根本違反了香港的《仲裁條例》，而且根本違反了英國參加締結、對香港有法律約束力的國際公約，違反了舉世公認的國際慣例，也顯見他對於與國際法和國際慣例接軌的中國法律法規的明文規定，缺乏最起碼的知識和應有的尊重。茲逐一縷述如次：

（一）把本案管轄權判歸香港法院，根本違反了「有約必守」以及當事人「意思自治」這兩大法理原則

1. A158號買賣合同的簽約地和履行地是當事人的自願選擇

如本文第一部分所述，約克與北海、北海與興遠、興遠與中央電視臺之間分別簽訂的A158、B、C三份合同，不但其買賣的標的物完全相同，即都是原始賣主約克公司提供的那四臺冷水機組，而且這三份合同都在同一日期（1992年12月31日）、同一地點（中國北京）、同一會議室、以同一種文字（中文）連續地相繼簽訂，三份合同各自的當事人都同時親臨現場，既各自簽約，又互相見證。其現場照片右下角的日期標記「92. 12. 31」，與上

述三份合同的簽署日期完全吻合一致；而照片背景的那個大字橫幅，尤其值得注意：它鮮明地標示各方代表正在舉行的聚會乃是「中央電視臺購買約克冷機簽字儀式」。[24] 這有力地證明了三點事實：

（1）這三份合同的各方當事人（一個原始賣主，兩個中間買主兼轉售人，一個終端買主）基於「意思自治」和自願選擇，為了一個「共同目標」——為北京中央電視臺購買約克冷機設備——而走到一起來了。它們共同策劃和精心設計了一個實質上的「多邊接力合同」，而又把它分解為三個法律上的「雙邊合同」，以便既規避美國法律的禁運規定[25]，又逃避中國海關徵稅[26]，分工執行，合作完成。

（2）各方當事人對這三份合同的主要內容都是事先經過互相磋商和明確知情的；而三份合同各自附列的四個附件（供貨範圍、技術參數、技術服務項目以及零件清單），其內容則完全一樣[27] 這也足證各方當事人在舉行簽字儀式之前早已互相充分溝通並已全面達成協議。

（3）在A158號買賣合同的第一段，就開宗明義，赫然載明本合同的立約主旨[28]：「工程名稱：中國中央電視臺冷凍站。」這就從總體上載明了本合同當事人雙方共同的最終履約地是在中國北京，立約雙方通過這個買賣合同，共同向中國北京的這個終端用戶提供冷水機組設備。

除此之外，按本合同第5條及「附件三」[29]B、C、D三點規定，上述設備運抵北京安裝完畢後，賣方約克公司還應負責在北京提供各種售後技術服務：（a）在北京為終端用戶免費調試；

（b）在北京參加驗收；（c）於一年保修期內在北京為終端用戶免費修理或更換零件；（d）在北京為終端用戶排除操作故障；（e）免費邀請北京終端用戶的四名人員赴美監造驗收後，再免費送回北京；（f）免費將北京終端用戶的六名操作人員送往香港或新加坡培訓後，再免費送回北京。[30]這其中，（a）（b）（c）（d）四項合同義務的履行地完全在北京，（e）（f）兩項合同義務的履行地也基本上或至少一半在北京。

綜合以上各點，可見本合同的履行地實質上或主要是在中國北京。同時，這一履行地又是本合同的談判地和締約地，這三個「連結點」的重疊、複合、結合和吻合，就大大加強了它們在本合同準據法選擇過程中的分量、作用和重要性。

2. A158號買賣合同的仲裁管轄機構及其準據法是當事人的自願選擇

在爭端解決方式上，本案雙方當事人作過共同的選擇。在A158號買賣合同第7條中，雙方明確約定：「與合同有關的分歧通過友好協商解決。如不能達成協議，將提交中國國際經濟貿易仲裁委員會仲裁。」[31]這意味著雙方共同選擇了中國的上述仲裁機構作為受理和解決本合同有關爭議的管轄機構。

在上述「仲裁條款」中，雙方既未明確表示在仲裁中選擇適用中國法律作為準據法，也未明確表示另外選擇任何其他國家（非中國）的法律作為準據法，但它們既然明示選擇中國的仲裁機構作為受理和解決爭端的管轄機構，那麼，就應當推定：它們是以默示的方式，選擇中國法律作為準據法。

中國權威法學家韓德培教授在大學教材《國際私法》一書中

主張：「當事人雖未約定應適用的法律，但在合同中規定了一旦發生爭議，交由某國法院或仲裁機關管轄時，一般均可據此推定當事人意圖適用該國的法律。」[32] 這一點，和國際上著名權威法學家的見解是互相吻合的，下文對此將作進一步的引證和闡述。

3. A158號買賣合同仲裁條款應當適用於10732C號匯票爭端，也是當事人的自願選擇

本案管轄權分歧的關鍵問題在於：A158號買賣合同雙方當事人對於本合同爭端管轄機構的上述明示選擇以及對解決合同爭端準據法的默示選擇，是否足以涵蓋和應當適用於本案10732C號匯票爭端？有關事實雄辯地證明答案應當是肯定的。因為，這也是雙方當事人自願選擇的一個不可分割的組成部分。其最有力的證據是本案涉訟的10732C號匯票上所記載的文字[33] 與約克公司簽發給北海公司的HKB10732C號售貨發票所記載的文字[34]，同A158號買賣合同上載明的有關文字，三者互相銜接、高度吻合、完全一致。

把10732C號匯票與HKB10732C號發票加以仔細對照，就可以看出以下幾個特別值得注意的關鍵要點：

（1）10732C號匯票倒數第四行赫然記載：「所收款項乃是本公司一九九三年五月二十二日簽發的HKB10732C號售貨發票價款總額的百分之六十五。」這就證明：該匯票上所載明的USD339,794.00這筆款項，既不是任何贈與，也不是出於任何其他法律原因的支付，即只能是根據約克公司的上述特定發票所要求支付的貨物總價款的一個組成部分，即百分之六十五。

（2）該發票右上端載明發票編號為「NO. HKB10732C」。

這個號碼與本案涉訟之10732C號匯票倒數第四行記載的發票號碼完全一致和互相銜接。

（3）該發票右上方載明「簽發日期：1993年5月22日」，這個記載與上述匯票倒數第四行末端以下、約克公司印章以上之間註明的發票簽發日期也完全一致和互相銜接。

（4）該發票右上方載明：「付款條件：承兌後交單，30天內付還價款總額的65%」；而在以大寫字母英文文字寫明價款總額USD 522,760.00之後，緊接著又在括號內列出了一個具體算式：「USD 522,760.00×65%＝USD 339,794.00）」，這個百分比數字及其絕對值金額均與上述匯票所列的百分比與絕對值金額完全相同和互相銜接。

（5）該發票左上方載明的買主——北海公司，既是A158號買賣合同中的買主，同時也是上述匯票左下方載明的受票人（drawee）和事實上的付款人（payer），這三者之間是完全一致和互相銜接的。與此相對應，該發票右下端載明的簽發單位——約克公司，則既是A158號買賣合同中的賣主，也是上述匯票右下端載明的出票人（drawer）和事實上的受款人（payee），這三者之間也是完全一致和互相銜接的。眾所周知，按照國際貨物買賣行為中的常規和慣例，如果以匯票的方式付款，則出票人和事實上的受款人就是賣主，受票人和事實上的付款人就是買主。本案涉訟的10732C號匯票，其內容和形式都是完全符合國際買賣行為中的上述常規和慣例的。因此，該匯票中載明並要求北海公司支付的金額，只能是A158號買賣合同規定的以及HKB10732C號發票指明的總貨款中的65%，而不可能是出於任何其他原因的、

獨立於A158號買賣合同之外的任何其他支付。

如果再進一步，把HKB10732C號發票與A158號買賣合同加以仔細對照，則又有幾個關鍵要點特別值得注意：

（6）該發票上載明「顧客定貨單號碼：A158/4/92-01」，這個號碼與上述北海—約克買賣合同的號碼——A158/4/92-01——完全一致和互相銜接。

（7）該發票的主題是「關於北京中國中央電視臺」（Re: CCTV, BEIJING）。這說明這個主題與A158號買賣合同的主題是完全一致的和互相銜接的。[35]這就再次確鑿地證明：約克公司售貨當初和簽發發票當時就已明知這批貨物儘管有兩個中間買主和轉售人，但其終端買主和實際用戶乃是北京的中國中央電視臺。

（8）該發票所列明的售出貨物：四臺約克冷機組與一批零配件（accessories），其具體型號與數量，同A158號買賣合同第1條第一款的記載完全相符和互相銜接。

（9）該發票所載明的總額貨款為USD 522,760.00，這也和A158號買賣合同第1條第三款規定的合同總金額的具體數字完全相符和互相銜接。

綜上所述，第（1）至（5）點所列舉的事實組成了一條粗大的鐵鏈，把本案涉訟的10732C號匯票牢牢地焊接在HKB10732C號發票之上；而第（6）至（9）點所列舉的事實，組成了另一條粗大的鐵鏈，進一步把HKB10732C號發票緊緊地焊接在A158號買賣合同之上。其綜合效果就是：本案中的10732C號匯票，通過HKB10732C號發票這一「中介體」，與A158號買賣合同牢牢地結合在一起，成為其不可分割的組成部分。換言之，正是合同—

發票—匯票這三者的緊密連繫和有機結合，才完整地構成本項買賣行為的全過程。

由此可見，本案10732C號匯票中的文字和數字記載，證明它本身就是A158號買賣合同中的貨款支付方式，也就是A158號買賣合同第1條第三款「合同總金額」與第3條「付款」規定的具體化。因此，有關這張匯票兌現問題的爭議，當然就是有關該合同內容的重大分歧之一。應按該合同第7條「仲裁條款」的規定，將此項匯票的爭議提交CIETAC仲裁。顯然，這是充分尊重「有約必守」和當事人「意思自治」原則，從而合理、合法地解決本案分歧的唯一途徑。

如果根本不顧以上確鑿事實和有力證據，硬說「本案中的匯票產生了一項自由獨立的合同，它離開當事人之間簽訂的含有仲裁條款的基礎合同而單獨存在」[36]，並進而武斷地排除該仲裁條款對10732C號匯票爭端的適用，排除當事人共同的約定和自願選擇的中國仲裁機構對此項匯票爭端的管轄，無異於肆意踐踏「有約必守」和「意思自治」這兩大法理原則。

（二）把本案匯票爭端管轄權判歸香港法院，拒不裁定中止本案訴訟程序，根本違反了香港的《仲裁條例》

根據香港《仲裁條例》第2條、第34A條和第34C條的規定，涉及香港地區當事人的國際仲裁協議以及按國際協議進行的仲裁，應當適用聯合國國際貿易法委員會於一九八五年六月二十一日頒行的《國際商事仲裁示範法》。

《國際商事仲裁示範法》第8條明文規定：

（1）法院受理涉及仲裁協議事項的訴訟，若當事人一方在不遲於就爭議實質提出第一次申述之際，即要求提交仲裁，法院應指令當事人各方提交仲裁。但法院認定仲裁協議無效、失效或不能履行者，不在此限。

（2）已經提起本條第（1）款規定的訴訟，儘管有關爭端在法院中懸而未決，仲裁程序仍可開始或繼續進行，並可作出裁決。[37]

將上述規定與本案事實加以對照，不難看出：由於10732C號匯票就是A158號買賣合同第1條第三款「合同總金額」以及第3條「付款」規定的具體化，因此，有關這張匯票兌現問題的爭議，顯然是有關該合同內容的重大分歧。這一確鑿事實本身證明該爭議事項應當按仲裁協議提交仲裁。本案被告在香港地區訴訟程序開始而被迫到庭應訴之後，於一九九三年九月二十三日立即根據香港《仲裁條例》與《國際商事仲裁示範法》的上述規定，向主審法院申請中止訴訟，以便儘快將本案轉由CIETAC仲裁解決；隨後又在一九九四年八月二十三日向CIETAC申請仲裁併由後者迅速立案受理。這表明該方當事人已依法採取了一切促進仲裁解決的必要措施。因此，受理本案的香港地區法院或其法官理應依法裁定中止訴訟。遺憾的是：在這樣的充分條件下，卡普蘭法官卻仍全然不顧10732C號匯票與A158號買賣合同具有不可分割關係的確鑿事實，以及當事人一方依法提出的正當請求，拒絕中止在香港地區的訴訟程序。這不但踐踏了「有約必守」和「意思自治」這兩大基本法理原則，而且也明顯地違反了香港《仲裁條例》的上述規定。

（三）把本案匯票爭端管轄權判歸香港法院，拒不裁定中止本案訴訟程序，根本違反了對香港具有法律約束力的國際公約

　　國際貨物買賣或其他國際經濟關係中的合同爭議，在該合同中訂有仲裁條款的場合，必須依約將該合同爭議提交合同當事人協議指定的仲裁機構進行仲裁，各有關國家的法院或其他司法機關、行政機關對於該爭議概無任何管轄權。這一原則，不但已由當代眾多國家的國內立法予以肯定，而且已由有眾多國家參加締結的專題國際公約予以確立。在這方面，具有全球性影響、目前適用於九十多個國家和地區的一九五八年《承認和執行外國仲裁裁決公約》（簡稱《1958年紐約公約》）中就有明確的規定。該公約第2條第三款明文規定：當事人就有關訴訟事項訂有本條所稱之〔書面仲裁〕協議者，各締約國的法院在受理訴訟時，應依當事人一方的請求，指令各方當事人將該事項提交仲裁。但前述協議經法院認定無效、失效或不能實行者，不在此限。[38]

　　此項規定意味著該公約的一切締約國都承擔著國際公法上的條約義務，在仲裁事宜上切實遵守當事人「意思自治」和「有約必守」原則。換言之，各締約國管轄區內的任何法院都無權無視上述國際公約的明文規定，不顧當事人雙方的仲裁協議和其中一方提交仲裁的請求，擅自以訴訟方式受理和處斷此類案件。由於眾所周知的歷史原因，香港地區當時屬於英國管轄。英國早在一九五七年九月就參加締結了上述國際公約，因此，該公約對香港法院當然具有國際公法上的約束力。卡普蘭法官的前述判決，顯然是根本違背了英國和香港地區在《1958年紐約公約》上所承擔

的法律義務。身為法官忽略了應當恪守國際公法義務，實在不能不令人深感遺憾。

（四）把本案匯票爭端管轄權判歸香港法院，根本違反了舉世公認的國際慣例

國際上享有盛名的英國國際私法學者狄西和莫里斯在其名著《法律衝突》一書中，曾根據大量國際商務糾紛的案例作出總結，將當事人的上述各種自願選擇與合同的準據法連繫起來，認為當事人對於合同簽訂地、履行地、仲裁地的選擇，就意味著當事人對於適用於合同的準據法的選擇。其中，當事人對仲裁地的選擇，法律意義更為重大。他們引證許多案例中權威法官的判詞，強調指出：

……「當事人作出的實際法律選擇，可以包括對解決爭端的仲裁地的選擇，因為這種情況意味著仲裁員勢必採用當地的法律」……大法官威爾伯福斯說：「選擇某地進行仲裁，就表明有關各方當事人意欲接受當地法律的管轄，這是一條穩妥可靠的基本準則」；大法官狄普洛克補充說：「當事人訂立仲裁條款一般是為了要選擇所適用的法律，並且理應如此解釋，除非合同中的其他條款或進行交易的周圍環境另有強有力的相反的證據。」此項判決的實際效果是，此後許多法院相繼推定：當事人在合同中約定在某個特定的國家提交仲裁，一般說來，這就是一項默示的法律選擇。〔39〕

另外兩位著名的英國學者馬斯蒂爾（Mustill）和波伊德（Boyed）在其合著的《英國商務仲裁的法律與實務》一書中，對於在認定合同準據法時應當尊重當事人的自願選擇，應當遵循「最密切最實際連繫」準則，切實重視合同簽訂地、合同履行地等原理，也作了與上述觀點大體相同的論證。[40]

此外，澳大利亞著名學者賽克斯（Sykes）和普賴爾斯（Pryles）在《澳大利亞國際私法》一書中也引證典型判例，對當事人選擇仲裁地的法律意義作了更加明確的闡述：

……（在合同中）設立條款規定在某特定國家提交仲裁，這仍然是一種強有力的推定：實行仲裁的所在地國家的法律就是合同的準據法。這種推定，只有另設明文規定的法律選擇條款，或者另有其他具有絕對優勢的綜合因素表明應當適用其他法制，才能加以改變。因此，訂有仲裁條款的合同的準據法，往往就是仲裁舉行地當地的法律。[41]

將以上諸位著名學者對國際商務糾紛典型判例所作的總結與本案事實加以對照，不難看出：第一，本案基礎合同（A158號買賣合同）的簽訂地、主要履行地以及仲裁地都是在中國內地，因此這份合同的準據法當然應當是中國內地的法律。對於這一點，卡普蘭法官面對大量事實，不能不在本案判決書中予以認定[42]，這當然是正確的。但是，第二，卡普蘭法官忽視客觀事實，拒不承認10732C號匯票兌現糾紛乃是整個A158號買賣合同履行爭端的一個有機的、不可分割的組成部分，從而把這個與合

同軀體血肉相連的組成部分加以「肢解」，並硬說「本案基礎合同適用的準據法，對於考慮因匯票引起的此項討債爭端說來，是不相干的；此項匯票爭端另有適用的法律，即香港法律」[43]，從而把本案的管轄權強行扣留在香港法院，拒絕把它歸還給CIETAC。這種判斷和認定，衡之於上述諸位著名學者所闡述的對於國際商務糾紛實行正確處斷的慣例，顯然是背道而馳的，因而當然是錯誤的。這樣斷案，其綜合結果是，卡普蘭的錯誤否定了卡普蘭的正確。另外，人們不得不提出這樣的疑問：他肯定中國內地法律乃是A158號買賣合同的準據法，究竟是「虛與委蛇」，還是真心實意？他對他認為應作為A158號買賣合同準據法的中國內地法律，是否具備應有的知識和起碼的尊重？

（五）把本案匯票爭端管轄權判歸香港法院，是對已與國際慣例接軌的中國內地法律缺乏應有的尊重

（1）中國內地民法、合同法對「涉外合同爭議」準據法的規定

《中華人民共和國民法通則》（以下簡稱《民法通則》）第八章第145條明文規定：「涉外合同的當事人可以選擇處理合同爭議所適用的法律，法律另有規定的除外。涉外合同的當事人沒有選擇的，適用與合同有最密切連繫的國家的法律。」

本條的規定，顯然與當代各國民法、國際私法（衝突法）通行的「國際慣例」相一致。其中第一款的規定，貫穿了當事人「意思自治」原則；第二款的規定，則貫穿了「最密切連繫」原則。

《中華人民共和國涉外經濟合同法》（以下簡稱《涉外經濟合同法》）第5條也有基本相同的明文規定：「合同當事人可以選擇處理合同爭議所適用的法律，當事人沒有選擇的，適用與合同有最密切連繫的國家的法律。」

（2）中國內地司法解釋對「涉外合同爭議」準據法的規定

中華人民共和國最高人民法院在一項司法解釋中規定：「凡民事關係的一方或者雙方當事人是外國人、無國籍人、外國法人的；民事關係的標的物在外國領域內的；產生、變更或者消滅民事權利義務關係的法律事實發生在外國的，均為涉外民事關係。人民法院在審理涉外民事關係的案件時，應當按照民法通則第八章的規定來確定應適用的實體法。」[44]

根據最高人民法院作出的另一項司法解釋，《涉外經濟合同法》不但適用於中國企業或其他經濟組織同外國的企業、其他經濟組織或者個人之間訂立的經濟合同，而且「也可以適用於……外國企業、其他經濟組織或者個人之間，港澳地區的企業、其他經濟組織或者個人之間，外國企業、其他經濟組織或者個人與港澳地區的企業、其他經濟組織或者個人之間在中國境內訂立或者履行的上述經濟合同」[45]。

本案中的A158號買賣合同乃是美國企業約克公司與香港企業北海公司之間在中國境內（北京）訂立的合同，對照上述權威性司法解釋，顯然屬於中國《民法通則》和《涉外經濟合同法》上述有關規定可以適用的範圍。

（3）中國內地大學教科書對「涉外合同爭議」準據法的基本主張

前面提到的中國內地大學教科書對「最密切連繫」原則作了系統的闡述和論證，其中強調：在按照「最密切連繫」原則推定合同準據法時，應當認真考慮採用締約地法（即合同簽訂地法）、履行地法、法院地法或仲裁地法、物之所在地法、當事人居住地、住所地或營業地法等。〔46〕這種觀點，既符合國際公認的慣例，又已為中國內地法學界和司法界所廣泛接受和推行。

對照本案A158號買賣合同的有關事實，顯然可以斷言：本合同的談判地、實質履行地或主要履行地、仲裁地、物之所在地以及與本合同有最緊密連繫之賣方營業所所在地，無一不是在中國內地。根據公認的「最緊密連繫」原則，中國內地法律乃是解決本合同一切爭議的唯一的準據法。因此，有關A158號買賣合同的爭端，應當依據中國內地法律規定和合同當事人的約定，提交CIETAC仲裁。

於是，就有必要進一步分析和回答本案中最為關鍵的問題，即根據中國內地的法律體制，本案買賣雙方當事人有關10732C號匯票的爭端，是否獨立於A158號買賣合同之外，既不適用中國內地的法律，也不受合同中仲裁條款的約束？相反，它是否應當由香港地區法院適用香港或英國的法律作出司法裁判？

（4）根據中國內地法律體制對本案匯票爭端管轄權的正確理解

如前所述，A158號買賣合同第7條明確規定：「與合同有關的分歧」如不能協商解決，將提交CIETAC仲裁。揣摩這段文字，對照本案事實，必須依次澄清以下四個問題：

A. 根據中國內地的法制，如何理解「與合同有關的分歧」

一語？它的範圍是廣義的，還是狹義的？

B. 根據中國內地的法制，本案中關於匯票的爭端，是否屬於上述「與合同有關的分歧」的範圍？它是獨立於合同之外的爭端，還是附屬於合同本身的爭端？

C. 根據中國內地的法制，此項爭端，應當由CIETAC受理、管轄並作出仲裁裁決，還是應當由香港法院受理、管轄並作出司法裁判？

D. 根據中國內地的法制，如果在受理本項爭端之管轄權本身以及法定管轄機構本身問題上發生分歧，應當如何解決？

茲針對這四個問題，逐一澄清如下：

A. 中國最高人民法院的司法解釋規定：「對於《涉外經濟合同法》第5條所說的『合同爭議』應作廣義的理解。凡是雙方當事人對合同是否成立、合同成立的時間、合同內容的解釋、合同的履行、違約的責任，以及合同的變更、終止、轉讓、解除等發生的爭議，均應包括在內。」[47]

對照本案事實，上述匯票的兌現問題，乃是買賣雙方在本合同履行過程中貨款支付上的爭議；而關於此項爭議是否應當提交中國仲裁機構仲裁的問題，則是對本合同第7條仲裁條款的含義和適用範圍應當如何解釋的爭議，即乃是一種有關「合同內容的解釋」上的爭議。根據上述司法解釋，無論是前一種爭議還是後一種爭議，顯然都應歸屬於廣義的「合同爭議」的範圍，應當按《涉外經濟合同法》第5條和《民法通則》第145條的有關規定，確認或推定適用於本合同上述兩大爭議的準據法以及管轄和處理這兩大爭議的專屬機構。

　　由此可見，就中國內地的法律邏輯概念而論，上述匯票的爭議，不能獨立於上述仲裁條款中「與合同有關的分歧」一詞以及上述司法解釋中「合同爭議」這一概念對它的涵蓋，不能排除中國內地上述有關法律規定以及有關司法解釋對它的適用和約束。

　　B. 根據《涉外經濟合同法》第12條的規定，合同的標的和標的的價款是任何經濟合同必備的基本條款。就買賣合同的特殊本質而論，上述匯票爭端，也不可能獨立於A158號買賣合同之外，獨立自在。A158號買賣合同一開頭就標明「買方」和「賣方」，足見這是一個典型的買賣合同。合同第1條第一款和第二款規定了賣方的供貨義務（即買方的得貨權利）緊接著，第1條第三款和第3條規定了買方的付款義務（即賣方的得款權利）。換言之，這些條款明確規定了買賣雙方的**基本權利**和**基本義務**，兩者互相對應、互相依存、互相結合，**不可分割**地構成本買賣合同的靈魂和心臟。因此，如果硬說10732C號匯票乃是完全獨立於A158號買賣合同之外的另一合同，硬說這張匯票上的金額竟然與上述合同貨款總金額毫不相干，那麼，合同上述條款規定的買方付款義務就成為一句空話，從而A158號買賣合同就成為「只要求賣方供貨、不要求買方付款」的合同，就變成了約克公司向北海公司實行「**無償贈與**」的合同，合同開頭標明的「買方」與「賣方」也就變成了「**受贈人**」和「**贈與人**」，這豈不**荒謬可笑**？另外，約克公司要求北海公司兌現這張匯票，也就相應地變成毫無合法原因而強行要求北海公司向約克公司實行「無償贈與」的「勒索」了！這豈是原告索取貨物價款的原意或行使請求權的立足點？可見，如果硬把本案中的10732C號匯票說成是獨立於

A158號買賣合同之外的法律事實或法律關係，不但根本改變了A158號買賣合同作為買賣合同的特殊本質，從而剝奪了它的法律「生命」，而且也使約克公司就這張匯票提出的兌現請求權成為**無本之木和無源之水，失去任何法律根據。**

另外，就供貨與付款的因果關係而論，上述匯票爭端也不能獨立於A158號買賣合同之外。因為，此項匯票兌現付款爭議是由賣方未能按時、按質、按量供貨引起的，可見供貨問題上的爭議與付款問題上的爭議兩者之間具有直接的、不可分割的因果關聯；也可以說，付款爭議乃是供貨爭議的一種表現形式。既然雙方當事人都不否認供貨問題的爭議乃是直接屬於本合同上的爭議，那麼，對於由此直接引起的付款爭議（即10732C號匯票兌現爭議），任何一方當事人也就無權、無法否認它也是完全直接屬於本合同履行上的爭議。

C. 根據《涉外經濟合同法》第37條的規定，發生合同爭議時，當事人可以依據合同中的仲裁條款或者事後達成的書面仲裁協議，提交中國仲裁機構或者其他仲裁機構仲裁。由於A158號買賣合同的仲裁條款明確規定應將當事人雙方無法達成協議的有關合同的任何爭端提交CIETAC仲裁，因此，與本合同貨款支付直接相關的匯票兌現的爭議，理所當然地應依約提交上述仲裁機構仲裁，而不應違約訴請香港法院受理和管轄，並由後者作出司法裁判。

D. 在澄清上述A、B、C三個問題之後，如果當事人對於上述仲裁條款本身的內容及其適用範圍仍有爭議，特別是對於上述中國仲裁機構對本案匯票爭議是否有權受理管轄一事仍有分歧，

那麼，要解決這種爭議或分歧，在中國內地的有關規定中仍然是有法可依和有章可循的。這些法律和規章的基本要點如下：

《民事訴訟法》第257條規定：「涉外經濟貿易⋯⋯中發生的糾紛，當事人在合同中訂有仲裁條款或者事後達成書面仲裁協議，提交中華人民共和國涉外仲裁機構或者其他仲裁機構仲裁的，當事人不得向人民法院起訴。」

這意味著：凡是當事人約定對涉外爭端採取仲裁解決的，就絕對排除司法解決。

根據前引最高人民法院的司法解釋[48]，有關合同中仲裁條款本身含義和適用範圍的爭議，也應認定為一種合同爭議，並依合同中仲裁條款的規定，提交事先約定的仲裁機構仲裁。

《中國國際經濟貿易仲裁委員會仲裁規則》第2條第三款規定：「仲裁委員會有權就仲裁協議的有效性和仲裁案件的管轄權作決定。」這種規定，顯然和《民事訴訟法》第257條的規定以及最高人民法院的上述司法解釋互相響應，互相補充，三者的基本精神是完全一致的。其綜合性的法律結論當然就是：凡是當事人約定對涉外爭端採取仲裁解決的，如果雙方對仲裁條款的內涵本身發生爭議，也應提交原先約定的仲裁機構，就該條款本身的有效性和仲裁管轄權作出決定。當事人任何一方都不得違約就仲裁條款本身的爭議向法院起訴，法院也不得受理。（1995年9月1日開始施行《中華人民共和國仲裁法》後，另有新的規定。詳見該法第20條。）

綜上所述，任何人，只要真心實意地尊重和遵循當事人「意思自治」和「最密切連繫」這兩大法理原則，就必然會認定中國

內地的法律是解決A158號買賣合同一切有關爭端的唯一準據法；任何人，只要言行一致地承認中國內地的法律是解決本合同一切爭端的準據法，並對此準據法給予起碼的尊重，就絕不會對中國內地法律體制中有關涉外合同爭議及其管轄權的一系列具體規定棄置不顧，硬把與A158號買賣合同血肉相連的10732C號匯票爭端強行「**肢解**」硬把香港地區法律作為它的準據法，並把該爭端的管轄權強行扣留在香港法院。

三、判決質疑之二：關於中國內地法律「承認」本案 匯票爭端之「獨立性」問題

卡普蘭法官作出前述判決的主要依據之一，是狄克斯先生提供的前述證詞。判詞共二十九頁，卻以長達六頁的篇幅引述了狄克斯先生的觀點。據稱：

原告提供了御用大律師安東尼・狄克斯先生撰寫的一份專家證詞。狄克斯先生是一位中國內地法律的專家，尤其精通中國內地各類付款制度包括匯票制度的發展過程。……狄克斯先生證詞的精華在於：也指出，（陳、姚）兩位教授都忽視了匯票作為可轉讓票據的特性，因此他們所持的看法，都沒有考慮到或不符合於中國內地在匯票以及其他票據方面實施的各項法律原則。[49]……

我對狄克斯先生的證詞印象十分深刻，在我看來，該證詞分析問題合乎邏輯，條理分明，並從中國內地有關可轉讓票據法律的發展過程來加以論證。[50]……

我準備採納狄克斯先生作出的結論。……我的結論是：以中國內地的法律作為準據法，應當把匯票與出具匯票有關的基礎合同分割開來，區別對待。[51]

關於狄克斯先生作出的結論，其主要論點已列明於本文第一部分倒數第六段，毋庸贅述。問題在於狄克斯先生在論證其論點時所援引和發揮的論據，即他所謂的「中國內地在匯票以及其他票據方面實施的各項法律原則」，卻往往是「無中生有」或「化有為無」，並不符合事實原貌或原文原意。於是卡普蘭法官就在「印象十分深刻」之下被導入所謂「中國內地票據法律原則」的誤區，信假為真，以訛傳訛。茲擇要說明狄克斯先生的訛誤如下：

（一）中國內地法律中並不存在狄克斯生造的「匯票自治原則」和匯票至高無上的「獨立性」

據狄克斯先生強調，他所稱的「匯票自治原則」，「已經被中國內地的法規所認可」。但我們遍查所有的中國內地法規，始終未能發現這個怪名詞的蹤跡。至於他所描繪的匯票能夠絕對地「獨立存在」，即使未經任何背書轉讓，票據債務人也無權對不履行約定義務的與自己有直接債權債務關係的持票人進行抗辯，依法拒絕對票據債權人履行付款義務，我們遍查中國內地法規，也從未見過任何法規竟然賦予未經背書轉讓的匯票如此崇高的法定獨立地位。

（二）狄克斯援引中國內地的《銀行結算辦法》時，使用了斷章取義和化有為無的手法

狄克斯先生援引來論證其所謂「匯票自治原則」的主要中國內地法規之一，是一九八八年十二月十九日由中國人民銀行發布的《銀行結算辦法》（以下簡稱《結算辦法》）。他轉述了其中第14條第五款關於商業匯票允許背書轉讓的規定，同時摘引了其中第22條的規定，即「本辦法允許背書轉讓的票據，因不獲付款而遭退票時，持票人可以對出票人、背書人和其他債務人行使追索權，票據的各債務人對持票人負連帶責任」。他力圖以這兩項規定來論證他所主張的有關匯票的絕對的「autonomy」[52]，似乎中國內地的有關法令或規章也承認匯票的這種「autonomy」乃是至高無上、凌駕一切、壓倒一切和不容抗辯的。

但是，狄克斯先生卻任意「閹割」了適用第22條規定的**法定前提**：票據經過「**背書轉讓**」，並且以移花接木和張冠李戴手法，把它強加於本案10732C號這份未經背書轉讓的匯票頭上；同時忽略了或「迴避」了《結算辦法》第14條第二款和第三款的規定，即對商業匯票使用範圍及其票據權利加以重大限制。該辦法第14條第二款從正面規定：「在銀行開立帳戶的法人之間根據購銷合同進行商品交易，均可使用商業匯票。」緊接著，該辦法第14條第三款又從反面加以補充：「簽發商業匯票必須以合法的商品交易為基礎，禁止簽發無商品交易的匯票。」按照這兩款的規定，一張商業匯票，即使它完全具備一般票據行為的要件，但它的簽發如果不以合法的商品交易為基礎，或者它竟是一張無商品交易的匯票，那麼，在中國內地，這張匯票就是不受法律保護

的匯票，或者它就是一張法令所禁止的因而是自始無效的匯票。試問：一張不受法律保護的匯票或自始無效的違法匯票，它所記載的票據權利，在並未背書轉讓以前，又有何「autonomy」可言？衡之於本案事實，本案涉訟的10732C號匯票，如果它不是以A158號買賣合同的商品交易為基礎，如果它不與此項商品交易緊密結合，它就是中國內地法令所禁止的「無商品交易的匯票」。在此種情況下，以中國內地《結算辦法》作為法律準繩，這張匯票對於收款人約克公司說來，就理所當然地成為無根之本、無源之水，從而失去它自己的法律生命。試問，一張匯票連法律生命都不存在了，「autonomy」又何能健在呢？

另外，狄克斯先生也忽略了或迴避了《結算辦法》第10條的明文規定：「銀行按照本辦法的規定審查票據、結算憑證和有關單證。收付雙方發生的經濟糾紛，應尤其自行處理，或向仲裁機關、人民法院申請調解或裁決。」這一條文至少說明了三點事實：

（1）票據成立之後，收款人與付款人之間產生經濟糾紛乃是一種屢見不鮮的正常現象。就匯票而言，一方面，持票人或收款人依法享有匯票上所載明的收款的權利；另一方面，承兌人或付款人也依法享有對對方收款權利提出抗辯的權利。這樣才會形成「收付雙方的經濟糾紛」。如果不承認承兌人或付款人的抗辯權，凡是票據上債務人對票據載明的債權只許屈從不許抗辯，那就不會發生任何「收付雙方的經濟糾紛」，從而也就無須在有關票據的法令中對票據「收付雙方的經濟糾紛」的解決途徑專設一條規定了。可見，這條規定的實質就是承認和保護票據債務人有

權對票據債權人依法抗辯。

（2）票據「收付雙方發生的經濟糾紛」的解決途徑有三，即（A）當事人自行協商解決；（B）向仲裁機構申請調解或仲裁；（C）向人民法院起訴，要求給予判決。本案的案情已經表明：上述（A）種途徑已經行不通。

（3）根據前引中國內地《民事訴訟法》第257條規定，由於本案A158號買賣合同中已經訂有明確的仲裁條款（合同第7條），當事人不得向人民法院起訴。因此，上述（C）種途徑也已經行不通。剩下唯一可行的途徑就是將本案「收付雙方發生的經濟糾紛」依法、依約提交CIETAC仲裁。

由此可見，在《結算辦法》第10條面前，狄克斯先生所反覆強調的關於10732C號匯票的「autonomy」，再一次被打了一個大大的折扣。正是這第10條規定，根據本案A158號買賣合同的仲裁條款，遵循《民事訴訟法》第257條的規定，已經把作為A158號買賣合同買賣雙方糾紛之組成部分的10732C號匯票收付雙方糾紛的受理權和管轄權，明白無誤地和無可置疑地授予了CIETAC。

人們不禁納悶：既然是一個「精通」中國內地票據法發展過程的專家，怎麼能在援引中國內地《結算辦法》時，使一些關鍵性條文在其筆下失去原有的適用前提（如前述第22條），或在其眼中整條整條地消失無蹤（如前述第10條和第14條）？

（三）狄克斯在轉述郭鋒先生的論文時，「閹割」前提、歪曲原意

狄克斯先生轉述了中國律師郭鋒先生論述票據糾紛的一篇文章（以下簡稱「郭文」），認為文章作者概述了票據的若干特點，並清楚地說明了票據行為的「獨立自主」。[53] 經查對原文，我們發現，狄克斯先生在轉述這篇文章時又「忽略」了幾個關鍵問題：

郭文探討的主題乃是：**票據經背書轉讓之後**，票據債務人對於持票的善意第三人的票據債權，應當承擔什麼責任。換言之，全文的論述主題，特別是在論述普通債權與票據債權的區別時，其大前提乃是：第一，票據已經背書轉讓；第二，已經出現持票的**善意第三人**。在狄克斯先生提醒人們注意他提供的這篇文章英譯本的第一部分（the first seven pages of the translation of part I of the article），其中的醒目標題是「應當區別普通債權轉讓和票據的背書轉讓」，接下來所列舉的六點區別，也無一不是以票據已經「背書轉讓」和已經出現持票的「善意第三人」作為立論前提的。[54] 但是，狄克斯先生在援引郭文這些論點用以論證狄克斯先生自己所極力強調的票據權利的「autonomy」時，卻有意地「忽略」了或刪除了郭文立論的這兩個大前提。本案涉訟的10732C號匯票，其票據雙方當事人始終就是買賣合同原來的雙方當事人，從未發生過「背書轉讓」情事，因此，本案這場票據糾紛的當事人也百分之百地就是原來買賣合同糾紛的當事人，絲毫不涉及任何持票的善意第三人問題。在根本不存在任何持票善意第三人的本案中，援引專論票據背書轉讓後如何對待持票善意

第三人的文章，來論證本案票據的所謂「autonomy」，這豈不是「驢唇不對馬嘴」？

應當指出：郭文中本來就含有數處明確論述，對狄克斯先生所堅持的票據無條件「autonomy」的主張十分不利，或者說，對這種票據絕對「autonomy」的主張起了否定的作用。但郭文中的這些明確論述，也被狄克斯先生不該忽略地「忽略」了。例如，郭文中提到，在許多場合，票據債務人可以對票據債權人提出抗辯，拒絕付款。其中包括：如果票據債務人從事的票據行為是受欺詐或脅迫而進行的，或者原因關係中的直接相對人拒絕履行民事義務等，票據債務人均可依法行使抗辯權。為了說明問題，郭文中特地舉了一個例子：「如甲乙簽訂購銷合同，乙銷售貨物給甲，甲簽發商業匯票一張給乙，乙背書轉讓給丙。由於某種原因，乙未能交貨給甲。此時，如果乙持票要求甲付款，甲可以以乙未履行合同為由進行抗辯。但如果受讓票據時不知情的丙提示票據要求付款，則甲不能拒付。」郭先生並且強調：「司法實踐中，對於正當抗辯必須予以維護。」[55]

根據郭鋒先生本人所作的說明，他在上述文章中所說的「原因關係」，其含義是指票據的基礎關係。在因買賣行為而授受票據的情況下，該買賣關係就屬於原因關係或基礎關係。[56]郭先生的這種觀點與當前中國內地有關票據法著作中的一般觀點是一致的。下文將作進一步介紹。

郭鋒先生的這些觀點是正確的。它所論證的恰恰就是：在一項買賣行為（票據授受的原因或原因關係）中，儘管賣主已經持有買主承兌的匯票，如果賣方不依約履行供貨義務（包括完全不

供貨、供貨數量或質量不符合合同規定），買方就有權在賣方持票要求兌現付款時提出抗辯，拒絕付款。在這種情況下，賣主所持有的匯票之能否兌現，取決於和完全從屬於原有的買賣行為中賣方是否已經依約履行供貨義務，這麼一來，這張匯票及它所記載的票據債權，又有何「autonomy」可言呢？連繫到本案，北海公司就相當於郭文上述舉例中的甲，約克公司就相當於上例中的乙，北海公司與約克公司之間的買賣關係與票據關係，就相當於上例中的甲乙兩方當事人的關係。因此，北海公司對10732C號匯票的抗辯權，依法是無可爭議的，也是法律所應當予以保護的。

　　在中國內地闡述票據法基本原理的學術著作中，把票據當事人之間授受票據的原因稱為「票據的原因關係」。[57] 就本案而言，10732C號涉訟匯票產生的原因和根源就是A158號買賣合同。A158號買賣合同與10732C號匯票之間的因果關係和主從關係是一目了然的。本案買主（北海公司）與賣主（約克公司）先是從事買賣行為的雙方當事人，繼而又是從事票據行為的雙方當事人，在這份業經承兌的匯票並未轉讓給任何第三人以前，本買賣行為與本票據行為的各方主體（當事人、行為人）是完全重疊、復合和一致的。買賣行為雙方當事人在民法上的權利與義務（買方得貨付款，賣方得款付貨），與票據行為雙方當事人在票據法上的權利與義務（承兌人—付款人因得貨而付款，收款人因交貨而得款），也是完全重疊、復合和一致的。在這種情況下，雙方在票據行為上發生的爭執（應否付款）與買賣行為上的爭執（交貨是否符合合同約定）實際上也是完全重疊、複合和一致

的。

　　此時，對於這樣一件在買賣行為和票據行為上雙方當事人分別重疊複合、權利義務重疊複合、爭端重疊複合的案件，如果任意誇大票據行為的「獨立性」或「自主性」，硬把本項票據糾紛與其直接產生原因即本項買賣供貨糾紛完全割裂開來，單就票據本身談票據，絲毫不問其糾紛直接原因即買賣行為中的是非曲直和青紅皂白，而要求買方（即承兌人—付款人）無條件付款，這就既不符合基本法理，也不符合中國內地的具體法律規定。因此，任何法院或律師如果竟然支持這種無理要求，就難免令人聯想到廣泛流行於中國民間的一則著名寓言：某甲中箭受傷，求醫於某乙。乙取出小鋸，鋸斷甲體外的箭桿，即稱手術完畢，要求付酬。甲惶惑不解，訴說箭鏃尚在體內。乙答：「我是外科醫生，只管體外部分。箭鏃既在體內，請另找內科醫生！」不言而喻：任何一個稍具水平的律師或法官在為當事人排難解紛時，顯然都應把因果直接相連、不可分割的兩項糾紛綜合考慮，作出符合基本法理的公平判斷，就像任何一個稍有醫學常識的醫生在治療上述箭傷時，理應把「箭鏃」與「箭桿」綜合考慮、綜合施治一樣。

（四）狄克斯的見解與中國內地票據法學術著作中公認的觀點、有關的國際公約以及中國內地票據法的具體規定都是背道而馳的

　　在中國內地，一九九四年二月出版的《票據法全書》（全書一九五〇頁，約三一五萬字）中，就闢有一章專門論述「票據抗

辯」。書中多處論證、肯定和支持票據債務人依法行使抗辯權，從而很不利於或否定了狄克斯先生論證票據的絕對「autonomy」。茲簡單摘錄數段如下：

A. 「票據抗辯是指票據債務人對於票據債權人提出的請求（請求權），提出某種合法的事由而加以拒絕。票據抗辯所根據的事由，稱為抗辯原因；債務人提出抗辯，以阻止債權人行使債權的權利，稱為抗辯權。票據抗辯是票據債務人的一種防禦方法，是債務人用以保護自己的一種手段。」[58]

B. 「對人的抗辯：對人的抗辯是指特定的債務人對特定的債權人的抗辯……主要有以下幾種情況：……」

「（1）原因關係不合法：簽發票據的原因是否有效，本來不影響票據債權的效力，因為票據是無因證券。但是如果這種不合法的原因關係發生在授受票據的直接當事人之間，則仍可以此為理由而主張抗辯。例如，為支付賭博所欠款項而簽發的支票，債務人對於直接接受該支票的受讓人的付款請求，可以主張抗辯，但不得對抗其他非直接受讓人的請求。

（2）原因關係的無效、不存在或已消滅：票據上的權利義務因票據行為而發生，本來不會因其原因關係無效、不存在或消滅而受影響，但在直接授受票據的直接當事人間，仍可主張抗辯。例如，甲向乙購貨而簽發一張本票給乙，後乙不能交貨，對於乙的付款請求，甲可以主張抗辯。

（3）欠缺對價：票據關係的效力本不因對價關係的有無而受影響，但在直接當事人間，如以對價的收受為條件時，一旦欠缺對價，則可主張抗辯。例如，發票人以執票人應貸相當於票面

金額的款項為條件而簽發票據與執票人時，如執票人未依約貸款給發票人，則發票人可以此對抗執票人。」[59]

C.「……在對人的抗辯中，對直接當事人之間的抗辯也無法限制。例如，在發票人與受款人之間，既存在票據關係也存在原因關係。依照民法同時履行的原則，受款人向發票人請求付款時，發票人也可以請求受款人履行原因關係中的債務。雖然前者屬於票據關係，後者屬於原因關係，但是既然同時存在於相同的當事人之間，如不許其行使抗辯權，顯然是不公平的，而且會使當事人之間的法律關係更加複雜。所以，對直接當事人之間的抗辯，票據法也不予限制。」[60]

D.「……如果原因關係與票據關係存在於同一當事人之間時，債務人可以利用原因關係對抗票據關係。例如，A向B購貨而交付本票於B，以後AB間的買賣合同解除，B持票向A請求付款時，A可以主張原因關係不存在而拒絕付款，這種情形只限於直接當事人之間。」[61]

中國內地學者上述票據法著作中所闡述的基本觀點，與一九八八年《聯合國國際匯票和國際本票公約》有關規定的基本精神是完全一致的。該公約第28（1）（b）和（1）（d）條規定：當事人既可以向不受保護的持票人提出基於他本人與出票人在票據項下的基礎交易的任何抗辯，也可以提出對他本人與持票人之間的合同內行動可提出的任何抗辯。第30（1）（b）條則進一步規定：當事人對於受保護的持票人可以提出基於他本人與上述持票人在票據項下的基礎交易而提出的抗辯。[62]

從中國內地學者票據法著作中所闡述的上述觀點以及聯合國

上述公約的有關規定中，顯然可以歸納出以下幾個要點：

（1）**民法**上的一般**債權債務關係**與**票據法**上的**債權債務關係**既有區別又有連繫。因此，既**不能把兩者完全混為一談**，又**不能**無條件地把兩者**絕對割裂**。

（2）在票據上的原債權債務通過背書已轉移給授受票據的原當事人以外的善意第三人之後，就應當嚴格地區分作為授受票據原因的原有一般民事債權債務關係與票據轉讓後新產生的票據債權債務關係。換言之，在票據背書轉讓後，新產生的票據債權債務關係具有一定的獨立性，不受原民事債權債務關係的影響。

（3）在票據未經任何背書轉讓給任何第三人以前，在直接授受票據的直接當事人之間，既存在票據法上的債權債務關係，也存在票據原因上的債權債務關係，即原有的、一般民法上的債權債務關係。此時，這兩種債權債務關係完全交融和完全化合在一起，成為一個合成體和化合物；同時，就該民事行為與該票據行為完全相同的雙方當事人之間而言，票據行為上的債權債務產生於、從屬於民事行為的債權債務，在這種情況下，該票據行為上的債權債務關係就不存在任何「獨立性」。因此，應當對該票據行為上的債權債務糾紛與原民事行為上的債權債務糾紛實行綜合「診斷」和綜合「治療」。此時此際，就應當特別強調保護票據債務人依法享有和依法行使的抗辯權。

（4）連繫到本案，A158號買賣合同糾紛與10732C號匯票兌現糾紛之間的雙方當事人、糾紛性質、糾紛關係，完全符合上述第（3）點的情況。因此，對於雙方行為和雙方主張的是非曲直，理應切實按照上述分析，作出符合當今世界各國基本法理原

則、符合國際慣例的綜合分析，實行綜合「診斷」和綜合「治療」。

中國內地學者的上述一貫觀點和聯合國上述公約所規定的票據法基本原則，不但已經體現在一九八八年中國內地《銀行結算辦法》的前引條文之中，而且尤其鮮明地體現在**一九九五年五月十日通過的《中華人民共和國票據法》**之中。後者強調：票據的簽發、取得和轉讓，都必須「具有真實的交易關係和債權債務關係」。除了因稅收、繼承、贈與可以依法無償取得票據以外，「票據的取得，必須給付對價，即應當給付票據雙方當事人認可的相對應的代價」[63]，從而賦予票據債權人與票據債務人以公平、平等的權利與義務。在這一基本立法原則指導下，它明文規定：

票據債務人可以對不履行約定義務的與自己有直接債權債務關係的持票人，進行抗辯。本法所稱抗辯，是指票據債務人根據本法規定對票據債權人拒絕履行義務的行為。[64]

至此，可謂塵埃終於落定，「真、假包公」一目了然！人們終於看清：無限推崇匯票至高無上的「autonomy」，鼓吹一票在手便所向無敵，不許票據債務人依法據理進行抗辯和拒絕付款，這種主張，乃是一位「假包公」，因為不是別人，正是它自己，根本沒有考慮到，也不符合於中國內地在匯票和其他票據方面實施的各項法律原則！

（五）狄克斯在援引中國內地《民事訴訟法》，以論證其所謂匯票的「autonomy」時，竟然竄改條文，無中生有

狄克斯先生轉述了中國內地《民事訴訟法》第189至192條所規定的「督促程序」說是：

（1）它使原告在請求被告給付金錢或有價證券時，有權單方申請法院向被告發出「支付令」，被告在15日內不提出反對意見，支付令即可強制執行。被告有權提出書面「異議」，說明原告要求給付的權利受到當事人間其他糾紛的制約，在這個基礎上，法院就必須決定是否取消支付令。[65]

（2）……關於當事人之間是否存在某種糾紛從而可否取消針對票據的支付令，應由法院根據被告主張是否有理，作出決定，而並非單憑被告呈交「異議」，便可自動決定取消。[66]

（3）對依據匯票提出的付款請求提出不合理的或未說明理由的異議，即使是在匯票原有當事人之間提出，也不足以取消支付令。[67]

把狄克斯先生的這三段轉述文字，與中國內地《民事訴訟法》有關條文的下述原文作一對照，立即可以看出狄克斯先生竟把他的錯誤理解強加給中國內地的有關法律：

（1）《民事訴訟法》第189條第一款規定：「債權人請求債務人給付金錢、有價證券，符合下列條件的，可以向有管轄權的基層人民法院申請支付令：（一）債權人與債務人沒有其他債務糾紛的；（二）支付令能夠送達債務人的。」

（2）同法第191條第一款規定，人民法院受理申請後，經過審查，可以批准申請並向債務人發出支付令，也可以駁回債權人的申請。第二款則進一步規定：「債務人應當自收到支付令之日起十五日內清償債務，或者向人民法院提出書面異議。」

（3）同法第192條明文規定：「人民法院收到債務人提出的書面異議後，**應當裁定**終結督促程序，支付令自動失效，債權人可以起訴。」

根據上述（1）中的法律規定，債權人可以向法院申請支付令的必備前提條件是該「債權人與債務人沒有其他債務糾紛」。狄克斯先生在轉述中國內地有關申請「支付令」的法律規定時，卻把這個要害和關鍵「**閹割**」了。衡之本案事實，原告與被告之間除了10732C號匯票糾紛之外，還存在著密切相關的A158號買賣合同糾紛，即還存在著「其他債務糾紛」。據此，原告哪有什麼資格向法院申請「支付令」呢？

根據上述（3）中的法律規定，法院在收到債務人提出的書面異議後，就「應當裁定」終結督促程序，與此同時，已經發出的「支付令」立即「自動失效」。在這裡值得特別強調的是：第一，這段法律條文明確規定了法院**必須遵循**的審判原則和行為規範，即一旦債務人在法定期限內提出了書面異議，法院就「應當裁定終結督促程序」，從而使「支付令自動失效」。換言之，此時法院在應否裁定終結督促程序並使已經簽發的「支付令」自動失效問題上，**並無任何自由裁量的權力**，而只有依法裁定終結督促程序的義務。第二，如果真有哪一位中國內地法官敢於無視法律的上述**強制性規定**，在債務人提出上述書面異議之後，竟然採

納狄克斯先生的「建議」，自由地「decide whether or not to discharge the payment order」，並膽敢擅自作出繼續實行「督促程序」和維持原有「支付令」的決定或裁定，那麼，這位法官就是「知法犯法」和「執法犯法」，從而難免受到懲處。第三，可以斷言，在「督促程序」和「支付令」這個具體問題上，中國內地不會出現這種水平的法官。因為，《民事訴訟法》第192條的文字是如此斬釘截鐵，明明白白，毫無模棱兩可之處。

由此可見，狄克斯先生的上述見解，即認為在票據債務人提出書面異議之後，法院竟然擁有自由裁量權，可以不終結督促程序，不使「支付令」自動失效，這種「自由裁量權」顯然是他自己無中生有地「製造」出來並強加於中國內地《民事訴訟法》的。

四、判決質疑之三：關於本案被告的答辯權問題

卡普蘭法官在「中國內地票據法原則」方面受到的狄克斯先生的誤導，**本來是可以避免的**。因為，陳安教授在閱讀狄克斯先生的「Affidavit」之後，發現其中有多處誤解、曲解中國內地法律或法學文章的原文原意，因而曾應被告要求，再次出具一份專家意見書呈交香港高等法院，對上述誤解和曲解逐一予以澄清。如果卡普蘭法官充分尊重法律賦予被告的答辯權利，他本來可以做到「兼聽則明」，避免偏聽偏信、**「誤入迷途」**和以訛傳訛的。

可惜的是，正如卡普蘭在本案判決書中所稱：

1994年11月下旬，我拒絕了被告的申請，不接受他們提交的

陳安教授所寫的另外一份意見書，因為已經為時太晚，而且在特殊的環境下，對方的專家狄克斯御用大律師沒有機會在足夠的時間內作出答覆。[68]

這種說法和所列舉的理由，是難以令人信服的。

（一）卡普蘭法官的「為時太晚」論是站不住腳的

按照卡普蘭法官一九九四年三月二十四日下達的裁定，原告約克公司必須在一九九四年五月五日以前提供兩份專家意見書。但狄克斯先生為原告提供的專家意見書卻一拖再拖，直到一九九四年八月五日才呈交香港高等法院，逾規定時限已經整整三個月。卡普蘭法官不但並未因其呈交「為時太晚」而拒絕接受，反而長篇援引作為判決的主要依據之一。可是，被告方面提供的針對狄克斯意見書的答辯、反駁意見和澄清說明，雖然早在一九九四年九月一日即已出具和提交，距狄克斯意見書的提交只有二十六天，可謂反應迅速，何能以「為時太晚」為藉口而拒絕接受和置之不理？本案判決書直到一九九四年十二月十六日才作出，距離被告上述答辯和反駁意見提交的九月一日，已經三個半月，在這麼長的時間裡，足夠經辦本案的主審法官將該反駁意見認真審閱考慮，該法官何能以「為時太晚」為由而拒不理睬？這三個半月時間，也足夠被反駁的狄克斯先生從容不迫地考慮問題和進行反答辯，經辦法官有何根據可以斷定他「沒有機會在足夠的時間內」作出反答辯？簡言之，人們不禁要問：「為時太晚」和「足夠時間」二詞究竟有何標準？對於原告方與對於被告方，**是否適**

用同一標準？

至於所謂「特殊的環境」，究何所指，判決書中也未作任何具體說明和曉諭。人們只是從香港地區出版的 *The News-Gazette* 上看到一則信息：

卡普蘭法官已宣布他將辭去高等法院職務。他將在今年聖誕節左右離開法院。[69]

我們很不相信這就是「特殊環境」的主要內容。因為經辦本案的主審法官顯然不能以他本人即將辭職離任作為理由，拒不接受和拒不認真審讀和考慮來自被告的答辯意見，何況這種答辯意見早在聖誕節以前三個多月就已呈交該法官座前。如果該法官即將辭職離任並不是「特殊環境」的主要內容，那麼，為什麼不在莊嚴的判決中**堂堂正正**明確列舉事實，以證明該法官不給予被告平等的答辯權是確有道理的，從而維護該法院和該法官的權威和榮譽？這真是令人百思不得其解！

（二）卡普蘭法官不給予被告充分的答辯權，是違反公平原則、違反國際訴訟程序慣例的

眾所周知，在任何訴訟程序中或仲裁程序中，最基本的法理原則之一，就是一定要確保爭端雙方當事人享有充分的、平等的訴訟權利，允許雙方在一定期間內充分舉證、充分爭辯，使「真理愈辯愈明」，藉以便於法官或仲裁員查明事實，分清是非，正確適用法律，公正、公平地處斷案件。這條法理原則，不但體現

在當代各國的訴訟立法和仲裁規則之中，而且體現在有關仲裁程序的國際公約之中，成為國際公約和國際慣例的一部分。

在英美訴訟法的理論和實踐中，有所謂「rules of natural justice」（自然公平準則），這是任何正直法官都必須認真遵循和貫徹的。在Board of Education v. Rice一案中，就曾經有如下的精闢論斷和有關評論：

遵循「兼聽則明」這一自然公平準則，就必須讓「訟爭的各方當事人都享有公平的機會，能夠糾正或反駁不利於自己主張的各種有關陳述」。否則，受到判決損害的一方當事人就有正當理由控訴審理不公。[70]

在中國內地的《民事訴訟法》中，為了貫徹「以事實為根據，以法律為準繩」，公平公正斷案，也反覆強調了對訟爭雙方當事人應當賦予公平、平等的訴訟權利：

民事訴訟當事人有平等的訴訟權利。人民法院審理民事案件，應當保障和便利當事人行使訴訟權利，對當事人在適用法律上一律平等。[71]

在訴訟過程中，如果法官對任何一方當事人的申訴權或答辯權給予不公平的待遇，或寬縱一方而限制另一方，或不予任何一方以充分的陳述意見、提出異議的機會，則均屬於在訴訟過程中違反法定程序，可能影響案件的正確判決或裁定，對於這樣的裁

判，即使它是終審裁判，仍可通過法定的「審判監督程序」，予以再審或提審。[72]

在某些國際公約或示範性文件中，也規定了主審人員應當給予爭端當事人平等權利，特別是給予被訴人以充分答辯權。其中，被廣泛接受的《1958年紐約公約》就有這樣的規定：終局性仲裁裁決生效之後，受裁決執行之不利影響的一方有權以他在仲裁過程中未能充分陳述意見進行申辯作為理由，向仲裁裁決執行地之主管機關（通常是各國法院）申請對該裁決不予承認和不予執行。[73]一九八五年《國際商事仲裁示範法》則更進一步，允許受裁決執行之不利影響的一方當事人，有權舉證證明仲裁過程中確實存在未能充分申辯的事實，向執行地主管機關申請對該裁決予以撤銷。[74]

至於在**偏聽偏信、受人誤導**情況下，以**子虛烏有**的「中國票據法原則」（如不容許票據債務人抗辯）作為**斷案**的主要根據之一，則在真相大白之後，此種判決的法律效力必將喪失殆盡，貽笑大方！而有關人士的**公信力**，特別是自詡「精通中國文字」卻又膽敢竄改中國法律條文的狄克斯先生的**公信力**，也勢必蕩然無存，貽笑天下！

我們對香港高等法院「一九九三年第A8176號」判決書提出以上三個方面的質疑，其主旨在於通過學術爭鳴，進一步探求真知。誠懇期待能引起國內外法學界和司法界同行進一步的評論和探討，也歡迎卡普蘭和狄克斯兩位先生提出科學的批評意見。

注釋

* 本文的基本內容原載於香港城市大學出版的《中國法與比較法研究》1995年第1卷第2期。其後經修訂增補和譯成英文，以「Three Aspects of Inquiry into a Judgment—Comments on a High Court Decision in the Supreme Court of Hong Kong」為題，發表於〔日內瓦〕*Journal of International Arbitration* Vol.13 , No.4, 1996；修訂增補後的中文本題為《一項判決　三點質疑——評香港高等法院「1993年第A8176號」案件判決書》，發表於《民商法論叢》1997年第8卷，法律出版社1997年版。《民商法論叢》主編梁慧星教授在第8卷「卷首語」中指出：「該文所論，涉及中國內地法、英國法及香港法之間的『法律衝突』，屬地管轄與仲裁管轄的分野與交叉，民法債權債務與票據法債權債務的區別與連繫，原告與被告訴訟權利之平等與保障，主審法官與作證專家的知識水平與職業操守，執法不公與枉法裁判之揭示與預防等多種歧義，涵蓋實體法與程序法多方面的理論與實務問題，因此商得作者同意，刊載於此，以饗讀者。」現在收輯於本書，題目修改為《指鹿為馬　枉法裁斷》，藉以更加凸顯全文批判主旨。

〔1〕 指中國北京市的中國中央電視臺（CCTV）以及中國深圳市的興遠實業有限公司。

〔2〕 參見《香港高等法院1993年第A8176號案件上訴卷宗（Appellant's Hearing Bundle）》（以下簡稱《本案上訴卷宗》或「AHB」），第108-119頁。該卷宗複印件收存於香港城市大學法律學院資料室和廈門大學法律系資料室。原件見香港高等法院上述案件檔案。

〔3〕 參見《本案上訴卷宗》，第111、115頁。

〔4〕 以上事實，散見於《本案上訴卷宗》。在香港訴訟和在深圳仲裁的全過程中，雙方當事人對這些基本事實沒有爭議。

〔5〕 參見1993年9月11日《約克公司起訴狀》（Writ of Summons/Statement of Claim），載《本案上訴卷宗》，第2-3頁。

〔6〕 參見1993年9月23日《北海公司負責人林貴洪答辯狀》（Affirmation of Lam Kwai Hung）、1993年11月24日《林貴洪第二次答辯狀》（2nd Affirmation of Lam Kwai Hung），載《本案上訴卷宗》，第5-6、16-18、21-26頁。

〔7〕 香港法院所採用的「即決判決」程序，有若干特點類似於中國內地

《民事訴訟法》中的「簡易程序」和「督促程序」，但又有許多重大區別。參見《香港高等法院規則》第14號令、第14A號令；民事訴訟法》第142-146條、第189-192條。

〔8〕參見1993年9月27日香港高等法院書記官（Registrar）為本案發出的「傳票」（summons），載《本案上訴卷宗》，第8-10頁。

〔9〕參見1993年12月7日「烏利法官裁定書」（Order, Before Master Woolley of Supreme Court in Chambers），載《本案上訴卷宗》，第271頁。「Master」一詞，又譯「助理推事」或「司法事務官」。

〔10〕參見1993年12月8日北海公司《關於向高級法官上訴的通知書》（Notice of Appeal to Judge in Chambers），載《本案上訴卷宗》，第273-274頁。

〔11〕參見1994年3月10日陳安《關於約克公司與北海公司爭議案件的專家意見書》，載《本案上訴卷宗》。

〔12〕參見1994年4月7日陳安《關於約克公司與北海公司爭議案件專家意見書的重要補充》，同上卷宗。

〔13〕參見1994年4月4日《姚壯書面證詞》（Affidavit of Yao Zhuang），同上卷宗。

〔14〕參見1994年8月5日《狄克斯書面證詞》（Affidavit of A. R. Dicks）（英文本），第6頁，第12點；第15頁，第33點。同上卷宗。

〔15〕同上證詞，第5頁，第11點。

〔16〕同上證詞，第15頁，第33點。

〔17〕同上證詞，第4-5、13-15頁。狄克斯先生在表述這三點結論時，用的是迂迴曲折的語言，但他的真實觀點卻是相當明白、並不含糊的。

〔18〕收輯於《本案上訴卷宗》。

〔19〕參見1994年8月23日《香港北海公司訴美國約克公司仲裁申請書》，載中國國際經濟貿易仲裁委員會深圳分會《（94）深國仲受字第84號案件卷宗》（以下簡稱《第84號仲裁案件卷宗》）。該卷宗複印件收存於廈門大學法律系資料室（XULAL）。

〔20〕參見1994年12月16日《香港高等法院判決書》（1993 No. A8176），載《本案上訴卷宗》。

〔21〕參見1995年1月4日R. J.福克納大律師代表北海公司向香港上訴法院呈交的《上訴狀》（Notice of Appeal），同上卷宗。複印件收存於XULAL。

〔22〕參見1995年3月16日《中國國際經濟貿易仲裁委員會裁決書》〔（95）深國仲結字第16號〕，載《第84號仲裁案件卷宗》。

〔23〕1994年12月16日《香港高等法院判決書》（1993 No. A8176），第27-29頁。

〔24〕參見《本案上訴卷宗》，第167頁。

〔25〕美國對華實行高科技禁運，約克公司提供的四套冷水機組中包含有「微電腦控制中心」等，依美國法律不得售與中國。故這批貨物的提單上特別註明：「美國只許可這批貨物運往最終目的地香港。禁止違背美國法律規定。」（These commodities licensed by the United States for ultimate destination HONG KONG. Diversion contrary to U. S. Law prohibited.）參見《本案上訴卷宗》，第108、164頁。

〔26〕實際上由興遠公司設法實施。

〔27〕參見《本案上訴卷宗》，第62-68、85-91、112-117頁。

〔28〕同上卷宗，第108頁。

〔29〕本合同末句載明：「合同附件是合同不可分割的部分。」同上卷宗，第111頁。

〔30〕本合同文字上並未標明這些監造、驗收和操作人員來自北京和應送回北京，但連繫中央電視臺與深圳興遠公司所訂購銷合同第13條以及後來履行的事實，上述人員之來自北京和送回北京就一目了然和無可爭辯了。同上卷宗，第39、42頁。

〔31〕《本案上訴卷宗》，第111、115頁。

〔32〕韓德培主編：《國際私法》，武漢大學出版社1985年版，第149頁。

〔33〕參見1993年6月3日YIHK10732C號匯票，載《本案上訴卷宗》。

〔34〕參見1993年5月22日HKB10732C號匯票，載《本案上訴卷宗》。

〔35〕參見《本案上訴卷宗》，第108頁。

〔36〕1994年12月16日《香港高等法院判決書》（1993 No. A8176），第27-29頁。

〔37〕參見《香港法例》第341章，附錄五。

〔38〕參見《承認和執行外國仲裁裁決公約》，載《香港法例》第341章，附錄三。

〔39〕〔英〕狄西、莫里斯：《法律衝突》（第2卷），1993年英文第12版，第1225-1226頁；同書1987年英文第11版，第1182-1183頁。另參見「突尼斯航運公司訴阿梅門特海運公司」案中威爾伯福斯大法官的

意見、狄普洛克大法官的意見，分別載於《英國上議院上訴案例彙編》（1971年卷）（The Law Reports (1971), Appeal Cases Before the House of lords），1971年版，第596頁B段、第609頁D-E段。

〔40〕See M. J. Mustill and S. C. Boyed, *The Law nd Practice of Commercial Arbitration in England*, 2nd ed, Butterworths, London, 1989, pp.71-72.

〔41〕E. I. Sykes and M. C. Pryles, *Australian Private International Law*, 3rd ed, The law Book Co. ltd. (Australia), 1991, p.143.

〔42〕參見1994年12月16日《香港高等法院判決書》（1993 No. A8176），第16頁。

〔43〕同上書，第27-29頁。

〔44〕《最高人民法院關於貫徹執行〈中華人民共和國民法通則〉若干問題的意見（試行）》（1988年4月2日）第178條。

〔45〕《最高人民法院關於適用〈涉外經濟合同法〉若干問題的解答》(1987年10月19日)第一部分第（一）（二）項，載《最高人民法院公報、典型案例和司法解釋精選》，中華工商聯合出版社1993年版，第871-872頁。

〔46〕參見韓德培主編：《國際私法》，武漢大學出版社1985年版，第147-149頁

〔47〕參見《最高人民法院關於適用〈涉外經濟合同法〉若干問題的解答》(1987年10月19日)第二部分第（一）項，載《最高人民法院公報、典型案例和司法解釋精選》，中華工商聯合出版社1993年版，第872頁。

〔48〕參見《最高人民法院關於適用〈涉外經濟合同法〉若干問題的解答》(1987年10月19日)第二部分第（一）項，載《最高人民法院公報、典型案例和司法解釋精選》，中華工商聯合出版社1993年版，第872頁。

〔49〕1994年12月16日《香港高等法院判決書》（1993 No. A8176），第20頁。

〔50〕同上判決書，第24頁。

〔51〕同上判決書，第25頁。

〔52〕參見1994年8月5日《狄克斯書面證詞》（Affidavit of A. R. Dicks）（英文本），第5頁，第11點；第7-8頁；第15-16點，載《本案上訴卷宗》。

〔53〕參見1994年8月5日《狄克斯書面證詞》（Affidavit of A. R. Dicks）（英文本），第8頁，第17-18點，載《本案上訴卷宗》。

〔54〕參見郭鋒：《法院審理票據糾紛案應注意的幾個問題》，載《法制日報》1992年5月5日。

〔55〕參見郭鋒：《法院審理票據糾紛案應注意的幾個問題》，載《法制日報》1992年5月5日。

〔56〕參見「郭鋒先生答覆陳安教授的傳真函件」（1994年8月24日），載《本案上訴卷宗》，第356頁。

〔57〕參見覃有土、李連貴主編：《票據法全書》，中國檢察出版社1994年版，第31頁。

〔58〕覃有土、李連貴主編：《票據法全書》，中國檢察出版社1994年版，第67頁。

〔59〕覃有土、李連貴主編：《票據法全書》，中國檢察出版社1994年版，第68-69頁。

〔60〕同上書，第69-70頁。

〔61〕同上書，第33頁。

〔62〕同上書，第1745、1746頁。

〔63〕《中華人民共和國票據法》第10條、第11條第1款。

〔64〕《中華人民共和國票據法》第13條第2款、第3款。

〔65〕參見1994年8月5日《狄克斯書面證詞》（Affidavit of A. R. Dicks)（英文本），第12頁，第26點，載《本案上訴卷宗》.

〔66〕同上證詞，第12頁，第28點，同上卷宗。

〔67〕同上證詞，第13頁，第28點，同上卷宗。

〔68〕參見1994年12月16日〈香港高等法院判決書〉（1993 No. A8176）第2-3頁。

〔69〕《卡普蘭將辭去法院職務》，載《新公報》（香港）1994年8月，第13頁。

〔70〕《教育董事會訴賴斯案》，載《英國上訴法院案例彙編》（1911年卷），第179、182頁。另參見〔英〕S. A.德‧史密斯：《案例與評論》，載《劍橋法律學刊》（第28卷第2冊），1970年11月，第177頁。

〔71〕《民事訴訟法》第8條。另參見《民事訴訟法》第7條。

〔72〕《民事訴訟法》第64條第1款、第3款，第66條，第125條，第179條第1款第4項，第185條第1款第3項。

〔73〕參見《承認和執行外國仲裁裁決公約》第2條第1款（b）項。

〔74〕參見《國際商事仲裁示範法》第34條第2款（a）項（ii）。

第5章
外貿爭端中商檢結論曖昧、轉售合同作偽問題剖析

——中國A市MX公司v. 韓國HD株式會社案件述評

↘ 內容提要

　　A市MX進出口有限公司（買方）訴韓國HD綜合商事株式會社（賣方）一案中，雙方曾經簽訂一份二百噸有光聚酯切片「進口保稅」的購銷合同，其中逐一列明有關產品規格和質量的八種具體數據，並規定以目的港（A市）進出口商品檢驗局出具的檢驗證書作為最後依據。由於買方MX公司的失誤，訂錯貨物，發現後買方退貨不成，遂製造藉口，拒絕付款。隨後又以A市商檢局出具證書中的只言片語作為新的藉口，主張貨物質量不符合訂貨合同的要求，拒絕收貨付款，甚而更進一步要求賣方賠償「預選轉售」的損失，並提請中國國際經濟貿易仲裁委員會仲裁。賣方（被申請人）韓國HD公司在代理律師的幫助下，指出買方（申請人）MX公司提供的證據存在多種可疑之處，並向仲裁庭提交了中國兩家權威機構出具的新的質量驗證書，澄清了事實，有力地駁斥了買方MX公司的無理要求，維護了韓國HD公司的

合法權益。本案以原告MX公司的徹底敗訴告終。

↘ 目次

一、本案案情梗概

A市保稅區MX進出口有限公司（買方，簡稱「MX公司」）於一九九五年十月九日與韓國HD綜合商事株式會社（賣方，簡稱「HD公司」）簽訂了一份二百噸有光聚酯切片「進口保稅」的購銷合同。合同格式由買方MX公司提供，其中逐一列明有關產品規格和質量的八種具體數據，並規定以目的港（A市）進出口商品檢驗局出具的檢驗證書作為最後依據。

同年十月二十四日貨物從韓國啟動後，買方經辦訂貨人員發現訂貨有誤，要求換貨，賣方因貨已離港數日正在海上來華途中，難以遵辦。十一月四日貨抵A市碼頭後，MX公司製造藉口，以「單證有不符點」為由拒絕付款。隨後，眼見此說難以成立，又以A市商檢局出具的證書中的隻言片語作為新的藉口，主張來貨質量不符合訂貨合同要求，拒絕收貨付款。賣方HD公司鑒於來貨滯港多日，為避免損失進一步擴大，要求解除原合同，俾將原貨轉賣其他客戶，又遭MX公司拒絕。緊接著，MX公司以為上述商檢證書上的文字有機可乘，遂進一步向HD公司索賠六十六萬元人民幣，索賠理由是：該批韓國來貨事先已預售（進口貨「內銷」轉售）給下一家（需方買方）LM公司並已收取定金三十三萬元人民幣，現因無法供應合格訂貨，已經依法依約雙倍返還定金給下家買主。HD公司認為索賠無理，堅決拒絕，MX公司乃於一九九六年一月十九日依據合同中仲裁條款的規定，將有關爭端提交中國國際經濟貿易仲裁委員會申請仲裁。被申請人HD公司求助於兼職律師陳安、吳翠華。代理律師經過深

入調查了解，發現MX公司據以索賠的兩項主要書面憑證，即商檢局證書與轉售合同，都存在重大問題：前者在質量鑑定的措辭上，含糊不清和模稜兩可，迴避關鍵問題，未能嚴格按照中國國家標準局確立的法定標準（通稱「國標」），切實根據來貨聚酯切片這一特定商品的十一項具體指標，作出產品質量是否合格的明確結論，因而缺乏應有的科學性、公正性和權威性；後者則存在許多漏洞和疑竇，細加推敲和質證，顯見是一項倉促之間草率偽造的文書，或者是一項逃稅轉賣的走私合同，兩者必居其一，根本不能作為索賠的依據。經將來貨樣品送請國內兩家權威性化纖專業研究和測試機構重新仔細檢驗，其結論均為：符合國標優級品質量要求，適合於該商品的正常用途。根據以上確鑿證據和事實，HD公司提出「反請求」，請求仲裁庭裁定MX公司賠償因其違約行為以及無理索賠行為給HD公司造成的全部經濟損失。一九九六年八月二十一日，仲裁庭作出裁決：HD公司全面勝訴，各項反請求均獲得支持和滿足。以下根據當時筆者接受HD公司委託書寫並呈交中國國際經濟貿易仲裁委員會本案仲裁庭的《G96029號案件仲裁答辯書及反請求書》及其《補充材料》（一）（二）（三），綜合整理，撰成本文。

二、A市的商檢證書結論曖昧，不足採信
—— 韓國HD公司的答辯書及反請求書

　　呈：中國國際經濟貿易仲裁委員會

　　G96029號案件仲裁庭

答辯人和反請求人：韓國HD綜合商事株式會社（以下簡稱「HD公司」）

（地址、郵編、電話、傳真等從略）

申請人和被反請求人：A市MX進出口有限公司（以下簡稱「MX公司」）

（地址、郵編、電話、傳真等從略）

（一）反請求事項

甲、駁回原申請人MX公司的全部請求；

乙、裁決被反請求人MX公司全額賠償因其嚴重違約行為而給反請求人HD公司造成的經濟損失共計USD 114,646.85；

丙、裁決原申請人MX公司全額承擔本案的原仲裁費用；

丁、裁決被反請求人MX公司全額承擔本案的反請求仲裁費用。

（二）基本事實

2.1　1995年8月31日MX公司採購業務經辦人C小姐向HD公司A市辦事處業務經理S小姐發來傳真，求購聚酯切片，列明等級、熔點等五項指標。（見附件一）

2.2　1995年9月27日HD公司發去傳真，送去韓國出產的POLY CHIP BRIGHT FOR YARN GRADE（有光紡絲級聚酯切片）的有關資料，列明了韓國生產廠家規定的八項指標，即特性黏度、溶點、灰分、水分、色度（L值）、色度（b值）、羧基含量、二甘醇等有關數據，請C小姐確認。（見附件二）

2.3　1995年10月5日，C小姐發傳真給HD公司P先生和S小

姐，對含有上述八項韓國指標的韓國產品聚酯切片加以明確確認，訂購二百噸，並明確指定「技術要求按9月25日（按：此日期有筆誤，實為9月27日）發來的傳真為準，並是原包裝A級產品者」。（見附件三）

2.4　1995年10月9日，答辯人HD公司的代表P先生與申請人MX公司的代表M先生簽訂二百噸有光聚酯切片購銷合同。合同編號：XMN951001。合同格式由MX公司提供，具體內容亦由MX公司人員打字填寫。合同第1至4條約定HD公司（賣方）向MX公司（買方）提供二百噸總值為USD 316,000的上述產品。按照MX公司的指定，合同第1條具體列明產品的貨名、規格和質量。貨名是POLY CHIP BRIGHT FOR YARN GRADE（有光紡絲級聚酯切片）；有關規格和質量的要求，列明了八種具體數據。這八種數據，完全按第2.2點韓國生產廠家規定的八項指標數據照抄，未作任何更改。合同第18條第二款規定，這批貨物的質量、規格和數量，均以目的港（A市）進出口商檢局出具的證書為最後依據。（見附件四）

2.5　1995年10月10日，MX公司通過中國農業銀行A市分行開出不可撤銷的信用證。（見附件五）

2.6　1995年10月24日，這批貨物由韓國港口裝船運出。

2.7　1995年10月27日，MX公司採購本批貨物經辦人員C小姐與MX財務小姐（姓名不詳）前來HD公司A市辦事處晤談時，見到了上述指定貨物的樣品（半透明，略帶乳白色），C小姐發現自己訂錯了貨，十分緊張和忐忑不安，請求HD公司A市辦事處P先生換貨，P當即與漢城HD公司總部通電話，總部答覆：因

貨已裝船運出，不可能更換。這一時間，C小姐不停地打電話找MX公司G先生均未撥通，財務小姐問是否要向M總經理報告，C回答要是M總知道了肯定會將她「炒魷魚」（辭退），不要聲張。隨即多次要求HD公司A市辦代她設法轉賣。

2.8　1995年10月30日，C小姐與MX公司人員G先生再次來訪，出示另一種聚酯切片樣品（透明無色），即POLY CHIP SUPER BRIGHT FOR BOTTLE GRADE，聲稱這種貨物才是他們真正需要購買的，以此證明他們確實是訂錯了貨，並懇切要求HD公司A市辦設法尋找其他客戶儘快轉賣。因時間太短，未果。此後兩三天內，C、G二人多次打電話來催詢轉賣落實情況。

2.9　1995年11月4日，貨抵A市碼頭。MX公司蓄意製造拒絕付款的藉口，硬說什麼「**單證有不符點**」（見附件六），把責任推向HD公司。

2.10　1995年11月16日，P先生、S小姐前往MX公司與M、C、G三人討論所謂「單證有不符點」，發現M總對C小姐訂錯貨一事似仍懵然不知就裡；當P、S二人向M總當面提醒訂貨錯誤時，C小姐多次插話阻攔，一再強調這批貨就是MX公司所需要的。

2.11　由於韓國議付銀行據理力爭，不停地催促A市農行付款（見附件七）。在此情況下，MX公司自知上述藉口站不住腳，於理有虧，乃改變「**策略**」手法，**另尋新的藉口**，要求先取樣商檢，聲稱只要商檢結果合格，則立即承兌付款並報關提貨。答辯人出於儘快解決問題的誠意和對於供貨質量的自信，遷就了MX公司的要求，同意在正式報關以前幫助出證明先行開櫃（貨櫃）取樣送檢。

2.12　1995年12月2日，MX公司以A市進出口商品檢驗局（以下簡稱「A市商檢局」）於1995年11月30日出具的0018948號證書中的隻言片語（見附件八），作為新的藉口，硬說上述貨物質量不符合訂貨要求，拒絕收貨付款。答辯人為避免無謂糾紛和擴大損失，主動退讓，提出幫助MX公司轉賣、降價USD 30/MT並給予九十天遠期付款優惠的建議，均遭MX公司M總一口拒絕。

2.13　答辯人為避免損失進一步擴大，於1995年12月8日和12月20日，先後兩度發文給MX公司要求解除合同，進行轉賣（見附件九），又遭MX公司無理拒絕（見附件十），遂使答辯人處在既無法取得貨款，又無法取回提單儘快轉賣的兩難絕境。MX公司此種背信行為在國際商務正常往來中實屬十分罕見，而其向答辯人無理勒索賠款的意圖，則昭然若揭。

2.14　1995年12月23日，答辯人在律師幫助下再度致函MX公司，列舉法律依據，要求解除合同（見附件十一）。MX公司一直拖延至1996年1月11日，才不得已正式履行退單手續，導致答辯人直到1996年1月20日才得以完成轉賣手續，從而造成損失的大幅度增加。對此，MX公司負有不可推卸的法律責任和經濟責任。

根據以上事實，答辯人認為申請人MX公司的拒收貨物、拒付貨款以及索賠巨款，都是毫無道理的。茲縷述理由如下。

（三）主要理由

（甲）關於商品質量問題

3.1　根據《中華人民共和國進出口商品檢驗法》（以下簡稱

《商檢法》）第6條規定，商檢機構實施商檢時，對於國家法律、行政法規規定有強制性標準或其他必須執行的檢驗標準的進出口商品，應依國家規定的檢驗標準（通稱「國標」）進行檢驗。

3.2　中國國家標準局於一九九三年八月開始實施《中華人民共和國國家標準：纖維級聚酯切片GB/T 14189-93》（以下簡稱「聚酯切片國標」，其中對於「纖維級聚酯切片質量指標」，經過中華人民共和國紡織工業部批准，列舉了十一項指標，包括特性黏度、熔點、羧基含量、色度（b值）、水分、灰分、二甘醇含量等（見附件十二）。不言而喻，舉凡此類聚酯切片，都應嚴格遵照國家確立的法定標準進行檢驗和衡量，並據以作出產品質量是否合格的結論。

3.3　A市商檢局出具的前述商檢證書列舉了特性黏度、熔點、羧基含量、色度（b值）、水分、灰分以及二甘醇含量等七項指標的檢驗結果，如將其有關數據與國標規定的數據以及本案合同規定的數據相比較對照，顯然它們完全符合國標的質量要求（其中多項已達到國標「優級品」的水平），也完全符合合同的質量要求。照理，在證書末尾的「評定」即結論中，應予明確肯定，但是，該證書在結論中對上述各項指標的**完全合格**，竟然**不置一詞**，毫無肯定，卻孤零零地只用一句話強調「上述商品色度（L值）不符合XMN951001號合同規定」。這種結論，「攻其一點，不及其餘」，「**明察秋毫而不見輿薪**」，實在令人難以相信它具備應有的、足夠的公正性。

3.4　看來，關鍵問題在於上述合同中規定的商品「**色度（L值）**」一項，究竟是否是國標中規定的質量指標，是否屬於國家

規定的質量要求的範圍。

我們認真查對了前述第3.1、3.2點提到的國標所列十一項質量指標，發現其中根本沒有「色度（L值）」）的檢驗要求，顯見按國家標準局和紡織工業部設定的質量標準，根本不要求對聚酯切片的「色度（L值）」進行任何檢驗，換言之，即將「色度（L值）」完全排除在國標質量要求的範圍之外，認為它是一項無關緊要的數據，對於商品的總體質量並無任何消極影響。任何人只要稍加思考，就應當而且不難得出這一常識判斷。

為了徹底弄清「色度（L值）」在聚酯切片質量中所占有的確切地位，答辯人通過多方尋訪，得悉在中國最大的紡織工業基地——上海有兩家素享盛名的權威性的化纖專業研究所和化纖專門測試機構，即「上海合成纖維研究所」和「紡織工業部化纖產品測試中心」（即「中國紡織總會化纖工業產品檢測中心」），遂派專人持本批聚酯切片的樣品送驗。

3.5　上海合成纖維研究所於一九九六年三月五日出具「測試分析報告」（見附件十三），對本批聚酯切片的質量作了科學的說明，並作出權威性的結論：

經本研究所測試分析，測得的各項指標的數據均符合合同條款規定的有關值的範圍，只是L值比合同規定值稍偏高。

L值為明亮度，L值變高時，增加了明亮度。L值與白度大體上是一致的，L值高反映的白度也高。在國標中只規定B值（即黃色指數）為聚酯切片的色度質量控制指標，L值不作為色度質量控制的指標。所以，L值不需嚴格規定，應該說**稍偏高的L值**

對纖維的質量有利無弊。

結論：按合同上規定的各個項目測得的數據表明，這批韓國產有光紡絲級聚酯切片的質量指標符合紡絲級聚酯切片國家標準（GB/T 14189-93）中優級品的質量標準範圍；可紡性試驗表明，紡絲溫度控制在286°C左右，具有**良好的可紡性，這批料適合於紡絲等正常用途。**

3.6　紡織工業部化纖產品測試中心於一九九六年三月八日出具「質量檢驗報告」（見附件十四），突出地強調了三個基本點，即：

A. 本檢驗報告所列檢驗項目嚴格按照GB/T 14189-93標準所規定的各項指標檢驗。

B. 關於聚酯切片的「色度」，「國標只考核B值，故此項僅列B值數據」，換言之，L值根本不在考核之列，可以完全排除在質量要求的範圍之外。

C. 根據以上檢驗結果，按照國標GB/T 14189-93標準考核，本批送檢的韓國POLY CHIP BRIGHT**符合國標質量要求。**

3.7　依據上述兩份權威性質量檢驗報告測定的數據和作出的明確結論，可以確證：前面第3.4點中提到的**常識判斷**不但完全**符合邏輯**，而且完全符合科學，即**具備科學根據。**

既然「L值」並非國標質量要求檢驗的項目，不在考核之列，既然「稍偏高的L值對纖維的質量**有利無弊**」，既然本批聚酯切片的總體質量符合國際所定**優級品**水平，既然其「可紡性」良好，「適合於紡絲等正常用途」，那麼，就再也沒有任何正當

理由任意指責這批商品「質量不合格」，並以「質量不合格」作為藉口，拒絕收貨和拒絕付款。

3.8　這樣一來，申請人視為至寶和恃為至寶的，就只剩下一份A市商檢局出具的編號為0018948的證書了。

於是，就有必要回過頭來對這份證書的結論（即末尾的「評定」）作進一步的剖析：

第一，這種結論性的「評定」，以細枝末節掩蓋整體主流，可謂「明察秋毫而不見輿薪」。因此，它的表述缺乏思想方法上的科學性，也不具備應有的和足夠的公正性。關於這一點，前述第3.3點中已經論及，茲不再贅。

第二，「評定」欄中孤零零的這一句話：「上述商品色度不符合XMN951001號合同規定」，並未就**商品整體**質量**是否符合國標要求**（即國家法律、法規或國家主管部門行政規章規定的質量標準要求）這個關鍵問題和要害問題作出正面的回答，**既不加肯定，也不敢否定**，MX公司援引這種對商品總體質量雖未作應有的明確肯定但也不敢妄加否定的「評定」，作為「令箭」和「根據」，企圖藉以**全盤否定**本批商品質量符合國標要求的事實，顯然是一廂情願、無法令人信服的。

第三，誠然，按合同第18條第二款的規定，A市商檢局出具的證書可以作為拒收或索賠的憑據，但是，這種憑據法律效力之大小和有無，又取決於它本身是否或在多大程度上符合於前述《商檢法》的要求、符合於國家標準局制定的國標的要求，取決於它本身是否具備足夠的合法性、公正性和科學性。從這個意義上說來，商檢局出具的證書只是一種證據學上所說的「**初步證**

據」或「表面證據」（prlma facie），**商檢局的檢驗證書本身也必須接受法律、事實和科學的嚴格檢驗**，一旦另有更加全面恪守法定標準並且切合科學界定的確鑿結論（即**確鑿證據**），對商檢局提供的「初步證據」或「表面證據」中的模糊之處、不足之處或不妥之處作出必要的澄清、補充或更正，那麼，在法律和事實這兩大權威面前，上述商檢局證書的「權威性」就退居第二位了。仲裁庭斷案時，也就沒有必要單單以此份證書作為絕對的、唯一的、至高無上的證據了。

3.9　答辯人認為：第3.6和3.7兩點中提到的兩份檢驗報告，正是對上述商檢證書模糊、不足和不妥之處作出必要補充或更正的**確鑿證據**，它們的全面性、科學性和權威性超過了上述商檢證書。懇請仲裁庭各位專家惠予綜合考慮，惠予採信。

以上所述，歸結為一點：MX公司以商品質量不符合要求為藉口，拒絕收貨付款，顯然是毫無道理、嚴重違約的。由此產生的一切法律責任和經濟責任，應當全部由MX公司承擔。

（乙）關於MX公司索賠問題

3.10　MX公司拒絕收貨付款，屬於嚴重違約。如果它因其違約行為而確實導致某些「經濟損失」（如商檢費、開證費、利息），那也只是咎由自取，應由違約方自己承擔後果，與守約方即答辯人一概無關。

如果這些「經濟損失」中的某一部分是用於節外生枝、製造藉口，那就是為了達到其違約目的而支出的「成本」，MX公司只能自食惡果，豈能作為索賠的根據？

3.11　MX公司在其仲裁申請書末所附加的一份「損失清單」

中，列舉了六項具體損失的金額，卻未將確鑿可信的有關單據複印件附呈仲裁庭審查，並轉交一份給答辯人核實。特別是其中第四項所列「業務支出及其他經濟損失：60,000元」，如何計算，有無憑據，作何具體開支費用，毫未交代。這顯然是言之無據，不足採信。

3.12　「損失清單」第五、六兩項所列「違約賠償：330,000元」「利潤損失：190,000元」，僅此兩項索賠款額就高達五十二萬元人民幣之巨。但它所依據的卻僅僅是一紙很不像樣的所謂「工礦產品購銷合同」。稍加推敲，便不難發現這份「合同」存在許多漏洞，令人疑竇叢生，不敢相信它的真實性、有效性和合法性。關於這方面的問題，答辯人將另作補充評析。

3.13　退一步說，縱使經過認真查證核實，MX公司所開列的六項損失毫無虛言，那也是純由MX公司自己的嚴重違約造成的，應由它自己承擔一切責任。

（丙）關於HD公司反請求、反索賠問題

3.14　在XMN951001號合同中，MX公司是買方，也是違約方和加害方，HD公司是賣方，也是守約方和受害方。作為守約方和受害方，HD公司有足夠的理由依法向違約方和加害方索取應有的損害賠償。

3.15　據初步核算，由於MX公司嚴重違約造成的HD公司的直接經濟損失已達USD 114,646.85（折合約為951,568.85元人民幣），其中包括本批聚酯切片降價轉賣過程中的損失、MX長時間既拒絕收貨付款又拒絕解除合同（見「事實」部分之第2.13點）導致的海關滯報金、外輪代理公司滯箱費、碼頭滯期費、複驗及

測試費、諮詢費和律師代理費、差旅費及國際電訊費，等等。這些損失的具體項目和金額，均見本答辯書及反請求書末所附的「損失清單」及其有關單據或說明。（見附件十五）

3.16　「損失清單」所列，只是初步核算結果。對於因MX公司嚴重違約行為造成HD公司的一切經濟損失，HD公司均保留全額索賠的權利，其中包括對上述「損失清單」所列的項目和金額進行「追加」和補充的權利。

答辯人及反請求人：
韓國HD綜合商事株式會社
1996年3月30日

附言：MX公司職員C小姐是XMN951001號訴訟合同的具體經辦人。C在發現自己訂錯貨物後十分緊張，但懾於該公司領導壓力因而掩蓋事實真相。除了經辦人身分外，她又是本案糾紛的知情人和見證人之一。MX公司的另一位職員G先生則是其後多次主動要求HD公司代為轉賣錯訂貨物的另一位知情人和見證人。答辯人特此請求仲裁庭正式通知該公司的這兩位職員到庭接受詢問，並與答辯人一方的經辦人進行當面對質，俾便仲裁庭徹底查清糾紛的真相。前述事實第7點中提到的那位財務小姐如能同時到庭備詢和作證，自是更佳。

附件目錄（共15件，從略）

三、MX公司的「轉售合同」涉嫌憑空偽造或逃稅走私（一）

呈：中國國際經濟貿易仲裁委員會

G96029號案件仲裁庭

尊敬的諸位仲裁員先生：

作為題述本案的答辯人和反請求人，HD公司曾於1996年3月30日向貴庭呈交了仲裁答辯書及反請求書，其中第二部分第（二）項曾提到：MX公司憑以索取巨額賠償的主要依據，乃是一紙很不像樣的所謂「工礦產品購銷合同」（即「轉售合同」，以下簡稱「該合同」，詳見《補充材料（一）》（從略）），它存在許多「漏洞」，令人疑竇叢生，不敢相信它的真實性、有效性和合法性。

茲謹就這方面的問題和意見，補充陳述如下：

（一）該合同沒有編號，不蓋公章，顯然是一份無效合同

這份據稱是1995年10月12日簽訂於A市的合同，其右上角的「合同編號」欄下，竟然空無一字；下端「需方」（即購銷合同的買方當事人）一欄九個項目，除了在「法定代表人」一項填上「林YF」三個字之外，其餘八項竟也全然空白：既無單位具體名稱，也無單位具體地址；經商必備的「開戶銀行」及「帳號」，也全告闕如；甚至連個電話號碼也沒有。尤其嚴重的，竟然不蓋公章以示負責，這是直接違反有效合同的**法定條件**的。1984年1月國務院發布的《工礦產品購銷合同條例》第4條明文規定：「工

礦產品購銷合同，除即時清結者外，必須採取書面形式，由當事人的法定代表或者憑法定代表授權證明的經辦人簽字（蓋章），並加蓋**單位公章或合同專用章**。合同依法成立後即具有法律約束力，必須嚴格執行。」對照本案MX公司出示的上述合同，它顯然不屬「即時清結」的範疇，因而必須同時兼具三項法定前提條件：（1）書面形式；（2）法定代表或授權經辦人簽字；（3）加蓋單位公章或合同專用章。三者缺一，即屬合同並未「**依法成立**」，因而並不具備「**法律約束力**」。簡言之，這份合同由於缺乏法定的必備條件之一，即並未依法加蓋單位公章或合同專用章，因而自始就是一份無效合同。

連繫上述合同，連編號、單位名稱、單位地址、開戶銀行、帳號、電話號碼等等重要項目記載，全部空空如也，未定一字，顯見本合同是出於某種「特殊需要」而倉促備就和出具的，其制作之草率、粗糙、反常，實屬商界罕見，令人吃驚，從而不能不提出疑問：這難道是一份真正存在過的正常合同嗎？制作這份「合同」的目的難道真正是為了購銷產品嗎？

（二）該合同未按約定條件提交鑑證和交付定金，應屬「從未生效」或早已「自動失效」

該合同第9條明文規定：「需方付總貨款10%為定金，即33萬元，……以需方貨款定金付到供方帳戶後，此合同**方為生效**。簽訂合同後，10日內需方保證金未到供方帳戶，此合同**自動失效**。」據此，顯見當事人雙方事先**約定**，該合同生效的必備前提條件有二：第一，合同必須經過主管部門鑑定（鑑證）；第二，合同經

鑑定（鑑證）後，10天之內，需方必須將定金33萬元付到供方帳戶。二者缺一，該合同就根本不能生效或立即「自動失效」。

對照該合同的實際情況，第一，細察該合同下端右角所列「鑑（公）證意見」「經辦人」「鑑（公）證機關（章）」以及「年月日」四欄，全然空白，這說明該合同始終未曾按雙方約定提交A市工商行政管理局**鑑證**。誠然，這份由A市市工商行政管理局「監製」的格式標準合同右下角註明：「除國家另有規定外，鑑（公）證實行自願原則」，但雙方當事人既已自願約定該合同必須經過「鑑定」（顯然就是指「鑑證」，但寫得太倉促匆忙，竟寫成了「鑑定」，其含義與「鑑證」顯然是相同的）方能生效，則未依約提交「鑑定」（鑑證），該合同就從未生效。第二，MX公司迄今並未出具任何確鑿證據，證明需方已將該合同所規定的33萬元定金如數、如期（10天以內）撥付給供方。根據《民事訴訟法》第64條第1款規定的「誰主張，誰舉證」的原則，如果在仲裁庭責令MX公司舉證的期限內，MX公司仍然無法舉出確鑿可信的證據，足以證明上述定金確已如期、如數交清，則這份所謂的「合同」早就已經「自動失效」了。MX公司根據這樣一份**從未生效或早已失效**的合同向HD公司索賠，豈不荒謬可笑？

此外，還要順便指出兩點：第一，合同規定需方必須在合同經鑑證後10天內將33萬元定金「付到供方帳戶」，可謂要錢十分急切，但奇怪的是：合同左下方的供方「開戶銀行」和「帳號」兩項專欄，卻是空白無字的，這豈不自相矛盾，荒唐至極？試問：這不是向需方暗示，所謂限期交清的33萬元定金，實際上可以分文不交（無「戶」可入），之所以把巨額定金寫在這份合同

上，純屬掩人耳目，憑空捏造向HD公司加倍索賠的藉口而已！第二，合同左下端末行「有效日期」專欄，竟然填寫為「年」，一份如此簡單的購銷合同，其有效期或履行期竟長達「9年」，這就尤其滑稽可笑了！

（三）該合同極可能是一份走私逃稅的違法合同

　　根據MX公司提出的「工礦產品購銷合同」，本案涉訟聚酯切片每噸銷售價定為16,500元人民幣（含950元預期利潤）。在此前提下，結合中國法定的進口關稅率和增值稅率細加核算，顯見該合同單位售價與通過正常手續**依法納稅**進關的價格相差懸殊，因而可以認定它極有可能是一份走私合同和逃稅合同。理由如下：

項目	序號	正常價格	MX公司價格
CIF美元價	A	USD 1,580/MT	USD 1,580/MT
CIF人民幣價（匯率1：8.3）	B	RMB 13,114/MT	RMB 13,114/MT
進口關稅＝CIF人民幣價×稅率25%	C	RMB 3,278.50/MT	X=?
增值稅＝（CIF＋進口稅）×稅率17%	D	RMB 2,786.73/MT	Y=?
開信用證費（RMB 4,248.42/200MT）	E	RMB 21/MT	RMB 21/MTMX
公司預期利潤（RMB 190,000/200MT）	F	RMB 950/MT	RMB 950/MT
合法銷售價（成本＋預期利潤）	G	RMB 20,150.23/MT（完稅後）	RMB 16,500/MT

説明：
（1）本表格A項所列美元貨價，見本案涉訟XMN951001號合同第3條規定；B項人民幣貨價，按當時美元與人民幣的匯率折算而成。
（2）C項所列進口關稅率及D項所列增值稅率，是根據《中華人民共和國海關關稅：政策・法規・實務・稅則》（經濟管理出版社1996年版，第278頁），稅則編號為3907・6010。

（詳見《補充材料（二）》（從略））。

（3）E項所列MX公司開信用證費用及F項所列MX公司預期利潤，是根據MX公司於1996年1月10日出具的「損失清單」第2條、第6條計算而來。（見MX公司仲裁申請書附件五）

（4）G項所列數字是B、C、D、E、F諸項數字的總和，即B＋C＋D＋E＋F＝RMB 20,150.23/MT，此項「合法銷售價」，指通過正常手續，依法納稅、合法進關、合法銷售的單價。而MX公司於上述「工礦產品購銷合同」中所列單位售價僅為RMB 16,500/MT，與「合法銷售價」相比，每噸價差竟高達RMB 3,650.23元。

（5）在本表右側「MX公司價格」一欄下端，所列的單價「RMB 16,500/MT」，指的是上述「工礦產品購銷合同」中規定的單價。根據此項單價核算，MX公司所「可能」繳納的進口關稅及增值稅，即「X」＋「Y」的總和，充其量僅為：

16,500—13,114（CIF人民幣單價）—21（開證費）—950（預期利潤）＝**RMB 2,415/MT**

（6）按C、D兩項所列的法定進口關稅和增值稅，MX公司依法應當繳納的每噸稅款應為：3,278.50＋2,786.73＝**RMB 6,065.23/MT**。

（7）據此，應當得出結論：如果上述「工礦產品購銷合同」屬實並且履行完畢，則MX公司勢必違法逃稅：6,065.23—2,415/MT＝RMB 3,650.23/MT，即每噸逃稅3600餘元，200噸合計：MX公司的逃稅總額高達3,650.23×200＝**RMB 730,046**！

一份合同，其**逃稅總額**竟高達73萬餘元人民幣，這不是地地道道的**走私合同**和**逃稅合同**，又是什麼呢？一份違法走私、逃稅合同，其自始無效是不言而喻的，怎能憑藉這樣一份自始無效的違法走私合同來索取任何賠償呢？如果硬說這樣的違法走私合同竟也可以得到中國法律的保護，那豈不是對中國法律尊嚴的嚴重褻瀆？

綜上各點，顯然應當得出這樣的結論：MX公司所據以索賠巨款的這份「工礦產品購銷合同」，如果不是一份為了「特殊需要」而臨時倉促偽造的合同，就是一份並不具備**法定**必要條件和**約定**必要條件因而**自始無效、從未生效**或早已**自動失效**的合同；尤其嚴重的是，它極有可能是一份**蓄意走私、巨額逃稅、嚴重違法**的合同。

有鑒於此，我們懇請仲裁庭對這份「形跡可疑」合同的真實性、有效性和合法性，認真予以審查追究，力求水落石出、真相大白；並殷切期待仲裁庭依法主持公道，駁回MX公司的荒謬索

賠要求，保護在華外商的合法權益，維護中國法律的應有莊嚴，則韓國HD公司幸甚！中國法律尊嚴幸甚！

答辯人及反請求人：

韓國HD綜合商事株式會社

1996年6月24日

四、MX公司的「轉售合同」涉嫌憑空偽造或逃稅走私（二）

呈：中國國際經濟貿易仲裁委員會

G96029號案件仲裁庭

尊敬的諸位仲裁員先生：

我們在粗略地瀏覽貴庭轉來的上述《MX公司補充材料》之後，認為MX公司的這些材料涉嫌制作偽證，妄圖欺騙仲裁庭，而且達到不擇手段的地步，特予揭露如下：

（一）MX公司在定金「轉帳」和「進帳」上弄虛作假

1.1　MX公司向HD公司索取巨額賠償的主要依據，乃是一紙很不像樣的所謂「工礦產品購銷合同」。HD公司在1996年6月24日貴庭庭審中曾強調：「該合同未按約定條件提交鑑定和交付定金，應屬『從未生效』或早已『自動失效』」，並且明確指出：「MX公司迄今並未出具任何確鑿證據證明需方（按：指這批進口貨物內銷轉售中的下一家買主A市LM公司）已將該合同所規

定的33萬元定金如數如期（10天以內）撥付給供方（按：指A市MX公司）。根據《民事訴訟法》第64條第一款規定『誰主張，誰舉證』的原則，如果在仲裁庭責令MX公司舉證的期限內，MX公司仍然無法舉出確鑿可信的**證據**，足以證明上述定金確已如期如數交清，則這份**所謂的**『合同』早就已經『自動失效』了。MX公司根據這樣一份**從未生效**或**早已失效**的合同向HD索賠，這豈不荒謬可笑？」（詳見HD公司於1996年6月24日呈交仲裁庭的《補充材料（一）》第2頁末段至第4頁首段。）

現在，仲裁庭規定的雙方舉證的最後期限——1996年7月14日，早已屆滿和超過，MX公司仍然無法舉出有關定金確實已由需方（LM公司）撥付到供方（MX公司）帳號的任何證據，這就從反面證實了HD公司在庭審中所強調的上述主張和所作的上述揭露，可謂「不幸而言中」！

1.2　MX公司於庭後提交的補充材料中，有一張中國人民銀行的「轉帳支票」（No. 0166851）、一張A市XX投資公司（簡稱「××公司」）的「進帳單」，兩者的金額均為660,000元人民幣；其收款人均為「A市LN公司」；兩者的簽發日期均為1996年6月21日。這兩張單據的疑竇和作偽漏洞有：

1.2.1　1996年6月21日是本案庭審前的三天。在此之前，簽訂於1995年10月12日上述合同的需方（LM公司）迄今未將定金33萬元人民幣撥付到供方（MX公司）帳戶，因而該合同依約從未生效，或在1995年10至11月早已自動失效。MX公司在該合同從未生效或早已失效的條件下，而且是在事隔七八個月之後（1996年6月21日），竟然「自覺自願」地向未依約撥付分毫定金

進帳的需方「雙倍返還定金」（即加倍賠償定金），衡諸常識，試問：普天下的商界之中，會有這樣的「笨伯」和「傻瓜」嗎？

1.2.2　上述××公司的「進帳單」中，付款人的「開戶銀行」和收款人的「開戶銀行」均載明的「××公司營業部」，其可疑之點有三：

（1）「××公司營業部」是一家「開戶銀行」嗎？一家投資公司下屬的「營業部」豈能作為本公司的「開戶銀行」，同時又作為另一家公司（LM公司）的「開戶銀行」？

（2）「A市XX投資公司」簡稱「××公司」，這在A市商界是「家喻戶曉」、眾所周知的。本案原仲裁申請人MX公司實際上是××公司下屬的一家進出口公司，而且在商界往來中經常是「一家公司，兩塊招牌」。換言之，兩家公司本來就是一家人。現在出於急迫需要，由××公司的大老闆指示本公司的下屬單位××公司營業部為本公司的另一下屬單位MX公司出具一份所謂「付款」「收款」的「進帳單」，這不是不費吹灰之力嗎？

1.2.3　××公司的這張「進帳單」左下方所列「單位主管、會計、覆核、記帳」各欄全然空白，沒有任何簽字或蓋章。右下方「收款人開戶銀行蓋章」一欄，也是全然空白。簡言之，就是無人敢對這樣一張空頭的「進帳單」作任何簽署，以免將來承擔法律責任，這不是明如觀火嗎？把這樣一張制作上如此粗糙、如此草率的空頭「進帳單」作為補充材料或證據向仲裁庭搪塞，妄圖藉以證明本仲裁案件原申請人MX公司已向下家需方買主LM公司「雙倍返還定金」達66萬元人民幣，並據此向HD公司索賠巨款，這不但表明MX公司有關人員的弄巧反拙、欲蓋彌彰，而

且表明他們確已心勞日拙、黔驢技窮了。

1.2.4　前述「工礦產品購銷合同」載明的「需方」是「A市LM公司」。而第1.2點提到的「轉帳支票」和「進帳單」載明的收款人卻是「A市LN公司」。本案原仲裁申請人是「MX公司」，而此次其補充材料總標題卻標明是「MQ公司……損失清單」。此類「改名換姓」或「張冠李戴」之所以頻頻出現，大概也像「幾滴水珠」一樣，從一個側面反映出MX公司有關人員在本案開庭日期即將來臨前夕（即開庭前兩三天）或仲裁庭限定的補充舉證日期瞬將屆滿之際，出於惶急心情和作偽心虛，因而「信筆寫來」，屢屢寫錯吧？

（二）MX公司在掩蓋「內貿合同」走私逃稅上信口雌黃

2.1　前述「工礦產品購銷合同」乃是一份蓄意走私和巨額逃稅的違法合同。對此，HD公司已在1996年6月24日呈交貴庭的《仲裁答辯書及反請求書補充材料（一）》第四頁末段至第六頁末段加以揭露。

2.2　MX公司在庭後提交貴庭的「損失清單及說明」第六項第（7）點中列出所謂的「辦理免稅批文手續費：8,500元」，並且辯稱：「A市經營進出口業務的外貿公司每年均可申請一定額度的進出口免稅指標，需向省計委繳納一定手續費。」

經查核有關法律和法規，規定如下：

《中華人民共和國海關法》第23條和26條規定：一切「保稅」（即暫不繳納關稅）的進口貨物，均由海關監管貨物，未經海關許可，任何單位和個人不得開拆、提取、抵押、轉讓……

《中華人民共和國海關對進料加工保稅集團管理辦法》（1993年11月發布）第15條規定：「保稅集團進口的料、件及加工出口的產品均屬海關監管的保稅貨物，未經海關許可，任何單位和個人不得將其出售、轉讓、調換、抵押或移作他用。」

《A市象嶼保稅區條例》（1994年9月頒行）第2條、第9條、第23條以及第39條規定：保稅區與非保稅區設置隔離線，對保稅區實行隔離管理；海關在保稅區內設立機構，依法對進出保稅區的貨物等實施監管；由保稅區進入非保稅區的貨物視同進口，應按國家的有關規定辦理手續；貨物從保稅區銷往非保稅區時，應依法納稅，包括繳納進口關稅。

所有這些中央一級的法律、法規和A市的地方法規，全無一字授權像MX公司這樣的設置在A市象嶼保稅區的進出口公司，只要向「省計委」繳納8,500元「手續費」，即可取得「免稅批文」，從而就可以大模大樣地違法走私逃稅！何況，MX公司在提出這種主張時，既未提供任何法律、法規的依據或者「省計委」任何行政規定的憑據，更未提供任何「省計委」出具的「免稅批文」證據，也從未提供A市海關的任何批准文件，證明MX公司可以將保稅聚酯切片不經補納進口關稅即可逕自轉售給非保稅區的A市LN公司。

凡此種種，都足以反證前述「內貿合同」——「工礦產品購銷合同」，確是一份走私逃稅、嚴重違法的合同；而MX公司為掩蓋其走私逃稅、嚴重違法行為而胡謅的「免稅批文」云云，純屬信口開河！

（三）MX 公司的其他「損失」即使屬實，也是咎由自取，無權索賠

3.1 MX公司提供的兩張「中國農業銀行A市分行收費通知書」，其中，「單位名稱」均為「XX」，卻擅自塗改為「MX」；而由A市商檢局出具的一張收據，寫明付款人是「XX」，而並非「MX」。何以在單據上如此混亂？其真實性如何？實在不能不令人質疑。

3.2 即使這些單據上的付款人確屬筆誤，而非故意「借來」暫用，那麼，其有關損失也純粹是由於MX公司自己嚴重違約造成的。既然是咎由自取，當然應由它自己承擔一切責任。豈能據以向因MX公司違約而無辜受害的HD公司索賠？

以上各點，請仲裁庭惠予審核、考慮，並殷切期待貴庭儘早作出公正的裁決。

答辯人及反請求人：

韓國HD綜合商事株式會社

1996年8月2日

五、本案的仲裁庭意見和終局裁決

（一）仲裁庭對本案基本事實的認定

仲裁庭根據雙方當事人提交的書面材料和雙方在庭審中的陳述，認定以下事實：

被申請人在1995年11月初將準備向申請人交付的200噸聚酯

切片運抵目的港A市港。1995年11月8日，開證行中國農業銀行A市分行致函韓國的通知行，稱被申請人提交的單據與信用證規定有不符合之處。1995年11月8日，申請人收到了開證行關於不符點的通知。申請人拒絕接受帶有不符點的單據和支付信用證項下的貨款。被申請人認為「單證不符」的說法不能成立。1995年11月13日，申請人致函被申請人，要求被申請人派代表與其就不符點問題以及爭議的解決進行磋商。此後，申請人要求先取樣商檢，承諾只要商檢結果合格就承兌付款並報關提貨。被申請人同意申請人的要求。商檢機構對申請人送交的貨物樣品進行了檢驗。1995年11月30日，A市進出口商品檢驗局出具品質證書，稱送檢商品「色度（L值）不符合XMN951001號合同規定」。1995年12月8日，被申請人致函申請人，要求其於1995年12月11日前付款贖單，否則將終止合同並轉賣貨物，並向申請人索賠有關損失。1995年12月20日，被申請人致函申請人，稱其已終止合同，並稱將向申請人索賠轉賣貨物引起的一切損失。1995年12月23日，被申請人再次致函申請人，稱：為了表示和解誠意，被申請人願意給申請人最後一次履約機會，即允許申請人在1995年12月25日中午12時以前支付貨款，並稱逾期被申請人將依法解除合同、轉售貨物，並向申請人索賠一切損失。1996年1月24日，被申請人完成轉賣手續，1996年2月4日，最後完成報關手續。

（二）仲裁庭對雙方請求的判斷和終局裁決

申請人主張：合同規定，如貨物與合同不符，買方在貨到目的港後90天內憑商檢局出具的檢驗證書有權拒收貨物並向賣方提

出索賠，而廈門商檢局1995年11月30日出具的檢驗證書表明被申請人提供的貨物品質與合同規定不相符合，因此，申請人可以拒收貨物並要求被申請人賠償因其違約給申請人造成的全部損失。

仲裁庭認為：雖然合同規定聚酯切片的「L值」為67＋/－2，而根據A市進出口商品檢驗局1995年11月30日的品質證書，被申請人交付聚酯切片的L值為77，高於合同規定，但是，被申請人提供的證據表明，L值並不對聚酯切片的質量和用途產生不良影響，稍偏高的L值對纖維的質量有利無弊。對此申請人沒有提出異議或反駁。據此，仲裁庭認為：被申請人的行為並沒有剝奪申請人根據合同有權期待得到的東西，也就是說沒有給申請人帶來任何損失，因而不構成申請人有權拒收貨物的理由。申請人拒收貨物的行為已構成重大違約，由此造成的損失應由申請人自己承擔。因此，仲裁庭不支持申請人的仲裁請求。本案申請人的申訴仲裁費應全部由申請人自己承擔。

正如仲裁庭如前所述，申請人拒收貨物的行為已構成重大違約。因此，仲裁庭認為，申請人應對尤其違約給被申請人造成的損失承擔賠償責任。被申請人在反請求中提出的因申請人違約拒收貨物給被申請人造成的「貨物轉賣過程中的損失」「海關滯報金損失」「拖箱費及碼頭費損失」「集裝箱滯期費損失」和「利息損失」的計算方法合理，且申請人未提出任何異議，仲裁庭對此予以認定。以上損失共為100,017.93美元，應由申請人向被申請人作出賠償。

對於被申請人請求的「複檢及測試費」「律師費」「差旅費」「電話傳真費」及「赴京出庭往返差旅費」等賠償項目，仲裁庭

認為，上述費用屬被申請人為辦理本案件而支出，根據仲裁規則第59條的規定，即其補償金額最多不得超過勝訴方勝訴金額的10%，並且根據本案的實際情況，仲裁庭認定申請人應支付被申請人10,000美元。

本案反請求仲裁費38,063元人民幣，應由申請人全部承擔。

仲裁庭裁決如下：

1. 駁回申請人的全部仲裁請求。

2. 申請人賠償被申請人因其違約拒收合同項下的貨物給被申請人造成的損失計110,017.93美元。

3. 本案申訴仲裁費34,511元人民幣全部由申請人承擔。該款已由申請人向仲裁委員會預交的仲裁費，34,511元人民幣相沖抵。

本案反請求仲裁費38,063元人民幣全部由申請人承擔。該款已由被申請人向仲裁委員預交的反請求仲裁費38,063元人民幣相沖抵。因此，申請人應向被申請人支付38,063元人民幣以補償被申請人為其墊付的仲裁費。

以上申請人共應向被申請人支付110.93美元和38,063元人民幣。申請人必須在本裁決作出之日起45天內向被申請人支付上述款項。逾期，則美元應加計年息為6%的利息，人民幣應加計年息為10%的利息。

本裁決為終局裁決。

首席仲裁員：×××

仲裁員：×××

仲裁員：×××

1996年8月21日於北京

第 6 章

外貿代理合同糾紛中的當事人、管轄權、準據法、仲裁庭、債務人等問題剖析

——韓國C公司v.中國X市A、B兩家公司案件述評

↘ 內容提要

中國B公司受中國A公司委託，於一九九七年九月以中國B公司自己的名義與韓國C公司訂立《柴油購銷協議》，從韓國進口三萬噸柴油。原約定以信用證（L/C）方式交付貨款，嗣因「單證不符」而銀行暫時拒兌。C公司急於收回貨款，一方面以「無單放貨」方式直接向終端用戶A公司交貨，另一方面同意A公司建議，變信用證付款為電匯（T/T）付款。A公司陸續交付貨款約三分之二後，因資金周轉困難而拖欠其餘的三分之一。C公司數度催討未果，不願再等待，遂於一九九八年四月向國際商會國際仲裁院（ICC International Court of Arbitration，以下簡稱「ICC仲裁院」）申請仲裁，要求裁令中國A、B兩家公司承擔還債的共同責任和連帶責任，償清貨款餘額及相應滯付利息。本案涉及外貿代理合同的適格當事人、「無單放貨」和T/T付款方式的效率

與風險、仲裁條款的效力、法律選擇條款的效力、ICC仲裁院與中國法院對本案管轄權的衝突和協調等一系列問題，案情相當複雜。韓國C公司聘請英國律師代理本案仲裁事務，堅持按其格式合同的規定，要求在英國倫敦開庭並適用英國法裁斷。ICC仲裁院受理後，不顧中國A、B兩家公司的多次異議，完全排斥由A、B兩家公司共同指定一名中國仲裁員參加本案「三人合議庭」的正當要求，竟指定另一名英國籍的律師擔任本案的「獨任仲裁員」，聽其獨自審斷。這些因素綜合起來，就使中國A、B兩家公司處境十分被動，抗辯艱難，前景危殆。但是，經過兩年多的廣泛蒐集證據和依法據理力爭，中方當事人逐步擺脫了被動困境，扭轉了局面，並終於促使本案獨任仲裁員於二〇〇〇年六月在英國倫敦作出了有利於中方當事人的終局裁決。其要點是：（1）駁回韓國C公司向中國B公司的索賠請求。（2）本案仲裁費全部由韓國C公司承擔；韓國C公司並應賠償中國B公司因本案仲裁而支付的各種費用。（3）ICC仲裁院本案仲裁庭對於韓國C公司向中國A公司的索賠請求，沒有管轄權；.公司向A公司的索賠請求，應向中國的法院提出，由中國法院管轄受理。[1]

目次

一、本案案情梗概

1. 中國A公司總經理於一九九七年初結識韓國C公司駐滬辦事處代表。同年四至八月雙方洽談柴油購銷事宜，就柴油數量、質量、價款、付款方式、交貨時間和地點等基本取得一致意見。但A公司是一家內貿公司，按當時中國法律規定，無對外貿易權，遂立約委託中國B外貿公司與韓國C公司駐滬辦簽訂柴油購銷協議。

2. 一九九七年九月八日，A公司（乙方）與B公司（甲方）簽訂《委託協議書》，其主要條款如下：

（1）甲方責任

① 以甲方自己的名義與外商談判並簽訂購買3萬噸進口柴油的協議；

② 根據乙方提供的資料，及時開出符合乙方要求的不可撤銷L/C；

③ 根據乙方提供的完整單據，及時辦理進口付匯核銷手續。

（2）乙方責任

① 協助甲方對外談判，辦理進口手續中的有關文件；

② 籌集開立信用證所需的開證保證金；

③ 為甲方向銀行申請開證提供擔保，負責擔保或付匯的承兌贖單；

④ 負責辦理貨物到港後的進口提貨手續，繳納稅費並承擔一切相關費用；

⑤ 負責向甲方提供完整的有關進口單據，辦理核銷手續；

⑥ 獨自開展國內銷售業務，並獨自承擔國內銷售的經濟、法律責任。

（3）結算方式

甲方按開證金額的0.5%向乙方提取代理費，所有銀行費用及責任均由乙方負擔，甲方不承擔任何風險及經濟、法律責任。

3. 1997年9月9日，中國B公司（Party A, the Buyer）與韓國C公司（Party B, the Seller）簽訂了一份由韓國C公司提供的英文格式合同《柴油購銷協議》，其主要條款如下：

本協議由以下雙方於1997年9月9日訂立：

甲方：中國B公司（以下簡稱「B公司」，地址等略）

乙方：韓國C公司（以下簡稱「C公司」，地址等略）

B公司與C公司雙方同意按以下各項條款購銷一批柴油：

（1）賣方：C公司

（2）買方：B公司（代表中國A公司）

（3）產品：柴油

（4）數量：30,000公噸（可由賣方決定增減10%）

（5）交貨：1997年9月25至30日運抵中國X港安全泊位或碼頭交貨

（6）價款：到岸價款（CIF），中國X港安全泊位或碼頭，每公噸176.80美元（固定價，無漲落）

（7）質量：（略）

（8）付款：用美元付款；由國際性一級銀行，以賣方可以接受的格式簽發信用證（Letter of Credit），於賣方提交三套完整的貨物提單（Bill of Lading）原件以及發票和常規海運文件之後45天以內，付清貨款

（9）卸貨時間：（略）

（10）船舶滯期費：（略）

（11）質量、數量認定：（略）

（12）所有權與風險轉移：貨物越過與裝貨口岸連接的船舷後，其所有權和損失風險即由賣方轉移到買方

（13）法律：適用英國法律

（14）仲裁：由本協議引起或與本協議有關的一切爭端、爭議或分歧，或有關本協議的違約行為，應依據國際商會（International Chamber of Commerce）制定的仲裁和調解規則，提交按上述規則指定的一名或數名仲裁員，在英國倫敦仲裁解決。由此作出的仲裁裁決是終局性的，對雙方均有約束力

（15）不可抗力：（略）

（16）其他條款

如果買方未能按照本協議第8條規定開出信用證，賣方有權取消本合同，並要求買方賠償一切費用和損失。

其他一切條款，均按國際商會制定的《1990年國際貿易術語解釋通則》中CIF條款規定及其最新修訂內容，加以實施。

本合同經由傳真簽署，即作為合同原件加以使用，不另設書面合同原件。

中國B公司（簽署）

韓國C公司（簽署）

中國A公司（簽署）

4. 在上述《柴油購銷協議》中，明文規定賣方（Seller）為C公司，買方（Buyer）為B公司。但在簽約過程中，A公司代表參加談判，並在協議末端簽字。

5. 一九九七年九月十二日，B公司通過D銀行向C公司簽發L/C，以支付購油價款，總金額為USD 176.80×30,000 MT＝USD 5,304,000。同年九月二十六日，C公司租船裝運柴油30,049.506 MT，船長簽發清潔提單後，起航運抵中國X港，並按原終端用戶A公司要求，以「**無單放貨**」的快速方式，向X港的新終端用戶E公司直接交貨。同年十月四日卸貨交貨完畢。

6. 由於C公司的過錯，發生「單證不符」，D銀行拒絕兌付L/C所載貨款。應賣方C公司要求，買方B公司通知開證的D銀行，表示願意接受與L/C有所不符的B/L等單據文件，但幾經磋商，未能達成共識，貨款兌付問題暫時擱淺。

7. C公司急於收回巨額貨款，遂同時向A、B兩家公司發函催索。一九九七年十一月三日，原終端用戶A公司直接以傳真致函C公司，建議「繞開開證銀行，通過香港有關公司以T/T方式將貨款匯至C公司」，並擬於十一月七日、十四日分兩期付清。

8. 翌日，即十一月四日，C公司也以傳真復稱：「We confirm our acceptance for your suggestion to pay the amount USD 5,312,752.80（due date: Nov 10, 1997）by T/T instead of L/C.」〔我方確認同意接受貴方建議：以電匯方式取代信用證方式，支付貨

款總額5,312,752.80美元（到期日：1997年11月10日）。」

9. A公司將三萬餘噸柴油轉售給E公司。但因E公司失信，A公司未能及時收到全部貨款，資金周轉發生困難。自一九九七年十一月六日至一九九八年一月二十一日，A公司以T/T方式，匯付C公司柴油貨款3,200,000美元，尚欠本金2,112,752.80美元，外加一九九七年十一月十日到期以後的相應滯付利息。

10. 韓國C公司多次向中國A公司催討所欠貨款餘額，A公司多次承認欠債，承諾分期還清，並加計相應滯付利息。但因資金周轉困難而暫時無力全部清償，貨款餘額又拖欠了兩個多月。C公司不願再等待，遂聘請英國律師在一九九八年四月二十八日、五月十三日先後兩度向ICC仲裁院呈交《仲裁申請書》及其補充文件，將中國的B公司作為第一被申請人，中國的A公司作為第二被申請人，主張兩公司應共同承擔和連帶承擔還債責任，請求ICC仲裁院作出裁決，「裁令B、A兩家公司共同地和連帶地償還以下款項：（1）所欠貨款餘額本金2,112,752.80美元；（2）自一九九七年十一月十日起算，因滯付上述貨款餘額本金所滋生的利息，按仲裁庭認可的公平合理的利率計息；（3）申請人提請仲裁而支付的各種合理費用」。

11. 《仲裁申請書》提出：本案仲裁庭應在英國倫敦開庭，以英國法律作為準據法，由一名獨任仲裁員（sole arbitrator）審理。

12. ICC仲裁院受理了本案，設定案號為9959/OLG，並由其祕書處於一九九八年六月底將韓國C公司的《仲裁申請書》分別送達被申請人中國的B公司和A公司。B、A兩家公司先後聘請陳

安教授以兼職律師身分，分別在一九九八年八月二日和八月二十五日提出答辯，就ICC仲裁院對本案的管轄權、本案的準據法以及仲裁庭的人數等問題提出異議。隨後，B公司又增聘另一位律師，共同參加仲裁代理。

二、關於當事人和管轄權的爭議

13.申請人韓國C公司認為：上述《柴油購銷協議》第14條和13條分別明確規定了仲裁條款和準據法條款，理應依約提交ICC仲裁院，依其現行仲裁規則，在英國倫敦開庭審理並作出裁決，裁決是終局的，對雙方當事人均有約束力。該協議適用的準據法應是英國法。

14.第一被申請人中國B公司就ICC仲裁院對本案爭端的管轄權提出抗辯，其理由是：

14.1　本案先後涉及四項協議（合同）：

甲、中國A公司（委託人）與中國B公司（受託人）之間簽訂的對外貿易《委託協議書》（1997年9月8日，以下簡稱《1號協議》）；

乙、中國B公司（買方）與韓國C公司（賣方）之間簽訂的《柴油購銷協議》（1997年9月9日，以下簡稱《2號協議》）；

丙、中國B公司（委託人）與中國D銀行（受託人）之間簽訂的L/C《委託開證協議》（1997年9月12日，以下簡稱《3號協議》）；

丁、中國A公司（新買方）與韓國C公司（轉賣方）之間簽

訂的《柴油購銷協議》（1997年11月3日A公司發出要約，1997年11月4日C公司加以承諾，新的柴油購銷協議遂告成立，其具體文字和關鍵內容見上述第七、八兩段。以下簡稱《4號協議》）。

14.2　以上《2號協議》與《4號協議》貌似互相連接，密不可分，實是兩項不同的合同，體現了不同的法律關係。兩相比較，其當事人、標的物、價款、支付方式、爭端解決方式、準據法等條款均迥然相異。可列表說明如下：

有關條款＼協議名稱	《2號協議》	《4號協議》
當事人	買方：中國B公司	新買方：中國A公司
	賣方：韓國C公司	新賣方：韓國C公司
標的物及其所在地	3萬噸柴油（在中國境外）	3.0049506萬噸柴油（在中國境內）
總價款	USD 5,304,000	USD 5,312,752.80
付款方式	L/C	T/T
仲裁條款	第14條（交ICC仲裁院仲裁）	無
準據法條款	第13條（適用英國法）	無
協議成立期	1997年9月9日	1997年11月4日

14.3　就上述《2號協議》而言，買方中國B公司已依約通過D銀行開出L/C，但因賣方韓國C公司的過錯，出現「單證不符」，D銀行拒不兌付貨款，致使該協議之履行暫時中斷。對此，中國B公司毫無過錯。尤其重要的是：中國B公司並未取得柴油提單，從而並未收到約定的貨物——三萬噸柴油。因此，B公司對於C公司所遭損失不應承擔任何責任。

14.4　本案爭端，純因上述《4號協議》引起，與《2號協議》無關。換言之，正是由於韓國C公司急於獲得貨款，違背《2號協議》，繞開原買主B公司，繞開開證的D銀行，逕自直接與新買

方A公司達成**轉售**柴油的協議，即《4號協議》，**拋棄**L/C這一安全的付款方式，採取T/T這一**風險頗大**的付款方式，才導致貨已全交，款未收齊。這純屬「飢不擇食」，甘冒風險，咎由自取。何況，B公司不是《4號協議》的當事人，而是**無關的第三人**，《4號協議》中規定的付款義務，應純由該協議中的新買主A公司全部承擔，與B公司毫不相干。C公司以B公司作為第一被申請人，並要求裁決B公司對A公司的還款義務承擔共同的和連帶的責任，顯屬「**株連**」無辜。有鑒於此，ICC仲裁院應以「第一被申請人**不適格**」為由，駁回韓國C公司對中國B公司的無理索債要求。

14.5　本案爭端既然純由《4號協議》引起，自應嚴格按《4號協議》中的爭端解決條款予以處理和解決。但是，通觀《4號協議》，雙方當事人並未約定任何爭端解決方式，更未明文規定任何仲裁條款；糾紛發生之後，雙方又未達成任何仲裁協議。由此可見，韓國C公司將純由《4號協議》引起的本案付款爭端提交ICC仲裁院，這一仲裁申請，**既無合同根據，也無法律依據**。換言之，ICC仲裁院對本案爭端不具備約定的或法定的管轄權，無權受理。有鑒於此，ICC仲裁院應以「**本院對本案無管轄權**」為由，駁回韓國C公司對中國A、B兩公司的仲裁申請。

15.第二被申請人中國A公司就ICC仲裁院對本案爭端的管轄權也提出抗辯。其所持理由是：

15.1　與第一被申請人對管轄權的抗辯大體相同，但有以下補充。

15.2　A公司承認柴油貨款尚未付清。但所欠貨款餘數以及

延遲付款的相應利息，應由A公司自己獨立承擔清償責任，不應株連無辜的B公司。B公司不是《4號協議》的當事人，不應無理要求B公司承擔共同責任和連帶責任。

15.3　爭端純因《4號協議》引起，但該協議中沒有仲裁條款，故本案爭議不應由ICC仲裁院管轄。換言之，韓國C公司向該院申請仲裁一舉，是「**告對了人，卻告錯了地方**」。本案應按《中華人民共和國民事訴訟法》第22條或第29條的規定[2]，由被告（被申請人中國A公司）住所地的人民法院管轄，即應由中國X港的人民法院受理處斷。

16.針對A公司和B公司提出的上述管轄權抗辯，C公司提出反抗辯（reply），強調：前述《4號協議》並非一項獨立的協議，而僅僅是原有協議即《2號協議》所定付款方式的修改或變更（variation）。《4號協議》除將付款方式從L/C改為T/T之外，別無任何其他條款，應認為A公司與C公司之間通過默示（by implication）達成默契：其他條款包括訂約當事人條款、仲裁條款和準據法條款悉按原協議即《2號協議》規定不予改變，繼續有效。其具體理由和論證是：

16.1　第一被申請人即中國B公司既已收到了協議項下的貨物，自應保證指示其開證銀行不斤斤計較現有的技術性的「單證不符」。第一被申請人未能做到這一點，就不能消除其清償貨款的義務。

16.2　申請人韓國C公司斷然否定第一被申請人中國B公司的主張，即所謂有關改變付款方式的做法等同於另外訂立了一項全新的買賣合同。申請人強調：

中國A公司在一九九七年十一月三日發出的傳真函件以及韓國C公司於一九九七年十一月四日發出的傳真覆函，從其措辭用語與當時環境看，雙方所達成的協議顯然只是對原有《柴油購銷協議》中的付款條款加以改變。韓國C公司雖同意中國A公司改變付款方式，但是，如果A公司仍然未能付清貨款，則依然不能取消韓國C公司向B公司索債的權利。中國A公司在其傳真中並未指出該傳真乃是一份新的購銷合同；如果是有意使它成為一份新的合同，也毫未說明其基本條款是什麼。A公司的傳真中提到「繞開開證銀行」，直接以T/T方式付款；C公司在傳真回函中表示同意改用T/T方式付款，但同時提出要求：原有的信用證仍然有效，如果以T/T方式付款未能實現，則該原有信用證仍可使用。由此可見，當時所使用的措辭完全符合只是變更原有的付款條款，而根本不是另外訂立一份新的購銷合同。更何況，當時原《柴油購銷協議》項下的柴油業已交貨、收貨完畢，在這樣的環境下，另訂一份新的購銷合同之說，是完全不符合邏輯的，絕不應如此推論或臆測。

16.3　如果ICC仲裁院認為一九九七年十一月三日和四日中國A公司與韓國C公司之間的傳真磋商構成了一份新的購銷合同，那麼，該合同中唯一的「明示條款」（express term）只是付款條款，而其餘條款就是通過「默示」而保留了原有購銷合同中的其餘條款，包括保留了原有的合同各方當事人、法律選擇條款以及管轄條款。

17.針對韓國C公司上述反抗辯中的主張，中國A公司和B公司援引中國對外經貿部一九九一年發布的《關於對外貿易代理制

的暫行規定》，予以反駁。

17.1　援引的條文：

第1條　有對外貿易經營權的公司、企業（代理人）可在批准的經營範圍內，依照國家有關規定為另一無對外貿易經營權的公司、企業（被代理人）代理進出口業務。如代理人以被代理人名義對外簽訂合同，雙方權利義務適用《中華人民共和國民法通則》有關規定。如**代理人以自己名義**對外簽訂合同，雙方權利義務適用本暫行規定。

第2條　無對外貿易經營權的公司、企業、事業單位及個人（委託人）需要進口或出口商品（包括貨物和技術），須委託有該類商品外貿經營權的公司、企業（受託人）依據國家有關規定辦理。雙方權利義務適用本暫行規定。

第8條　經受託人同意，**委託人可參加對外談判**，但不得自行對外詢價或進行商務談判，不得自行就合同條款對外作任何形式的承諾。

凡委託人同意的進口或出口合同條款，委託人不得以因條款本身的缺陷引起的損失向受託人要求補償。

第9條　委託人**不得自行**與外商**變更**或**修改**進出口合同。委託人與外商**擅自達成**的補充或修改進出口合同的**協議無效**。

A、B兩家公司根據上引條文作出如下論證：

17.2　眾所周知，中國是社會主義國家，也是發展中國家。基於維護國家利益的需要，考慮到本國的具體國情，中國有必要在一定的歷史時期內對外貿活動實行一定程度的管制，其重要措施之一，就是把本國的企業和公司劃分為有權直接經營外貿和無

權直接經營外貿兩大類。

17.3　申請人韓國C公司一再強調前述《4號協議》僅僅是原有協議即《2號協議》所定付款方式的變更。在這一方面，其關鍵問題在於中國的A公司本身究竟是否有權任意修改或變更該《2號協議》中的付款條款，而且A公司又不是該《2號協議》的簽約當事人。對這種關鍵問題的答案是：肯定無權！

17.4　在《2號協議》（即原《柴油購銷協議》）的頂端，明文標示該協議只有兩個締約當事人，即「甲方：中國B公司，買方；乙方：韓國C公司，賣方」。換言之，中國B公司乃是合同中單獨的或唯一的合法買方，它依法有權從事進口貿易業務，因而有權在該《2號協議》中以它自己的名義與外商賣方即韓國C公司簽約。與此同時，B公司是以受託人的身分「代表」（on behalf of）無權從事進口貿易的A公司在《2號協議》上簽署的。按照前引規定第8條，經受託人B公司同意，委託人A公司可以參加對外談判，但無權自行就合同條款對外商作任何形式的承諾。因此，該A公司董事長H先生在《2號協議》上的簽署，充其量只不過是表明他參加談判和在場見證（witness），而並非表明A公司也是該協議的締約當事人。任何非締約當事人或任何見證人當然無權任意擅自修改或變更該《2號協議》的任何條款，這是不言而喻的常識。

17.5　一九九七年九月進行這筆柴油購銷交易當時，韓國C公司主管前述《2號協議》談判、簽約和執行事宜的具體人員是該公司漢城總部石油產品部門經理Chun Sang Hyun先生。他在一九九九年十一月十六日提供的證詞中，縷述整個談判過程，也確

認《2號協議》只有一個締約的買方（contractual buyer），即中國B公司；而中國A公司僅僅是終端用戶（the end user），而不是締約買方。其證詞稱：

事先，中國A公司的代表曾經到過韓國C公司駐中國上海辦事處，然後來到韓國漢城總部，要求供應一批柴油。提供這批柴油的各項條款，如數量、質量、交貨、價款等，都由中國A公司和韓國C公司達成協議。但是，韓國C公司擔心中國A公司履行合同的能力。我們從未與中國A公司搞過交易，而且知道它只是一家私營公司。因此，我們要求它去尋找另一家中國政府經營的公司，後者有能力與我們簽訂合同並達成付款方式，以便履行合同。中國A公司建議由中國B公司作為購買這批柴油的締約當事人（contracting party），我們同意。然後，擬定了一份合同，載明我們與中國A公司雙方達成的各項條款，並且載明中國B公司是這批柴油的締約買方（the contractual buyer of the gasoil）。……中國B公司按合同的規定開具了信用證。中國A公司是這批柴油的終端用戶（the end user of the gasoil）。……我們沒有理由懷疑：中國B公司會按照合同上規定的義務向我們交付貨款。

誠然，Chun Sang Hyun的上述證詞是應韓國C公司的要求而出具的，而且其主旨顯然在於證明中國B公司作為**締約買方**對於韓國C公司負有依約償還貨款的義務，但從其縷述談判過程的主要情節中，也無可規避地透露了一些基本事實，即中國A公司並不具備法定的締約行為能力，必須另找一家有權對外締約和支付

外匯貨款的中國政府經營公司，來充當《2號協議》的唯一合法買方；中國A公司儘管一開始就與韓國C公司直接談判柴油供銷事宜和有關條款，但畢竟只是、始終只是這批柴油的「終端用戶」，而非《2號協議》的締約人。可見，這一證言又從另一個重要側面，有力地印證了中國A、B兩家公司在第17.1至17.4段所敘述的事實和提出的主張。

17.6　除了前述《2號協議》（即原《柴油購銷協議》）頂端明文標示該協議只有兩個當事人即買方中國B公司和賣方韓國C公司之外，與該協議緊密相關的大量單證也反覆表明只有中國B公司是該協議項下柴油唯一的買方和收貨人。這些單證是：（1）一九九七年九月十九日簽發的三份信用證（L/C），其中載明唯一的辦證「申請人」（applicant）是中國B公司，唯一的「受益人」（beneficiary）是韓國C公司。眾所周知，信用證上載明的「申請人」通常就是買方，「受益人」通常就是賣方。（2）一九九七年九月二十八日簽發的三份「發票」（invoice），也載明中國B公司是唯一的受票付款人（on account of...）。眾所周知，發票通常是由賣方簽發給買方的催收貨款或已收貨款的憑據。（3）一九九七年九月二十六日簽發的三份「提單」（B/L）也載明中國B公司是唯一的「被通知人」。眾所周知，提單上標明的**「被通知人」**通常就是憑單提貨和付款的買方。（4）一九九七年十月七日簽發的三份「原產地證明」（certificate of origin），均明文記載：中國B公司是唯一的「買方」（buyer）。（5）一九九七年九月二十六日簽發的三份「海運出口貨單」（sea export cargo manisfest），三份「質量證明」（certificate of quality），三份「數量證明」（certificate of quantity），一份「油槽損耗量報告書」（tanker ullage report），一份船長簽發的樣品收據（master's receipt of samples），一份船艙清潔證明（certificate of cleanliness），也全都載明中國B公司是唯一的「被通知人」（notify party）。眾所周知，在這些單證上載明的「託運人」或「發貨人」（shipper）通常就是賣方，「**被通知人**」**通常也就是買方**。總之，出現在以上這二十四份與《2號協議》息息相關、「成龍配套」的海運單證中的「買方」或相當於「買方」身分的「申請人」「受票人」或「被通知人」全都僅僅標明只有中國B公司一家，而中國A公司的名稱從未在上述任何一種單證中出現或被提及。這就從許多重要的側面反覆多次地證明：中國的B公司是前述《2號協議》中唯一的、合法的買主；而中國A公司從來就不是前述《2號協議》的締約當事人。

17.7　根據前引規定第9條，委託人不得自行與外商變更或修改進出口合同，其與外商擅自達成變更或修改進出口合同的協議，是無效的。由此可見，當時中國的現行法禁止中國的A公司擅自繞開受託人中國B公司，直接與韓國的C公司針對《2號協議》（即原《柴油購銷協議》）達成任何修改或變更的協議；其所達成的任何修改、變更協議在法律上都是無效的。由此可見，韓國C公司硬說前述《4號協議》只不過是針對原先《2號協議》的一種修改變更，這種主張不但違背客觀事實，而且違反中國當時的現行法。[3]

17.8　一家企業或公司有權從事何種經營或無權從事何種經營，直接涉及法人的行為能力問題。如果不同國家的法律對於同一類法人的行為能力問題有不同的規定，則一旦在法律適用上發

生衝突，如何解決準據法上的矛盾？應當說，在這個問題上，當代國際社會已經達成了全球公認的共識，即應當依據法人的屬人法（lex personalis, personel law）來確認法人的行為能力，亦即依法人的國籍或住所地所屬國家的法律規定加以確認。關於這一準則，在具有全球影響的權威性著作《戴西和莫里斯論衝突法》一書中，英國著名教授們曾加以提煉、歸納和明文記載，列為「法律衝突規則」第154條（Rule 154）[4]：

規則154：（1）法人（corporation）從事法律交易行為的能力受該法人的章程以及交易行為地國家有關的法律支配。（2）法人章程的一切事項受法人成立地的法律支配。

英國牛津大學的另一位著名教授馬丁‧沃爾夫（Martin Wolff）在《國際私法》一書中也明確地論及：「法人享有何種權利以及可以締訂何種合同的問題，應依據其屬人法加以確定。不過，這個問題並不完全取決於它的屬人法，而且也取決於行為地法。」[5]此書也是具有全球影響的權威性名著，自一九四四年出版以來已被譯成多種文字，其中文本出版於一九八八年。

不言而喻，由英國著名教授們從全球司法實踐（包括英國豐富的典型判例）中總結出來的上述規則，理應是英國法學界和實務界（包括英國的律師和仲裁員）所普遍認同和認真遵循的。

當然，也應該提到：上述法律衝突規則多年來也已經在中國的著名教科書和論著[6]中加以吸收、推介和論證，並已為中國的法學界和實務界所普遍認同和認真遵循。

17.9　早在一九八八年四月，上述法律衝突規則就不但被中國法學界和實務界所廣泛認同，而且被進一步吸收於中華人民共和國最高人民法院作出的司法解釋，即《關於貫徹執行〈中華人民共和國民法通則〉若干問題的意見（試行）》第184條，從而使它成為在中國具有法律約束力的行為規範，其具體文字是：「外國法人以其註冊登記地國家的法律為其本國法，法人的民事行為能力依其本國法確定。」[7]

17.10　把前述第17.1段至17.9段所引證的大量事實、法律規範、國際通行做法以及權威學者論述，連繫本案案情加以剖析，就理應得出結論：

（1）中國A公司既然是在中國依法註冊登記成立的，其住所地也在中國境內，則其民事行為能力自應**依據其「屬人法」即中國有關法律**規定加以確認。

（2）依據中國現行法律關於管制外貿經營的強制性禁止規定，中國A公司**不具備直接從事外貿經營**的合法權利和**行為能力**。

（3）因此，中國A公司不但**無權**以「合同當事人」的身分直接與韓國C公司簽訂《2號協議》，而且**無權擅自**直接與韓國C公司議定**修改或變更**《2號協議》。

（4）因此，中國A公司也**無權**以「合同當事人」的身分直接與韓國C公司簽訂《**4號協議**》。

（5）因此，中國A公司與韓國C公司通過一九九七年十一月三至四日兩份傳真函件直接達成協議，約定將L/C付款變更為T/T付款，雙方的此種民事行為**在法律上是無效的**，不受任何法律保

護。

（6）在《2號協議》中，中國A公司既然不是締約的當事人，則該協議中的「**仲裁條款**」對中國A公司當然不具備法律約束力。

（7）因此，依據《2號協議》中的「仲裁條款」而設立的本案仲裁庭，**對於中國A公司沒有管轄權**，即根本無權管轄。

17.11　迄本案提交仲裁為止，始終未見有任何證據可以證明：由新買主中國A公司與新賣主韓國C公司於一九九七年十一月四日達成的新協議即《4號協議》之中，包含有任何法律選擇條款或任何管轄權條款。因此，不可能也不應該武斷地把原先由舊買主中國B公司與舊賣主韓國C公司之間達成的《2號協議》之中的法律選擇條款與仲裁管轄條款，強行塞入其後由新買主中國A公司與新賣主韓國C公司之間達成的《4號協議》之中。眾所周知，在國際經貿實務中，就有許多協議或合同並不設立或包含此類條款。在許多國際經貿實務中，並不以協議或合同中含有法律選擇條款和仲裁管轄條款作為協議或合同得以成立的不可缺少的前提條件。

由於在《4號協議》中根本不存在任何「仲裁條款」，而且作為該協議締約當事人的中國A公司，已經反覆多次針對根據子虛烏有的所謂「仲裁條款」強加的仲裁管轄權，明確地提出異議，因此，ICC仲裁院對本案中的中國A公司不具備任何管轄權。韓國C公司與中國A公司之間的債權債務糾紛，應提交中國法院管轄受理。

三、關於準據法的爭議

18.針對中國A、B兩家公司的上述反駁，韓國C公司斷然加以否定。強調：**不能以中國的法規作為準據法來判斷**中國A公司是否有權與外商C公司直接約定修改《2號協議》，而**只能依英國法律來加以認定**。其理由是：

18.1　《2號協議》第13條明文規定「Law: English Law to apply」。根據「**當事人意思自治**」原則，根據當時有效的《中華人民共和國涉外經濟合同法》第5條第一款前段的規定，「合同當事人可以選擇處理合同爭議的法律」，本合同（協議）爭端應尊重當事人的共同自願選擇，適用英國法予以解釋和處斷。

18.2　《2號協議》末端，除B公司和C公司的法定代表人分別作了簽署之外，A公司的法定代表人也作了簽署。但A公司的簽署並未註明其身分是witness。**按照英國的法律和判例**，A公司也是《2號協議》的當事人，其法律身分應與B公司並列，作為共同買主（co-buyer），並非局外第三人，因而A、B兩家公司均應受《2號協議》中準據法條款的約束，不得節外生枝，援引中國有關法規藉以規避英國法律的適用，從而規避ICC仲裁院的管轄權。

19.中國A、B兩家公司反駁韓國C公司的上述主張，強調本案爭議只能適用中國的法律和法規予以處斷，其理由是：

19.1　本案爭端純因《4號協議》引起，與《2號協議》無關。故不能武斷地將《2號協議》中的準據法條款強加於《4號協議》，任意推定純由《4號協議》引起的爭端也應適用英國法予

以處斷。

19.2　「當事人意思自治」原則在貿易合同中的適用並非毫無限制。中國的《涉外經濟合同法》第9條規定：違反中國法律的合同或其有關條款，是無效的。可見，違反強行法（mandatory law）禁止規定的當事人自願選擇，在法律上是無效的。第17.1段援引的中國《關於對外貿易代理制的暫行規定》第9條的禁止規定，是強制性規定。即使就《2號協議》而言，其第13條的準據法條款的適用範圍亦不得與中國法規的強制性規定相牴觸。換言之，即使適用英國法，亦不得否定中國外貿代理制前述禁止規定的優先地位和強制效力。

19.3　本案爭端純由《4號協議》引起。在《4號協議》中，買賣雙方當事人即中國A公司與韓國C公司之間並未就處理協議有關爭議所適用的法律作出任何選擇。按中國《涉外經濟合同法》第5條第一款後段的規定，「當事人沒有選擇的，適用與合同有最密切連繫的國家的法律」。《4號協議》的當事人住所地一在中國X港，一在中國上海，簽約地和履行地也均在中國境內，按國際私法上公認的「最密切連繫」準則，因本協議引起的本案爭端，應適用中國法律予以處斷。

19.4　即使單就《2號協議》而論，其中第13條雖明文規定「適用英國法律」，但對於這一規定固有的準確含義，如何根據英國本身的法律加以解釋，卻有待分析、澄清。就英國法律而言，普通法系（common law）中關於合同方面原有的大部分法律選擇準則，已由《歐洲經濟共同體合同義務準據法公約》（以下簡稱《羅馬公約》）[8]中的有關準則所取代。這些準則已由英國的《1990

年合同（準據）法》[9]所吸收並自一九九一年四月一日起施行。《羅馬公約》第3條第三款明文規定：「儘管各方當事人已經選擇適用某一國家的法律，不論是否同時選擇這個國家的法庭，如果在作出此種選擇當時其他一切有關因素都僅僅與另外一個國家相連繫，則仍然不得規避適用該另一國家那些不能用合同加以排除的法律規定〔按：即『強制性規定』（mandatory rules）〕」。《羅馬公約》的此項規定，不但已被吸收到英國的相關法律之中，而且也被英國著名的教授們進一步加以論證、提煉和歸納，作為「法律衝突規則」第175條（Rule 175），載明於具有全球影響的前述權威性論著——《戴西和莫里斯論衝突法》。[10]

衡諸本案事實，買賣雙方當事人中國B公司與韓國C公司雖已在《2號協議》中共同選擇英國法律作為適用於該協議的準據法，但是，鑒於該協議的其他關鍵因素，包括雙方當事人的所在地、簽約地、貨款信用證開證地、貨物進口履行地等，都僅與中國密切相關，而與英國毫不相干，因此，雙方當事人不得通過《2號協議》中對英國法的選擇，排除適用中國的任何強制性法律規定，包括中國有關外貿代理制的前述強制性禁止規定。

19.5　根據英國法院斷案的長期實踐以及英國權威學者的論述，如果一項英國合同在外國履行，而其履行行為直接或間接地觸犯或違反當地國家的法律，則英國法院將拒絕予以承認和執行。特別是，如果該合同的履行行為觸犯或違反與英國友好國家的法律，即使該合同根據英國法律是合法的、有效的，但如實施當事人所選擇的準據法就勢必會損害英國與該履行地國家之間的友好關係，從而「明顯地違反了英國法的公共秩序」〔manifestly incompatible with the public policy (order public) of English Law〕，那麼，英國法院就尤其應當拒絕予以承認和執行。英國法院長期斷案中所貫穿的這一原則和基本精神，也已由英國的權威學者們歸納和提煉，作為「法律衝突規則」第180條（Rule 180），載入具有全球影響的前述名著。[11] 而其有關的典型判例，也不難逐一加以研究和查證，諸如：

（1）De Wutz v. Hendricks（1824）2 Bing. 314-316.（2）Foster v. Driscoll（1929）1 K. B. 470,518,521（C. A.）；Regazzoni v. K. C. Sethia, Ltd.（1958）A. C. 301,322,328,329（3）Jennings（1956）C. L. J. 41.（4）F. A. Mann（1956）19M. L. R. 523 and（1958）21 M. L. R. 130；A. L. G.（1957）73 L. Q. R. 32.（5）Rossano v. Manufacturers' Life Ins. Co.（1963）2. Q. B. 352,376-377.（6）Frischke v. Royal Bank of Canada（1977）80 D. L. R.（3d）393（Ont. C. A.）（7）Euro-Diam Ltd. v. Bathurst（1990）1 Q. B. 1,40（C. A.）

19.6　舉世皆知，英國乃是最早承認新中國的國家之一。兩國之間自一九五〇年一月以來，在廣泛的領域中長期保持著友好和合作的關係，並且在平等互利的基礎上互相尊重對方的經濟、政治和法律制度，特別是互相尊重對方的強制性法律規定。因此，本案爭端即使是「適用英國法律」，那麼，依據前述英國參加的《羅馬公約》、英國現行的《1990年合同（準據）法》、英國法院多年斷案的實踐先例，以及由英國權威學者詳加論述、歸納，並已為國際社會廣泛接受的法律衝突規則，理應遵循對待英國友好國家國內強制性法律規定的傳統判例和英國現行法，充分

尊重中國現行法律中有關管制外貿的前述強制性禁止規定（詳見第17.1-17.6段），確認中國A公司既無權直接與韓國C公司簽訂外貿協議，也無權直接與韓國C公司議定修改或變更外貿協議。簡言之，正是在這種意義上，完全可以斷言：認真適用英國的現行法律與英國的司法判例，就不能不認定中國A公司無能力和不可能成為《2號協議》的簽約當事人，因而《2號協議》（包括其中的仲裁條款）對於中國A公司沒有約束力，以該仲裁條款為依據而設立的本案仲裁庭對於中國A公司與韓國C公司之間的爭端沒有管轄權。

四、關於仲裁庭人數和人選的爭議

20. 仲裁申請人韓國C公司要求將本案交由一名「獨任仲裁員」（sole arbitrator）審理處斷。其理由是：（1）本案債權債務關係明確，案情簡單，可以簡易方式，速審、速裁、速決；（2）按《2號協議》第14條的規定，仲裁庭應由「one or more arbitrators」構成。依據現行的《ICC仲裁規則》第8條，在當事人沒有約定仲裁庭組成人數的情況下，可由ICC仲裁院對仲裁庭的構成（一名獨任仲裁員或三名仲裁員）作出決定。

21. 被申請人中國A、B兩家公司反對韓國C公司的上述主張，並且鄭重聲明：（1）被申請人繼續堅持ICC仲裁院對本案糾紛無管轄權的前述抗辯；（2）在不影響被申請人保留前述管轄權異議權利的前提下，要求將本案交由三人組成的仲裁庭合議審斷。其理由是：

21.1　本案爭端先後涉及多項合同，債權債務關係複雜，特別是其中的被申請人是否適格、管轄權究應誰屬以及準據法如何確認等問題，雙方針鋒相對，分歧極大，應當交由三人仲裁庭合議，俾能發揮集體智慧，慎重審理，公平處斷。

21.2　現行的《ICC仲裁規則》（1998年1月1日生效）第8條第一款、第二款規定如下：

第8條　仲裁員人數

1. 爭議應由一名或三名仲裁員裁決。

2. 當事人沒有約定仲裁員人數的，仲裁院應指定一名獨任仲裁員審理案件，除非仲裁院認為案件爭議需要交由三人仲裁庭審理。在後一種情況下，申請人應在收到仲裁庭對上述決定的通知後15日內指定一名仲裁員，被申請人應在收到申請人已指定仲裁員的通知之後15日內指定另一名仲裁員。

衡諸雙方爭端的複雜性，本案應屬於「案件爭議需要交由三人仲裁庭審理」之列。一旦ICC仲裁院確認並最後決定該院對本案有管轄權，則中國A、B兩家公司請求該院儘快組建三人仲裁庭審理本案。

22. 中國A、B兩家公司鑒於本案案情複雜，且多處涉及應當適用中國法律作為準據法的問題，故在繼續保留前述管轄權異議權利的前提下，一方面力主應當組建三人仲裁庭合議審理本案；另一方面，接獲ICC仲裁院有關受理本案的立案通知後，即依據《ICC仲裁規則》第5條第一（d）款、第二款以及第10條第一款

的規定，共同指定一名中國知名專家、中國國際經濟貿易仲裁委員會（CIETAC）的資深仲裁員Y教授，參加三人仲裁庭。

22.1　韓國C公司所聘請的英國SRT律師事務所駐上海辦事處的律師阿德里安‧克拉克（Adrian Clarke）在一九九八年七月三十一日致ICC仲裁院祕書處的函件中，竟公然對中國兩家公司的指定表示反對。其「理由」是：（1）本案涉訟合同規定的準據法是英國法，故仲裁員應當具有足夠的有關英國法律的知識和實踐經驗。可是，「迄今為止，我們沒有看到證據，足以證明中國兩家公司指定的這位仲裁員先生具備這方面的知識和經驗」。（2）上述合同規定的仲裁地點是英國倫敦。然而，這位被指定的仲裁員先生卻「平常住在中國（ordinarily residing in China），這會妨礙和延誤在倫敦開庭審理爭端」。「被申請人兩家公司完全可以選擇指定一名住在倫敦的仲裁員」。

22.2　針對英國律師克拉克的上述十分放肆、專橫的主張，中國A、B兩家公司作了針鋒相對的反駁：（1）看來有必要提醒克拉克先生：ICC仲裁院素來就具有國際本質（of internationality），而並不具備也不專屬於英國國籍（of English nationality）。沒有任何法定理由或法律依據，居然可憑以主張：由ICC仲裁院主辦、在倫敦進行的仲裁開庭聽審事宜必須由英國籍的律師和英國當地的仲裁員包攬一切，全盤包辦。（2）任何人，包括任何英國律師事務所或任何英國律師個人，都不享有任何特權，竟然可以任意侵害中國的當事人依據《ICC仲裁規則》以及國際公認的「自然公正」（natural justice）原則所享有的指定仲裁員的合法權利。（3）作為英國SRT律師事務所派駐中國上海辦事處的一名英國律

師，克拉克先生諒必也是「平常住在中國」，並非常住倫敦。不知此種情況是否也會「妨礙和延誤在倫敦開庭審理爭端」？（4）迄今為止，我們也沒有看到證據，足以證明接受韓國C公司聘請、在中國境內執業的這位克拉克先生，已經具備足夠的有關中國法律的知識和實踐經驗。不知中國方面的當事人是否也可以憑藉這種「理由」主張克拉克先生不宜在中國境內開業、執業？或者主張，韓國C公司不宜聘請克拉克先生承辦涉及中國法律問題的本案？不言而喻，中國方面的當事人決不會提出如此缺乏法律常識的荒唐主張！

23. ICC仲裁院於一九九八年十月十四日作出三項決定：（1）按「表面證據」（prima facie），可能存在仲裁協議，依據《ICC仲裁規則》第6條第二款規定，本院對本案有管轄權，對於仲裁庭管轄權的異議，應由仲裁庭自行裁斷；（2）將本案交由一名獨任仲裁員審理；（3）由仲裁院祕書處（Court Secretariat）採取步驟指定獨任仲裁員。

23.1　ICC仲裁院聲稱：上述第（1）項決定的根據是《ICC仲裁規則》第6條第二款：

第6條　仲裁協議的效力

1. ⋯⋯

2. 如果被申請人不按照第5條的規定提交答辯，或者對仲裁協議的存在、效力或範圍提出異議，而仲裁院認為，從表面上看，一個按國際商會仲裁規則進行仲裁的仲裁協議可能存在，則仲裁院可以決定仲裁程序繼續進行，但不影響實體主張及其是否

應予採納。在這種情況下，任何有關仲裁庭管轄權的異議均由仲裁庭自己決定。如果仲裁院認為相反，它將通知當事人仲裁程序不能進行。在這種情況下，當事人仍有權要求有管轄權的法院對是否存在有約束力的仲裁協議作出裁定。

23.2　但是，對於上述第（2）項決定，ICC仲裁院並未說明任何理由。

24.被申請人中國A、B兩家公司對ICC仲裁院的上述決定提出異議，聯合向ICC仲裁院遞交《複議申請書》（Application for Reconsideration）。其中特別強調：（甲）仲裁案件中的雙方當事人都應當享有知情權（right to know），仲裁院理應將作出上述第（2）項決定的具體理由明確告知被申請人A、B兩家公司；（乙）被申請人在得知上述決定的理由之後，應當有權申請複議；（丙）本案案情複雜，理應交由三名仲裁員組成的合議庭審理裁決。

25.被申請人中國A、B兩家公司再次提醒申請人韓國C公司與ICC仲裁院：被申請人有權聯合指定一名仲裁員參加三人仲裁庭，此種權利是不可剝奪、不容侵害的。此種指定權不僅受到《中華人民共和國仲裁法》的保護，而且受到一九五八年《紐約公約》（即《承認及執行外國仲裁裁決公約》）的保護。如果任意剝奪或侵害被申請人的此種權利，致使被申請人「沒有得到指定仲裁員的適當通知」（was not given proper notice of the appointment of the arbitrator），則日後ICC仲裁院就本案作出的仲裁裁決，在中國境內勢必會被拒絕承認和不予執行。其具體根據是：

25.1　《中華人民共和國仲裁法》第31條規定：「仲裁案件

中的各方當事人有權各自選定一名仲裁員。」同法第71條進一步規定，被申請人提出證據證明涉外仲裁裁決有《中華人民共和國民事訴訟法》第260條第一款規定情況之一者，中國法院就應裁定不予執行，其中就包含有「被申請人沒有得到指定仲裁員的通知」這一情況。

25.2　一九五八年《紐約公約》第5條第（1）（b）款規定，受仲裁裁決援引執行的一方當事人（the party against whom the award is invoked），提出證據證明自己未接獲關於指派仲裁員之適當通知者，執行地的主管機關（法院）對該項裁決有權不予承認和不予執行。

25.3　因此，被申請人中國A、B兩公司期待ICC仲裁院駁回韓國C公司關於單單由一名獨任仲裁員審理本案的主張，以免造成日後的負面後果。A、B兩家公司希望被申請人指定仲裁員的合法權利獲得應有的尊重和切實的保護，請求ICC仲裁院對於前述二十三段中的第（2）點決定予以複議，並重新作出決定：將本案交由三人組成的仲裁庭合議審理。

26. ICC仲裁院經過複議，於一九九八年十一月十日決定：不接受中國A、B兩家公司的意見，仍然維持其一九九八年十月十四日的原決定，即把本案交由一名獨任仲裁員審理；同時，具體指定英國的一名「皇家大律師」W. R.塞伯里（William Richard Sibery, Q. C.）擔任本案的「獨任仲裁員」。

27. 中國A、B兩家公司對ICC仲裁院上述指定任命及時提出異議。其主要依據是《ICC仲裁規則》的第9條：

（1）第9條第一款規定：「仲裁院在確認或指定仲裁員時，

應考慮各位仲裁員的**國籍**、住址、與當事人或其他仲裁員國籍國的其他關係以及該仲裁員的時間和依據本規則進行仲裁的**能力**。」

（2）第9條第五款規定：「獨任仲裁員或首席仲裁員的**國籍**應與各當事人的**國籍不同**。然而，在適當的情況下，獨任仲裁員或首席仲裁員也可以從當事人所屬國選定，但以當事人在仲裁院規定的期限內**不提出異議**為條件。」

27.1　獨任仲裁員在仲裁全程中實際上擁有「**獨斷獨行**」的權力和作用，為確保其斷案公正、公平，對獨任仲裁員的公正素質與能力水平，應有不同於對一般合議庭仲裁員的更加嚴格的要求。鑑於本案涉及與合同糾紛具有最密切連繫的大量中國法律，因此，對於本案審理全程具有「**獨斷獨行**」大權的獨任仲裁員，自應確保其具有熟悉中國法律的知識和能力。但是，迄今沒有證據足以證明本案獨任仲裁員英國塞伯里律師除熟知英國法律之外，也熟悉與本案糾紛密切相關的中國法律。

27.2　本案申請人韓國C公司聘請的英國SRT律師事務所及其受聘的克拉克律師，其總部即設在英國倫敦，其本人是英國國籍。換言之，本案對方當事人所指定的代理人（其地位相當於對方**當事人**），其**國籍**與本案**獨任仲裁員**的**國籍**完全相同；沒有證據足以證明，受聘擔任對方當事人之代理人的**英國**SRT律師事務所及該律師，與同在倫敦一地開業的**英國**塞伯里大律師原先並無任何共同利害關係、業務互介互助關係或私人友情關係。按照一般常理和常識，中國A、B兩家公司難以完全排除一切疑慮，完全信賴塞伯里先生能夠在**單獨審理**本案中能夠絕對保持公正公

平、不偏不倚。ICC仲裁院總部遠在異地巴黎，顯然也無法對上述情況下可以「**獨斷獨行**」的塞伯里先生實行有效的監督，切實保證後者斷案的公正與公平。

27.3　根據《ICC仲裁規則》第9條的上述規定，ICC仲裁院理應不貿然指定與本案對方當事人之代理人屬於**同一國籍**的英國專家擔任本案的獨任仲裁員，而應當指定**非英國籍**的其他國家專家（諸如同屬英美法系因而也熟知英國法律的美國籍專家、加拿大籍專家或澳大利亞籍專家），擔任本案的獨任仲裁員。當然，被指定為本案獨任仲裁員的**非英國籍**專家也應當具備必要的中國法律知識，以確保其具有公正、公平地審斷本案的能力，符合上述第9條第一款的有關「能力」的規定。ICC仲裁院素來具有廣泛的國際連繫，當然不難物色到來自英國以外的英美法系各國，並且兼具英國法和中國法知識的國際知名學者，以指定其為本案的獨任仲裁員。如有必要，中國A、B兩家公司也可以提供有關合格人選的信息，供ICC仲裁院參考和選擇。

27.4　根據以上陳述和分析，中國A、B兩家公司進一步依據《ICC仲裁規則》第11條賦予的權利，正式提出要求英國籍的塞伯里迴避，並由ICC仲裁院依據該規則第12條規定，更換新的獨任仲裁員。

28.對於中國A、B兩家公司提出的有關獨任仲裁員具體人選的異議、迴避和更換人選的正當請求，ICC仲裁院沒有接受，並於一九九八年十二月十七日決定駁回所請，但並未說明任何理由。

29.英國籍的獨任仲裁員塞伯里先生遂依據ICC仲裁院的前

述指定和授權，依《ICC仲裁規則》第18條的規定，開始與本案各方當事人反覆磋商本案的「審理範圍」（Terms of Reference, T/R），並於一九九九年三月達成一致意見。據此，獨任仲裁員塞伯里要求各方當事人就T/R中所列的經過**「細化」**的十五項具體問題，進一步提供有關「控、辯」的書面文件、證據、證言和專家意見。

30.此後，本案申請人與被申請人之間又經過數輪控辯交鋒。直至一九九九年十月二十日，本案獨任仲裁員通知各方當事人，定於一九九九年十一月二十九日在倫敦開庭審理本案。

31.在ICC仲裁院主持下的倫敦仲裁庭正式開庭前六天，情況發生了「戲劇性」的變化：獨任仲裁員塞伯里經過仔細對照比較控、辯過程中各方提供的大量書狀、證據等之後，於一九九九年十一月二十三日發出傳真給韓國C公司以及中國A、B兩家公司，提出以下兩方面問題，要求各方明確回答。

31.1　獨任仲裁員塞伯里提出的第一方面問題是：「我注意到（本案證人）Mr. Hyun對當時中國B公司簽約情況的說明，他把中國B公司說成是一個『締約當事人』或『締約買方』（英文單數（按：原文如此））。[12] 與此相對照，他把中國A公司說成是『這批柴油的終端用戶』……誠然，有關B公司和A公司在原先柴油購銷合同（按：指《2號協議》）中各自的地位作用問題，可能還有待本案開庭時進行辯論，但是，鑒於Mr. Hyun所談到的有關情況，請（韓國C公司聘請的）SRT律師事務所告訴我：**本案申請人（韓國C公司）是否仍然堅持原有的主張**，即認為中國A公司乃是原先購銷合同的當事人並／或負有原合同規定的付款

義務。按我的理解，至少某些有關中國法律規定的專家證詞是直接針對這個待決的獨立問題的。鑒於Mr. Hyun作出的說明，如果當事人各方都不再糾纏追究這個爭議之點，那就該讓大家都知道這一點，愈快愈好，因為這樣既節省時間又節省費用。」[13]

31.2　獨任仲裁員塞伯里提出的第二方面問題是：「《本傑明論貨物買賣》（第五版）（Benjamin's Sale of Goods, 5th ed.）是一部專門論述貨物買賣的首要的英國法律教科書。該書第23-091段論述了信用證開證銀行因單證不符而拒絕付款時，貨物買方的地位問題。」此段文字摘引如下：

銀行拒收內容不相符的單證時買方的地位：如果銀行因各種有關單證（documents）與信用證條款規定不相符而拒絕兌付貨款，則貨物賣方處於什麼地位？儘管銀行拒絕收單付款，但只要買方已經接受了貨物，買方就有義務付款，這是顯而易見的。買方不能既接受了貨物卻又主張由於銀行拒絕收單付款就解除了買方償還貨款的義務。買方既然接受了貨物，就必須認定這是買方已經放棄了基於單據不符而享有的一切（抗辯）權利。[14]

「中國B公司無疑應當認真考慮這段論述，並準備在本案開庭時對我回答：（1）如果沒有中國A公司與韓國C公司之間在一九九七年十一月三至四日的兩份函件[15]來往，那麼，在這批柴油已經依約交付（due delivery）之後，中國B公司是否本來就有義務向韓國C公司交付合同規定的貨款？（2）如果是本來有此義務，那麼，為什麼竟然可以曾有上述函件往來作為理由，就推

論說是韓國C公司已經放棄了向中國B公司索取貨款的權利？」

32.韓國C公司聘請的英國SRT律師事務所經辦律師顯然是從塞伯里上述兩方面的提問中獲得某種「信息」或受到某種「啟發」，心領神會：大量的法律規定、證據、證詞，甚至包括韓國C公司自己提供的證人證詞，都已經證明中國的A公司並非《2號協議》中的買方當事人，企圖用《2號協議》中的「仲裁條款」來約束並非該協議當事人的中國A公司，並迫使它接受倫敦仲裁庭的管轄，此種無理主張，看來「大勢已去」，希望落空；倒不如緊緊揪住《2號協議》中唯一的買方當事人，即中國的B公司，要求倫敦仲裁庭裁令它賠償拖欠的柴油貨款。於是，在一九九九年十一月二十六日，即倫敦仲裁庭開庭前第三天，英國SRT律師事務所向倫敦仲裁庭的塞伯里獨任仲裁員以及中國A、B兩家公司，分別發送了一份標明「急件」（URGENT）的傳真：

　　我方客戶指示：在下星期的仲裁庭開庭審理中，（我們）不再繼續主張中國A公司是原先柴油購銷合同的一方當事人並／或承擔合同規定的義務。[16]

33.於是，自一九九八年四月至一九九九年十一月，有關ICC仲裁院及其主持組建的倫敦仲裁庭對本案中的中國A公司是否有權管轄的問題，經過長達一年又七個月的爭辯，總算初步告一段落。即韓國C公司聘請的英國SRT律師事務所經辦律師，在英國籍獨任仲裁員的暗示下，終於以曲折隱晦、含糊不清和模棱兩可的語言，**暫且**承認本案倫敦仲裁庭對於本案的第二被申請

人，即中國A公司，沒有仲裁管轄權，因而**暫且不在本次仲裁開庭**中向中國A公司索償所欠貨款。相應地，一九九九年十一月二十九日至十二月一日倫敦仲裁庭開庭審理過程中，主要焦點就集中在：《2號協議》中唯一合法的買方當事人，即中國B公司，是否應當向韓國C公司償還該協議項下這批柴油拖欠貨款的本息。

五、關於無單放貨和貨款債務人的爭議

34.本案仲裁庭在倫敦正式開庭後，韓國C公司所聘英籍律師即循著英籍獨任仲裁員塞伯里所提示和指引的問題以及英國法律教科書所設定的「準繩」（見前文第31.2段），作為「主攻方向」，對中國B公司發起了「猛攻」。其具體索賠理由是：

34.1　本傑明的前述名著援引和總結了英國的大量判例，其中所述原理、原則已成為英國法院和法學界廣泛接受的斷案依據。該書第23-091段提到：儘管銀行因「單證不符」而拒絕收單付款，但只要**買方已經接受了貨物**（the buyer accepts the goods），就應認定為買方已經放棄了基於「單證不符」而享有的任何抗辯（異議）的權利，從而買方就負有不可推卸的付款義務。

34.2　本傑明前述名著的第19-132段對於「買方已經接受貨物」的含義，作出如下界定：

（1）買方明確通知賣方：已經收到貨物。

（2）買方雖未明確通知賣方已經收到貨物，但在貨物交付後買方已經採取行動對有關貨物作了處置，致使賣方不再享有該項貨物的所有權。

（3）買方雖未明確通知賣方已經收到貨物，但在到貨後一段合理的期間內，買方持續保留貨物（retains the goods），卻又不明確通知賣方拒絕收貨或要求退貨。

34.3　將上述「準繩」用以衡量本案事實：（1）中國B公司曾經明確通知韓國C公司：已經收到貨物。其證據是中國A公司總經理H先生曾於一九九七年十月十七日簽署函件發傳真給韓國C公司，以中國A、B兩家公司共同的名義抱怨柴油質量存在瑕疵，但函件開頭第一句即明確表明：「感謝貴司及時交貨。」（2）中國B公司在到貨後一段合理期間內一直保留（retain）這批柴油，迄未拒收或退貨。（3）沒有任何證據表明A、B兩家公司任何一方曾經拒收或退還這批柴油。由此可見，中國B公司已經收受了這批柴油，因而負有付清貨款的法律義務。

35.對於以上各點，中國B公司列舉了大量證據針鋒相對地逐一加以反駁：

35.1　這批涉訟柴油於一九九七年九月二十六至二十八日在韓國釜山裝船啟運往中國X港之際，韓國C公司曾將有關發票、提單、原產地證明、出口貨單、質量證明、數量證明等全套單據的原件（詳見前文第17.6段），直接寄給這批柴油的**終端用戶**中國A公司，即寄給了雖然曾經參加談判但卻並非前述《2號協議》簽約者的第三人。而作為該協議唯一合法買方的中國B公司所收到的，卻只是上述全套單據的複印件，即從未收到這套單據的原件（包括提單原件）。

35.2　上述終端用戶中國A公司於這批柴油啟運前夕，通知韓國C公司：貨物抵X港後具體的收貨人是中國E公司。實際上，

中國A公司已將這批柴油轉售給中國E公司。韓國C公司於一九九七年九月二十五日指示承運油船公司向中國E公司直接交貨。

35.3　為了快速交貨，韓國C公司又於一九九七年九月二十六日向承運油船公司發出電傳指示：「這批柴油已經裝船啟運，其有關提單等尚未寄達中國X港。我們要求你們按『無單放貨方式』（delivering cargo without production of the bills of lading）向中國X港的E公司直接交貨。」同時表示承擔因無單放貨而可能引起的責任。

35.4　中國A公司總經理H先生一九九七年十月十七日發給韓國C公司的傳真函件中雖以中國A、B兩家公司的共同名義表示「感謝貴司及時交貨」，但中國B公司並不知情，函末並無中國B公司法定代表人的任何簽署或該公司的任何蓋章。

35.5　在這批柴油的運輸交貨過程中，韓國C公司實際上都是直接與中國A公司連繫、操作的。作為這批柴油的賣方，韓國C公司除了曾給唯一合法的買方中國B公司送達有關提單等全套海運單據的複印件（而非原件）之外，不但始終沒有向中國B公司送達全套海運單據的原件，而且也未將依據中國A公司的要求將這批柴油以「無單放貨」的方式直接向中國E公司交貨等情節，正式通知中國B公司。

35.6　正因為中國B公司始終未能收到這批柴油的提單原件，也無法憑單提貨，或在提單原件上背書交給原委託人中國A公司提貨，所以，對於作為唯一合法買方的中國B公司說來，它所購買的這批貨物始終未曾實現「如約交貨」（duly delivery）和「如約收貨」。另外，即使對於中國A公司或其指定的收貨人中國E公

司而言，這批柴油確實已經「交貨」和「收貨」，但這種交貨與收貨都並非「如約」（duly），而是「不如約」或違約（unduly），因為A、E兩公司都不是《2號協議》中約定的收貨人，也從未獲得《2號協議》約定的收貨人即中國B公司的授權代收或背書轉讓；韓國C公司應中國A公司的要求向中國E公司無單放貨一事，也從未獲得中國B公司的事先同意或事後追認。

35.7　誠然，這批柴油在運抵中國X港後一直「保留」在中國而從未有人主張拒收或退貨，但在事實上直接收受和直接「保留」了這批柴油的人，並不是《2號協議》中約定的唯一買方——中國B公司，卻是未經中國B公司事先授權代收、背書轉讓或事後追認的中國E公司。中國B公司立約向韓國C公司購買了這批柴油，並開出了信用證以供支付貨款，不但沒有收到這批貨物，反而要對韓國C公司與中國E公司之間的違約「私相授受」行為承擔賠付貨款的義務。顯而易見，全世界任何法律體系包括英美法系中，都不會存在這麼荒謬的法律規定或法理原則。

35.8　韓國C公司所聘請的英國代理律師對前述本傑明名著雖備加推崇，並刻意援引其中的第23-091段和19-132段，以論證自己的索賠主張，但是，對於這兩段文字立論的前提和基礎，即「買方已經接受貨物」，卻無視事實，任意扭曲，主觀臆斷，妄加推論，造成「E冠B戴」。這樣的臆斷和推論顯然是不能採信的。

與此相反，從第35.1至35.7段所列舉的事實看，買方——中國B公司始終未曾收到完全符合這批柴油信用證條款的提單等全套單證原件，因而也無從憑單提貨。這些情況倒是完全切合和應

當適用本傑明上述名著中另外一段（第23-092段）論述中依據英國有關判例總結出來的原則：

買方拒付貨款的權利：如果信用證的受益人（beneficiary）[17]未能提供必要的單證文件（documents），買方是否有權拒付基礎合同（underlying contract）項下的貨款並拒絕收貨？實際上，這就是Shamsher Jute Mills v. Sehtia (London)[18]一案中的關鍵問題。在此案中，某出口商按F. O. B.價格條件出售貨物，銀行應進口商要求開出了一份不可撤銷的信用證，但出口商未能向開證銀行提交符合該信用證條款的全套單證文件。賓漢姆（Bingham J.）裁斷：由於出口商自己未能提供必要的單證文件，他就不能依據不可撤銷的信用證取得貨款；同時，他也違背了此項售貨的基礎合同。因此，該出口商就不能向買方收回貨款，儘管並無證據表明這批貨物不適銷或有瑕疵。[19]

可見，中國B公司拒絕向韓國C公司支付貨款，不但符合中國的法律，也完全符合英國有關判例的裁斷和英國權威學者的總結。

36. 針對以上反駁意見，韓國C公司所聘英籍律師再次提出抗辯。其主要論點是：

36.1　中國B公司曾經默許（implied authority）韓國C公司有權直接接受中國A公司有關交貨的指示；中國A公司若不是經過中國B公司實際授權就是具有表面代理權（had either actual or ostensible authority）[20]，可以接受這批貨物並簽發前述「感謝貴

司及時交貨」的函件（見第34.3段）。

36.2　中國A公司總經理H先生曾於一九九七年十月十七日以A、B兩家公司共同的名義簽發上述函件。中國B公司主張H先生未經任何授權因而無權代表B公司表態，對此，B公司應負舉證責任。如果無法舉證證明H先生的簽署是未經B公司授權的，便應認定他代表兩家公司簽署是經過授權的。

37.經過認真查證英國判例中有關「表面代理權」（ostensible authority）一詞的真實含義及其實際運用，中國B公司針對英籍律師提出的上述主張，再次提出反駁：

37.1　據我們所知，英國法律中的所謂「表面代理權」原則，曾由著名的英國大法官狄普洛克（Lord Justice Diplock）在一宗判例中作出如下說明：

一項「外觀的」或「表面的」代理權，……指的是在本人與對方訂約人之間形成的一種法律關係，由本人向對方訂約人作過某種表示：代理人有權代表本人在一定範圍內或在「外觀」授權範圍內，與對方訂約人訂立某種合同，從而使得本人必須履行該項合同所規定的各項義務，其用意在於使對方訂約人可以據此原則行事，而實際情況也果然如此。在按上述這種方式形成的法律關係中，代理人只是第三人，他不必知道（儘管一般會知道）本人有過上述這種表示，但他不得聲稱他自己就是作為本人去訂立那項協議。當對方訂約人根據本人的上述表示而與代理人訂立某項合同時，此種表示就起著禁止翻悔食言（estoppel)的作用，防止本人事後主張他自己不受該項合同約束。至於代理人是否實際

上經過授權去訂立此項合同，那是沒有關係的。[21]

　　依據狄普洛克大法官這段論述，可以看出，要形成所謂「表面授權」這種法律關係，其前提條件是必須由本人向對方訂約人作過表示：某代理人有權代表本人與對方訂立合同。可是，在韓國C公司與中國B公司的糾紛中，就當初達成09/09/1997《2號協議》時的法律關係而言，本人（即委託人）乃是中國A公司，代理人乃是中國B公司，對方訂約人乃是韓國C公司。本人（即委託人）A公司事先曾與對方訂約人韓國C公司直接磋商這筆柴油交易；接著，又因自己沒有外貿經營權而正式委託B公司代理，以B公司自己的名義與C公司訂約；最後，A公司又確曾於B、C兩家公司訂約當時在場參加談判，並以在場見證人身分在《2號協議》上作了簽署（詳見第一至四段）。所有這些事實，都證明委託人A公司確曾向對方訂約人韓國C公司一再作過表示（representation）：中國B公司經過中國A公司委託授權，有權代表A公司與C公司訂約，在這筆柴油交易合同的全過程中，中國B公司具有真實的代理權以及／或者「表面代理權」（ostensible authority），而不必事事都在實際上經過A公司的具體授權。

　　簡言之，按英國法的「準繩」和狄普洛克大法官的論述，本案中作出「表面授權」表示的乃是中國A公司（本人即委託人），享有此種「表面授權」的乃是中國B公司（代理人）。而按第36.1段所述英國代理律師的主張，則是作出「表面授權」表示的乃是中國B公司（代理人），享有此種「表面授權」的乃是中國A公司（本人即委託人）。這就把本人即委託人與代理人的關係完全搞

顛倒了。這樣，就出現了英國代理律師歪曲援引（或顛倒援引）英國大法官的權威論述和英國有關判例的笑柄和鬧劇。對於英國代理律師這種顛三倒四、邏輯錯亂的主張，在英國倫敦開庭並且熟知英國有關著名判例的英國仲裁員，顯然不能貿然採信。

除此之外，還應當注意到英國另一著名判例中有關「表面授權」的論述。英國的另一位大法官戈弗（Justice Robert Goff）在裁斷該案時，十分強調不能隨意濫用「表面授權」的說法，而必須把它限制在科學的、符合邏輯的、合理的、有限的範圍內，慎重使用，以免混淆是非，導致不公。

37.2　如果韓國C公司及其英國代理律師仍然堅持第36.1段所謂的「表面授權」主張，則依據上述英國判例和英國大法官論述的原理或「準繩」，他們至少必須舉證回答以下問題：

（1）何時、何地中國B公司曾經以本人即委託人身分與中國A公司訂立過對外代理合同，授權A公司可以在這筆柴油交易中代表B公司與韓國C公司訂約或「便宜行事」？

（2）何時、何地中國B公司曾向韓國C公司作過某種其他表示（representation），足以令韓國C公司相信中國A公司享有「表面授權」，因此，A公司所採取的有關這筆柴油交易的一切對外立約或其他行為，都對中國B公司有法律上的約束力，都對中國B公司起著「禁止翻悔食言」的作用？

37.3　針對第36.2段英國代理律師所述有關函件簽署是否經過中國B公司授權的舉證責任問題，中國B公司也作了反駁：（1）中國A公司和中國B公司是兩家互相獨立的法人，分別依法註冊登記，具有不同的營業執照、不同的營業範圍、不同的法定代表

人、不同的資金和資產。兩個獨立法人相互之間，未經具體委託授權，任何一方都無權向任何第三人代理表態。有關這方面的證據中國B公司早已呈交本案仲裁庭。（2）依據中國法律，中國A公司無權直接從事外貿經營，而只能委託有權經營外貿業務的B公司代理對外訂約。A公司超越法定權限、繞過代理人對外國公司的任何交易行為或表態，都是不合法的，對代理人B公司都是毫無約束力的。有關這方面的法律規定，中國B公司也早已呈交本案仲裁庭查核。（3）按照「誰主張，誰舉證」這一國際公認的法律原理，如果韓國C公司堅持認為中國A公司法定代表人H先生的個人簽署，有權同時代表中國B公司對外表態並且對中國B公司具有法律上的約束力，則韓國C公司顯然負有舉證責任，而不能隨心所欲，任意轉嫁舉證責任。

37.4　總之，在《2號協議》項下的這批柴油的交貨問題上，賣方韓國C公司始終未能提供確鑿證據證明已向買方中國B公司「如約交貨」；也始終無法舉證證明韓國C公司依中國A公司的指定直接向中國E公司無單放貨一事，是經過《2號協議》唯一合法買方中國B公司事先授權代收、背書轉讓或事後追認的；更始終未能舉證證明這批貨物曾經由中國B公司在任何一段時間內持續「保留」（retain）或「占有」（possess），既不拒收也不退貨。相反，中國B公司卻列舉了大量確鑿證據證明這批柴油的提單等全套單證原件迄未送達給《2號協議》的唯一合法買方；這批柴油的實物也完全繞開了中國B公司，在一九九七年九月三十日至十月四日以「無單放貨」的方式，直接交給了中國E公司，實行了「違約交貨」或「不當交貨」。因此，無論是依據前述英國判

例，英國權威法官的論述和裁斷，英國著名教科書的歸納、總結和論證，還是依據中國民法、商法、經濟法的基本規定，始終沒有收到這批貨物的買方——中國B公司，當然沒有支付這批貨物價款的約定義務或法定義務，當然不是這筆貨款的債務人。拖欠這筆貨款餘額的真正債務人，顯然只能是中國A公司。正是有鑒於此，中國A公司多次反覆表示應當自行單獨承擔這筆債務，從未否認。

38. 綜觀本案案情，韓國C公司將中國B公司列為第一被申請人，將中國A公司列為第二申請人，提請ICC仲裁院設在倫敦的仲裁庭加以仲裁，就其**程序和實體的綜合體**而言，可以概括為：

（1）對於本案第一被申請人中國B公司說來，由於本案爭端純因一九九七年十一月四日的《4號協議》引起，而中國B公司並非該《4號協議》的立約當事人，而且該協議中根本沒有任何仲裁條款，再加上中國B公司根本不是所欠貨款的真正債務人，而是無辜的第三人，是「不適格」的「被告」，因此，韓國C公司把中國B公司「告」到對《4號協議》爭端沒有管轄權的ICC仲裁院，要求加以仲裁，可以說是「**既告錯了地方，又告錯了人**」。

（2）對於本案第一被申請人中國B公司說來，即使依《ICC仲裁規則》第6條第二款的規定，承認表面上仲裁協議的「可能存在」而暫且承認ICC仲裁院所指定的倫敦仲裁庭對本案具有管轄權，那麼，韓國C公司也是「**告對了地方，卻告錯了人**」。因為，中國B公司並不是本案中適格的、真正的貨款債務人。

（3）對於本案第二被申請人中國A公司說來，韓國C公司是「**告對了人，卻告錯了地方**」，因為中國A公司雖是所欠貨款的真

正債務人，但卻不是《2號協議》的訂約當事人，從而《2號協議》中的仲裁條款對於中國A公司沒有約束力，因此，倫敦仲裁庭對A、C兩家公司之間的債權債務糾紛沒有管轄權。

六、本案終局裁決

39.本案倫敦仲裁庭一九九九年十一月二十九日至十二月一日庭審結束之後，韓國C公司與中國B公司又就庭審中控辯的若干主要問題，各自補充提供了新的證據材料，進行了兩輪的書面「交鋒」。仲裁庭宣布於二○○○年五月十日結束爭辯舉證程序，繼而於二○○○年六月十二日作出終局裁決。裁決的主要內容及其主要理由可概括如下：

（1）本仲裁庭對於一九九七年九月九日《柴油購銷協議》（即《2號協議》）引起的韓國C公司與中國B公司之間的爭端，具有管轄權。主要理由是：B、C兩家公司分別是訂立上述協議的買方當事人和賣方當事人，而該協議中又含有仲裁條款，雙方同意將有關本協議的爭端提交ICC仲裁院仲裁解決。

（2）韓國C公司向中國B公司索賠上述協議項下所欠貸款本息2,112,752.80美元，其主張不能成立，應予駁回。主要理由是：韓國C公司並未按上述協議規定向中國B公司如約交貨，而又不能充分舉證證明它按照中國A公司的指定向中國E公司實行「無單放貨」的行為，是經過中國B公司事先授權或事後追認的。韓國C公司因自己的過失造成「單證不符」從而未能兌取到信用證貨款，又繞過中國B公司直接與中國A公司議定改用「風險」較

大的直接電匯付款，又未經中國B公司同意向中國E公司實行風險較大的「無單放貨」，由此造成的損失，不應由中國B公司承擔賠償責任。

（3）本仲裁庭對於韓國C公司向中國A公司索賠所欠柴油貨款的爭端，沒有管轄權。主要理由是：大量證據（包括韓國C公司自己提供的證人證詞）都證明，中國A公司並非上述《柴油購銷協議》（即《2號協議》）的訂約當事人，該協議中的仲裁條款對於中國A公司沒有約束力。韓國C公司向中國A公司索還所欠貨款的訴求，應向中國的法院提出，由中國法院管轄受理。

（4）本案仲裁費由ICC仲裁院核定為78,000美元，全部由韓國C公司承擔。韓國C公司並應賠償中國B公司因本案仲裁而支付的費用××××××元人民幣，××××英鎊。

（5）中國A公司因上述貨款爭端被提交ICC仲裁院仲裁而支付的各種費用問題，本仲裁庭不作裁決，因為本仲裁庭對韓國C公司與中國A公司之間的爭端沒有管轄權。

七、從本案實踐看現行《ICC仲裁規則》及其執行中的瑕疵

40.現行的《ICC仲裁規則》本身的規定及其在本案的實施過程中，存在著以下幾點瑕疵和問題，主要體現在仲裁庭的具體組成和獨任仲裁員的具體指定上：

40.1　ICC仲裁院擴大解釋和不當援用《ICC仲裁規則》第8條第二款，硬套到本案，在事實上剝奪了被申請人指定仲裁員的

權利。

《ICC仲裁規則》第8條第一款規定：「爭議應由一名或三名仲裁員裁決。」同條第二款規定：「當事人**沒有約定仲裁員人數的**，仲裁院應指定一名獨任仲裁員審理案件，除非仲裁院認為有關爭議需要交由三人仲裁庭審理。」本案《2號協議》第14條約定將本協議有關的一切爭端提交按《ICC仲裁規則》指定的「一名或數名仲裁員」仲裁解決。

把《ICC仲裁規則》第8條第二款的規定與《2號協議》第14條的約定加以比較和推敲，如何理解當初雙方共同約定並寫進《2號協議》的指定「一名或數名仲裁員」這一表述的真實含義？是否可以理解為這一表述就是《ICC仲裁規則》第8條第二款所稱當事人**「沒有約定仲裁員人數」**，因而應由仲裁院代為酌情隨意決定組建「一人庭」，抑或「三人庭」？

筆者認為，不能如此任意擴大詮釋《ICC仲裁規則》的上述規定的含義，並將它硬套到《2號協議》的上述約定上。因為兩者的文字措辭和邏輯內涵存在著明顯的差異：「沒有約定仲裁員人數」這一表述指的是雙方在仲裁員的多寡上**沒有約定**任何數字；而「一名或數名仲裁員」這一表述，卻分明是雙方已經約定了可供選擇的兩種具體數字，即**已經約定**一名或數名，既可以是「一名」，也可以是「數名」。至於爭端發生後究竟是交由一名還是數名仲裁員裁斷，按當事人意思自治原則，顯然應由當事人進一步自行商定，而不應由仲裁院祕書處越俎代庖，因為在當事人**已經約定**「一名或數名仲裁員」的情況下，《ICC仲裁規則》第8條第二款的上述規定並未授權仲裁院或其祕書處可以代為決定。

如果當事人原先**已經約定**「一名或數名仲裁員」，爭端發生後卻在仲裁員人數上發生了分歧，應如何定奪？筆者認為，對於這一分歧也應在當事人意思自治和當事人**權利平等**的原則指導下，參照運用《ICC仲裁規則》第8條第三款的規定，加以解決，即雙方各按自己的意願平等地各指定一名，再由雙方共同指定第三名；如未能在一定期限內共同指定，可由仲裁院指定第三名擔任首席仲裁員。

但是，在本案的受理過程中ICC仲裁院卻不顧中國被申請人一再提出異議，擴大解釋和不當援用《ICC仲裁規則》第8條第二款，從而在事實上剝奪了本案被申請人依照《ICC仲裁規則》第5條第一（d）款本應享有的指定一名仲裁員的權利。

40.2　ICC仲裁院擴大解釋和不當援用《ICC仲裁規則》第8條第二款，可能導致其裁決書日後在執行地被拒絕承認和拒絕執行。

《ICC仲裁規則》第5條一（d）款規定：被申請人應在收到祕書處轉來的仲裁申請書之後三十天內提交答辯書，其中包括應當提出有關仲裁員人數的意見，並按有關規定**指定一名仲裁員**。更為重要的是，一九五八年《紐約公約》第5條第一（b）款規定：當事人一方未能獲得指派仲裁員的適當通知（was not given proper notice of the appointment of the arbitrator），則日後該外國仲裁裁決在執行地東道國就會被拒絕承認和不予執行。

在本案的立案受理過程中，ICC仲裁院一再無理拒絕中國被申請人關於組建三人合議庭的建議和否決其有關異議，這種做法，不但與《ICC仲裁規則》第5條第一（d）款的規定相矛盾，

與《紐約公約》第5條第一（b）款相牴觸，而且還直接違反中國《仲裁法》和《民事訴訟法》關於當事人有權各自選定一名仲裁員的規定。特別是在仲裁院祕書處已向本案被申請人送達了仲裁申請書，被申請人已按《ICC仲裁規則》第5條第一（d）款規定明確要求由三名仲裁員組成合議庭，並且具體指定了自己選定的一名仲裁員之後，仲裁院卻越俎代庖，另行決定由一名獨任仲裁員審理和裁斷本案，這顯然是嚴重違背了國際商事仲裁中本來應當嚴格遵循的當事人意思自治原則，侵害了被申請人的合法權利。十分明顯，如果本案的裁決是以中國被申請人「敗訴」告終，則按照上述《ICC仲裁規則》《紐約公約》以及中國法律的有關規定，它在中國勢必難以獲得承認和執行。這是不言而喻的。

40.3　現行《ICC仲裁規則》第9條第五款有關獨任仲裁員的規定應作必要的修訂。

國際商事仲裁要做到公正、公平，其重要前提之一在於指定或選拔仲裁員時，特別是指定或選拔獨任仲裁員或首席仲裁員時，應切實保證其獨立性（independence）和中立性（neutrality）。可以說，這一基本原則特別集中在《ICC仲裁規則》的「序言」和第9條、第11條的規定之中。

在有關指定獨任仲裁員或首席仲裁員的問題上，《ICC仲裁規則》第9條規定：「獨任仲裁員或首席仲裁員的國籍應與**各當事人**的國籍不同」。這顯然是考慮到獨任仲裁員或首席仲裁員在仲裁程序中的「獨斷」作用或「主導」作用，儘力避免他們因與當事人屬於同一國籍而可能出現基於「同胞」感情原因或某種利益原因而產生的偏頗。這種規定當然是正確和有效的，因為它顯

然是認真總結了國際仲裁實踐中多年積累的經驗和教訓。但是，上述規定中的「當事人」一詞是僅限當事人本身，還是也包括以當事人名義或為當事人利益而代理仲裁程序事宜的律師？這是含糊和不明確的。在仲裁的實踐中，當事人的利益與他所聘請代理律師的利益一般是息息相關的。如果被指定的首席仲裁員特別是在仲裁中起「獨斷」作用的獨任仲裁員，其國籍與當事人的代理律師屬於同一國籍，而《ICC仲裁規則》對此又不予以禁止指定或更正指定，則其可能出現的弊端是顯而易見的，當事人對獨任仲裁員與對方當事人所聘代理律師屬於**同一國籍**所必然產生的疑慮，也是不言而喻的。在本案由ICC仲裁院受理後的組庭過程中，中國被申請人曾明確表述了這種合情合理的疑慮，並且提出了與對方當事人所聘英籍代理律師屬於同一國籍的獨任仲裁員應當迴避和予以更換的合理建議，卻遭到了拒絕。但ICC仲裁院卻並未具體說明：這是不是由於《ICC仲裁規則》第9條第五款中的「當事人」一詞只能作狹義理解，即僅僅限於當事人本人，而不應包括當事人聘請的代理律師在內。倘果真如此，則這種理解和運用，不但違背了「本人與代理人」之間法律關係的基本理論原則，而且脫離了本人與代理人經濟關係上利害攸關的生活現實。因此，看來很有必要在《ICC仲裁規則》的下次修訂中，將上述條款的文字表述改寫為「獨任仲裁員或首席仲裁員的國籍應**與各當事人及其代理人**的國籍不同」，或至少改寫為「獨任仲裁員的國籍應與**各當事人及其代理人**的國籍不同」，以便從**指定制度**上切實保證在仲裁中起「獨斷」作用的獨任仲裁員，真正做到「獨立」和「中立」。誠能如此，諒必更有助於《ICC仲裁規則》

進一步走向完善。

注釋

〔1〕 在本案爭訟過程中，筆者接受中國A、B兩家公司聘請，擔任仲裁代理人。本文依據本案的原始英文文檔整理、撰寫。這些文檔及其複印件分別收存於：（1）ICC International Court of Arbitration, 38, Court Albert 1er, 75008, Paris, France (Case No. 9959/OLG)；（2）Essex Court Chambers, 24 Lincoln's Inn Fields, London, UK；（3）廈門大學國際經濟法研究所資料室。本文中所援引的法律法規，均以1997-2000年訟爭當時現行有效者為準。閱讀時請注意查對2000年以來有關法律、法規的發展情況。

〔2〕 《中華人民共和國民事訴訟法》第22條第2款規定：「對中國法人提起的民事訴訟，由被告所在地人民法院管轄。」第29條規定：「因侵權行為引起的訴訟，由侵權行為地或者被告住所地人民法院管轄。」

〔3〕 《中華人民共和國合同法》自1999年10月1日起施行。其中第402、403條對於受託人以自己的名義在委託人授權範圍內與第三人訂立合同時的法律關係問題，作出了一些新的規定。這些新規定在中外法學界引起一些爭議和評論，因不屬本文探討範圍，暫不置論。另外，中國加入WTO後，有關對外貿易的原有法律、法規和行政規章，正在陸續重新審議和修訂之中，也值得法學界和實務界認真學習和研究。例如，2004年4月修訂後的《中華人民共和國對外貿易法》自2004年7月1日起施行，其中第8條和第9條有關「對外貿易經營者」的最新界定，就應予認真探討和加深理解。

〔4〕 *Dicey and Morris on the Conflict of Laws*, 13th ed., Vol.2, Sweet & Maxiwell, 2000, p.153.在1993年推出的該書第12版中，這條規則的序號是Rule 156。

〔5〕 參見〔英〕馬丁‧沃爾夫：《國際私法》，李浩培等譯，法律出版社1988年版，第438頁。

〔6〕 參見韓德培主編：《國際私法》，武漢大學出版社1984年版，第116-119頁；韓德培主編：《國際私法新論》，武漢大學出版社1997年

版，第240-242頁；姚壯主編：《國際私法的理論與實務》，法律出版社1992年版，第91頁。

〔7〕 《最高人民法院公報、典型案例和司法解釋精選》，中華工商聯合出版社1993年版，第741頁。

〔8〕 EEC Convention on the law Applicable to Contractual Obligations ("Rome Convention").

〔9〕 Contracts (Applicable law) Act 1990.

〔10〕 See *Dicey and Morris on the Conflict of Laws*, 13th ed., Vol.2, Sweet & Maxwell, 2000, p.1242.在1993年推出的該書第12版中，這條規則的序號列為Rule 177，見第1239頁。

〔11〕 Ibid., pp.1276-1277，1280-1281.在1993年推出的該書第12版中，這條規則的序號列為Rule 182，見第1243-1244、1281-1282頁。

〔12〕 詳見前文第17.5段。

〔13〕 本傳真函件這段原文是：「I note what Mr. Hyun says about the circumstances in which B Company became what he describes as 'the contracting party' / 'the contractual buyer' [singular]. In contrast, he refers to A Company as 'the end user of the gasoil...'. Of course, the respective roles of B Company and A Company in relation to the Original Sale Contract may be the subject of debate at the hearing, but in the light of what Mr. Hyun says, would SRT please advise whether the Claimant persists in its allegation that A Company was a party to and/ or liable under the Original Sale Contract? At least some of the expert evidence on Chinese law will, as I understand it, be directed to this discrete issue. If the point is not to be pursued in the light of Mr. Hyun's statement, the sooner everybody knows about this the better—as this may save both time and costs.」

〔14〕 本段原文是：「Buyer's position when bank rejects discrepant documents. What is the seller's position if the bank rejects the documents by reason of their noncompliance with the terms of the documentary credit? It is clear that if, despite the bank's rejection of the documents, the buyer accepts the goods, he is under a duty to pay. The buyer cannot possibly accept the goods but claim that the bank's rejection of the documents discharges him from his duty to pay the price. The acceptance of the goods by the buyer has to be regarded as his waiver of any rights based on the discrepancies in the documents.」

〔15〕指前文第七、八兩段提到的中國A公司直接與韓國C公司擅自約定把L/C付款方式改為T/T付款的兩份傳真來往函件。

〔16〕原文是：「We are instructed by our client that the allegation that Chinese A Company was a party to and/ or liable under the original sale contract is not being pursued at the hearing next week.」

〔17〕通常即是購銷合同中的賣方。

〔18〕[1987] Lloyd's Rep.388. See also Dary Off shore Ltd. v. Emerald Field Contracting Ltd., [1992] 2 Lloyd's Rep.142, p.155.

〔19〕本段原文是：「Buyer's right to repudiate. But does the beneficiary's failure to furnish the required documents entitle the buyer to repudiate the underlying contract and to reject the goods? This was, actually, the issue in Shamsher Jute Mills v. Sehtia (London). An exporter of goods sold on terms f. o. b. failed to present to the issuing bank a set of documents complying with the terms of the irrevocable credit opened at the importer's request. Bingham J. held that, as the exporter's inability to obtain payment under the irrevocable credit was occasioned by his own failure to tender the required documents, he was also in breach of the underlying contract of sale. Consequently, he was unable to recover the price from the buyer, notwithstanding that there was no evidence to suggest that the goods were unmerchantable or defective.」

〔20〕「ostensible authority」一詞又譯為「名義代理權」，見張仲絳等編：《英漢法律詞典》，法律出版社1985年版，第592頁。中國臺灣地區「民法典」第169條規定：「由自己之行為表示以代理權授與他人，或明知他人表示為其代理人而不為反對之表示者，對於第三人應負授權人之責任。」其有關注釋中稱之為「表見代理」，並說明「所謂表見代理乃原無代理權，但表面上足令人信為有代理權」。參見林紀東等編纂：《新編六法全書》，五南出版公司1997年修訂版，第127-128頁；黃立：《民法總則》，中國政法大學出版社2002年版，第409-413頁。1999年10月起施行的《中華人民共和國合同法》第49條規定：「行為人沒有代理權、超越代理權或者代理權終止後以被代理人名義訂立合同，相對人有理由相信行為人有代理權的，該代

理行為有效。」現在中國大陸有關論著中也把此類法律行為稱為「表見代理」。參見王利明：《合同法研究》（第一卷），中國人民大學出版社2002年版，第552-572頁。

〔21〕這段文字的原文是：「An apparent or ostensible authority... is a legal relationship between the principal and the contractor created by a representation, made by the principal to the contractor, intended to be and in fact acted upon by the contractor, that the agent has authority to enter on behalf of the principal into a contract of a kind within the scope or the 'apparent' authority, so as to render the principal liable to perform any obligations imposed upon him by such contract. To the relationship so created the agent is a stranger. He need not be (although he generally is) aware of the existence of the representation but he must not purport to make that agreement as principal himself.The representation, when acted upon by the contractor by entering into a contract with the agent, operated as an estoppel, preventing the principal from asserting that he is not bound by the contract. It is irrelevant whether the agent had actual authority to enter into the contract."See Freeman & Lockyer v. Buckhurst Park Properties (Margal) Ltd., (1964) 2 Q. B. 480, p.503.

第7章
中國中禾公司採購巴西大豆含毒案件專家意見書：含毒可能致癌依法嚴禁進口

↳ 內容提要

二〇〇四年二月二十五日中國的中禾公司與外商Bunge公司簽署合同，購買55,000噸巴西大豆。其後，多船巴西大豆因被查出含有萎鏽靈和克菌丹（有劇毒的物質）而被中國國家質量監督檢驗檢疫總局禁止進口。二〇〇四年八月十八日，Bunge公司向英國FOSFA仲裁機構申請仲裁。二〇〇六年五月九日，FOSFA仲裁員簽署3951號仲裁裁決，責令中禾公司賠償Bunge公司4,840,597美元，並承擔12720英鎊仲裁費用。二〇〇六年六月十四日，中禾公司向FOSFA遞交上訴通知，請求撤銷該3951號裁決。中禾公司聘請的仲裁代理人林忠律師就本案涉及的各項問題，向陳安教授提出諮詢。陳安教授於二〇〇六年十一月一日出具了《專家意見書》，對所諮詢的各項問題作出解答，並認為中禾公司關於撤銷FOSFA上述裁決的請求，於法有據、完全合理。事後，FOSFA上訴仲裁庭又一再作出上訴裁決書，維持原有的錯誤裁決。英國FOSFA三度錯誤裁決均受到英國律師和中國律師宋迪煌等人不實

證言的嚴重誤導，從而一錯再錯三錯；其中貫穿了對中國法律常識的愚昧無知和肆意歪曲，對中國法律尊嚴的極端蔑視和嚴重褻瀆，對中國國民健康和人身安全的極端漠視和麻木不仁。對此，本文依法作了有理有據、嚴肅認真、針鋒相對的批判和揭露。

↘目次

　　陳安，廈門大學法學院資深教授、博士生導師，中國國際經濟法學會會長，應上海瑛明律師事務所（Chen & Co. Law Firm）的要求，就中國廈門中禾實業有限公司（以下簡稱「中禾公司」）與Bunge Agribusiness Singapore Pte. Ltd.（以下簡稱「Bunge公司」）一案，提供法學專家意見如下：

一、專家簡況[1]

　　1.1　陳安，廈門大學法學院資深教授，廈門大學法學院院長（1987-1998），國際知名的中國學者；

　　1.2　中國國際經濟法學會（CSIEL，全國性學術協會）會長（1993-2011）；

1.3　中國政府依據《華盛頓公約》向「解決投資爭端國際中心」（ICSID）指派的國際仲裁員（1993-2016）；

1.4　一九八一至一九八三年美國哈佛大學高級訪問學者，一九九〇至一九九一年以「亞洲傑出學者」名義應聘擔任美國俄勒岡州西北法學院客座教授；

1.5　先後多次應邀赴美、比（歐共體總部）、瑞士（聯合國分部）、德、加、英、澳、法、韓和新加坡等國家和地區參加國際學術會議或講學；

1.6　兼職資深國際商務和國際仲裁律師，跨國公司高級法律顧問；

1.7　中國國際經濟貿易仲裁委員會（CIETAC）仲裁員，國際商會（ICC）國際仲裁案件仲裁員，法國國際仲裁協會（IAI）仲裁員；

1.8　國際商會中國國家委員會專家（ICCCEX），國際商會中國國家委員會律師團成員；

1.9　在多起中外合資／合作投資爭端和跨國貿易爭端中，擔任法律顧問、中國法律高級專家或仲裁員；

1.10　在國際經濟法領域內，特別是國際投資法、國際貿易法和國際商務仲裁方面，取得較高的學術成就；三十九部學術著作的作者和／或主編；中文和英語權威期刊和核心期刊多篇學術論文的作者；

1.11　綜上所述，專家自信完全具備必要資質，為Chen & Co. Law Firm提供下述法律意見。

二、本案案情梗概

二○○六年十月二十四至二十九日，Chen & Co. Law Firm向本專家提供了本案主要文檔約二二○頁，就本案涉及的中國和英國法律問題提出諮詢。本專家推定：這些文檔均屬真實可信，並以此為據，作出以下分析和評論。

根據上述文檔，本案案情梗概是：

2.1　2004年2月25日中禾公司與Bunge公司簽署S04-071合同（CNF），購買五萬五千噸巴西大豆。合同規定，中禾公司於2004年5月20日之前在Bunge公司認可的中國一流銀行（first-class Chinese bank）開立以Bunge公司為受益人的信用證。

2.2　其後，多船巴西大豆因被查出含有經萎鏽靈（有毒物質）加工的大豆而被中國國家質量監督檢驗檢疫總局（以下簡稱「AQSIQ」）禁止進口至中國（見2004年5月10日頒布的《國家質檢總局關於進口巴西大豆中混有種衣劑大豆的警示通報》，2004年5月22日頒布的《國家質量監督檢驗檢疫總局公告》（2004年第58號）2004年5月28日頒布的《國家質量監督檢驗檢疫總局公告》（2004年第61號））。上述事件發生後，中禾公司曾因開證困難建議與Bunge公司重新協商合同條款，但被Bunge公司拒絕。2004年5月20日，中禾公司未能根據合同開出信用證。

2.3　2004年6月11日，中禾公司與Bunge公司的另一船巴西大豆（合同號：S03-593）因被查出含有萎鏽靈（有毒物質）加工過的大豆，被認定為違反《中華人民共和國食品衛生法》第9條和《中華人民共和國進出口商品檢驗法》第35條，被AQSIQ禁

止入境。

2.4　2004年6月14日，AQSIQ發布《國家質量監督檢驗檢疫總局公告》〔2004年第71號〕（以下簡稱「71號禁令」），宣布自2004年6月14日起暫停Bunge公司向中國出口巴西大豆的資格。

2.5　2004年6月14日71號禁令頒布當日，Bunge公司來信同意將S04-071合同項下的信用證開證日期延至6月17日。6月16日，中禾公司確認「希望履行合同」，同時提出由於71號禁令頒布導致Bunge公司無法向中禾公司實際交付大豆，建議雙方協商解決合同爭議。

2.6　2004年6月17日，中禾公司未開立信用證。

2.7　2004年6月18日，中禾公司通知Bunge公司：71號禁令導致合同雙方無法繼續履行協議，S04-071號合同應予解除。

2.8　2004年6月23日，AQSIQ頒布《國家質量監督檢驗檢疫總局公告》〔2004年第76號〕（以下簡稱「76號公告」），恢復被71號禁令規定暫停的Bunge公司等公司向中國出口巴西大豆的資格。同時規定：2004年6月11日以前已啟運在途的巴西大豆，若混有有毒的種衣劑（即萎鏽靈等）大豆，應在卸貨前進行挑選處理，符合中國相關要求後方可准許入境。

2.9　2004年6月14日，Bunge公司同意延期開證後，該公司再未向中禾公司提出開證要求。

2.10　2004年6月25日，Bunge公司宣布中禾公司「違約」並解除S04-071合同。

2.11　Bunge公司認為：中國AQSIQ禁止含有萎鏽靈毒素的上述大豆進口的多次禁令，法律依據不足。禁令所引用的法律主

要有《中華人民共和國食品衛生法》第9條和《中華人民共和國進出口商品檢驗法》第35條。《中華人民共和國食品衛生法》第9條第2項規定：「含有毒、有害物質或者被有毒、有害物質污染，可能對人體健康有害的」。《中華人民共和國進出口商品檢驗法》第35條規定：「進口或者出口屬於摻雜摻假、以假充真、以次充好的商品或者以不合格進出口商品冒充合格進出口商品的，由商檢機構責令停止進口或出口，沒收違法所得，並處貨值金額百分之五十以上三倍以下的罰款；構成犯罪的，依法追究刑事責任。」Bunge公司向中禾公司出口巴西大豆，既不涉及《中華人民共和國食品衛生法》所指的食品，也非《中華人民共和國進出口商品檢驗法》所指的故意摻雜摻假行為，因此中國AQSIQ對有關大豆的處理，法律依據不足。

2.12 Bunge公司認為：71號禁令為臨時禁令，且事實上僅持續九天，未達到使整個合同落空的程度。此外，對Bunge公司的71號禁令已於2004年6月23日解除，中禾公司本來可在2004年6月23至25日開立信用證。但中禾公司仍未開證，故應承擔責任。

2.13 應Bunge公司要求，中國通商律師事務所宋迪煌律師於2005年8月2日出具《陳述意見》稱：中國各家銀行出具信用證與否，主要取決於申請人的資產和財務狀況。AQSIQ 71號禁令的頒布對本單信用證的開立並無實質性影響。只要中禾公司願意，且有良好資信，仍完全有可能申請到信用證。

2.14 Bunge公司認為：即使中禾公司在中國境內申請開證困難，它仍可在中國各銀行的國外分行開立信用證。鑒於S04-071合同未明確開證義務履行地，除非中禾公司能證明其在世界

任何地方通過中國各銀行的海外分行開證，均違反法律，否則，不得主張合同落空。

2.15　根據S04-071合同，發生爭端提交仲裁時適用英國法。英國法僅承認合同履行地的違法可能導致合同落空。而根據S04-071合同，中國不是信用證開立義務的履行地，開立信用證對中國法律的違反不得被認定為英國法下合同落空的理由。

三、諮詢的問題

3.1　關於AQSIQ上述禁令的法律依據問題

第2.2段和第2.4段所列舉的中國AQSIQ在二○○四年五月十日至六月十四日多次發布的通報和公告，一再明文規定：禁止來自巴西的含有姜鏽靈有毒物質的大豆進口至中國。Bunge公司認為中國AQSIQ上述禁令的法律依據不足。請問：Bunge公司的此種主張是否有理？能否成立？

3.2　關於AQSIQ上述禁令的法律效力問題

AQSIQ的上述通報、公告中關於禁止有關巴西大豆進口至中國的規定，是否屬於強制性的法規法令？有無強制性的法律效力？

3.3　關於AQSIQ上述禁令的持續時間問題

禁止含有姜鏽靈毒素的巴西大豆進口至中國的上述多次禁令是否仍然有效？

3.4　關於中國各家銀行拒絕開出信用證的真實原因問題

中禾公司曾向中國多家銀行申請為Bunge公司出售的本單巴

西大豆開出信用證。但中國的多家銀行均以上述AQSIQ禁令為理由，拒絕開證。請問：這是否足以構成S04-071號合同落空？如果中國的**有關銀行**膽敢不顧AQSIQ的禁令而擅自對本單大豆交易開出信用證，將會承擔什麼法律責任和導致什麼法律後果？

3.5 關於適用英國法與中國是不是信用證開立義務的履行地問題

按S04-071合同規定，本案爭端應按FOSFA 22的規定在英國倫敦提交仲裁，並適用英國法。Buge公司認為：英國法僅承認合同履行地的違法可能導致合同落空。然而，根據S04-071合同，中國不是信用證開立義務的履行地。因此，即使開立信用證構成對中國法律的違反，也不得被認定為英國法下合同落空的理由。請問：Bunge公司上述主張是否有理？能否成立？

3.6 關於適用英國法與適用中國強制法問題

Bunge公司主張：S04-071合同要求中禾公司開出的信用證，乃是英國法律認定為合法的一項行為。但在事實上和實踐中，本單大豆交易行為及其信用證開出事宜，依中國法律卻被認定為應予強制禁止的違法行為，即兩種法律認定之間存在矛盾與衝突。請問：在此種情況下，應當如何處置這種矛盾與衝突？以何者居於優先適用地位？

四、專家的看法和意見

茲針對上述諮詢問題，逐一解答如下：

4.1 關於AQSIQ上述禁令的法律依據問題

4.1.1　眾所周知，大豆本身乃是一種十分常見、十分重要的**食品**。以大豆作為原料的各種食品，諸如豆油、豆醬、豆腐、豆漿、醬油、醬菜等，更是多達數十種。Bunge公司斷言它向中禾公司出口的巴西大豆，並非《中華人民共和國食品衛生法》所指的食品，此說顯然違背常識。

4.1.2　AQSIQ自二〇〇四年五月十日至六月二十三日多次發布的通報和公告及其禁令，其法律依據不僅限於《中華人民共和國食品衛生法》第9條和《中華人民共和國進出口商品檢驗法》第35條，而且還包括前法第39條，特別是還包括《中華人民共和國刑法》第140至149條關於禁止生產、銷售偽劣商品犯罪的規定。摘要列舉如下：

《中華人民共和國食品衛生法》**第39條**規定：「違反本法規定，生產經營不符合衛生標準的食品，造成食物中毒事故或者其他食源性疾患的，責令停止生產經營，銷毀導致食物中毒或者其他食源性疾患的食品，沒收違法所得，並處以違法所得一倍以上五倍以下的罰款；沒有違法所得的，處以一千元以上五萬元以下的罰款。違反本法規定，生產經營不符合衛生標準的食品，造成嚴重食物中毒事故或者其他嚴重食源性疾患，對人體健康造成嚴重危害的，或者在生產經營的食品中摻入有毒、有害的非食品原料的，依法追究刑事責任。有本條所列行為之一的，吊銷衛生許可證。」

《中華人民共和國刑法》**第140條**規定：「生產者、銷售者在產品中摻雜、摻假，以假充真，以次充好或者以不合格產品冒充

合格產品，銷售金額五萬元以上不滿二十萬元的，處二年以下有期徒刑或者拘役，並處或者單處銷售金額百分之五十以上二倍以下罰金；銷售金額二十萬元以上不滿五十萬元的，處二年以上七年以下有期徒刑，並處銷售金額百分之五十以上二倍以下罰金；銷售金額五十萬元以上不滿二百萬元的，處七年以上有期徒刑，並處銷售金額百分之五十以上二倍以下罰金；銷售金額二百萬元以上的，處十五年有期徒刑或者無期徒刑，並處銷售金額百分之五十以上二倍以下罰金或者沒收財產。」

第143條規定：「生產、銷售不符合衛生標準的食品，足以造成嚴重食物中毒事故或者其他嚴重食源性疾患的，處三年以下有期徒刑或者拘役，並處或者單處銷售金額百分之五十以上二倍以下罰金；對人體健康造成嚴重危害的，處三年以上七年以下有期徒刑，並處銷售金額百分之五十以上二倍以下罰金；後果特別嚴重的，處七年以上有期徒刑或者無期徒刑，並處銷售金額百分之五十以上二倍以下罰金或者沒收財產。」

第144條規定：「在生產、銷售的食品中摻入有毒、有害的非食品原料的，或者銷售明知摻有有毒、有害的非食品原料的食品的，處五年以下有期徒刑或者拘役，並處或者單處銷售金額百分之五十以上二倍以下罰金；造成嚴重食物中毒事故或者其他嚴重食源性疾患，對人體健康造成嚴重危害的，處五年以上十年以下有期徒刑，並處銷售金額百分之五十以上二倍以下罰金；致人死亡或者對人體健康造成特別嚴重危害的，依照本法第一百四十一條的規定處罰。」（注：**應處十年以上有期徒刑、無期徒刑或者死刑。**）

4.1.3　就本案而言，如果違反中國AQSIQ的禁令，擅自進口含有萎繡靈毒素的巴西大豆，則此種行為不但違反了《中華人民共和國食品衛生法》和《中華人民共和國進出口商品檢驗法》這兩部法律，而且還可能觸犯刑法。有關行政官員、辦事人員和當事人不但要承擔相應的行政違法責任和接受相應的行政處罰（含罰金、警告、記過、降職、撤職、開除公職、吊銷營業執照等），而且還可能要視其觸犯刑法的犯罪行為的嚴重程度和造成的損害後果，承擔相應的**刑事責任**，接受相應的**刑事懲罰**（含罰金、財產刑、自由刑、生命刑等）。

4.2　關於AQSIQ上述禁令的法律效力問題

4.2.1　AQSIQ是中華人民共和國國務院所屬的一個部級單位，又是中國政府的一個強力執法機關。它代表中國國家把守國門，通過依法檢驗檢疫，嚴防和杜絕一切有毒、有害食品或其他偽劣商品輸入或輸出中國，以免危害本國和他國人民的健康，或損害本國和他國的經濟利益。AQSIQ依照中國法律發布的通告、公告和禁令，其本身就是中國政府執法機關的行政法規、法令的一種表現形式，具有法律上的強制約束力。

4.2.2　與此同時，AQSIQ的有關禁令往往又是以中國的其他基本法律（如《中華人民共和國食品衛生法》《中華人民共和國進出口商品檢驗法》《中華人民共和國刑法》等）作為依據、基礎和後盾的，相應地，AQSIQ依法發布頒行的禁令，就具有了綜合的、強大的法律強制力。任何人對這類禁令只能嚴格遵守和執行，不得隨意背離或違反。否則，就要自食其果，承擔相應的行政違法或觸犯刑法的法律責任，受到相應的行政處罰或刑事

懲罰。

4.3　關於多家中國銀行拒絕為本單大豆交易開具信用證的真實原因

4.3.1　中禾公司曾向中國國家一流銀行的駐廈支行申請為本單大豆交易開具信用證，但先後均遭拒絕。它們先後向中禾公司提供了書面聲明或證明書，說明拒絕開證的法律理由。例如，中國工商銀行廈門同安支行的「Announcement」中明確地指出：

Considering the fact that, during the period from April to June, 2004, the State Administration of Quality Supervision, Inspection and Quarantine (AQSIQ) prohibited lots of exportation of Brazilian soybeans to China, our bank was unwilling to open Letter of Credit to facilitate the purchase of soybeans from Brazil.

We also hereby confirm that, between 14th and 23rd June 2004, because the beneficiary, i. e. BUNGE AGRIBUSINESS SINGAPORE PTE. LTD. of the leter of credit that Xiamen Zhonghe Industry Co., Ltd. applied to open was included in the list of banned exporter under the AQSIQ Order No.71 of June 14, 2004, our bank did not and would not accept Xiamen Zhonghe Industry Co., Ltd.'s application for opening a letter of credit to import soybeans from Brazil, so as to implement the nation's import and export policies. [2]

除此之外，中國農業銀行廈門同安支行的「Announcement」、中國銀行廈門同安支行與中國建設銀行廈門同安支行出具的「Testimonies」中，也毫不含糊地說明了拒絕中禾公司申請，不能為本單大豆交易開出信用證的大體相同的法律理由。[3]

4.3.2　上述四家中國一級銀行出具的「Announcement」或「Testimony」，都明確指出了：它們之所以拒絕中禾公司的開證申請，不願或不能為本單大豆交易開出信用證，其關鍵原因或唯一原因，就在於它們必須嚴格執行中國的進出口政策法令，嚴格遵守中國國家執法機關AQSIQ的明確禁令，以免它們自己因違反國家政策和禁令以及擅自開出信用證的違法行為，承擔法律責任和受到法律處罰或懲罰。

4.3.3　中國國家執法機關AQSIQ依法發布的上述禁令，不但對中國境內的中國銀行的開證行為具有強制性的法律約束力，而且對於中國境外的中國銀行的任何分支機構，也具有同樣的、強制性的法律約束力。這是不言而喻的。設立在中國境外的中國銀行各分支機構，如不切實遵守中國國家執法機關AQSIQ的上述禁令，擅自為含有萎鏽靈毒素的巴西大豆進口至中國的交易開具信用證，方便或促進此種含毒大豆的進口交易，則同樣不可能逍遙法外，不可能不受到中國法律的相應制裁和懲罰。因此，Bunge公司認為中禾公司應當或者可以向開設於中國境外的中國銀行的分支機關申請開出信用證，這種主張是不合法的。

4.3.4　由此可見，Bunge公司以中國律師宋迪煌先生出具的《陳述意見》作為根據，斷言中禾公司之所以未能如期開出本單大豆交易的信用證，「主要」或「完全」是由於中禾公司的資產情況不良，資金不足或資信欠佳云云；或者，斷言「沒有任何證據可以證明中國的銀行對於此類開證申請作出決定時受到了中國質檢總局行為，特別是關於暫停從巴西進口大豆決定的實質性影響」云云，這些說辭和主張，顯然背離了事實，不足採信。

4.4 關於AQSIQ禁令的持續時間問題

4.4.1 鑒於巴西政府和出口商加強對出口大豆的嚴格查驗和監管，並保證不再發生「萎鏽靈毒素大豆」類似問題。有鑒於此，中國AQSIQ於二〇〇四年六月二十三日發布第76號公告，決定恢復二十三家出口商、供貨商（含Bunge公司）向中國出口巴西大豆的資格。但是，它附有一項相當嚴格的前提條件，即二〇〇四年六月十一日前已經啟運在途的巴西大豆，如混有種衣劑大豆（按：即「萎鏽靈毒素大豆」），**應在卸貨前進行挑選處理**，符合中方相關要求後方可准許入境。挑選處理所產生的一切費用由出口商承擔，**否則將作退運處理**。

4.4.2 從「應在卸貨前進行挑選處理」並自行承擔一切費用這個意義上說，AQSIQ的76號公告顯然仍然嚴格禁止含有萎鏽靈毒素的大豆進入中國境內。因此，斷章取義、含糊其詞地說什麼「71號禁令只持續存在九天」，並不符合二〇〇四年六月二十三日AQSIQ第76號公告繼續從嚴禁止有毒巴西大豆進口，繼續認真保護中國消費者健康的法律本意和法定本旨。

4.4.3 本案的關鍵，不在於AQSIQ的71號禁令持續多長時間，而是在乎，在此期間，中禾公司有權解除合同且事實上也解除了合同。因此，Bunge公司關於禁令持續時間的爭論是沒有意義的。更何況Bunge並不能保證，也從未保證其運出的大豆不含有萎鏽靈。

4.5 關於適用英國法與信用證開證義務履行地問題

4.5.1 根據S04-071合同「PAYMENT」條款明文規定：「Buyer to open L/C through a first-class Chinese bank acceptable to seller」，

顯而易見，其文字的一般邏輯含義和雙方當事人的真實意思表示規定了中國乃是本單大豆交易信用證開立義務的履行地。

4.5.2　在此之前，中禾公司與Bunge公司之間曾經有過另外一單大豆交易（SO3-593號合同），其信用證就是由中國工商銀行廈門分行和中國農業銀行廈門分行分別開出的。換言之，其信用證開立義務的履行地就是在中國廈門。[4]

4.5.3　中禾公司與Bunge公司之間進行上述另外一單大豆交易時，在申請和取得信用證方面已經**開了這個先例**，而且相當方便和順利。據此，完全有理由推定：相同的買賣雙方（即中禾—Bunge）在為同類的大豆交易而訂立同類合同（即S04-071號合同）之際，其中「first-class Chinese bank acceptable to seller」的真實含義和真實意思表示，就是指可以比照先例，在廈門當地開證，亦即以中國作為本單大豆交易信用證開立義務的履行地，由中國境內的中國一流銀行開出信用證。

4.5.4　商業交易是最講求效率的，商人們都是聰明機靈的。他們一般不會愚蠢到故意**捨近求遠**，要求買方到遠離買方所在地的、設在外國的中國銀行分支機構，去申請開信用證。就本案而言，即使Bunge公司當初果真違背常識，不顧常理，竟然要求中禾公司到遠離廈門的中國境外的中國銀行分行去開證，那也應事先在合同中作出明確而毫不含糊的規定。但事實上，S04-071號合同中不但沒有此種明確而毫不含糊的規定，而且恰恰相反，卻對在中國境內的中國一流銀行開證作出了並不含糊的規定，即在文字的**一般邏輯含義上**和雙方當事人的**真實意思表示上**都顯然**專指中國境內中國銀行的明確規定**（見第4.5.1-4.5.3段的分析）。可

見，Bunge公司所持的關於上述合同規定開證行應是中國境外的中國銀行的主張，就類似於中國成語所說的「事後諸葛亮」了，似不宜採信。

4.5.5 即使Bunge公司當初果真違背常識，不顧常理，竟然要求中禾公司到遠離廈門的中國境外的中國銀行分行去開證，那也因其違反中國AQSIQ反覆重申的、強制性的禁令，而根本無法實現，必然落空。關於此點，已在第4.3.3段中闡明，茲不再贅。

4.5.6 總之，誠如Bunge公司所稱：英國法僅承認在合同履行地的違法可能導致**合同落空**。根據以上分析，S04-071號合同中的文字規定和立約當事人當時的真實意思，都指定**中國乃是信用證開立義務的履行地**，因此，中國的有關銀行如果在中國國家執法機構AQSIQ禁令條件下仍然擅自開立信用證，勢必違反中國法律的強制性規定。事實也證明了中國的銀行不可能在此種情況下為本單大豆交易開具信用證。這一客觀情節，理所當然地應被認定為英國法下合同落空的理由，中禾公司當然也有權在此種情形下解除S04-071號合同。

4.6 關於適用英國法與適用中國強制法問題

4.6.1 據查，在英國也制定和頒行了與食品安全有關的法規，即**Food Safety Act 1990**（c.16）。根據該法規第1條有關食品的定義，S04-071合同項下的大豆理應被認定為食品（即第1.1.d條規定的「articles and substances used as ingredients in the preparation of food or anything falling within this subsection」）。該法規第7條規定，明知食物將會被人消費，卻對食物加入某種物質，或使用任何物質作為食物原料，導致食物對人造成危害的，構成犯罪（guilty of an offence）。具體條文如下：

PART I PRELIMINARY

Article 1   Meaning of "food" and other basic expressions.

(1) In this Act "food" includes——

(a) drink;

(b) articles and substances of no nutritional value which are used for human consumption;

(c) chewing gum and other products of a like nature and use; and

(d) articles and substances used as ingredients in the preparation of food or anything falling within this subsection.

...

PART II MAIN PROVISIONS

Food Safety

Article 7   Rendering food injurious to health.

(1) Any person who renders any food injurious to health by means of any of the following operations, namely——

(a) adding any article or substance to the food;

(b) using any article or substance as an ingredient in the preparation of the food;

(c) abstracting any constituent from the food; and

(d) subjecting the food to any other process or treatment, with intent that it shall be sold for human consumption, shall be guilty of an offence.

(2) In determining for the purposes of this section and section 8(2)

below whether any food is injurious to health, regard shall be had——

　(a) not only to the probable effect of that food on the health of a person consuming it; but

　(b) also to the probable cumulative effect of food of substantially the same composition on the health of a person consuming it in ordinary quantities.

　(3) In this Part "injury", in relation to health, includes any impairment, whether permanent or temporary, and "injurious to health" shall be construed accordingly.

　4.6.2　顯而易見，英國法律的上述明文規定，其保護消費者權益和民族健康的基本立法宗旨和**強制性法律效力**，與前文摘引的中國相關法律，是完全一致的。換言之，依據英國法，進口含毒食品也是違法的。

　4.6.3　本案S04-071合同以及FOSFA 22有關條款雖明文規定「適用英國法律」，但對於這一規定固有的準確含義，如何根據英國本身的法律加以解釋，卻有待分析、澄清。

　就英國法律而言，普通法系（Common Law）中關於合同方面原有的大部分「法律選擇」準則，已由《歐洲經濟共同體合同義務準據法公約》（簡稱《羅馬公約》）[5]中的有關準則所取代。這些準則已由英國的《1990年合同（準據）法》[6]所吸收並自一九九一年四月一日起施行。上述《羅馬公約》第3條第三款明文規定：「儘管各方當事人已經選擇適用某一國家的法律，不論是否同時選擇這個國家的法庭，如果在作出此種選擇當時其他一切有關因素都僅僅與另外一個國家相連繫，則仍然不得規避適用該

另一國家那些不能用合同加以排除的法律規定〔按：即『強制性規定』（mandatory rules）〕。」

4.6.4　《羅馬公約》的此項規定，不但已被吸收到英國的相關法律之中，而且也被英國著名的教授們進一步加以論證、提煉和歸納，作為「法律衝突規則」第175條（Rule 175），載明於具有全球影響的權威性論著《戴西和莫里斯論衝突法》。[7]

衡諸本案事實，買賣雙方當事人中國中禾公司與新加坡Bunge公司雖已在上述合同中共同選擇英國法律作為爭端仲裁適用的準據法，但是，鑒於該合同的其他關鍵因素，包括合同雙方當事人的所在地、簽約地、貨款信用證開證地、貨物進口履行地等，都僅與中國密切相關，[8]而與英國毫不相干，因此，雙方當事人不得通過對S04-071合同中有關英國法的選擇，排除適用中國的任何強制性法律規定，包括中國AQSIQ的前述強制性禁令規定。

4.6.5　根據英國法院斷案的長期實踐與英國權威學者的論述，如果一份英國合同在外國履行，而其履行行為直接或間接地觸犯或違反當地國家的法律，則英國法院應拒絕予以承認和執行。特別是，如果該合同的履行行為觸犯或違反**與英國友好國家**的法律，即使該合同根據英國法律是合法的、有效的，但如實施當事人所選擇的準據法就勢必會損害英國與該履行地國家之間的友好關係，從而「明顯地違反了英國法的公共秩序」〔manifestly incompatible with the public policy ("ordre public") of English law〕，那麼，英國法院就尤其應當拒絕予以承認和執行。英國法院長期斷案中所貫穿的這一原則和基本精神，也已由英國的權威學者們

歸納和提煉，作為「法律衝突規則」第180條（Rule 180），載入具有全球影響的前述名著。[9] 而其有關的典型判例，也不難逐一加以研究和查證，諸如：

（1）De Wutz v. Hendricks（1824）2 Bing. 314-316.（2）Foster v. Driscoll [1929] 1 K. B. 470, 518, 521（C. A.）；Regazzoni v. K. C. Sethia, Ltd. [1958] A. C. 301, 322, 328, 329.（3）Jennings[1956] C. L. J. 41.（4）F. A. Mann（1956）19 M. L. R. 523 and（1958）21 M. L. R. 130；A. L. G.（1957）73 L. Q. R. 32.（5）Rossano v. Manufacturers' Life Ins. Co. [1963] 2 Q. B. 352, 376-377.（6）Frischke v. Royal Bank of Canada（1977）80 D. L. R.（3d）393（Ont C. A.）（7）Euro-Diam Ltd. v. Bathurst [1990] 1 Q. B. 1, 40（C. A.）.

4.6.6　舉世皆知，英國乃是最早承認新中國的國家之一。兩國之間自一九五〇年一月以來，在廣泛的領域中長期保持著友好和合作的關係，並且在平等互利的基礎上**互相尊重對方的經濟、政治和法律制度，特別是互相尊重對方的強制性法律規定**。因此，本案爭端即使是「適用英國法律」，那麼，依據前述（1）英國參加的《羅馬公約》，（2）英國現行的《1990年合同（準據）法》，（3）英國法院多年斷案的實踐先例，以及（4）由英國權威學者詳加論述、歸納，並已為國際社會廣泛接受的法律衝突規則，就理應**遵循**充分尊重英國友好國家國內強制性法律規定的**英國傳統判例**和**英國現行法**，充分尊重中國現行法律中有關管制外貿、切實保護民族健康和消費者權益的各種強制性規定，大力支持中國嚴格執行AQSIQ的前述強制性禁令，**確認本案爭端仲裁**

中應當以中國的強制性法律規定作為判斷是非、處斷爭端的準據法。

五、簡短的結論

總之，基於以上分析，本專家認為：根據對「適用英國法」一詞的正確理解，本案仲裁中應當以受到英國法充分尊重的中國強制法，作為斷案的準據法。

因此，在有關信用證受益人Bunge公司被中國AQSIQ依法禁止向中國出口巴西大豆的情況下，中國的銀行既不能也不敢違法違禁，擅自開具以Bunge公司為受益人的信用證，從而導致S04-071號合同落空。據此，中禾公司是有權解除該合同的。

以上意見諒必能獲得仲裁庭諸位先生的認真考慮和充分採納。

注釋

〔1〕 See An Chen's Brief Resume（見附件，從略）。See also http://www.icc-china. org/zy/web/Maling/ca.htm（陳安教授履歷），http://www.icc-china. org/zy/web/Maling/1st.htm（ICC律師團簡介），http://www.icc-china.org/zy/web/Maling/md.htm（ICC CHINA律師團名單，專業服務領域劃分）。

〔2〕 見附件2，從略。

〔3〕 見附件3、4、5，從略。

〔4〕 見附件6、7，從略。

〔5〕 See EEC Convention on the Law Applicable o Contractual Obligations ("Rome Convention").

〔6〕 See Contracts (Applicable Law) Act 1990.

〔7〕 See *Dicey and Morris on he Conflict of laws*,13th ed., Vol. 2, Sweet & Maxwell, 2000, p. 1242.在1993年推出的該書第12版中,這條規則的序號列為Rule 177,第1239頁。(**見附件8,從略**)

〔8〕 與中禾公司實際簽訂S04-071號合同的對方乃是新加坡Bunge公司設在中國上海的子公司Bunge International Trading (Shanghai), Co., Ltd.。(**見附件9,從略**)

〔9〕 See *Dicey and Morris on te Conflict of Laws*,13th ed., Vol. 2, Sweet & Maxwell, 2000, pp. 1276-1277, 1280-1281.在1993年推出的該書第12版中,這條規則的序號列為Rule 182,第1243-1244頁、1281-1282頁。(**見附件10,從略**)

第8章

論英國FOSFA裁決嚴重枉法、不予執行

——中國中禾公司採購巴西大豆含毒案件述評［專家意見書］

↘ 內容提要

二〇〇四年二月二十五日中國中禾公司（買方）與新加坡Bunge公司（賣方）簽署S04-071號合同（CNF），購買五萬五千噸巴西大豆。其後，多船巴西大豆因被查出含有經萎鏽靈和克菌丹（有劇毒的物質）加工的大豆而被中國國家質檢總局依法嚴令禁止進口至中國。二〇〇四年六月十八日，中禾公司通知Bunge公司：第71號禁令導致無法繼續履行原有協議，上述合同應予解除。雙方協商未能解決爭議。二〇〇四年八月，Bunge公司把爭議提交英國FOSFA油料同業協會，申請仲裁。中禾公司被迫「應訴」。Bunge公司聘請的英國律師以中國宋律師先後出具的《陳述意見》（Statement）和《報告書》（Report）作為主要依據，主張：（1）中國國家質檢總局所發布的多次公告和禁令，都不是中國的法律法令，沒有法律根據，不具備法律強制力；違反中國國家質檢總局公告和禁令，不能構成違法行為，不必承擔法律責

任；（2）進口中國的巴西大豆只是工業原料，不是食品，不屬於中國有關食品衛生安全法律法令的適用範圍，不受中國國家質檢總局公告和禁令的監督；（3）中國的法律對於經營巴西大豆出口的外國公司，沒有法律強制力；（4）應中禾公司提供法律意見的專家是中國人，沒有資格評論英國的法律。

　　針對這些主張，中禾公司依法據理予以反駁。但FOSFA仲裁庭偏聽偏信，於二〇〇六年五月至二〇〇七年十一月底之間，三度枉法裁斷，責令中禾公司（買方）賠償Bunge公司（賣方）經濟「損失」。二〇〇八年二月底，Bunge公司委託中國宋律師向中國廈門市中級人民法院申請執行終局裁決。陳安教授認為：FOSFA仲裁庭在不實證言的嚴重誤導下作出的錯誤裁決，貫穿了對中國法律常識的愚昧無知和肆意歪曲，對中國法律尊嚴的極端藐視和嚴重褻瀆，對中國國民健康和人身安全的極端漠視和麻木不仁。它不但嚴重違反中國的強制性法律，也完全違反英國本國的強制性法律，更是完全背離當代世界潮流和全球共識，背離了全球人類社會的公共利益、公共秩序或公共政策。中國的主管法院理應依據一九五八年《紐約公約》的有關規定，從嚴審查來自英國FOSFA的枉法裁決，當機立斷，堅決**不予承認，不予執行**。

↘ 目次

（二）關於中國國家質檢總局上述禁令的法律效力問題

（三）關於中國國家質檢總局上述禁令的持續時間問題

（四）關於中國各家銀行拒絕開出信用證的原因及其相關的法律責任問題

（五）關於適用英國法與中國是否開證義務的履行地問題

（六）關於適用英國法與適用中國強制法的「法律衝突」問題

（七）關於向中國主管法院申請對英國FOSFA仲裁裁決不予承認、不予執行的問題

四、專家的看法和意見

（一）關於中國國家質檢總局上述禁令的事實依據和法律依據問題

（二）關於中國國家質檢總局上述禁令的法律效力問題

（三）關於中國國家質檢總局上述禁令的持續時間問題

（四）關於中國各家銀行拒絕開出信用證的原因及其相關的法律責任問題

（五）關於適用英國法與中國是不是開證義務的履行地問題

（六）關於適用英國法與適用中國強制法的「法律衝突」問題

（七）關於中國的法學專家是否有資格評論英國法的問題

（八）關於向中國主管法院申請對英國FOSFA仲裁裁決不予承認、不予執行的法律依據

五、結論：英國FOSFA裁決嚴重枉法，依法應不予承認、不予執行

陳安，廈門大學法學院資深教授、博士生導師，中國國際經濟法學會會長，應中國廈門中禾公司（以下簡稱「中禾公司」或

「買方」）的要求，就新加坡Bunge公司Agribusiness Singapore Pte. Ltd.（以下簡稱「Bunge公司」或「賣方」）申請在中國執行英國FOSFA仲裁裁決書一案，提供法學專家意見如下：

一、專家簡況[1]

1. 陳安，廈門大學法學院資深教授，廈門大學法學院院長（1987-1998），國際知名的中國學者；

2. 中國國際經濟法學會（CSIEL，全國性學術社團）會長（1993-2011）；

3. 中國政府依據《華盛頓公約》向「解決投資爭端國際中心」（ICSID）指派的國際仲裁員（1993-2016）；

4. 一九八一至一九八三年美國哈佛大學高級訪問學者，一九九〇至一九九一年以「亞洲傑出學者」名義應聘擔任美國俄勒岡州西北法學院客座教授；

5. 先後多次應邀赴美、比（歐共體總部）、瑞士（聯合國分部）、德、加、英、澳、法、韓和新加坡等國家和地區參加國際學術會議或講學；

6. 兼職資深國際商務和國際仲裁律師；跨國公司高級法律顧問；

7. 中國國際經濟貿易仲裁委員會（CIETAC）仲裁員，國際商會（ICC）國際仲裁案件仲裁員，法國國際仲裁協會（IAI）仲裁員；

8. 國際商會中國國家委員會專家（ICCCEX），國際商會中

國國家委員會律師團成員；

9. 在多起中外合資／合作投資爭端和跨國貿易爭端中，擔任法律顧問、中國法律高級專家或仲裁員；

10.在國際經濟法領域內，特別是國際投資法、國際貿易法和國際商務仲裁方面，取得較高的學術成就；三十九部學術著作的作者和／或主編；中文和英語權威期刊和核心期刊多篇學術論文的作者；

11.綜上所述，專家自信完全具備應有資質，為本案的外國仲裁裁決能否在中國執行的問題，提供下述法律意見。

二、本案案情梗概

12.2008年3月下旬至4月上旬，中禾公司向本專家提供了本案主要文檔數百頁，就本案涉及的國際公約、中國法律和英國法律的各項問題提出諮詢。本專家推定：這些文檔均屬真實可信，並以此為據，作出以下分析和評論。

根據上述文檔，本案的主要梗概是：

13.2004年2月25日中禾公司與Bunge公司簽署S04-071合同（CNF），購買五萬五千噸巴西大豆。合同規定中禾公司於2004年5月20日之前在Bunge公司認可的中國一流銀行（first-class Chinese bank）開立以Bunge公司為受益人的信用證。

14.其後，多船巴西大豆因被查出含有經萎鏽靈和克菌丹（有劇毒的物質）加工的大豆而被中國國家質量監督檢驗檢疫總局（以下簡稱「中國國家質檢總局」或「國家質檢總局」）禁止

進口至中國（見2004年5月10日頒布的《國家質檢總局關於進口巴西大豆中混有種衣劑大豆的警示通報》，2004年5月22日頒布的《國家質量監督檢驗檢疫總局公告》（2004年第58號），2004年5月28日頒布的《國家質量監督檢驗檢疫總局公告》（2004年第61號））。上述事件發生後，中禾公司曾因銀行不同意開出信用證，建議與Bunge公司重新協商合同條款，但被Bunge公司拒絕。2004年5月20日中禾公司未能根據合同開出信用證。

15. 2004年6月11日，中禾公司向Bunge公司購買的另一船巴西大豆（合同號：S03-593）因被查出含有萎鏽靈和克菌丹（有劇毒的物質）加工過的大豆，被認定為違反《中華人民共和國食品衛生法》第9條和《中華人民共和國進出口商品檢驗法》第35條，被中國國家質檢總局禁止入境。

16. 2004年6月14日，中國國家質檢總局發布《國家質量監督檢驗檢疫總局公告》（2004年第71號）（以下簡稱「71號禁令」），宣布自2004年6月14日起暫停Bunge公司向中國出口巴西大豆的資格。

17. 2004年6月14日71號禁令頒布當日，Bunge公司來信同意將S04-071合同項下的信用證開證日期延至6月17日。6月16日，中禾公司確認「希望履行合同」，同時提出由於71號禁令頒布導致Bunge公司無法向中禾公司實際交付大豆，建議雙方協商解決合同爭議。

18. 2004年6月17日，中禾公司因為國家質檢總局71號禁令的影響，仍未能開立信用證。

19. 2004年6月18日，中禾公司通知Bunge公司：71號禁令導

致合同雙方無法繼續履行協議，S04-071號合同應予解除。

20. 2004年6月23日，中國國家質檢總局頒布《國家質量監督檢驗檢疫總局公告》（2004年第76號）（以下簡稱「76號公告」），恢復被71號禁令規定暫停的Bunge公司等公司向中國出口巴西大豆的資格。同時規定：2004年6月11日以前已啟運在途的巴西大豆，**若混有有毒的種衣劑（即萎鏽靈和克菌丹等）大豆，應在卸貨前進行挑選處理，符合中國相關要求後方可准許入境。**

21. 2004年6月14日，Bunge公司同意延期開證後，該公司再未向中禾公司提出開證要求。

22. 2004年6月25日，Bunge公司宣布中禾公司「違約」並解除S04-071合同。

23. 2004年8月18日，Bunge公司向中禾公司提交向英國FOSFA（Federation of Oils, Seeds and Fats Associations，即油料、油籽、油脂協會聯盟）申請仲裁的通知，並指定斯科特（A. G. Scott）先生為仲裁員。2004年9月14日，中禾公司指定格雷森（Richard Grayson）先生為仲裁員。

24. **Bunge公司認為**：中國國家質檢總局發布的嚴防含有萎鏽靈和克菌丹毒素的上述大豆進口的多次禁令，法律依據不足。禁令所引用的法律主要是：《中華人民共和國食品衛生法》第9條和《中華人民共和國進出口商品檢驗法》第35條。《中華人民共和國食品衛生法》第9條第2項規定：「含有毒、有害物質或者被有毒、有害物質污染，可能對人體健康有害的」。《中華人民共和國進出口商品檢驗法》第35條規定：「進口或者出口屬於摻雜摻假、以假充真、以次充好的商品或者以不合格進出口商品冒

充合格進出口商品的，由商檢機構責令停止進口或出口，沒收違法所得，並處貨值金額百分之五十以上三倍以下的罰款；構成犯罪的，依法追究刑事責任。」Bunge公司主張，該公司向中禾公司出口巴西大豆，既不涉及《中華人民共和國食品衛生法》所指的食品，也非《中華人民共和國進出口商品檢驗法》所指的故意掺雜掺假行為，因此中國國家質檢總局對有關大豆的處理，法律依據不足。

25. Bunge公司認為：71號禁令為臨時禁令，且事實上僅持續九天，未達到使整個合同落空的程度。此外，對Bunge公司的71號禁令已於2004年6月23日解除，中禾公司本來可在2004年6月23至25日開立信用證。但中禾公司仍未開證，故應承擔責任。

26. 應Bunge公司要求，中國通商律師事務所宋迪煌律師於2005年8月2日出具《陳述意見》（Statement）稱：中國各家銀行出具信用證與否，主要取決於申請人的資產和財務狀況。中國國家質檢總局71號禁令的頒布對本單信用證的開立並無實質性影響。只要中禾公司願意，且有良好資信，仍完全有可能申請到信用證。

27. Bunge公司認為：即使中禾公司在中國境內申請開證困難，它仍可在中國各銀行的國外分行開立信用證。鑒於S04-071合同未明確開證義務履行地，除非中禾公司能證明其在世界任何地方通過中國各銀行的海外分行開證均違反法律，否則，不得主張合同落空。

28. Bunge公司認為：根據S04-071合同，發生爭端提交仲裁時適用英國法。英國法僅承認合同履行地的違法可能導致合同落

空。而根據S04-071合同，中國不是信用證開立義務的履行地，即使開立信用證構成對中國法律的違反，也不得被認定為英國法下合同落空的理由。

29.中禾公司聘請的仲裁代理人、上海瑛明律師事務所林忠律師對上述主張逐一加以反駁。

30.2006年5月9日，FOSFA仲裁員簽署第3951號仲裁裁決。由於雙方指定的仲裁員未能達成一致，兩位仲裁員指定公斷人（UMPIRE）貝內特（M. Bennett）先生審理本案並由貝內特先生簽署裁決書。裁決結果：（1）中禾公司賠償Bunge公司4,840,597美元，並按年利百分之五從2004年6月25日起支付利息；（2）賠償應扣除中禾公司預付的二百萬元人民幣履約保證金；（3）中禾公司承擔法律費用及利息（按年利百分之五計算）；（4）中禾公司承擔12,720英鎊仲裁費用。

2006年5月31日，由於打印錯誤，公斷人又重新發布第3951號仲裁裁決，內容相同。

31.2006年6月14日，中禾公司向FOSFA和Bunge公司遞交上訴通知，強調：FOSFA第3951號仲裁裁決是錯誤的；請求撤銷第3951號仲裁裁決。

32.中禾公司聘請的仲裁代理人林忠律師就本案涉及的國際條約、中國法律和英國法律等各項問題，向陳安教授提出諮詢。陳安教授於2006年11月1日出具了《專家意見書》，對所諮詢的各項問題作出解答，並認為中禾公司關於撤銷FOSFA上述3951號仲裁裁決的請求，於法有據、完全合理。

33.2006年11月3日，中禾公司向FOSFA上訴庭遞交上訴意

見，其中強調：上述裁決書公斷人以買方沒有在2004年6月17日之前開立S04-071號合同下的信用證為由，裁決買方構成違約，這是完全錯誤的。S04-071號合同因為事後的71號禁令導致履行不能和履行非法而受阻。陳安教授的《專家意見書》對此進行了充分的說明。因此，買方履行此合同的義務已被免除。賣方應當返還買方的履約保證金二百萬元人民幣。

34. 2006年11月27日，Bunge公司向本案上訴仲裁庭提交上訴《答辯書》（Submission），其中，以中國宋迪煌律師2006年11月21日出具的《報告書》（Report）作為主要依據，對陳安教授2006年11月1日提供的《專家意見書》加以否定和非難。其中主張：

（1）**中國國家質檢總局所頒發的多次公告和禁令，都不是中國的法律法令，沒有法律根據，不具備法律強制力**；違反中國國家質檢總局的公告和禁令，不能構成違法行為，不必承擔法律責任；宋迪煌律師等人提供的《報告書》和證言，證明了中國國家質檢總局的71號禁令與銀行不肯開證沒有關聯；FOSFA一審裁決是正確的。

（2）宋迪煌律師等人提供的《報告書》和證言，證明了進口至中國的巴西大豆只是工業原料，**不是食品，不屬於中國有關食品衛生安全法律法令的適用範圍**，不受中國國家質檢總局多次公告和禁令的監督。

（3）**中國的法律對於經營巴西大豆出口的外國公司，沒有法律強制力。**

（4）**陳安教授是中國人，沒有資格評論英國的法律。**

35. 2006年12月，應中禾公司及其聘請的上海瑛明律師事務

所林忠律師的要求，陳安教授針對上述否定和非難，依法作出必要的反駁。他指出：上述英國律師的《答辯書》及其所依據的中國宋迪煌律師出具的《報告書》，不但嚴重歪曲了中國的法律和禁令，而且無視有關的國際條約，違反了英國的法律，違反了英國權威學者率先總結並為國際社會廣泛接受的「法律衝突」準則，因而是錯誤的，不能採信。

36. 2006年12月18日，中禾公司向FOSFA上訴仲裁庭遞交意見，指出賣方再次提交的上述中國律師的證言和意見是錯誤的；再次強調中國國家質檢總局頒發的禁令在中國擁有法律權威和強制執行力；同時，中禾公司提交買方於2004年5月至6月向中國有關銀行提出的開證申請文件，進一步表明銀行拒絕開出信用證的事實。

37. FOSFA上訴仲裁庭對中禾公司上述主張及新證據拒不採信。2007年2月12日，FOSFA上訴仲裁庭作出第945號上訴仲裁裁決，裁決維持第3951號仲裁裁決。

38. 2007年4月5日，中禾公司委託羅賓遜（Michael Robinson）律師向英國高等法院申請撤銷FOSFA第945號上訴仲裁裁決，並遞交尼科爾斯（Peter Nicholls）先生於3月21日作出的證人證言。主張：中國國家質檢總局公告禁令乃是合同落空的主因；FOSFA上訴仲裁庭拒絕接受買方提交的關於開證申請書的「辦公室文件」（Office Copies）以及中國國家質檢總局網頁的記載作為證據，此種決定構成程序性非法（Irregularity）；上訴仲裁庭第945號上訴仲裁裁決應予撤銷。

39. 2007年4月19日，Bunge公司鑒於自己理屈，向中禾公司

提議認可中禾公司的兩份新證據可由仲裁庭重新裁定，同時中止向英國高等法院提起的訴訟。5月4日，中禾公司接受Bunge公司此項提議。

40. 2007年5月21日，英國高等法院商事法庭發布「同意令」（Consent Order）。明確指示：FOSFA第945號上訴仲裁裁決應發回FOSFA上訴委員會**重新審理**（Reconsideration）；中禾公司即買方提交的關於開證申請的辦公室文件及關於中國國家質檢總局職能和權力的網頁記載，應被上訴仲裁庭認定為證據。

41. 2007年6月21日，中禾公司向FOSFA上訴仲裁庭再度提交意見。重申：買方在2004年6月15日和16日向銀行申請開信用證，銀行以71號禁令導致開信用證非法為由，拒絕了買方的請求。中國國家質檢總局的公告、禁令具有法律強制效力，不得違反。它的實際影響是使得買方在賣方規定的時間內開信用證成為不可能，造成合同受阻落空，買方沒有違約，不應承擔違約責任。

42. 2007年7月3日，Bunge公司提交意見。主張：不論對新證據採取何種觀點，它們都無法影響仲裁的最終結果；中國國家質檢總局公告並不能在實質上影響買方的開證。

43. 2007年7月30日，中禾公司提交意見。買方堅持其在2007年6月21日提交的意見。買方進一步補充：中國國家質檢總局的公告從法律上和實際效果上使買方無法開信用證。買方的財務狀況沒有問題，是公告使合同受阻。

44. 2007年11月28日，FOSFA上訴仲裁庭作出第945-2號上訴仲裁裁決，再次維持原第945號上訴仲裁裁決。

45. 英國FOSFA仲裁庭的三度裁決均受到英國律師和中國律

師宋迪煌等人不實證言的嚴重誤導，從而一錯再錯；其中貫穿了對中國法律常識的愚昧無知和肆意歪曲，對中國法律尊嚴的極端褻視和嚴重褻瀆，對中國國民健康和人身安全的極端漠視和麻木不仁。

三、中禾公司諮詢的問題

（一）關於中國國家質檢總局上述禁令的法律依據問題

46.前文第十四段和第十六段所列舉的中國國家質檢總局在二〇〇四年五月十日至六月十四日多次發布的通報和公告，一再明文規定：禁止來自巴西的含有萎鏽靈和克菌丹劇毒物質的大豆進口至中國。Bunge公司及其聘請的中國宋迪煌律師認為中國國家質檢總局上述禁令的法律依據不足，或沒有法律依據。請問：Bunge公司和宋律師的此種主張是否有理？能否成立？

（二）關於中國國家質檢總局上述禁令的法律效力問題

47.中國國家質檢總局的上述通報、公告中關於禁止有關巴西大豆進口至中國的規定，是否屬於強制性的法規法令？有無強制性的法律效力？

（三）關於中國國家質檢總局上述禁令的持續時間問題

48.中國國家質檢總局自二〇〇四年五月十日至六月十七日多次發布了有關嚴防巴西含毒大豆進口至中國的公告和禁令。其後，在二〇〇四年六月二十三日發布了76號公告，恢復Bunge公

司等向中國出口巴西大豆的資格。請問：這是否表明自當天起，中國已不再禁止巴西含毒大豆進口至中國？原先禁止含毒巴西大豆進口至中國的上述多次禁令是否在二〇〇四年六月二十三日發布76號公告之後迅即失效？

（四）關於中國各家銀行拒絕開出信用證的原因及其相關的法律責任問題

49.中禾公司曾向中國多家銀行申請為Bunge公司出售的本單巴西大豆開出信用證。但中國的多家銀行均以上述**中國國家質檢總局**禁令為理由，拒絕開證。請問：

（1）這是否足以構成S04-071號合同落空？

（2）如果中國的**有關銀行**膽敢不顧**中國國家質檢總局**的禁令而擅自對本單大豆交易開出信用證，將會承擔什麼法律責任和導致什麼法律後果？

（3）如果中禾公司在上述**中國國家質檢總局多次公告**和禁令之後，明知進口至中國的這幾批巴西大豆含有劇毒，卻仍然千方百計地尋求和催促相關銀行開出相關的信用證，從而促進了含毒大豆的順利進口，日後因此造成重大的人畜傷亡事故，則**中禾公司**將會承擔什麼法律責任和導致什麼法律後果？

（五）關於適用英國法與中國是否開證義務的履行地問題

50.按S04-071合同規定，本案爭端應按FOSFA 22規則的規定在英國倫敦提交仲裁，並適用英國法。Bunge公司認為：英國法僅承認合同履行地的違法可能導致合同落空。然而，根據S04-

071合同，中國不是信用證開立義務的履行地。因此，即使開立信用證構成對中國法律的違反，也不得被認定為英國法下合同落空的理由。請問：Bunge公司上述主張是否有理？能否成立？

（六）關於適用英國法與適用中國強制法的「法律衝突」問題

51. Bunge公司主張：S04-071合同要求中禾公司開出的信用證，乃是英國法律認定為合法的一項行為。但在事實上和實踐中，本單大豆交易行為及其信用證開出事宜，依中國法律卻被認定為應予強制禁止的**違法**行為，即兩種法律認定之間存在矛盾與衝突。請問：在此種情況下，應當如何處置這種矛盾與衝突？以何者居於優先適用地位？

（七）關於向中國主管法院申請對英國 FOSFA 仲裁裁決不予承認、不予執行的問題

52. 二〇〇八年二月二十六日，Bunge公司向中國主管法院即廈門市中級人民法院申請針對中國中禾公司強制執行英國FOSFA作出的錯誤仲裁裁決。鑒於此項錯誤裁決，貫穿了對中國法律常識的愚昧無知和肆意歪曲，對中國法律尊嚴的極端藐視和嚴重褻瀆，對中國國民健康和人身安全的極端漠視，從而對恪守中國法律、有法必依的中禾公司造成嚴重的損害，中禾公司作為守法經營的無辜受害人，決定針鋒相對，請求獲得本國司法主權的有力保護，依法討回公道，已向中國主管法院即廈門市中級人民法院申請對英國FOSFA作出的錯誤仲裁裁決，不予承認、不予執行。請問：這種反向請求有何國際條約根據和中國法律根據？

四、專家的看法和意見

53.茲針對上述諮詢問題，陳安教授按照「以事實為根據，以法律為準繩」的原則，對上述第四十六至五十二段七方面問題的有關文檔作了仔細的查索、研究和分析，得出以下結論：

（1）中國國家質檢總局發布的上述禁令具有充分的法律授權和足夠的法律依據，具有不容違反、不許觸犯的法律強制力，任何單位或個人，一旦因故意或過失而違反或觸犯，就勢必承擔相應的法律責任。

（2）中國國家質檢總局的上述通報、公告中關於禁止有關巴西大豆進口至中國的規定，當然是屬於強制性的法規法令，具有強制性的法律效力。

（3）二〇〇四年六月二十三日中國國家質檢總局發布的76號公告（見第20段）含有兩點主要內容，必須全面解讀，不能斷章取義。其後段文字表明：禁止含有莠鏽靈和克菌丹毒素的巴西大豆進口至中國的禁令，在二〇〇四年六月二十三日之後的相當時期內，仍然有效。

（4）任何單位或個人，包括機關、企業事業單位及其辦事人員，一旦因故意或過失而違反或觸犯中國國家質檢總局依法公布的有關禁令，並對中國國民健康或人畜安全造成損害事故，視其情節輕重，勢必承擔相應的法律責任。

（5）開立信用證構成對中國法律的違反，理應被認定為英國法下合同落空的理由。Bunge公司的有關主張，不但不符合中國法律，而且不符合英國法律，不能成立。

（6）在本案合同糾紛中適用英國法與適用中國強制法的「法律衝突」問題，應依有關的國際條約、國際慣例和國際社會公認的權威學者所總結的「法律衝突規則」，加以解決。

（7）向中國主管法院申請對英國FOSFA仲裁裁決不予承認、不予執行，應當援引中、英兩國都已參加的一九五八年在紐約訂立的《承認及執行外國仲裁裁決公約》（以下簡稱《1958年紐約公約》）以及中國的法律，依法辦理。

對於上述問題及作出相關結論的依據，茲逐一評介、剖析如下：

（一）關於中國國家質檢總局上述禁令的事實依據和法律依據問題

54.中國國家質檢總局上述禁令同時具備確鑿的事實依據和充分的法律依據

（1）確鑿的事實依據

以下兩篇權威性報導，由現場目擊者撰寫於「巴西毒豆事件」發生後的第一時間，令人怵目驚心：

共和國：55年來第一次這樣說：「不！」[2]

2004年4月18日，廈門東渡港區。廈門出入境檢驗檢疫局張振民副科長和植檢處的其他同志一起，登上了一艘裝有5.9萬噸巴西大豆的外輪，對該船大豆實施檢驗檢疫。

有情況！一顆、兩顆……許多染紅的大豆進入張振民的視線，讓他大為震驚。緊接著，其他艙也發現了類似情況，第一

艙、第二艙……第七艙，同時登輪的其他同志隨之也報告，7個船艙表層都均勻混有表面呈紅色的大豆，在深挖十米以下仍可見到「紅豆」！

技術中心實驗室的進一步檢測結果表明，**這些食用「紅豆」實為含有萎鏽靈和克菌丹兩種農藥的「毒豆」**；更為嚴重的是，這批大豆附有巴西檢驗檢疫部門及有關機構出具的相關證書。

情況萬分緊急！正在南非出訪的廈門出入境檢驗檢疫局王仲符局長接到報告後，通過越洋電話指示：本著對國家、對企業、對老百姓負責的態度，嚴格認真做好檢驗把關，務必做到檢驗結果準確、處理方法妥善……在匆匆結束出訪後，王局長馬不停蹄，親自帶領技術骨幹赴京匯報。**4月20日，在國家質檢總局支持下，廈門出入境檢驗檢疫局簽出禁止巴西「毒豆」入境的證書。**

這是自新中國成立以來，我國首次在進口大豆中發現種衣劑種用大豆，也是被我國首次禁止進口的大宗糧食。

值得一提的是，此後檢驗檢疫部門通過與巴方嚴正交涉，發出警示通報，暫停了四家供貨商對華出口大豆，使「毒豆」事件受害方漳州百佳公司一舉贏回巨額賠償，安然渡過了瀕臨破產的重大危機。

廈門檢驗檢疫局依法禁止5.89多萬噸巴西大豆進口[3]

……經檢驗，全船各艙表層紅色大豆含量0.76%。廈門檢驗檢疫局技術中心對紅色大豆進行檢測，檢出萎鏽靈（CARBOXIN）

和克菌丹（CAPTAN）。

萎鏽靈是一種內吸性**殺菌劑**，一般用於防治鏽病、黑穗病，可製成種衣劑，**毒性**：大白鼠急性經口LD_{50} 3820毫克／千克，**拌過藥的種子不可食用或作飼料**。克菌丹是一種廣譜性**殺菌劑**，一般用於防治蠶豆炭疽病、立枯病、根腐病，**毒性**：大白鼠急性經口LD_{50} 9000毫克／千克，**可致癌，拌過藥的種子不可食用或作飼料**。一般包裹**有毒**種衣劑的種子都染有有色警示劑，供貨商在**明確知道**本批大豆用途是加工**食用油**和豆粕的情況下，還將染有有色警示劑的種用有毒大豆混入輸往我國的大豆中，是**十分惡劣**的行為，**性質非常嚴重**。根據《中華人民共和國**食品衛生法**》第9條、《中華人民共和國進出口商品檢驗法》第35條，廈門檢驗檢疫局禁止本批大豆進口。

（2）充分的法律依據

中國國家質檢總局上述禁令是中國**食品安全立法體系**中不可缺少的**關鍵環節**，它們不但切合中國的國情，具有**充分的法律依據**，而且完全符合當代世界潮流，符合國際立法慣例。

中國國務院發布的《**中國的食品質量安全狀況**》白皮書[4]（以下簡稱《白皮書》）綜述了多年以來中國全面加強食品安全立法體系建設的概況，強調：「食品質量安全狀況是一個國家經濟發展水平和人民生活質量的重要標誌。中國政府堅持以人為本，高度重視食品安全，一直把加強食品質量安全擺在重要的位置。多年來，中國立足從源頭抓質量的工作方針，建立健全食品安全監管體系和制度，全面加強食品安全立法和標準體系建設，

對食品實行嚴格的質量安全監管，積極推行食品安全的國際交流與合作，全社會的食品安全意識明顯提高。」

55.《白皮書》指出：迄今為止，「中國已建立了**一套完整的食品安全法律法規體系**，為保障食品安全、提升質量水平、規範進出口食品貿易秩序提供了堅實的基礎和良好的環境」。《白皮書》還逐一列舉了有關的主要法律、法規和部門規章：

法律包括《中華人民共和國產品質量法》《中華人民共和國標準化法》《中華人民共和國消費者權益保護法》《中華人民共和國農產品質量安全法》**《中華人民共和國刑法》**《中華人民共和國食品衛生法》《中華人民共和國進出口商品檢驗法》《中華人民共和國進出境動植物檢疫法》《中華人民共和國國境衛生檢疫法》和《中華人民共和國動物防疫法》等。

行政法規包括《國務院關於加強食品等產品安全監督管理的特別規定》《中華人民共和國工業產品生產許可證管理條例》《中華人民共和國認證認可條例》《中華人民共和國進出口商品檢驗法實施條例》《中華人民共和國進出境動植物檢疫法實施條例》《飼料和飼料添加劑管理條例》《農業轉基因生物安全管理條例》等。

部門規章包括《食品生產加工企業質量安全監督管理實施細則（試行）》《中華人民共和國工業產品生產許可證管理條例實施辦法》《食品衛生許可證管理辦法》《食品添加劑衛生管理辦法》《進出境肉類產品檢驗檢疫管理辦法》《進出境水產品檢驗檢疫管理辦法》《流通領域食品安全管理辦法》《農產品產地安

全管理辦法》《農產品包裝和標識管理辦法》和《出口食品生產企業衛生註冊登記管理規定》等。

56. 《白皮書》指出：正是以上述法律法規為根據，中國政府建立並執行了**嚴格的檢驗檢疫制度**。進口食品到達口岸後，中國出入境檢驗檢疫機構依法實施檢驗檢疫，只有經檢驗檢疫合格後方允許進口。在檢驗檢疫時如發現質量安全和衛生問題，立即對存在問題的食品依法採取相應的處理措施，依法作出退貨、銷毀或改作他用處理，確保進入中國市場的進口食品質量安全。

57. 《白皮書》指出：正是以上述法律法規為根據，中國政府強化了風險預警和應急反應機制建設，「建立了全國食品安全風險快速預警與快速反應系統，積極開展食品生產加工、流通、消費環節風險監控，通過動態收集和分析食品安全信息，初步實現了對食品安全問題的早發現、早預警、早控制和早處理。建立了一套行之有效的快速反應機制，包括風險信息的收集、分析、預警和快速反應，做到立即報告、迅速介入、科學判斷、妥善處置」。

58. 由此可見，前文第十四、十六段所述中國國家質檢總局發布的有關嚴防含有劇毒的巴西大豆進口的禁令，具有充分的法律授權和足夠的法律依據，是中國**食品安全立法、執法體系中不可缺少的關鍵環節**。

59. 眾所周知，大豆本身乃是一種十分常見、十分重要的**食品**。在中國，以國產大豆或進口大豆作為原料的各種食品，諸如豆油、豆醬、豆腐、豆漿、醬油、醬菜等，更是多達數十種。

Bunge公司斷言它向中禾公司出售並進入中國的巴西大豆，並非《中華人民共和國食品衛生法》所指的食品，此說顯然違背常識。**任何中國人，稍有生活常識，稍有健康良知，絕不會接受或附和這種荒唐說法。**

60.中國國家質檢總局自二〇〇四年五月十日至六月二十三日多次發布的通報和公告及其禁令，其法律依據不僅限於《中華人民共和國食品衛生法》第9條和《中華人民共和國進出口商品檢驗法》第35條，而且還包括前法第39條；特別是還包括《中華人民共和國刑法》第140至149條關於禁止生產、銷售偽劣商品犯罪的規定。摘要列舉如下：

《中華人民共和國食品衛生法》

第三十九條　違反本法規定，生產經營不符合衛生標準的食品，造成食物中毒事故或者其他食源性疾患的，責令停止生產經營，銷毀導致食物中毒或者其他食源性疾患的食品，沒收違法所得，並處以違法所得一倍以上五倍以下的罰款；沒有違法所得的，處以一千元以上五萬元以下的罰款。違反本法規定，生產經營不符合衛生標準的食品，造成嚴重食物中毒事故或者其他嚴重食源性疾患，對人體健康造成嚴重危害的，或者在生產經營的食品中摻入有毒、有害的非食品原料的，**依法追究刑事責任。**有本條所列行為之一的，吊銷衛生許可證。

《中華人民共和國刑法》

第一百四十條　生產者、銷售者在產品中摻雜、摻假，以假充真，以次充好或者以不合格產品冒充合格產品，銷售金額五萬

元以上不滿二十萬元的，處二年以下有期徒刑或者拘役，並處或者單處銷售金額百分之五十以上二倍以下罰金；銷售金額二十萬元以上不滿五十萬元的，處二年以上七年以下有期徒刑，並處銷售金額百分之五十以上二倍以下罰金；銷售金額五十萬元以上不滿二百萬元的，處七年以上有期徒刑，並處銷售金額百分之五十以上二倍以下罰金；銷售金額二百萬元以上的，處十五年有期徒刑或者無期徒刑，並處銷售金額百分之五十以上二倍以下罰金或者沒收財產。

第一百四十一條　生產、銷售假藥，……致人死亡或者對人體健康造成特別嚴重危害的，處十年以上有期徒刑、**無期徒刑**或者死刑。

第一百四十三條　生產、銷售不符合衛生標準的**食品**，足以造成嚴重**食物中毒事故**或者其他嚴重**食源性疾患**的，處三年以下有期徒刑或者拘役，並處或者單處銷售金額百分之五十以上二倍以下罰金；**對人體健康造成嚴重危害**的，處三年以上七年以下有期徒刑，並處銷售金額百分之五十以上二倍以下罰金；後果特別嚴重的，處七年以上有期徒刑或者無期徒刑，並處銷售金額百分之五十以上二倍以下罰金或者沒收財產。

第一百四十四條　在生產、銷售的**食品**中**摻入有毒**、有害的**非食品原料**的，或者銷售明知摻有有毒、有害的非食品原料的食品的，處五年以下有期徒刑或者拘役，並處或者單處銷售金額百分之五十以上二倍以下罰金；造成嚴重食物中毒事故或者其他嚴重食源性疾患，對人體健康造成嚴重危害的，處五年以上十年以下有期徒刑，並處銷售金額百分之五十以上二倍以下罰金；致人

死亡或者對人體健康造成特別嚴重危害的，依照本法第一百四十一條的規定處罰。（注：**即應處十年以上有期徒刑、無期徒刑或者死刑。**）

61. 就本案而言，如果違反中國國家質檢總局的禁令，擅自進口含有莠鏽靈和克菌丹毒素的巴西大豆，則此種行為不但違反了《中華人民共和國食品衛生法》和《中華人民共和國進出口商品檢驗法》這兩部**法律**，而且還可能觸犯**刑法**。有關行政官員、企業事業單位的主管以及有關的辦事人員和當事人，不但要承擔相應的行政違法責任和接受相應的**行政處罰**（含罰金、警告、記過、降職、撤職、開除公職、吊銷營業執照等），而且還可能要視其觸犯刑法的犯罪行為的嚴重程度和造成的損害後果，承擔相應的刑事責任，接受相應的**刑事懲罰**（含罰金、財產刑、自由刑、生命刑等）。

（二）關於中國國家質檢總局上述禁令的法律效力問題

62. 中國國家質檢總局是中華人民共和國國務院所屬的一個部級單位，又是中國政府的一個強力執法機關。它代表中國國家把守國門，通過依法檢驗檢疫，嚴防和杜絕一切有毒、有害食品或其他偽劣商品輸入或輸出中國，以免危害本國和他國人民的健康，或損害本國和他國的經濟利益。中國國家質檢總局依照中國法律發布的通告、公告和禁令，其本身就是中國政府執法機關的行政法規、法令的一種表現形式，具有法律上的強制約束力。

63. 與此同時，中國國家質檢總局的有關禁令又是以中國的

其他基本法律（如《中華人民共和國**食品衛生法**》《中華人民共和國進出口**商品檢驗法**》和《中華人民共和國**刑法**》等）作為依據、基礎和後盾的，相應地，中國國家質檢總局依法發布頒行的禁令，就具有了**綜合的、強大的法律強制力**。任何人對這類禁令只能嚴格遵守和執行，不得隨意背離或違反。否則，就要自食其果，承擔相應的行政違法或觸犯刑法的法律責任，受到相應的行政處罰或刑事懲罰。

（三）關於中國國家質檢總局上述禁令的持續時間問題

64. 鑒於巴西政府和出口商保證加強對出口大豆的嚴格查驗和監管，並保證不再發生「萎鏽靈和克菌丹毒素大豆」類似問題，中國國家質檢總局於二〇〇四年六月二十三日發布76號公告，決定恢復二十三家出口商、供貨商（含Bunge公司）向中國出口巴西大豆的資格。但是，它附有一項相當嚴格的前提條件，即：

2004年6月11日前已經啟運在途的巴西大豆，如混有種衣劑大豆〔按：即「含萎鏽靈和克菌丹毒素的大豆」〕，**應在卸貨前進行挑選處理**，符合中方相關要求後方可准許入境。挑選處理所產生的一切費用由出口商承擔，**否則將作退運處理**。

從「應在卸貨前進行挑選處理」並自行承擔一切費用這個意義上說，中國國家質檢總局的76號公告顯然仍然嚴格禁止含有萎鏽靈和克菌丹毒素的大豆進入中國境內。因此，斷章取義、含糊

其詞地說什麼「71號禁令只持續存在九天」並不符合二〇〇四年六月二十三日中國國家質檢總局76號公告繼續從嚴禁止有毒巴西大豆進口，繼續認真保護中國消費者健康的法條文字本意和法定本旨。

　　換言之，從該76號公告的全文解讀，它僅僅只是恢復了Bunge公司等向中國出口**無毒**巴西大豆的資格，卻仍然規定了巴西大豆進口至中國的先決條件：仍然絕對不許含毒的巴西大豆進口，即使是已經啟運在途的巴西大豆，若混有有毒的種衣劑（即萎鏽靈和克菌丹）大豆，仍然必須在卸貨前進行挑選處理，符合中國相關要求後方可准許入境。可見禁止巴西含毒大豆進口至中國的公告和禁令，即使在二〇〇四年六月二十三日之後的相當時期內，仍然具有嚴肅的法律強制力，不得違反。如果中國的進口商、銀行或其他任何辦事人員膽敢違反仍然絕對不許含毒的巴西大豆進口的禁令，造成事故後果，則違禁者依舊不能不承擔相應的法律責任。這是不能誤解的，更是不容曲解的。

　　65.當時的一篇新聞報導，[5] 如實地反映了中國國家質檢總局官方的鮮明態度：「絕不允許毒大豆進口」！報導稱：二〇〇四年七月十三日，中國有關主管部門召集五十餘家進出口企業，邀請國家質檢總局動植司有關負責人，就進口巴西大豆的檢驗檢疫問題專門召開了一個題為「大豆檢驗檢疫情況」的會議。會上，國家質檢總局動植司有關負責人對連日來一些進出口企業對國家質檢總局頒布的73號和76號公告產生的不同理解，對從巴西進口的大豆中發現「種衣劑大豆」（即含有萎鏽靈和克菌丹毒素的大豆）的情況和中國、巴西磋商處理的結果進行了通報，並對

兩個公告內容逐條進行詳細講解。官員們明確表示：「以後進口的大豆中再發現有種衣豆，我們也不會允許進口。」同時指出：「有種衣劑的大豆是不允許人類、動物食用或榨油的。」「任何一個國家都不會允許種衣豆進口。」

會上，動植司官員也提到了**巴西政府**所做的努力。據了解，中國查出巴西進口船上含有有毒大豆後，巴西政府部門立即組織聯邦公共部、聯邦警察、海關、衛生等部門成立了聯合突擊隊，對相關港口、碼頭、運輸等各環節進行檢查，查封了四十八萬噸已經被污染的大豆，停發了檢疫證書。巴西政府向中國政府保證，今後不會再發生種衣豆事件。正是在這種情況下，中國才同意恢復巴西二十三家出口企業對中國出口大豆。

以上這篇專題報導足以證明：中國國家質檢總局關於嚴防巴西含毒大豆進口至中國的公告和禁令，在二〇〇四年六月二十三日之後相當時期內仍然具有法律強制力。如果中國的進口商、銀行或其他任何辦事人員膽敢違反此項仍然不許含毒的巴西大豆進口的禁令，違禁者依舊不能不承擔相應的法律責任。

66.當二〇〇四年六月十四日國家質檢總局發布71號禁令時，所有人根本無法預測也沒有能力預測禁令到底要持續多長時間，而且六月十七日禁令還在持續有效中，中禾公司不可能開證。六月二十五日Bunge公司就宣布中禾公司違約，中禾公司根本就沒機會開證。

（四）關於中國各家銀行拒絕開出信用證的原因及其相關的法律責任問題

67.在二〇〇四年四月至六月期間，中禾公司曾向中國國家一流銀行的駐廈支行申請為本單大豆交易開具信用證，但先後均遭拒絕。它們先後向中禾公司提供了書面聲明或證明書，說明拒絕開證的法律理由。例如，中國銀行廈門同安支行出具的書面《證明》[6]中明確地指出：

國家質量監督檢驗檢疫總局於2004年4月至6月期間出臺有關禁止一些大豆供應商向中國出口巴西黃大豆的政策，**我行不宜為巴西大豆貿易開立信用證。**

2004年6月14日國家質量監督檢驗檢疫總局又發布71號禁令將邦基〔Bunge〕農貿新加坡私人有限公司列入禁止向中國出口巴西大豆的黑名單。

在此我行確認，在2004年6月14日至2004年6月23日期間，廈門中禾實業有限公司向本行申請開立的邦基農貿新加坡私人有限公司為受益人的信用證，**我行未予受理也不會受理。**

中國銀行股份有限公司廈門同安支行

2006年6月15日

除此之外，中國農業銀行廈門同安支行的《聲明》、中國工商銀行廈門同安支行與中國建設銀行廈門同安支行出具的《證明》中，也毫不含糊地說明了拒絕中禾公司申請，不能為本單大

豆交易開出信用證的大體相同的法律理由。[7]

上述四家中國一流銀行出具的《證明》或《聲明》，都明確指出了：它們之所以拒絕中禾公司的開證申請，不願或不能為本單大豆交易開出信用證，其關鍵原因或唯一原因，就在於它們必須嚴格執行中國的進出口政策法令，嚴格遵守中國國家執法機關中國國家質檢總局的明確禁令，以免它們自己因違反國家政策和禁令以及擅自開出信用證的違法行為，承擔法律責任和受到法律處罰或懲罰。

68. 中國國家執法機關中國國家質檢總局依法發布的上述禁令，**不但對中國境內**的中國銀行的開證行為具有強制性的法律約束力，**而且對於中國境外**的中國銀行的任何分支機構，也具有同樣的、強制性的法律約束力。這是不言而喻的。設立在中國境外的中國銀行各分支機構，如不切實遵守中國國家執法機關中國國家質檢總局的上述禁令，擅自為含有萎鏽靈和克菌丹毒素的巴西大豆進口至中國的交易開具信用證，方便或促進此種含劇毒大豆的進口交易，則一旦造成事故後果，同樣不可能「逍遙法外」，不可能不受到中國法律的相應制裁和懲罰。因此，Bunge公司認為中禾公司應當或者可以向開設於中國境外的中國銀行的分支機關申請開出信用證，這種主張是不合法的。

69. 由此可見，Bunge公司以中國律師宋迪煌先生出具的關於信用證的《陳述意見》作為根據，斷言中禾公司之所以未能如期開出本單大豆交易的信用證，「主要」或「完全」是由於中禾公司的資產情況不良，資金不足或資信欠佳云云；或者，斷言「沒有任何證據可以證明中國的銀行對於此類開證申請作出決定時受

到了中國質檢總局行為，特別是關於暫停從巴西進口大豆決定的實質性影響」云云，這些說辭和主張，顯然背離了事實，不足採信。

70. 本案的關鍵，不在於中國國家質檢總局71號禁令持續多長時間，而是在於：在此期間，中禾公司有權解除合同且事實上也解除了合同。因此，Bunge公司關於禁令持續時間的爭論是沒有意義的。更何況Buge公司並不能保證，也從未保證其運出的大豆不含有菱鏽靈和克菌丹毒素。

（五）關於適用英國法與中國是不是開證義務的履行地問題

71. 根據S04-071合同「PAYMENT」條款明文規定：「Buyer to open L/C through a first-class Chinese bank acceptable to seller」（買方應經由賣方願意接受的、一流的**中國的銀行**開立信用證），顯而易見，其文字的一般邏輯含義和雙方當事人的真實意思表示，都規定了中國乃是本單大豆交易信用證開立義務的履行地。因為：

（1）在此之前，中禾公司與Bunge公司之間曾經有過另外一單大豆交易（S03-593號合同），其信用證就是由中國工商銀行廈門分行和中國農業銀行廈門分行分別開出，換言之，其信用證開立義務的履行地就是在中國廈門。[8]

（2）中禾公司與Bunge公司之間進行上述另外一單大豆交易時，在申請和取得信用證方面已經**開了這個先例**，而且相當方便和順利。據此，完全有理由推定：相同的買賣雙方（即中禾公司—Bunge公司）在為同類的大豆交易而訂立同類合同（即S04-

071號合同）之際，其中「賣方願意接受的、一流的**中國的銀行**」（first-class Chinese bank acceptable to seller）一詞的真實含義和真實意思表示，就是指可以比照先例，在廈門當地開證，亦即以中國作為本單大豆交易信用證開立義務的履行地，由中國境內的中國一流銀行開出信用證。

（3）商業交易是最講求效率的，商人們都是聰明機靈的。他們一般不會愚蠢到故意**捨近求遠**，要求買方到遠離買方所在地的、設在外國的中國銀行分支機構，去申請開信用證。就本案而言，即使Bunge公司當初果真違背常識，不顧常理，竟然要求中禾公司到遠離廈門的中國境外的中國銀行分行去開證，那也應事先在合同中作出明確而毫不含糊的規定。但事實上，S04-071號合同中不但沒有此種明確而毫不含糊的規定，而且恰恰相反，卻對在中國境內的中國一流銀行開證作出了並不含糊的規定，即在文字的**一般邏輯含義上**和雙方當事人的**真實意思表示上都顯然專指中國境內中國銀行的明確規定**（見第71、71（1）、71（2）各段的分析）。可見，Bunge公司所持的關於上述合同規定開證行應是**中國境外**的中國銀行的主張，就類似於中國成語所說的「事後諸葛亮」了，顯然不宜採信。

72.即使Bunge公司當初果真違背常識，不顧常理，竟然要求中禾公司到遠離廈門的中國境外的中國銀行分行去開證，那也因其違反中國國家質檢總局反覆重申的、強制性的禁令，而根本無法實現，必然落空。關於此點，已在前文第六十八段中闡明，茲不再贅。

誠如Bunge公司所稱：英國法僅承認在合同履行地的違法可

能導致合同落空。根據以上分析，S04-071號合同中的文字規定和立約當事人當時的真實意思，都指定**中國乃是信用證開立義務的履行地**，因此，中國的有關銀行如果在中國國家執法機構中國國家質檢總局禁令條件下仍然擅自開立信用證，勢必違反中國法律的強制性規定。事實也證明了中國的銀行不願意、不可能在此種情況下為本單大豆交易開具信用證。這一客觀情節，理所當然地應被認定為英國法下合同落空的理由，中禾公司當然也有權在此種情形下解除S04-071號合同。

73. 總之，在中國法律的環境下，二〇〇四年六月十七日當時，無論中國的銀行、中國的海關、中國的質檢部門，都不能讓中禾公司履行開證義務，這是中國有關食品安全的強制性法律、法規和禁令所絕對要求的，也是中國的銀行、海關和質檢部門所必須遵行的。

（六）關於適用英國法與適用中國強制法的「法律衝突」問題

74. 據查，英國也制定和頒行了與食品安全有關的法律，即一九九〇年出臺的《食品安全法》（Food Safety Act 1990（c.16））。根據該法第1條有關食品的定義，S04-071合同項下的大豆理應被認定為食品，因為大豆顯然是該法明文規定的「用於製造食品的原料」之一。同時，該法第7條規定，明知食物將會被人消費，卻對食物加入某種物質，或使用任何物質作為食物原料，導致食物對人造成危害的，就構成犯罪（guilty of an offence）。具體條文如下：[9]

Article 1　Meaning of "food" and other basic expressions.

(1)In this At "food" includes——

(a) drink;

(b) articles and substances of no nutritional value which are used for human consumption;

(c) chewing gum and other products of a like nature and use; and

(d) articles and substances used as ingredients in the preparation of food or anything falling within this subsection.

...

中文譯文：

第一條　「食品」的含義及其他表述

（1）本法所稱「食品」，包含：

（a）飲料；

（b）供人類消費的、不具有營養價值的各種物品和物質；

（c）口香糖及其他類似性質和用途的產品；以及

（d）各種物品和物質，用於製造食品的原料或製造本條規定的任何產品的原料。

…………

Article 7　Rendering food injurious to health.

(1) Any person who renders any food injurious to health by means of any of the following operations, namely——

(a) adding any article or substance to the food;

(b) using any article or substance as an ingredient in the preparation of the food;

(c) abstracting any constituent from the food; and

(d) subjecting the food to any other process or treatment, with intent that it shall be sold for human consumption, shall be guilty of an offence.

中文譯文：

第七條　製造有害於健康的食品

（1）任何人，以出售供給他人消費為目的，採取以下辦法之一，製造損害健康的任何食品，即構成犯罪：

（a）**把某種物品或物質添加於食品之中；**

（b）用某種物品或物質作為製造食品的原料；

（c）從食品中提取某種元素；

（d）用其他辦法加工食品。

75.顯而易見，英國法律的上述明文規定，其保護消費者權益和民族健康的基本立法宗旨和**強制性法律效力**，與前文摘引的中國相關法律，是不約而同、完全一致的。換言之，依據英國法，進口含毒食品原料也是違法的，甚至會構成犯罪。

76.另據報導，[10] 英國關於食品安全的立法和執法都是非常嚴格的。一九九〇年出臺的《食品安全法》規定，凡是銷售和供應不適合人類食用的食品，以及使用虛假和誤導消費者的食品標籤都屬於非法行為。《食品安全法》對各種食品、飲料所包含的具體成分和衛生標準作出了詳細規定。具體執法工作主要由地方政府的官員們承擔。而管轄全英的專設職能機構「食品標準局」，其主要職能之一，就是對其他食品安全監管機關的執法活動進行全面的嚴格監督、評估和檢查。「**一旦發現違法行為，法律的制裁將是無情的，罰款動輒就是幾萬英鎊，情節嚴重的甚至**

會遭到〔司法〕起訴。」

幾年來，食品標準局代表女王履行職能，並向議會報告工作。根據法律，食品標准局對其檢測結果，除依法不得公開的外，一律向公眾公布，並向廠家或商家提出具體要求。

其典型事例之一是：二〇〇五年二月，英國食品標準局在**官方網站**上公布了一份通告，通知公眾：亨氏、聯合利華等三十家企業的產品中可能含有具有**致癌性**的工業染色劑「**蘇丹紅一號**」。在「蘇丹紅」風波中，食品標準局除了提供信息外，還列出了幾百種與蘇丹紅相關食品的名單，並要求它們在幾天之內全部下架。由於品種繁多而且數量可觀，倫敦一些大型超市一度出現大面積的空貨架。英國的食品安全立法權威與英國食品標準局的執法權威，也由此可見一斑。隨後，**一場聲勢浩大的查禁「蘇丹紅一號」的行動席捲全球，英國食品標準局及其官方網站在全球公眾中也因此贏得了不小知名度和執法威信。中國公眾對這場也波及中國全國各地的查禁「蘇丹紅一號」的行動，都可謂「記憶猶新」**。

77.英國針對食品安全問題的立法和執法是如此嚴格、嚴肅。美國、法國、德國、日本、新加坡、韓國等等，也莫不如此。[11] 可以說，**針對食品安全實行嚴格立法和嚴肅執法，已經形成為當代世界潮流、全球公眾共識、人類普遍要求。無論是當代的英國人，還是當代的中國人，對此都不應該愚昧無知，更不應該麻木不仁，顛倒黑白。**

78.令人遺憾的是：英國FOSFA仲裁庭針對含致癌劇毒大豆進口中國一案的三度裁決，卻在某種誤導、誤信之下，對於中國

現行的食品安全立法和執法，竟充滿了愚昧無知，對於事關中國國民健康和生命安全的大是大非，顯示了麻木不仁，這是完全背離當代世界潮流和全球共識的。更有甚者，此三度錯誤裁斷，也是**完全違反英國本國的立法規定和執法實踐的**。

79.本案S04-071合同與FOSFA 22有關條款雖明文規定「適用英國法律」，但是，對於這一條款規定的真實含義，絕對不容許作出孤立的、片面的、表面的文字解釋，而必須依據中國強制法、英國強制法，以及當代國際社會公認的「法律衝突準則」（Rules of Conflict of Laws），加以綜合的、科學的詮解。

（1）就中國的強制法而言，《中華人民共和國民法通則》和《中華人民共和國合同法》規定：涉外合同的當事人雖然可以約定選擇處理合同爭議所適用的法律，但是，選擇適用外國法律或者國際慣例的，不得違反中國的強制性法律或中國的社會公共利益。違反中國的強制性法律或社會公共利益的任何約定，包括適用外國法律的約定，都是自始無效的。[12] 換言之，當事人不得通過約定，逃避或排斥適用中國的強制性法律法規。就本案而言，Bunge公司與中禾公司之間雖有關於「**適用英國法律**」的約定，**仍然不得逃避或排除適用中國的強制性法律法規**。而中國的強制性法律法規，卻可以排除中外當事人之間任何違法的合同約定，使這種違法約定自始無效。

（2）就英國的強制法而言，情況雖較為複雜，但也是有法可依、有章可循的，即必須切實依據英國本身的法律、英國參加締結的《歐洲經濟共同體合同義務準據法公約》（簡稱《羅馬公約》）以及英國權威學者率先倡導並已獲舉世公認的「法律衝突

眾所周知，英國屬於普通法系（Common Law）國家。但是，作為歐共體的成員國，英國在合同方面原有的大部分「法律選擇」準則，已由《羅馬公約》[13]中的有關準則所取代。這些準則已由英國的《1990年合同（準據）法》[14]所吸收並自一九九一年四月一日起施行。《羅馬公約》第3條第三款明文規定：「儘管各方當事人已經選擇適用**某一國家**的法律，不論他們是否同時選擇這個國家的法庭，如果在作出此種法律選擇當時其他一切有關因素都僅僅與**另外一個國家**相連繫，則仍然**不得規避適用該另一國家那些不能用合同加以排除的法律規定〔按：即『強制性規定』（mandatory rules）〕**。」

80.《羅馬公約》的此項規定，不但已被吸收到英國的相關法律之中，而且也被英國著名的教授們進一步加以論證、提煉和歸納，作為「法律衝突規則」第175條（Rule 175），載明於具有全球影響的權威性論著《戴西和莫里斯論衝突法》。[15]

81. 衡諸本案事實，買賣雙方當事人中國中禾公司與新加坡Bunge公司雖已在合同中共同選擇英國法律作為爭端仲裁適用的準據法，但是，鑒於該合同的其他關鍵因素，包括合同雙方當事人的所在地、簽約地、貨款信用證開證地、貨物進口履行地等，都僅與中國密切相關，[16]而與英國毫不相干，因此，雙方當事人不得通過對S04-071合同中有關英國法的選擇，排除適用中國的任何**強制性法律規定**，包括中國國家質檢總局的前述強制性禁令規定。

82.根據英國法院斷案的長期實踐以及英國權威學者的總結

和論述，如果一項英國合同在外國履行，而其履行行為直接或間接地觸犯或違反當地國家的法律，則英國法院對於該合同應拒絕予以承認和執行。特別是，如果該合同的履行行為觸犯或違反**與英國友好國家的法律**，即使該合同根據英國法律是合法的、有效的，但如實施當事人所選擇的準據法就勢必會損害英國與該履行地國家之間的友好關係，從而「明顯地**違反了英國法的公共秩序**」〔manifestly incompatible with the public policy ("ordre public") of English Law〕，那麼，英國法院就尤其應當拒絕予以承認和執行。英國法院長期斷案中所貫穿的這一原則和基本精神，也已由英國的權威學者們歸納和提煉，作為「法律衝突規則」第180條（Rule 180），載入具有全球影響的前述名著。[17] 而其有關的典型判例，也不難逐一加以研究和查證，諸如：

（1）De Wutz v. Hendricks（1824）2 Bing. 314-316.（2）Foster v. Driscoll [1929] I K. B. 470, 518, 521（C. A.）；Regazzoni v. K. C. Sethia, Ltd. [1958] A. C. 301, 322, 328, 329.（3）Jennings [1956] C. L. J. 41.（4）F. A. Mann（1956）19 M. L. R. 523；and（1958）21 M. L. R.130；A. L. G.（1957）73 L. Q. R. 32(5) Rossano v. Manufacturers' Life Ins. Co. [1963] 2 Q. B. 352, 376-377.（6）Frischke v. Royal Bank of Canada（1977）80 D. L. R.（3d）393（Ont C. A.）（7）Euro-Diam Ltd v. Bathurst [1990] 1 Q. B. 1,40（C. A.）

83. 舉世皆知，英國乃是最早承認新中國的國家之一。兩國之間自一九五〇年一月以來，在廣泛的領域中長期保持著友好和合作的關係，並且在平等互利的基礎上**互相尊重對方的經濟、政治和法律制度**，特別是互相尊重對方的強制性法律規定。因此，

本案爭端即使是「適用英國法律」，那麼，依據前述（1）英國參加的《羅馬公約》、（2）英國現行的《1990年合同（準據）法》、（3）英國法院多年斷案的實踐先例，以及（4）由英國權威學者詳加論述、歸納，並已為國際社會廣泛接受的「法律衝突規則」，就理應**遵循**充分尊重英國友好國家國內強制性法律規定的**英國傳統判例**和**英國現行法**，充分尊重中國現行法律中有關管制外貿、切實保護食品安全、保障國民生命健康和消費者權益的各種強制性規定，大力支持中國嚴格執行中國國家質檢總局的前述強制性禁令，**確認本案爭端仲裁中應當以中國的強制性法律規定作為判斷是非、處斷爭端的準據法。**

84.簡短的結論：基於以上分析，陳安教授認為：

（1）根據對「適用英國法」一詞的正確理解，本案仲裁中應當以受到英國法充分尊重的中國強制法，作為斷案的準據法。

（2）因此，在有關信用證受益人Bunge公司被中國國家質檢總局依法禁止向中國出口含毒巴西大豆的情況下，中國的銀行既不能也不敢違法違禁，擅自開出以Bunge公司為受益人的信用證，從而導致S04-071號合同落空。

（3）正是適用和依據英國法，依據英國權威學者總結概括、舉世公認的「法律衝突規則」，中禾公司有權依據中國的強制法，解除該合同。

85.本案被上訴人（the Respondent）即合同賣方Bunge公司於二〇〇六年十一月二十七日提交本案上訴仲裁庭的《答辯書》以及宋迪煌律師二〇〇六年十一月二十一日提交本案上訴仲裁庭的《報告書》，都對陳安教授二〇〇六年十一月一日提供的《專家

意見書》加以否定和非難。陳安教授認為這些否定和非難，都是錯誤的。具體地說：

86.再論關於中國國家質檢總局前述行政禁令的法律根據問題

宋迪煌律師二〇〇六年十一月二十一日的《報告書》中強調：中國國家質檢總局的前述「多次公告都沒有提到作出此種禁令決定的任何法律或法規依據」[18]。這種說法，完全不符合中國法律界人士眾所周知的事實：

（1）《中華人民共和國立法法》第71條規定：「國務院各部、委員會……和具有行政管理職能的直屬機構，可以根據法律和國務院的行政法規、決定、命令，在本部門的權限範圍內，制定規章。部門規章規定的事項應當屬於執行法律或者國務院的行政法規、規定、命令的事項。」

（2）《中華人民共和國國務院組織法》第10條規定：「根據法律和國務院決定，主管部、委員會可以在本部門的權限內發布命令、指示和規章。」

（3）根據《中華人民共和國立法法》和《中華人民共和國國務院組織法》的上述規定和授權，中國國家質檢總局於二〇〇一年九月七日在「本部門的權限範圍內」，發布了「第1號部令」，即《出入境檢驗檢疫風險預警及快速反應管理規定》（以下簡稱《中國國家質檢總局預警規定》）。在該規定第1條「總則」中，明文宣布了此項部門行政規章（rule）的宗旨及其所依據的多種中國法律：「為保障人類、動植物的生命健康，維護消費者的合法權益，保護生態環境，促進中國對外貿易的健康發展，根

據《中華人民共和國進出口商品檢驗法》《中華人民共和國動植物檢疫法》《中華人民共和國食品衛生法》《中華人民共和國國境衛生檢疫法》《中華人民共和國產品質量法》等有關法律法規的規定，制定本規定。」

（4）《中國國家質檢總局預警規定》第2條，專門就「預警」一詞作出明確界定和解釋：「本規定所稱『預警』是指為使國家和消費者免受出入境貨物、物品中可能存在的風險或**潛在危害**而採取的一種**預防性安全保障**措施。」

（5）《中國國家質檢總局預警規定》第9條，又進一步對「預警」措施的具體形式作了具體的說明：「風險預警措施包括：（一）向各地出入境檢驗**檢疫機構**發布風險**警示通報**，檢驗檢疫機構對特定出入境貨物、物品有針對性地加強檢驗檢疫和監測；（二）向國內外**生產廠商**或**相關部門**發布風險**警示通報**，提醒其及時採取適當的措施，主動消除或降低出入境貨物、物品的風險；（三）向**消費者**發布風險**警示通報**，提醒消費者注意某種出入境貨物、物品的風險。」

（6）除此之外，《中國國家質檢總局預警規定》第12條還專門對直接採取「**緊急控制措施**」作了規定：「對已經明確存在重大風險的出入境貨物、物品，**可依法採取緊急措施，禁止其出入境；必要時，封鎖有關口岸。**」

（7）由此可見，中國國家質檢總局二〇〇四年五月十日發出的332號「警示通報」（Warning Circular）、五月二十二日發布的58號警示「公告」（Public Announcement）、五月二十八日發布的61號警示公告、六月十四日發布的71號警示公告，以及連續多

次直接采取**緊急控制措施**，**直接禁止**多達二十四家巴西大豆出口商向中國出口含有劇毒致癌農藥的巴西大豆，所有這些，全部都是依據《中華人民共和國立法法》的授權、《中華人民共和國國務院組織法》的授權，依據中國國家質檢總局授權制定的「預警規定」，在法律法規授權的範圍內，在「本部門的權限範圍內」，依法發布的**行政命令**或**行政禁令**。

87. 由此可見，中國國家質檢總局上述各項行政禁令，其具體的法律根據，就是上述《中國國家質檢總局預警規定》第1條所明文列舉的**至少五種以上**的中國法律，即《中華人民共和國進出口商品檢驗法》《中華人民共和國動植物檢疫法》《中華人民共和國**食品衛生法**》《中華人民共和國國境衛生檢疫法》《中華人民共和國產品質量法》。除此五種明文列舉的法律之外，還有其他各種「**有關法律法規**」（其中當然包括有關保障人類生命健康、維護消費者合法權益的《**中華人民共和國刑法**》條款），也是中國國家質檢總局上述各項行政禁令的法律根據。

88. 由此可見，硬說中國國家質檢總局所發布的上述各項行政禁令「沒有提到任何法律或法規依據」「沒有強制性拘束力」云云，顯然是錯誤的。錯誤之關鍵，就在於用「閹割」和斷章取義的辦法，完全孤立地看待這些行政禁令，完全「閹割」了這些行政禁令所依據的多種**上位法律和上位法源**，妄圖使這些禁令被誤解成為「無根之本」「無源之水」。這樣論證問題，如果不是有意的歪曲，就是明顯的粗心，即對中國法律（law）、法規（regulations）、規章（rules）以及行政命令（administration orders）**總鏈條**中的「**環環相扣**」關係，對上位法律規範與下位法律規範之間的互相

關聯和互相連接關係，缺少應有的基本知識和必要的正確理解。

89.由此可見，如果違反、觸犯、破壞上述中國國家質檢總局的行政禁令，其違反者——行為人就要承擔由於違反上述五種具體的上位法律以及其他多種「**有關法律法規**」（包括**刑法**）所必須承擔的法律責任，並受到相應的行政處罰甚至刑事懲罰。

90.由此可見，英國FOSFA裁決書不顧事實，硬說違反這些禁令「與刑法毫不相干」（the criminal law had nothing to do with the matter），硬說「違反禁令可能構成犯罪的看法令人感到驚訝」云云，這些論調，不是高度愚昧無知，就是假裝「天真無邪」！

91.再論關於上述中國國家質檢總局行政禁令的強制性約束力問題

（1）前文第86（7）段提到的332號「警示通報」，它雖是直接向「各地出入境檢驗檢疫機構」發布的，但也直接在中國國家質檢總局的網站上公開發布，並不是什麼內部機密文件，公眾完全可以從政府網站上看到。至於其後續的58號警示公告、61號警示公告以及71號警示公告，其發布對象，本來直接就是廣大的公眾，包括「國內外的生產廠商」，一切「相關部門」（當然也包括經營外匯、信用證業務的銀行部門）以及廣大的「消費者」群體。廣大公眾當然更易於從中國國家質檢總局的網站及其他新聞媒體網站上看到有關信息。

（2）特別值得注意的是：中國國家質檢總局於二○○四年五月十日發布的上述332號警示通報，就是針對在**廈門**（本地口岸）發現的含有**劇毒致癌農藥**[19]的巴西大豆，而向全國各地「出入境檢驗檢疫機構」以「**特急**」級（Top Urgent）文件（見

本「警示通報」左上標明的文字）頒發的警示禁令，其措辭之嚴厲、嚴格，在全國範圍內，特別是在事件發生地廈門市引起了「轟動效應」。其中的嚴重警告是：

近日，**廈門**檢驗檢疫局在對來自巴西的一船5.9萬噸大豆實施檢驗檢疫時，發現各艙混有染紅的大豆。經檢測，這些染有紅色警示劑的大豆包裹了含有**萎鏽靈和克菌丹**等**農藥**的種衣劑。這會給**食用油**和豆粕帶來**嚴重的**安全衛生問題。廈門檢驗檢疫局依法對該批大豆作出禁止入境的決定。中國國家質檢總局已向巴西方面通報。為**保護消費者身體健康**，根據《出入境檢驗檢疫風險預警及快速反應管理規定》，現發布警示通報如下：一、從即日起暫停該批大豆的出口商及其他三家巴西供貨商從巴西向我國出口大豆。二、……發現染有紅色警示劑的大豆，**一律不准入境**。……裏有種衣劑的大豆含有**農藥**，檢驗檢疫人員應注意必要的**防護**。

（3）緊接著，中國國家質檢總局又連續在同年五月二十二日、五月二十八日、六月十四日，三度向社會公眾發布有關嚴防**含致癌劇毒農藥**的巴西大豆進入中國國境的**強制性禁令**。在短短**三十五天**（5月10至6月14日）之內，中國國家質檢總局**連續4次**下達上述禁令，被禁止進口巴西大豆的商家累計達**二十四家**之多，這在中國進口大豆的貿易史上是十分罕見的，加之其中六月十四日針對Bunge公司的禁令，又是再次發生在**廈門**口岸本地，這就更加成為廈門本地幾乎是「家喻戶曉，人人皆知」的特大新

聞之一。正是在這種背景下，在廈門本地的所有銀行及其外匯業務人員，只要不是生活在深山野林、與世隔絕、閉目塞聽的糊塗蟲，就不可能不知道有關信息和禁令，不可能不知道應當提高警惕，在自己開出信用證的業務中，切實遵守禁令，配合中國政府主管部門，嚴密防範含有劇毒致癌農藥的巴西大豆進入中國國境，嚴防「給**食用油**和豆粕帶來**嚴重的**安全衛生問題」，損害廣大「消費者身體健康」，造成嚴重的無法挽救的人身傷亡事故。這是最起碼的法律常識和工作常識。在明知是為進口含有劇毒的這批巴西大豆開出信用證的情況下，如果還膽敢故意為這批巴西大豆進口提供融資方便而開出信用證，這樣的銀行經辦人員，在日後一旦這些含有劇毒的巴西大豆造成重大人身傷亡事故之後，難道不要承擔任何行政法規上的責任和刑事法律上的責任？

92. 再論關於本案進口的含毒巴西大豆是不是食品原料問題

（1）Bunge公司和宋迪煌律師主張：（A）本案爭端合同中進口的巴西大豆只供榨豆油之用，不供制作其他食物之用；（B）它本身不是食品，而只是不能食用的原料（inedible raw materials），**只供生產「油和豆粕」**（oil and meal），**然後再用來製造食物和飼料**（見宋迪煌律師的《報告書》第五十七至五十八段）。其用意顯然是指進口此種含劇毒農藥的大豆，並不可能違反《中華人民共和國食品衛生法》《中華人民共和國刑法》等保護中國人民健康和消費者權益的法律。

上述這種主張顯然是錯誤的。理由如下：

（2）第91（2）段提到，中國國家質檢總局於二〇〇四年五月十日發布的332號警示通報中明文指出：這種含**致癌劇毒**農藥

的大豆「會給**食品油**和**豆粕**帶來**嚴重的**安全衛生問題」。宋迪煌律師並非中國國家質檢總局的主管官員、職能幹部，也並非受聘檢驗專家，卻硬說這批大豆不是供食用的，此說顯然沒有任何法律根據、科學根據和事實根據。

（3）既然宋律師承認用大豆生產豆油和豆粕後通常可進一步用以制作各種食物和飼料，那麼，世界上哪有如此愚蠢的商家，願意買來含**有致癌劇毒**農藥的大豆做原料，用以制作含**有致癌劇毒**的食品和飼料去毒害人類消費者和禽畜類動物，從而「以身試法、墮入法網」，自討懲罰？

（4）廈門**中禾公司**的主要**營業範圍**和**主要產品**之一，就是生產**食用豆油**[20]它購買大量巴西進口大豆作為原料，其主要產品就是食用豆油和豆粕。其主要銷售對象（食用油買家）乃是各地專門生產和經營糧食、食用油的公司和食用油的精煉加工廠，諸如「廈門中盛糧油公司」「泉州福海糧油公司」等等，其每單（次）食用豆油銷售量多達一千噸至二千噸，價款約達五百多萬元至一千萬元。[21]這是無可爭辯的事實。

（5）前文已經強調，這裡再次強調：大豆本身乃是一種十分常見、十分重要的**食品**。以大豆作為原料的各種食品，諸如豆油、豆醬、豆腐、豆漿、醬油、醬菜等，更是多達數十種。這種事實，可謂全球各國，家喻戶曉；身在中國，更是無人不知。Bunge公司和宋律師斷言Bunge公司向中國中禾公司出口的巴西大豆，並非《中華人民共和國食品衛生法》所指的食品，此說顯然違背全球各國公眾，尤其是中國公眾最起碼的生活常識。此說類似「掩耳盜鈴」，只能自欺，豈能欺人？

93.再論中國國家質檢總局上述行政禁令與中國多家銀行拒發信用證的因果關係

（1）Bunge公司和宋迪煌律師主張：本案各家有關銀行之所以不敢、不願開出信用證「與刑法規定毫不相干」。[22]這種主張是錯誤的，既不符合事實，也不符合法律。因為：

（2）第六十二段已經提到：中國國家質檢總局是中華人民共和國國務院所屬的一個部級單位，又是中國政府的一個強力執法機關。它代表中國國家把守國門，通過依法檢驗檢疫，嚴防和杜絕一切有毒、有害食品或其他偽劣商品輸入或輸出中國，以免危害本國和他國人民的健康，或損害本國和他國的經濟利益。中國國家質檢總局依照中國法律發布的通告、公告和禁令，其本身就是中國政府執法機關的行政法規、法令的一種表現形式，具有法律上的強制約束力。

（3）第六十三段已經提到，這裡不妨再次強調：中國國家質檢總局依照中國法律制定和發布的規章、通告、公告和禁令，又是以中國的多種基本法律作為**依據、基礎和後盾**的，其中包括**《中華人民共和國食品衛生法》《中華人民共和國進出口商品檢驗法》和《中華人民共和國刑法》**等等（詳見第八十六至八十八段）。相應地，中國國家質檢總局依法發布的禁令，就具有了綜合的、強大的法律強制力。任何人對這類禁令只能嚴格遵守和執行，不得隨意背離或違反。否則，就要自食其果，承擔相應的行政違法或觸犯刑法的法律責任，受到相應的行政處罰或刑事懲罰。

（4）第六十七段提到，中禾公司曾於二○○四年四月至六

月向中國國家一流銀行的駐廈門同安的四家支行申請為本單大豆交易開具信用證，但先後均遭拒絕。它們先後向中禾公司提供了書面聲明或證明書，說明拒絕開證的**法律理由**和**真實原因**。即它們必須嚴格執行中國的進出口政策法令，嚴格遵守中國國家執法機關中國國家質檢總局的明確禁令，以免它們自己因違反國家政策和禁令以及擅自開出信用證的違法行為，承擔法律責任和受到法律處罰或懲罰。

（5）由此可見，Bunge公司以中國律師宋迪煌先生二〇〇五年八月二日出具的關於信用證的《陳述意見》以及二〇〇六年十一月二十一日提供的《報告書》作為根據，斷言中禾公司之所以未能如期開出本單大豆交易的信用證，「主要」或「完全」是由於中禾公司的資產情況不良，資金不足或資信欠佳云云；或者，斷言「沒有任何證據可以證明中國的銀行對於此類開證申請作出決定時受到了中國國家質檢總局行為，特別是關於暫停從巴西進口大豆決定的實質性影響」云云，這些說辭和主張，顯然不符合法律，也背離了事實，不足採信。

（6）就廈門各家銀行的主管人員和有關信用證的經辦人員而言，在**明知**這批巴西大豆含有**劇毒致癌農藥**已遭禁令進口的情況下，如果膽敢不顧強制性禁令，擅自違反政府明文連續四次重申的禁令，為Bunge公司這批大豆進入中國境內開出融資信用證提供進口方便，促進了這批大豆的入境，則隨後一旦這批含有**劇毒致癌農藥**的大豆被加工成食用油、飼料以及各種食品，造成重大人身傷亡事故和大量禽畜傷亡事故，事後追究事故責任之際，這些「明知故犯」的銀行人員，豈能擺脫應負的責任和受到應得

的懲罰？

（7）《中華人民共和國刑法》第14、15、25、27條分別明文規定：「**明知**自己的行為會發生危害社會的結果，並且希望或者放任這種結果發生，因而構成犯罪的，**是故意犯罪**」。「**應當預見**自己的行為可能發生危害社會的結果，因為疏忽大意而沒有預見，或者已經預見而輕信能夠避免，以致發生這種結果的，**是過失犯罪**」。「共同犯罪是指二人以上共同故意犯罪」。「在共同犯罪中起主要作用的是**主犯**」。「在共同犯罪中起次要或者輔助作用的，是**從犯**。」無論是故意犯罪、過失犯罪、主犯、從犯，都應當分別承擔刑事責任，按照他們所犯的罪分別處罰。

（8）這些刑法條款規定，對於中國的任何居民（包括銀行從業人員）來說，都應當是普通常識。這些法律常識對於當時在廈門的一切居民，無疑都起到「震懾」的作用。任何略有法律常識、奉公守法的銀行人員，當然不會甘願冒險，「以身試法」，膽敢「明知故犯」地在自己經辦的信用證業務中，故意去觸犯眾所周知的禁令，為這批含有**劇毒致癌農藥**的大豆的進口提供信用證融資付款方便，從而**在日後一旦發生人畜中毒傷亡事故時**，被追究刑事責任，受到懲罰（即使只是作為「起次要或輔助作用的『從犯』」）。

（9）由此可見，Bunge公司和宋迪煌律師硬說本案銀行之所以不敢、不願開出信用證「與刑法規定毫不相干」云云之類的說法，顯然是對中國刑法條款和有關法律常識的無知或歪曲。

94.再論關於中國國家質檢總局上述行政禁令與本案S04-071合同落空的因果關係

（1）廈門各家銀行從業人員都明知：（A）這批申請信用證的巴西進口大豆含**有劇毒致癌農藥**，一旦進口，可能造成嚴重的人畜中毒傷亡之事故；（B）政府主管執法部門中國國家質檢總局已經連續四次發布強制性禁令，並且迅速採取緊急措施，嚴禁此類和此批大豆進口。正是在這種條件下，各家銀行理所當然地**依法、依禁拒絕**了中禾公司為這批含劇毒大豆**開具信用證**的申請，從而理所當然地導致了本案S04-071號合同因無法付款而**落空**（frustration）。

（2）綜上各段所述，可以看出，本案S04-071號**合同落空**的**因果鏈條**可以概括為：

（A）由於本案被訴人Bunge公司嚴重違約，在向中國出口的本合同標的物巴西大豆中含有**致癌劇毒農藥**，中國國家質檢總局依中國多種法律法規連續多次發出嚴禁這類大豆和這批大豆入境的**強制性禁令**，向全國、全球公眾公告周知；

（B）由於中國國家質檢總局連續多次發布嚴禁這類大豆和這批大豆入境的**強制性禁令**，廈門各家銀行人員眾所周知：如為含有毒劇致癌農藥的大豆開具信用證促進其進口，可能造成極其嚴重的人畜中毒傷亡事故，從而可能因此要承擔行政法規和刑事法規上規定的違法責任和刑事責任，因而**不願**和**不敢**擅自違法、違禁開出信用證；

（C）由於廈門各家銀行人員**不願**和**不敢**擅自違法、違禁開出信用證，遂使S04-071號**合同**因無法獲得信用證而**落空**。

（七）關於中國的法學專家是否有資格評論英國法的問題

95. Bunge公司提交本案上訴仲裁庭的《答辯書》第19.1段稱：中國的法學專家陳安教授沒有資格評論英國的法律（Professor Chen "is not qualified to deal with English law"），其《專家意見書》所作分析與英國法律「毫不相干」（wide of the mark），不能視為「證詞」（evidence）[23]云云。此外，還塞進了若干譏諷和揶揄語言。但是，該答辯書並未提出任何證據或論據，證明或論證中國的國際經濟法資深專家陳安教授何以「沒有資格」論及英國法問題。

96. 這種不提供任何證據的論斷，顯然只是狂妄的傲慢、無禮的嘲笑和蠻橫的武斷，完全背離了英國人素來提倡的「紳士」風度。武斷並不能證明武斷者的強大，反而是顯示了武斷者自身的虛弱。一味抵賴客觀事實並不是科學的說理和以理服人。虛晃一槍，沒有真實武藝，從來不能戰勝和征服略有功夫的對手。

97. 陳教授在《專家意見書》中談到的是國際經濟法和國際商務仲裁領域中經常遇到的法律衝突問題（Conflict of Laws），而**不僅僅是英國法問題**。當今世界上，單單聯合國會員國即已多達一九三個主權國家，並不是只有一個大英帝國。當英國法律與其他享有主權的國家的強制法規定不同，因而發生法律衝突之際，應當遵循什麼原則和準則，正確地和妥善地加以解決，這是商務仲裁事業極其發達的英國數百年來所經常面臨的現實問題。正是英國的權威學者戴西（Dicey）和莫里斯（Morris）及其後繼學者，付出艱辛的勞動，編纂了《衝突法》（*The Conflict of Laws*）一書，總結了數百年來英國法院和仲裁庭處理國際法律衝突的寶貴

經驗，歸納出二百多條通行的規則（Rules）。這些規則，在全世界範圍內被公認為權威性的斷案規則，可供全球司法界和仲裁界人士參考和採用。它們早已遠遠超出英國一國範圍，成為全世界法律學人的共同財富。作為任何英國人，均應以此引為自豪。任何正直的英國法律界人士，諒必都對其他外國學生、外國學者學習和運用由英國人率先總結出來的國際法律衝突規則表示歡迎，感到高興。如果既無知無能又狂妄自大，或鼠目寸光，坐井觀天，或利令智昏，見利忘義，居然敢於斷言：由英國人率先總結出來的規則只能由英國人加以**壟斷解釋**和**壟斷運用**，那就顯然既不符合當今英國作為全球大國的應有風度，也是違反當代歷史潮流的重大倒退！

98.陳安教授鄭重地援引了上述國際權威學術專著中載明的第175條規則和第180條規則（「Rules 175」和「Rules 180」）。這顯然是對於英國學者智慧的充分尊重。Bunge公司所聘請和僱用的法律執業人員在其答辯書中，對陳教授所援引的兩條權威性斷案規則及其原始論證和有關案例，迄今未能作出任何有理有據的評論和分析，加以任何否定和推翻，這就不能不令人質疑他們在「國際法律衝突」方面的法律知識是否足夠，是否真正具備資格（qualified）向仲裁庭提供有理有據、可以採信的答辯書；或者，他們提供的答辯書是否可能屬於「wide of he mark」了！反過來，如果他們根本提不出任何論點和論據，從根本上推翻和否定上述兩條舉世公認的權威性斷案規則，那就從反面證明：陳教授所援引的這兩條處理國際法律衝突的權威性斷案規則，確實擊中了Bunge公司無理請求的要害，確鑿地證明了其原先的索賠仲裁請

求是無理和不能成立的。

99.至於陳教授在《專家意見書》中所援引的英國《食品安全法》，其中第1條關於食品的廣泛定義、關於大豆應當認定為食品的法律依據，第7條關於銷售有害有毒食品造成損害人類健康事故應當追究刑事責任的規定等，都是各國立法通行的規定和國際公認的法律常識和生活常識。

迄今為止，一般外國人確實不知道英國食品安全法律和法規中是否有完全違背上述國際法律常識和生活常識的相反規定，諸如：

（1）大豆、豆油以及大豆加工的食品，都是「不可吃的」（inedible），均不得認定為食品。

（2）對於含有劇毒致癌農藥的大豆，完全應當允許其進入英國國境，以供制作食用豆油之用。

（3）用這種含有致癌劇毒農藥的大豆加工成為豆油和豆粕之後，即使造成嚴重的人畜中毒傷亡事故，其有關商家和各種輔助者、促進者、提供方便者、有關禁令的明知故犯者，都是可以不追究其法律責任和不受到任何法律懲罰的。

（4）制作或銷售有害有毒的食品，危害人類健康，造成嚴重人身傷亡事故的商家和個人，或者以不同方式參與其事、促進其事者，都可以完全逍遙法外，不承擔任何法律責任，不受任何行政處罰或刑事處罰。

如果英國法中確實有、果真有上述這樣的規定（儘管其十分荒謬），那麼，是否不妨恭請受Bunge公司聘用，提供上述答辯書的先生們，略舉一二例證，使非英國人，使「無資格」談論英

國法律的外國法律學生和外國法律學者們也能「分享奇聞」，擴大知識面，增加「新鮮知識」？

100. 眾所周知，英國是個講法治的國家，其法律、法規、案例、規則，都是十分**透明**的、有案可查的。Bunge公司的答辯書的撰寫人蠻橫無理地嘲笑外國的法律學者「沒有資格」（is not qualified to）談論英國法律問題，他們自己諒必都十分精通英國法。如果Bunge公司的答辯書的撰寫人經過努力，仍然**提不出任何**與上述英國《食品安全法》或者英國法規上述強制性禁止規定**相反的規定**，足以證明即使食品或食品原料中加入或含有足以致癌致命的劇毒農藥，而此種食品或食品原料，仍可幾十萬噸地、順暢地進人英國國境，一旦因此造成嚴重的人畜中毒傷亡事故，有關行為人（不論是商家、個人、主持人、輔助人、促進者，不論是故意犯罪還是過失犯罪，不論是主犯還是從犯）都可以不被追究任何法律責任或刑事責任、不受任何行政處罰和刑事懲罰，那麼，就確實只有他們才「有資格」談論「英國法」問題了。

但是，他們確有這種「能耐」，足以掩蓋英國法的真相，肆意歪曲英國法律，在全世界公正人士面前對尊嚴的英國法律任意抹黑嗎？——我們暫時不願相信：他們竟然確有這種能耐！

101. **由此應當得出結論**：中國的陳安教授，儘管不是英國人，但是，他所提供的有關國際「法律衝突」的、由英國人率先總結出來並且在全世界享有權威的上述「法律衝突規則」，有關英國《食品安全法》的相關規定和信息，都是可信賴的。陳安教授在二〇〇六年十一月一日提供的《專家意見書》中所列舉的證據，所援引的法律、法規、禁令以及所作的分析，都是有理有據

的，有案可查的，可供本案英國FOSFA仲裁庭作為準確認定事實，公正公平斷案的重要參考。

102. 令人遺憾的是，本案英國FOSFA仲裁庭卻一而再、再而三地接受誤導，閉目塞聽，盲目聽信虛妄不實之詞，並在最後作出了完全錯誤的終局裁決，致使守法經營的中國中禾公司無辜受害，遭受重大損失（單單履約保證金即被吞沒二百萬元人民幣，更不必說所耗費的巨大訟爭開支和人力物力）。看來，無辜受害的中禾公司，如今可以依法討回公道的唯一途徑，就是向享有當代獨立國家司法主權的中國人民法院，依據有關的國際公約、國際慣例以及與它們互相接軌的中國法律，秉公裁斷，「撥亂反正」，對英國FOSFA仲裁庭的錯誤裁決，不予承認，不予執行。

（八）關於向中國主管法院申請對英國 FOSFA 仲裁裁決不予承認、不予執行的法律依據

103. 如前文第四十至四十二段所述，應中禾公司上訴請求，英國倫敦高等法院商事法庭曾經在二〇〇七年發布「同意令」（Consent Order，是英國法院的一種裁定），明確指示：FOSFA第945號上訴仲裁裁決發回FOSFA上訴委員會重新審理（Reconsideration）。這是英國一九九六年頒行的《仲裁法》明文規定的對有「重大不法行為」（Serious Irregularity）嫌疑的仲裁裁決實行司法監督的措施之一。[24] 此種裁定本身就有力地表明被「發回重審」的FOSFA原裁決，確實存在程序上或實體上的重大不法問題。

104. 事出無奈，為趨利避害，中禾公司最後的合理期待是：待機在中國自己的領土上，依據《1958年紐約公約》的規定，請

求中國人民法院給予法律保護，對英國FOSFA的枉法裁決，不予承認，不予執行。

105. 一九八六年十二月二日，全國人民代表大會常務委員會決定：中國加入《1958年紐約公約》[25]。該公約第3條規定：「各締約國應當互相承認外國仲裁裁決具有約束力，並按法定程序予以承認和執行。」不言而喻，這正是締結該公約的主旨所在。但是，公約第5條第一款卻規定了幾種例外，即原裁決在程序上存在錯誤或違法的五種情況，只要具備其中之一，經受害當事人一方之請求和舉證證實，有關締約國之主管機關對於該項來自外國的仲裁裁決，就有權拒絕承認，也不予執行。這實質上意味著**作為執行地所在國（東道國）的締約國，對於已經發生法律效力並預期在其本國境內執行的外國裁決，有權加以必要的審查和監督，並保留否認其約束力和拒絕執行的權利。**

106. 該公約第5條第二款又進一步規定：外國仲裁裁決執行地所在國（東道國）之主管機關，如果認定：（1）按照東道國本國的法律，該項爭端不能以仲裁解決；或（2）**承認或執行某項外國仲裁裁決有違東道國本國的公共政策，則有權拒不承認和執行該項外國仲裁裁決。**這種規定，乃是「公共秩序保留」這一原則的具體運用，它的實質就是授權上述東道國主管機關對來自外國的仲裁裁決，在進行程序方面的審查和監督之外，也進行**實體內容上**的審查和監督。

107. 《1958年紐約公約》上述條文中使用了英美法系所慣用的「公共政策」（public policy）一詞，其含義相當於大陸法系中的「公共秩序」（public order），或中國法律用語中的「社會公共

利益」（social public interests）。[26] 這些同義語的共同內涵，通常指的是**一個國家的重大國家利益、重大社會利益、基本法律原則和基本道德原則**。[27] 換言之，根據《1958年紐約公約》第5條第二款的規定，外國仲裁裁決執行地所在國（東道國）的主管機關經過審查，一旦認定某項外國仲裁裁決的實體內容確有違反東道國國家或社會的重大利益、違反東道國法律或道德的基本規範之處，如果加以承認和執行，勢必嚴重損害本國社會的正常秩序，褻瀆本國固有法律和道德的尊嚴，在這種情況下，該東道國就有權以該項外國仲裁裁決的實體內容存在錯誤和違法情事為由，不予承認和執行。對外國仲裁裁決採取這樣的審查標準和判斷角度，顯然不屬於程序運作上的審查與監督，而是實體內容上的審查與監督。

108. 《1958年紐約公約》第5條第二款第二項的上述規定，通常稱為「公共政策保留條款」「公共秩序保留條款」或「社會公益保留條款」。不論其具體名稱如何，都體現了當代國際社會對各國國家主權特別是對各國司法主權的充分尊重。換言之，《1958年紐約公約》的此項規定，允許參加締約的一切**主權國家**，充分**「留權在手」**，有權通過獨立自主的司法審查，針對勢必損害本國重大權益的來自外國的一切裁決，拒絕承認，不予執行，從而維護本國社會的正常秩序、本國固有法律的權威和道德的尊嚴，以及本國人民生命健康的絕對安全。從這個意義上說，不承認、不執行來自外國的錯誤裁決和枉法裁決，乃是當代國家維護本國主權尊嚴、國家尊嚴、司法尊嚴的必要措施和必備條件。

109. 中國國內的現行法律，也充分體現了上述國際共識，並與它們完全接軌。《中華人民共和國民法通則》《中華人民共和國合同法》都反覆強調：一切民事活動，包括訂立和履行合同，都應當遵守法律、行政法規，尊重社會公德，不得擾亂社會經濟秩序，不得損害社會公共利益，特別是不得違反法律和行政法規的強制性規定。[28] 為保障全球人類、動植物的生命健康，維護消費者的合法權益，《中華人民共和國食品衛生法》《中華人民共和國進出口商品檢驗法》《中華人民共和國動植物檢疫法》《中華人民共和國國境衛生檢疫法》《中華人民共和國產品質量法》等一系列法律以及配套的大量行政法規，都作出了明確的強制性規定，要求中外公眾一體遵行，不得違反。《中華人民共和國刑法》則對違反有關法律法規強制性規定的某些犯罪行為，明文規定了追究刑事責任的具體刑種和量刑尺度。（見第六十至六十一段；第八十六至九十段；第九十三段）

110. 當代世界各國，都越來越關注全球人類的共同安全和本國國民的健康生存。相應地，各國的食品安全立法和執法也日益強化和更加嚴格，不斷與時俱進。這種強大趨勢，已經形成為當今世界的最新潮流、全球人類的共同認識和普遍要求。

111. 一九四八年十二月聯合國大會通過的《聯合國人權宣言》第3條明確規定：「人人有權享有生命、自由和人身安全。」第25條就健康權和生存權內容作了詳細規定：「人人有權享有為維持他本人和家屬的**健康**和福利所必須的生活水準，包括**食物**、衣著、住房、醫療和必要的社會服務……」在一九六六年十二月召開的聯合國大會上，正式通過了《經濟、社會、文化權利國際

公約》，該公約第11條對**健康生活權**作了專門規定。[29]

112. 《中華人民共和國憲法》《中華人民共和國民法通則》《中華人民共和國刑法》等都規定**生命健康和生存權是人最基本的權利，並加以有效保護**。[30]特別是《中國的人權狀況》白皮書和《2000年中國人權事業的進展》對此作出了明確而卓有成效的規定。《中國的人權狀況》白皮書認為生存權是中國人民長期爭取的首要人權，而且至今仍然是一個首要問題。中國國務院新聞辦公室於二〇〇一年四月發布了《2000年中國人權事業的進展》，指出「**中國政府繼續把維護和促進人民的生存權和發展權置於首位**，大力發展經濟，增強綜合國力，改善人民的生存和發展狀況。」

113. 近年來，中國國家領導人多次強調一切施政均應「以民為本」「民以食為天，食以潔為先」[31]，並正在為此採取一系列更加完善、更強有力的立法和執法措施。其最新的強有力措施是向全國公布了更加全面、更加嚴格的《中華人民共和國食品安全法》草案，廣泛徵求民意，以便進一步修訂和完成新的立法，從而把保證食品安全，保障人民群眾生命安全和身體健康的法制建設，推進到更高的水平。[32]此類舉措，不但切合中國的國情和全民的強烈願望，而且積極配合和推進了上述世界潮流，增強了上述全球共識。

114. 綜上各點，顯而易見：

（1）中國現行的上述法律體制，就是世界最新潮流的重要組成部分。

（2）中國關於保障食品安全的強制性法律、法規和禁令，

不但是要保障占全球人口五分之一的十三億中國人的生命安全和身體健康，而且是要保障全球六十多億人類共同的生命安全和身體健康。

（3）中國關於保障食品安全的強制性法律、法規和禁令，不但體現了全體中國人的基本價值觀念、行為準則、法律秩序、大眾福祉，而且體現了全人類共同的基本價值觀念、行為準則、法律秩序和大眾福祉。

（4）違反中國關於保障食品安全的強制性法律、法規和禁令，不但是破壞了中國人的社會公共利益、公共秩序或公共政策，而且是破壞了全人類社會的公共利益、公共秩序或公共政策。

115. 連繫和對照本案，二〇〇四年五月間本案合同賣方Bunge公司向中國輸入五萬多噸含毒巴西大豆，這無疑是違反中國強制性法律規定的嚴重違法行為。[33] 如果不是中國國家質檢機關及時發現並發布禁令，嚴禁進口，其對中國人畜健康和生命安全造成的嚴重後果是不堪設想的。英國FOSFA仲裁庭就本案作出的三度仲裁裁決，對於Bunge公司此種違反中國強制性法律規定的嚴重違法行為，不但未作任何揭露和批判，反而多方祖護和蓄意包庇。裁決書中貫穿了對於中國食品安全立法和執法現狀的愚昧無知和肆意歪曲，對中國法律尊嚴的極端藐視和嚴重褻瀆，對中國國民健康和人身安全的極端漠視和麻木不仁，從而對恪守中國法律、守法經營的中國中禾公司造成嚴重的損害。這樣的錯誤裁決，不但嚴重違反中國的強制性法律，也完全違反英國本國的強制性法律，更是完全背離當代世界潮流和全球共識，背離了全球人類社會的公共利益、公共秩序或公共政策。（見第七十四

至七十八段；第一一〇至一一四段）

116. Bunge公司向中國輸入五萬多噸含毒巴西大豆的嚴重違法行為，幸虧中國國家質檢機關及時發現，把住國門，禁止進口；又幸虧中國各家有關銀行緊密配合，及時拒絕開出融資信用證，使Bunge公司的此種違法行為終未得逞，未致釀成大禍。但是，它卻已經無理侵吞了中禾公司二百萬元人民幣的「履約保證金」。如今，Bunge公司不但不思悔改，反而貪得無厭，以英國FOSFA背離當代世界潮流作出的枉法裁斷作為「令箭」，力圖通過「申請強制執行」，繞過或突破中國的嚴密法網，以謀取更大的經濟利益。此種圖謀，實質上乃是對中國食品安全法制莊嚴、對中國司法審查監督法制莊嚴發起的**重大挑戰**。如讓此種圖謀得逞，則不但是對守法經營、無辜受害的中國中禾公司造成更嚴重的損害和災難，而且其客觀後果，無異於扶邪壓正，獎惡懲善；無異於洞開中國國門，鼓勵國外不法商人把含毒食品源源不斷、通行無阻地輸向中國各地，聽任其戕害中國十三億人民的人身安全和生存健康；嚴重擾亂中國社會的正常秩序，褻瀆中國的法律權威，踐踏中國的公益公德，破壞中國的司法尊嚴。相應地，也破壞了全球人類社會的公共利益、公共秩序或公共政策。

117. 這樣的後果和局面，當然絕對不能容許其在中國的大地上產生。中國的法院在針對外國仲裁裁決申請在華執行實行審查監督過程中，不但擔負著維護本國基本價值觀念、行為準則、法律秩序、大眾福祉不受侵犯的神聖職責，而且也擔負著促進當代世界先進潮流，保護全球人類健康，維護全球人類社會的公共利益、公共秩序或公共政策的神聖職責。

五、結論：英國 FOSFA 裁決嚴重枉法，依法應不予承認、不予執行

118. 人們應當確信：中國人民自己的司法機關必定會明辨此案的大是大非，充分運用中國的司法主權，援引《1958年紐約公約》第5條第二款第二項以及中國有關法律的規定，堅定地守住這最後一道防線，牢牢把握這最後一道「安全閥」，依法從嚴審查來自英國FOSFA的違法裁決和錯誤裁決，當機立斷，堅決不予承認、不予執行，從而維護本國的基本價值觀念、行為準則、法律秩序和大眾福祉，不受侵犯；維護全人類共同的基本價值觀念、行為準則，不被褻瀆，維護全球人類社會的公共利益、公共秩序或公共政策，不遭破壞。

注釋

〔1〕 陳安教授簡歷（見書證1，從略）另參見國際商會中國國家委員會審定公布的下述文檔：http://www. icc-china. org/zy/web/Maling/ca. htm（陳安教授履歷），http://www. icc-china. org/zy/web/Maling/1st. htm（ICC律師團簡介），http://www. icc-china. org/zy/web/ Maling/ mid. htm（ICC CHINA律師團名單，專業服務領域劃分）。

〔2〕 參見廈門出入境檢驗檢疫局：《國門衛士：跨越世紀的追夢之旅——廈門出入境檢驗檢疫局成立五年工作紀》http://www.xmciq.gov.cn/ views/controller.jsp? id=4466。（見書證2，從略）

〔3〕 參見廈門出入境檢驗檢疫局：《廈門檢驗檢疫局依法禁止5.89多萬噸巴西大豆進口》，http://www. xmciq. gov. cn/views/controller. jsp? id=4361。（按：本文作者張振民是廈門出入境檢驗檢疫局的一位副科長，他是主持此次檢驗並最早發現本批大豆含有劇毒的官員。）（見書證3，從略）

〔4〕 中國國務院新聞辦公室：《中國的食品質量安全狀況白皮書》，http://news. sina. com. cn/c/2007-08-17/153413686446. shtml.（見書證4，從略）

〔5〕 參見王鳳君：《國家質檢總局：絕不允許毒大豆進口》，http://www. people.com.cn/GB/jingji/1038/265/ 744.html。（見書證5，從略）

〔6〕 見書證6，從略。

〔7〕 見書證7、8、9，從略。

〔8〕 見書證10、11，從略。

〔9〕 Food Safety Act 1990 (c.16) ,http://www. opsi. gov. uk/acts/acts1990/ukpga_19900016_en_2#ptl-ligl. 關於英國食品方面的法律可以在該國 FSA（Food Standards Agency）官方網站找到：http://www. food. gov. uk/ foodindustry/reglation/foodlaw/.目前英國涉及食品的主要法律包括：(1) The Food Safety Act 1990 (as amended) provides the framework for all food legislation in Great Britain. Similar legislation applies in Northern Ireland. (2) The General Food law Regulation (EC) 178/2002 is EC legislation on general food safety. Please see the FSA Guidance Notes on this regulation. (3) The General Food Regulations 2004(as amended) provides for the enforcement of certain provisions of Regulation (EC)178/2002 (**including imposing penalties**) and amends the Food Safety Act 1990 to bring it in line with Regulation (EC)178/2002. Similar legislation applies in Northern Ireland.（見書證12，從略）

〔10〕 參見《英國食品標準局獨立執法威信高》，http://www. sinolaw. net. cn/wenxue/rdgt/2005916145501. htm。（見書證13，從略）

〔11〕 參見《發達國家農產品質量安全市場准入的主要措施及啟示》，http://www. cnca. gov. cn/cait/cprz/spncprz/spncprzxgzs/26532. shtml。（見書證14，從略）

〔12〕 參見《中華人民共和國民法通則》第7條、第58條第1款第5項、第145條第1款、第150條；《中華人民共和國合同法》第7條，第52條第4款、第5款。

〔13〕 See EEC Convention on the Law Applicable o Contractual Obligations ("Rome Convention").

〔14〕 See Contracts (Applicable Law) Act 1990.

〔15〕 See *Dicey and Morris on he Conflict of Laws*,13th ed., Vol. 2, Sweet &

Maxwell, 2000, p.1242.在1993年推出的該書第12版中，這條規則的序號列為Rule 177，見第1239頁。（見書證15，從略）

〔16〕與中禾公司公司實際簽訂S04-071號合同的對方乃是新加坡Bunge公司設在中國上海的子公司Bunge International Trading (Shanghai), Co., Ltd。（見書證16，從略）

〔17〕See *Dicey and Morris on te Conflict of Laws*, 13th ed., Vol. 2, Sweet & Maxwell, 2000, pp.1276-1277, 1280-1281.在1993年推出的該書第12版中，這條規則的序號列為Rule 182，第1243-1244、1281-1282頁。（見書證17，從略）

〔18〕《報告書》以英文撰寫，其中第52段此句原文為：「The public announcements do not refer to any law or regulation upon which the decision was made.」See Song's Report, para. 52.（見書證18，從略）

〔19〕廈門出入境檢驗檢疫局政府網站在2004年5月12日向全國和全球公眾公開宣布了一項驚人信息，題為《**廈門檢驗檢疫局依法禁止5.89多萬噸巴西大豆進口**》。明確宣示：「這是我國首次在進口中發現有**毒大豆**，也是被我國首次禁止進口的大宗糧食」。廈門檢驗檢疫局技術中心對紅色大豆進行檢測，檢出萎鏽靈（**CARBOXIN**）和克菌丹（**CAPTAN**）。萎鏽靈是一種內吸性**殺菌劑，有毒性**：拌過藥的種子不可食用或作飼料。克菌丹是一種廣譜性**殺菌劑，有劇毒**：可致癌，拌過藥的種子不可食用或作飼料。一般包裹**有毒**種衣劑的種子都染有有色警示劑，供貨商在**明確知道本批大豆**用途是加工食用油和豆粕的情況下，還將染有有色警示劑的種用有毒大豆混入輸往我國的大豆中，是十分惡劣的行為，**性質非常嚴重**。根據《中華人民共和國**食品衛生法**》第9條、《中華人民共和國進出口商品檢驗法》第35條，廈門檢驗檢疫局禁止本批大豆進口。（見書證3，從略）

〔20〕參見中國國家質檢總局頒發給廈門中禾公司的「生產許可證」。（見書證19，從略）

〔21〕參見四份購銷食用豆油合同。（見書證20，從略）

〔22〕參見宋迪煌律師《報告書》英文版第九段（"In particular, the criminal law he [Prof. Chen] refers to had nothing to do with the matter", see Song's Report, para. 9. "This is over-egging the padding". See Bunge's Submission, para. 19.4）。（見書證18，21，從略）

〔23〕見書證21，從略。

〔24〕參見陳安對英國1996年《仲裁法》有關司法監督條款和機制的評析，載陳安：《國際經濟法芻言》（上卷），北京大學出版社2005年出版，第278-287頁。（見書證22，從略）

〔25〕參見陳安主編：《國際經濟法學資料選新編》（下冊），北京大學出版社2008年版，第1211-1214頁。（見書證23，從略）

〔26〕參見日本國際法學會編：《國際法辭典》（中譯本），「公共秩序」條目，世界知識出版社1985年版，第110-111頁。另參見《法國民法典》第6條；中國《民法通則》第7條、第150條；《合同法》第7條、第52條。（見書證24，從略）

〔27〕參見載《中國大百科全書·法學卷》，「保留條款」（條目），中國大百科全書出版社1984年版，第10-11頁；韓德培主編：《國際私法》，武漢大學出版社1985年版，第70-79頁；李雙元主編：《國際私法》，北京大學出版社1991年版，第135-137頁。（見書證25，從略）

〔28〕參見《中華人民共和國民法通則》第7條、第150條；《中華人民共和國合同法》第7條、第52條。（見書證26，從略）

〔29〕參見藍楠：論環境保護法律調控的理論基礎——生命健康和生存權》http://www. riel. wlu. edu.cn/ show, asp? ID=5349。（見書證27，從略）

〔30〕《中華人民共和國憲法》第二章第33條明確規定：「國家尊重和保障人權。」人權最核心和最基本的權利就是生存權，生命健康權應該是生存權的重要組成部分。因此，保障國民的生命健康權乃是中國的基本法律原則。國內一切立法的核心理念和最終目的也是保障人的生命健康和生存權。例如，《中華人民共和國民法通則》對生命健康和生存權保護制度有系統的規定，一方面確定公民享有生命健康權（第98條），並將此項權利確認為人身權制度之首；另一方面明確規定侵害此項權利的違法行為及其法律責任，即在第六章第三節侵權民事責任中以第122-127條規定，公民生命健康和生存權被侵害時，侵權人應當承擔民事責任，賠償損失。可以說，以《中華人民共和國民法通則》為核心，中國民事法律已初步建立起系統而完整的人身權法律制度。該制度根據中國實際，突出對自然人人格利益的保護，特別是對生命健康和生存權的高度重視，體現出憲法保護公民生命健康和生存權的堅定信念。

〔31〕參見《國家質檢總局：決不允許毒大豆進口》，http://www. nanfangdaily.

com. cn/jj/20040719/chj/200407190023. asp（見書證5，從略）；《中國的食品質量安全狀況白皮書》，http://news. sina. com. cn/c/2007-08-17/153413686446. shtml（見書證4，從略）；《吳儀副總理在全國產品質量食品安全專項整治會上的講話》，2007年8月25日（見書證28，從略）；《李長江：中國政府月內出臺6舉措　高度重視產品質量食品安全》，http://www. gov. cn/wszb/ zhibo132/content_728252. htm（見書證29，從略）；高初建：《強調食品安全加快產業升級》，載《中華工商時報》2007年8月8日。（見書證30，從略）

〔32〕《食品安全法草案向社會全文公布　徵求各方意見》，http://news. xinhuanet. com / legal / 2008-04 / 20 / content_8015518. htm。（見書證31，從略）

〔33〕「供貨商在**明確知道**本批大豆用途是加工**食用油**和豆粕的情況下，還將染有有色警示劑的種用有毒大豆混入輸往我國的大豆中，是**十分惡劣**的行為，**性質非常嚴重**。」參見廈門出入境檢驗檢疫局：《廈門檢驗檢疫局依法禁止5.89多萬噸巴西大豆進口》，http://www. xmciq. gov. cn/views/controller. jsp? id=4361。（按：本文作者張振民是廈門出入境檢驗檢疫局的一位副科長，他是主持此次檢驗並最早發現本批大豆含有劇毒的官員。）（見書證3，從略）另參見四份購銷食用豆油合同。

社科文庫·國際財金研究叢刊 AA101016

中國特色話語：陳安論國際經濟法學 第三卷 下冊

作　　　者　陳　安

版權策畫　李煥芹

發 行 人　陳滿銘

總 經 理　梁錦興

總 編 輯　陳滿銘

副總編輯　張晏瑞

編 輯 所　萬卷樓圖書股份有限公司

排　　版　菩薩蠻數位文化有限公司

印　　刷　百通科技股份有限公司

封面設計　菩薩蠻數位文化有限公司

出　　版　昌明文化有限公司

桃園市龜山區中原街 32 號

電話 (02)23216565

發　　行　萬卷樓圖書股份有限公司

臺北市羅斯福路二段 41 號 6 樓之 3

電話 (02)23216565

傳真 (02)23218698

電郵 SERVICE@WANJUAN.COM.TW

大陸經銷

廈門外圖臺灣書店有限公司

　　電郵 JKB188@188.COM

ISBN 978-986-496-534-2

2019 年 9 月初版

定價：新臺幣 780 元

如何購買本書：

1. 轉帳購書，請透過以下帳戶

　　合作金庫銀行 古亭分行

　　戶名：萬卷樓圖書股份有限公司

　　帳號：0877717092596

2. 網路購書，請透過萬卷樓網站

　　網址 WWW.WANJUAN.COM.TW

大量購書，請直接聯繫我們，將有專人為您

服務。客服：(02)23216565 分機 610

如有缺頁、破損或裝訂錯誤，請寄回更換

國家圖書館出版品預行編目資料

中國特色話語：陳安論國際經濟法學. 第三
卷 / 陳安著. -- 初版. -- 桃園市：昌明文化
出版；臺北市：萬卷樓發行, 2019.09

　冊；　公分

ISBN 978-986-496-534-2(下冊：平裝). --

1.經濟法學

553.4　　　　　　　　　　　　108015600